中国海上丝绸之路研究年鉴（2021）

主编：王力军

宁波博物院
NINGBO MUSEUM
ZHEJIANG UNIVERSITY PRESS
浙江大学出版社

图书在版编目(CIP)数据

中国海上丝绸之路研究年鉴. 2021 / 王力军主编
—杭州 ：浙江大学出版社，2023.5
ISBN 978-7-308-21784-2

Ⅰ. ①中… Ⅱ. ①王… Ⅲ. ①丝绸之路－海上运输－中国－2021－年鉴 Ⅳ. ①K203－54

中国国家版本馆 CIP 数据核字(2023)第 080853 号

中国海上丝绸之路研究年鉴(2021)
王力军　主编

责任编辑　蔡圆圆
责任校对　许艺涛
封面设计　周　灵
出版发行　浙江大学出版社
(杭州市天目山路 148 号　邮政编码 310007)
(网址：http://www.zjupress.com)
排　　版　浙江时代出版服务有限公司
印　　刷　浙江临安曙光印务有限公司
开　　本　787mm×1092mm　1/16
印　　张　20.25
字　　数　301 千
版 印 次　2023 年 5 月第 1 版　2023 年 5 月第 1 次印刷
书　　号　ISBN 978-7-308-21784-2
定　　价　88.00 元

目　录

第一章　21 世纪海上丝绸之路研究

2013 年 9 月和 10 月，国家主席习近平在哈萨克斯坦和印度尼西亚先后提出共建“丝绸之路经济带”和“21 世纪海上丝绸之路”的重大倡议，简称“一带一路”倡议。2015 年 3 月，我国对外正式发布《推动共建丝绸之路经济带和 21 世纪海上丝绸之路的愿景与行动》，全面阐释了共建“一带一路”倡议的构想。“一带一路”倡议提出并实施以来，我国坚持共商共建共享原则，推动共建“一带一路”高质量发展，推进一大批关系沿线国家和地区经济发展、民生改善的合作项目，建设和平之路、繁荣之路、开放之路、绿色之路、创新之路、文明之路，使共建“一带一路”成为当今世界深受欢迎的国际公共产品和国际合作平台，推动共建“一带一路”高质量发展，以中国的新发展为世界提供新机遇，取得实打实、沉甸甸的成就。

一、21 世纪海上丝绸之路阶段性研究成果

2021 年，面对百年未有之大变局和新冠疫情的交织叠加，在党中央的坚强领导下，我国统筹谋划推动高质量发展、构建新发展格局和共建“一带一路”，坚定以高标准、可持续、惠民生为目标，巩固互联互通合作基础，拓展国际合作新空间，扎牢风险防控网络，努力实现更高合作水平、更高投入效益、更高供给质量、更高发展韧性，稳步扎实地推进共建“一带一路”高质量发展。

2021 年，我国继续坚持开展健康、绿色、数字、创新等新领域合作，培育

合作的新增长点。这一年“健康丝绸之路”建设不断推动构建人类卫生健康共同体。我国首倡举办新冠疫苗合作国际论坛，致力于推动各方携手探讨与合作，推进全球疫苗的公平合理分配，我国援建的非洲疾控中心总部主楼顺利封顶，同31个合作伙伴共同发起“一带一路”疫苗合作伙伴关系倡议，截至2021年底已累计向120多个国家和国际组织提供20亿剂新冠疫苗，向“新冠疫苗实施计划”捐赠1亿美元，建立了30个中医药海外中心。这一年“绿色丝绸之路”建设不断推动构建人与自然生命共同体。中国与31个合作伙伴发起“一带一路”绿色发展伙伴关系倡议，大力支持发展中国家能源绿色低碳发展，承诺不再新建境外煤电项目。据不完全统计，2021年我国企业在海外新签订水电项目48个，签约总额83.33亿美元，投资和承建风电项目61个，光伏项目125个（总投资额57.1亿美元）。这一年“数字丝绸之路”建设发展迅猛，推动构建网络空间命运共同体。中国申请加入《数字经济伙伴关系协定》，参与制定高标准数字经贸规则，援非“万村通”乌干达项目实现了900个村落卫星数字电视信号接入，截至2021年底，已与22个国家建立“丝路电商”合作机制。这一年“创新丝绸之路”建设朝气蓬勃。2021年，我国已和84个共建国家建立科技合作关系，支持联合研究项目1118项，累计投入29.9亿元，在农业、新能源、卫生健康等领域启动建设53家联合实验室。

同时，2021年我国继续把基础设施“硬联通”作为重要方向，把规则标准“软联通”作为重要支撑，把共建国家人民“心联通”作为重要基础，推动共建“一带一路”高质量发展，成绩斐然。

基础设施联通是共建“一带一路”的优先关键领域，2021年基础设施“硬联通”继续扎实推进。(1)在交通设施建设方面，中老铁路顺利通车，中老铁路有望使万象与昆明之间的运输成本下降40％～50％。中老铁路是“一带一路”倡议与老挝“变陆锁国为陆联国”战略对接的重要项目。匈塞铁路顺利推进，为中匈塞友好合作注入强劲动力。圭亚那谢—曼公路完成主体全部土建工程，为中圭共建“一带一路”增光添彩。(2)积极推进能源基础设施建设。中巴经济走廊默拉输电项目正式送电，为当地工业生产提供了坚实保障。中俄核能合作项目开工，成为高水平国际核能合作的典范。中国与沙特成功签约红海新城储能项目，助力沙特推进"2030愿景"和"国家转型计划"。(3)信息联通水平不断提升。中国移动参与建设的2Africa海缆项目加速推进，腾讯、阿里巴巴多个海外云计算中心投入运转，提供全球云端服务，助力共建国家数字化智能化转型。(4)经贸投资合作稳步增长。2021年1至11月，中国与"一带一路"共建国家进出口累计10.43万亿元，同比增长23.5%；在"一带一路"共建国家非金融类直接投资179.9亿美元，同比增长12.7%。中欧班列铺排70多条运行线路，通达20多个国家170多个城市，运输货品超过5万种，为稳定产业链、供应链发挥了重要作用。

规则标准是促进互联互通的重要桥梁和纽带，规则标准"软联通"成效显著。2021年，中国与共建国家进一步加强规则标准对接互认，持续参与推动全球贸易投资规则改革。这一年中国与111个世贸组织成员共同签署《投资便利化联合声明》，率先完成《区域全面经济伙伴关系协定》核准程序，积极申请加入《全面与进步跨太平洋伙伴关系协定》；积极推动中国规则标准"走出去"，《中国国际贸易促进委员会/中国国际商会调解中心知识产权争议调解规则》出台，助力中国深度参与知识产权全球治理；积极推动境外项目采用中国标准，中老铁路全线采用中国标准，巴基斯坦卡拉奇核电项目采用具有完全自主知识产权的"华龙一号"堆型；持续加强规则标准能力建设，中国标准外文版供给能力不断提升，完成并发布疫情防护国家标准外文版37项、国家标准外文版930项、行业标准外文版753项。

民心相通是共建"一带一路"的人文基础，我国不断促进共建国家人民"心联通"。这一年中国助力减贫、创造就业、开展能力建设，注重把当地民众基本生存和发展需求作为共建"一带一路心联通"首要考量。(1)助力减贫脱贫。莫桑比克塞塞农业合作项目种植户在中国专家的指导下掌握了科学种植方法，能够熟练地操作机械，家庭收入翻番。近年来，中国通过开展减贫合作技术援助，推进实施菌草种植，显著改善了共建国家人民的生活水平。根据世界银行的报告，共建"一带一路"将使相关国家760万人摆脱极端贫困、3200万人摆脱中度贫困。(2)积极为沿线国家创造劳动就业。中工国际工程股份有限公司承建的埃塞俄比亚贝雷斯糖厂正式出糖，该项目是“实实在在的民生工程”。中国江苏德龙镍业有限公司投资建设的印尼巨盾镍铁冶炼厂投产，此项目给当地带来2.7万个就业岗位。根据调查，在非洲8个国家的1000多家中国企业至少为非洲提供了30万个工作岗位。(3)持续开展能力建设。2021年，鲁班工坊总数达到20个，为当地人民提供优质职业教育和技术培训，是促进中外人文交流和推动职业教育国际化发展的重大创新。

2021年，中国同“一带一路”国家的合作继续深入，“一带一路”不仅联通亚太和欧洲经济圈，还穿越非洲、环连亚欧，成为世界上跨度最长、最具潜力的合作带。2021年又有7个国家同中国签署共建“一带一路”合作文件，“一带一路”朋友圈越来越大。截至2021年底，中国已与145个国家、32个国际组织签署了200多份共建“一带一路”合作文件，涵盖互联互通、贸易、投资、金融、科技、社会、人文、民生、海洋等领域。

2021年，一方面，中国继续加快推进“一带一路”建设；另一方面，学术界的相关研究进入了一个崭新的发展阶段。

二、地方政府与“一带一路”建设研究

各地方政府在高质量建设“一带一路”倡议中进行了许多有益的探索，从各层面出台专项方案推动“一带一路”倡议落地实施。沿海地区更是充分发挥独特的区位优势，抓住重大发展机遇，以具体发展战略规划为契机，积极融入“一带一路”建设整体布局，把高质量建设“一带一路”作为发展各项工作的重要举措。因此，2021年学术界对各沿海地区如何参与“一带一路”进行了深入的探讨。我们首先从广西壮族自治区开始论述。

(一)关于广西壮族自治区参与“一带一路”建设问题的研究概况

这些年广西着力聚焦21世纪海上丝绸之路建设，取得重要进展。

李世泽的《广西自贸试验区：让共建“一带一路”更精彩》(《当代广西》2021年第17期)认为，广西自贸试验区要取得更大发展，推动先行先试，必须在更好服务和融入共建“一带一路”中演绎更多精彩。具体举措主要体现

在以下方面：在主动对接国际高标准规则体系上先行先试，更好服务和融入“一带一路”政策沟通；在高水平共建西部陆海新通道上先行先试，更好服务和融入“一带一路”设施联通；在深化经贸合作上先行先试，更好服务和融入“一带一路”贸易畅通；在建设面向东盟的金融开放门户上先行先试，更好服务和融入“一带一路”资金融通；在深化人文交流合作上先行先试，更好服务和融入“一带一路”民心相通。李世泽在《“一带一路”建设背景下广西沿边开放型经济的发展路径》(《市场论坛》2021 年第 7 期)中主要探究了“一带一路”建设背景下广西沿边开放型经济发展的新路径。文章先分析了“一带一路”建设背景下广西沿边开放型经济发展具有的基础条件——合作机制逐步建立、互联互通有效推进、经贸合作不断拓展、金融合作取得新进展、人文交流合作日益密切——接着指出“一带一路”建设背景下广西沿边开放型经济发展面临的突出问题主要有：政策沟通仍然不够(金融政策对接不够，用地政策趋紧，跨境劳务政策有待完善)；互联互通有待加强(交通互联互通有待加强，口岸基础设施建设有待加强)；通关便利化水平有待提升；跨境合作协调难度较大；人文交流合作有待深化。文章最后提出，“一带一路”建设背景下广西沿边开放型经济发展的路径选择主要有：强化机制建设，促进政策沟通(建立健全合作机制，加强行业标准和监管准则对接，加大用地政策支持，鼓励跨境劳务合作)；构建西部陆海新通道陆路门户，促进设施联通(加强交通基础设施建设，加强边境口岸设施建设)；打造跨境产业合作示范区，促进贸易畅通(加强重点合作平台建设，加快边境贸易转型升级，鼓励跨境电商发展，推进跨境自驾游便捷通关，推进中越直达运输通关便利化)；建设面向东盟的金融开放门户，促进资金融通(推动双边本币清算深度合作，完善跨境金融生态环境)。

钦州建设的西部陆海新通道枢纽城市是“一带一路”有机衔接的国际陆海通道重要节点城市、重要国际门户城市、产业合作枢纽城市。傅远佳等撰写的《“一带一路”西部陆海新通道枢纽城市的建设路径》(《商业经济》2021 年第 11 期)就是重点介绍作为西部陆海新通道枢纽城市的钦州的。文章首先明确提出钦州建设的西部陆海新通道枢纽城市有着更广泛更丰富的内涵，认为：钦州是“一带一路”有机衔接的国际陆海通道重要节点城市(是西部陆海新通道的重要海上门户；是西部陆海新通道的重要陆海节点；是中国西部离东盟最近的国际航运中心、沿海高铁网中心和沿海高速公路枢纽)。钦州是“一带一路”有机衔接的重要国际门户城市(作为西部地区对外开放水平较高的城市，与东盟地区有着稳定的沟通平台；是中国西部国际产能合作、先进制造业合作和科技交流合作等多个区域经济合作的新高地；是集国际贸易、国际投资和金融服务、国际航运、国际物流和信息通信技术于一体的国际枢纽城市)。钦州是“一带一路”有机衔接的产业合作枢纽城市(是西部以陆海通道为纽带的向海产业合作枢纽；是西部以科技创新为动能的新兴战略产业合作枢纽；是“一带一路”重要的国际产能合作枢纽)。基于上面的分析，文章认为钦州建设的西部陆海新通道枢纽城市应当具有通道枢纽功能、经济枢纽功能、软联通功能、核心城市功能，应着重做好完善交通基础设施、健全综合运输枢纽体系、建设国际集装箱干线港、促进高新高端产业集聚等主要工作。接着，文章指出，钦州在建设西部陆海新通道枢纽城市中已取得一定成绩的情况下，也存在一些问题：基础设施建设亟待提速，海铁联运瓶颈问题逐步显现；口岸竞争力不足，提效降费工作仍需持续开展；与东盟国家交流不够深入，产业发展及国际产业合作有待加强；旅游资源开发水平较低，基础设施不够完善。最后文章从六个方面提出相应的建设路径：(1)强交通、扩港口、拓通道(加强港口设施建设，建成集装箱干线港；加强通道网络建设，完善综合集疏运体系)。(2)深改革、简流程、提效率(理顺园区运作管理体系，提升园区整体运作水平；全方位提效降费，全面提升新通道软实力)。(3)全开放、配政策、真兑现(以服务业和制造业开放为先导，推动相关领域有序开放；以自贸区制度创新为引领，推动全方位开放合作；明确部门责任，抓好服务创新和政策兑现)。(4)搭平台、聚产业、优结构(积极设立和申报相关开放试验示范区，加快自由贸易试验区建设；建立良好国际经济合作关系，推动经济自由化；建立配套服务，增强产业园区竞争力；开拓招商渠道，增强要素集聚能力；引进科技创新元素，培育高新高端产业)。(5)强文教、促交流、扩旅游(推动教育现代化和国际化，打造科技教育强市；科学评估旅游资源，从全局规划建设国际滨海旅游强市；深化国内外文化交流，建设国际海洋文化强市)。(6)接西部、强东盟、融粤港澳(主动推动西部合作，建设西部向海经济增长极；加强东盟合作创新，建设中国—东盟合作示范区；融入粤港澳大湾区创新发展，打造高端高新产业高地）。

广西与东盟陆海相邻，具有“一湾相挽十一国，良性互动东中西”的独特区位优势。东盟是广西融入“一带一路”建设的重要方向和主要国家，是广西强化开放引领的首要选择。《广西壮族自治区国民经济和社会发展第十四个五年规划和二〇三五年远景目标纲要》提出，要“加快形成面向东盟更好服务‘一带一路’的开放合作高地”。因此，2021年关于广西与东盟合作发展的研究比较多。主要有：马金娟的《“一带一路”背景下中国广西与东盟国家职业教育合作机制研究》（《东南亚纵横》2021年第3期），演莉、金鑫的《“一带一路”背景下广西与越南边境贸易面临挑战和改善途径》（《对外经贸实务》2021年第11期），李博文、杨小红的《“一带一路”背景下广西对东盟农产品出口的研究》（《内江科技》2021年第9期），杨勇的《加快形成面向东盟更好服务“一带一路”的开放合作高地》（《当代广西》2021年第10期），弓婧媛的《“一带一路”背景下广西面向东盟语言人才培养研究》（《辽宁经济管理干部学院学报》2021年第6期），钟春云的《广西携手东盟共舞“数字丝路”》（《当代广西》2021年第11期），严雪、徐可欣的《“一带一路”背景下广西民族文化走向东盟的路径研究》（《科技传播》2021年第8期），等等。

其中，马金娟的《“一带一路”背景下中国广西与东盟国家职业教育合作机制研究》一文从职业教育合作机制研究的角度探讨“一带一路”背景下中国广西与东盟国家的合作。文章开门见山地指出，“在‘一带一路’建设背景下，中国需要基于区域经济的建设与发展促成交流与合作，从而在合作中促成区域经济发展成果共享。在现如今的区域经济发展中，职业教育合作已经成为区域经济建设的一个重要发展方向”。文章首先界定国家职业教育合作机制建设的本质和内涵，在中国国家职业教育合作机制的建设与发展中，主要呈现出协作式融合、关联性融合及目标性融合的发展特征。“一带一路”建设为中国广西与东盟国家职业教育合作带来历史机遇。其内容包括：贯彻国家政策方针，落实合作办学教育理念；搭建教育合作平台，促进职业教育深化发展；以社会机制为驱动，带动国家教育水平提高。文章从项目合作现状、文化交流现状、平台建设现状和政府推动现状四个方面分析、介绍了中国广西与东盟国家职业教育合作的情况，指出广西与东盟国家职业教育合作的困境和挑战有：广西对东盟国家的职业教育合作宣传不足；广西对东盟国家职业教育体制认识不足；双方职业教育生态环境的专业性有待提高；以创新为主导的教学模式改革动力不足。最后，文章提出"一带一路"背景下广西与东盟开展职业教育合作的建议：强化教育顶层设计，建立健全职业教育质量评估体系；重视基础设施建设，完善职业教育合作交流平台；专业教育统筹规划，设计完善职业教育专业课程；完善组织机构建设，提高职业教育合作运作效率；以媒体传播为手段，提高中国广西职业教育的宣传力度。

演莉、金鑫的《"一带一路"背景下广西与越南边境贸易面临挑战和改善途径》一文以广西与越南的边境贸易为研究对象。文章分析了广西与越南的边境贸易的发展现状：边境贸易形式单一，小额贸易占据主要份额；边境贸易商品类型多元，互补性强；两地经贸合作平台助推贸易往来；边境贸易跨境结算便利度提高。但是也面临着挑战，主要有：中国东盟合作机制平台弱化边境贸易往来；广西越南边境贸易政策不完善；两地边境贸易交通基础设施和数字基础设施落后。因此，文章认为"一带一路"背景下广西与越南边贸往来的改善途径有：在数字丝绸之路理念下提升广西越南边境贸易政策沟通机制；在数字经济理念下完善边境口岸数字基础设施，实现互联互通；跨境电商是数字经济时代贸易畅通的核心；民心相通助力两地跨境旅游服务贸易；创新边境贸易结算方式，以融资体系实现资金融通。

2021 年有关广西如何参与 21 世纪海上丝绸之路建设的研究成果比较丰富。主要有：甘智文的《"一带一路"背景下广西特色农产品跨境电商发展策略探析》(《商展经济》2021 年第 24 期)，陶琳的《"一带一路"背景下广西专门用途英语翻译人才培养路径研究》(《科技视界》2021 年第 35 期)，莫旻荧的《"一带一路"背景下广西多元化语言服务体系的构建》(《社会科学家》2021 年第 12 期)，王维延的《"一带一路"倡议下优化广西对外直接投资布局的思路与对策》(《太原城市职业技术学院学报》2021 年第 8 期)，朴婷姬、吕秀一的《"一带一路"建设中边境地区的教育困境与治理路径——基于广西边境地区的调查》(《北方民族大学学报》2021 年第 4 期)，王诚楠、刘成晨的《“一带一路”中广西的角色扮演研究》(《经济师》2021 年第 7 期)，吴祺等的《从外宣翻译角度对“一带一路”背景下广西坭兴陶非遗文化推广研究》(《陶瓷研究》2021 年第 3 期)，颜春静、邱安琪的《“一带一路”背景下广西跨境电商企业发展策略探析》(《经济研究导刊》2021 年第 12 期)，李燕轩、郑琼京的《“一带一路”背景下广西高校跨境电商物流人才培养路径探索》(《中国储运》2021 年第 3 期)，严善美、刘秀玲和李国鹏的《“一带一路”建设下广西出口贸易发展探讨》(《对外经贸》2021 年第 2 期)，温培华的《“一带一路”倡议下广西高职院校物流管理人才培养模式研究》(《教育观察》2021 年第 3 期)，刘丽静、李向农的《“一带一路”建设中语言能力提升探究——以广西的“五通”工作为视角》(《社会科学家》2021 年第 3 期)，蒋玉莲、韦武昌和周定洲的《“一带一路”倡议下广西开放型经济发展对策研究》(《商业经济》2021 年第 7 期)，邓宇航的《传播视域下的汉郡合浦与南海丝绸之路》(《广西民族研究》2021 年第 6 期)，刘丽萍的《“一带一路”背景下北部湾经济区人才开发战略研究》(《全国流通经济》2021 年第 23 期)，等等。

(二)关于海南参与“一带一路”建设问题的研究概况

海南是国家“一带一路”倡议的桥头堡。2021 年关于海南参与“一带一路”建设的成果有：陶信伟的《“一带一路”背景下海南民俗文化跨文化传播路径研究》(《海南广播电视大学学报》2021 年第 3 期)，殷雅荣、李援的《“一带一路”背景下海口港发展的 SWOT 分析及建议》(《珠江水运》2021 年第 9 期)，陈昕渝的《海南自由贸易港的建设对“一带一路”的影响效应》(《营销界》2021 年第 37 期)，李曾逵的《海南与“一带一路”沿线国家贸易量下降的原因探究》(《现代商业》2021 年第 9 期)，欧阳琨的《“一带一路”背景下海南黎苗族国家级非物质文化遗产外宣英译调查研究》(《湖北开放职业学院学报》2021 年第 5 期)，等等。

在上述文章中，陶信伟的《“一带一路”背景下海南民俗文化跨文化传播路径研究》以海南民俗文化为研究对象，深入探讨如何更好地“讲好海南故事”“传播海南声音”。文章首先分析“一带一路”背景下海南民俗文化跨文化传播具有的意义：保护和传承海南文化根脉；打造区域文化交流平台；彰显海南独特文化魅力。同时分析了当前海南民俗文化跨文化传播的现实困境:认知缺位;跨文化传播能力不足;理念僵化、缺乏创新;人才队伍参差不齐。在此基础上,文章提出“一带一路”背景下海南民俗文化跨文化传播的路径:(1)知己知彼,加强对海南民俗文化和“一带一路”沿线国家文化研究;(2)对话与倾听,提升海南民俗文化跨文化传播能力;(3)多样化传播,努力打造“文化共同体”;(4)人才培养,建立专业化的海南民俗文化跨文化传播队伍。

李曾逵的《海南与“一带一路”沿线国家贸易量下降的原因探究》主要从海南与“一带一路”沿线国家贸易量下降的原因中寻求如何提升。文章选取了2013—2016年“一带一路”沿线国家对海南的贸易数据,分析得到:“2013—2016年,海南与‘一带一路’沿线国家贸易总额不大,并且与多数国家呈现逆差表现,出口增长有限,出口对GDP贡献率极低,多数为负。海南与‘一带一路’沿线国家贸易依存度非常低,贸易依赖性很弱。‘一带一路’倡议开展以来,短期来看对贸易量、经济量并没有产生推动作用,反而进一步降低了海南的出口量,贸易逆差扩大。”文章认为海南与“一带一路”沿线国家的贸易依赖性降低的原因在于:地区经济差距增大加剧贸易资源的集中;海南与“一带一路”沿线国家的出口相似性降低了贸易对经济的贡献率;服务贸易的发展降低了海南对外贸易依存度。最后,文章提出了海南与“一带一路”沿线国家的贸易措施:加强第三产业布局,形成区域产业对接;调整出口货物产业结构,打造明星产品;扩大出口优势区域贸易,提升出口劣势区域的政治影响;进一步扩大服务贸易,优化产业结构;改善营商环境,打造对外开放门户。

(三)关于广东参与“一带一路”建设问题的研究概况

广东是“一带一路”的战略枢纽、经贸合作中心和重要引擎。2021年关于广东参与“一带一路”建设的研究成果有:邵任薇、文英和刘颖的《“一带一路”背景下社会组织“走出去”的风险防控——以广东为例》(《广东行政学院学报》2021年第2期),李林杰的《“一带一路”建设下广东—东盟科技合作圈建设研究模式探究》(《产业与科技论坛》2021年第24期),吴慧姗、余玉娴的《"一带一路"背景下广东新型职业农民培训的现实困境与发展策略》(《农村经济与科技》2021 年第 19 期),陶红的《"一带一路"下广州"花文化"品牌形象提升策略研究》(《特区经济》2021 年第 5 期),陈晓翠、陈籽忆的《广东中小企业对"一带一路"沿线国家投资策略研究》(《农村经济与科技》2021 年第 9 期),吴金蓉的《广东企业参与"一带一路"建设的法律风险防范》(《法制与社会》2021 年第 13 期),等等。

邵任薇、文英和刘颖的《"一带一路"背景下社会组织"走出去"的风险防控——以广东为例》一文主要探讨"一带一路"背景下广东社会组织如何"走出去"实现战略目标。文章明确指出,"一带一路"背景下的社会组织,除着眼于自身发展外,更承担着配合中国政府参与全球治理、彰显大国责任、促进民间外交、提升国际话语权的重大历史使命。在此基础上,文章以广东省为例,以 2017 年版 COSO 企业风险管理框架为基础,分析了"一带一路"背景下广东社会组织在"走出去"过程中所遇到的风险,即资金风险、人员风险、服务对象风险、竞争者风险、公共舆论风险和制度风险。文章具体介绍了广东省社会组织"走出去"风险防控的实践经验,运用 COSO 分析框架,得出广东社会组织"走出去"风险应对的不足:在社会组织层面,风险防范意识不足、内部人才培训机制不健全;在政府层面,制度规定较少,而且相对粗放,立法层次也相对较低,人才引进和培养匹配程度并不高,政、社、企交互平台的搭建层面难以起到信息互联互通的作用。最后,文章认为,在风险社会中,社会组织的全面风险管理还需包括政府部门、企业、其他社会组织在内的多方联动、共同应对,具体途径有:社会组织应加强内部环境建设,打造多元资金渠道,加强内部人才建设,建设行业协会平台,强化媒体利用;政府部门应注重人才培养,尤其是人才培养要有针对性,搭建一个能够促进政府、企业以及社会组织之间进行信息交流和沟通的平台来推动其和政府、企业间的合作,并注重制度构建,需要从宏观制度层面予以保障。

2021 年,还有一些文章针对广东各地积极参与 21 世纪海上丝绸之路建设作了专门研究。如李焱的《国际贸易秩序变革背景下深圳参与 21 世纪海上丝绸之路建设研究》(《中国市场》2021 年第 7 期),王斯宇的《从"丝路启航"展看岭南汉代海上丝绸之路文物》(《收藏》2021 年第 2 期),符入今、王智利的《广州市大学生“海丝文化”知信行现状分析》(《产业与科技论坛》2021年第13期),陈源威的《“一带一路”背景下深圳特区在区域发展中的作用探究》(《中国集体经济》2021年第6期),姚国玉的《“一带一路”背景下的我国语言服务产业体系构建研究——以广州市为例》(《对外经贸》2021年第4期),杨晓英的《汇聚新时代“侨心”“侨智”推动共建“一带一路”高质量发展——基于潮汕侨批文化的启示》(《广东省社会主义学院学报》2021年第1期),等等。

在以上文章中,李焱的《国际贸易秩序变革背景下深圳参与21世纪海上丝绸之路建设研究》聚焦于深圳如何发挥自身优势,更好推进21世纪海上丝绸之路建设。文章开门见山地分析了国际贸易秩序变革的表现及新秩序的建立,指出“全球多边贸易合作的推动力量与合作平台正在发生深刻变化。部分发达国家呈现出保守甚至倒退的倾向,新兴经济体扛起捍卫多边贸易合作的大旗。当前,区域性、周边性的自贸协定成为推动多边贸易合作的主流,世界贸易格局进一步朝多极化方向发展”。在此背景下,文章分析得出深圳参与海上丝绸之路建设的优势有:深圳在经济综合实力、对外经济水平、港口功能和综合交通运输能力四个方面在15个沿海主要港口城市和4个经济特区中整体排名靠前,具有较强的经济综合实力,对外经济水平也较发达,同时是交通主枢纽,能够为海上丝绸之路建设起到良好的支撑作用。同时,文章分析了深圳与21世纪海上丝绸之路成员国贸易的影响因素,结果表明,相对经济发展水平、贸易依存度、经济规模以及物理距离对国家之间的贸易往来存在显著影响。对此,作者认为深圳成为21世纪海上丝绸之路战略支撑的实现路径有:深化深港合作及协同发展(加快深港服务业合作,加快深港数字化建设,加快湾区科技创新高地建设);拓展国际经济合作方式(建设协同创新网络,建设海上丝绸之路核心示范区,加快海上丝绸核心区创新发展,加快海洋中心城市建设);深化与周边国家的区域性经济合作(加快发展互补性贸易,加快对外直接投资与利用外资,实施区域差异化战略);建立和完善预警机制(建立全方位的海外利益安全保障体系,积极签订双边与多边协定,引入社会力量参与海外安全风险防范)。

杨晓英的《汇聚新时代“侨心”“侨智”推动共建“一带一路”高质量发

展——基于潮汕侨批文化的启示》一文从潮汕侨批文化发展的角度探求如何推动共建“一带一路”高质量发展。文章提到：“今天的潮汕侨批，已经作为一种‘爱祖国、爱家乡、处事要诚、待人要信’的重要历史信物，将海内外潮人对国家、家乡的深情厚谊浓缩在一纸侨批上，也已然成为新时代‘汇侨心、聚侨智’的情感纽带。”为此，作者提出潮汕侨批文化具有的当代价值有：为当前培育和践行社会主义核心价值观提供有益的文化营养和参考价值，也是新时代“汇侨心、聚侨智”的情感纽带。接着，作者通过潮汕侨批，领悟到潮汕华侨成功“走出去创业”的文化密码和智慧源泉，认为当今世界正经历百年未有之大变局，在新冠疫情全球流行的背景下，新发展阶段要加强同“一带一路”沿线国家和地区开展多层次、多领域的务实合作，就必须汇聚新时代“侨心”“侨智”，弘扬华侨血脉“中国心”的优良传统，发挥华侨的智库优势，积极借鉴潮汕华侨成功“走出去创业”的文化密码和经验要素等智慧，推动共建“一带一路”高质量发展，以精细的“中国心”推动“一带一路”建设有序地开展，以乐群的方式推进“一带一路”建设顺利地开展。

（四）关于福建参与“一带一路”建设问题的研究概况

福建是 21 世纪海上丝绸之路互联互通建设的重要枢纽、21 世纪海上丝绸之路经贸合作的前沿平台、全国唯一的 21 世纪海上丝绸之路核心区，是 21 世纪海上丝绸之路地理位置上的重要节点，又是著名的侨乡。近几年福建在全方位融入共建“一带一路”中取得了较大的成效。因此关于福建参与“一带一路”建设问题的研究从不同的视角来分析，取得了丰富的成果。主要有：廖萌的《高质量建设 21 世纪海上丝绸之路核心区的路径研究》（《科技经济市场》2021 年第 10 期），汤永川等的《对外贸易视角下的福建制造业“一带一路”国际合作研究》（《学会》2021 年第 8 期），张国庆的《“一带一路”建设与福建经济发展》（《中国外资》2021 年第 11 期），公丕萍、卢伟的《高质量推动福建省海丝核心区建设的思路及对策建议》（《中国经贸导刊》2021 年第 22 期），吴孟轩的《网上丝绸之路新媒体与大数据营销传播初探——以福建海丝传播为例》（《现代营销（经营版）》2021 年第 11 期），陈丽辉的《面向“海丝核心区”建设的标准信息服务路径研究》（《海峡科学》2021 年第 9

期),侯志强、曹咪和吴贵华的《“一带一路”倡议的入境旅游政策效应——福建省经验数据的实证》(《华侨大学学报(哲学社会科学版)》2021 年第 4 期),俞强的《金融赋能“海丝”核心区建设》(《中国外汇》2021 年第 5 期),周超的《海丝精神融入福建省高校思修课教学的现实路径》(《青海科技》2021 年第 1 期),李鸿的《21 世纪海上丝绸之路建设中福建佛教文化的发展路向》(《法音》2021 年第 2 期),等等。

在以上文章中,不同学者研究的重点不同。其中廖萌在《高质量建设 21 世纪海上丝绸之路核心区的路径研究》一文中梳理了福建省作为海上丝绸之路核心区,积极主动促进海上丝绸之路核心区高质量发展,在密切政策沟通、推进设施联通、深化贸易畅通、促进资金融通、加强民心相通等方面取得了较大的成效。文章同时也指出,高质量建设海上丝绸之路核心区面临一些制约因素,主要有:经贸合作机制不健全,海洋经济合作有风险,要素集聚和辐射能力不强,对外开放服务体系不够完善,对外开放区域协调机制有待建立。在上面分析的基础上,作者认为福建应充分发挥比较优势,其高质量建设海上丝绸之路核心区的路径选择有:积极推进设施联通(着力加强空中航线网络和空港通道建设,加密海上航线,推进多式联运);深化国际产能合作(推进国际合作重点示范园区建设,着力开拓“一带一路”市场,加强海洋合作,打造经贸合作和品牌推介平台);优化金融保障(发挥金融机构主渠道作用,用好“海丝”相关基金,推进金融业开放创新);深化人文交流(拓展医疗卫生合作,深化教育国际合作,落实线上外贸营销售后服务项目,强化文化旅游合作,建设海外宣传阵地);强化机制创新(完善友城合作机制,推动福建与台港澳合作)。

汤永川等的《对外贸易视角下的福建制造业“一带一路”国际合作研究》从福建制造业产业结构与竞争优势分析入手,系统介绍了福建制造业“一带一路”国际合作发展现状,详细阐述了福建制造业“一带一路”国际合作面临的问题主要有:“走出去”过程中主要面临的问题(政治环境与法律法规问题,标准与知识产权问题,资金财务问题,企业运营与高层次人才问题,语言及文化差异问题,新冠疫情引发的问题);“引进来”过程中主要存在的问题(全球制造业对外投资呈下行趋势,生产要素成本上升导致引进来吸引力降低，制造业产业基础能力薄弱制约高端制造业引进来，创新环境不足影响制造业高质量引进来）。文章基于对外贸易大数据研究了福建代表性制造业"一带一路"合作情况，提出了福建制造业"一带一路"国际合作的重点领域。在上述分析的基础上，文章提出，福建应当聚焦制造业优势产业和主要新兴产业领域，瞄准"一带一路"沿线产业发展高地和技术创新高地。文章同时提出了相应的政策建议：坚持制造业多元开放合作，构建国内国际双循环通道；提升与"一带一路"沿线国家制造业数字化合作水平；提升福建制造业标准的"一带一路"国际竞争力；健全与"一带一路"沿线国家合作机制与平台；整合"一带一路"沿线制造业供应链资源，优化投资环境；建设国际化人才培养基地，做好沿线科技人才布局。

公丕萍、卢伟的《高质量推动福建省海丝核心区建设的思路及对策建议》一文认为，福建省在推动海上丝绸之路建设方面取得了明显进展。但同时指出，福建省海上丝绸之路核心区建设仍面临四个不匹配问题：(1)建设理念和方式有待提升，统筹协调机制亟待完善，建设成效与海上丝绸之路核心区战略定位不匹配（国际合作规模较小，辐射带动作用有限；建设理念有待提升，国际合作层次总体较低；统筹协调力度不足，港口腹地交叉重叠导致同质化竞争明显）。(2)民营企业走出去步伐加快，但配套政策落实不到位不及时，民营企业服务保障能力与主力军地位不匹配（民营企业融资难、融资贵问题依然突出，境外投资外汇管制过严，传统出口型外贸企业对减税降费受益不明显，国际化及本土经营人才短缺制约项目后续运营）。(3)文化资源挖潜不够，人文交流合作层次与方式亟待深化，民心相通建设成效与深厚海上丝绸之路文化底蕴不匹配（人文交流合作面较为局限；友城交往实质性内容偏少，总体交往质量不高；人文交流合作现代意识不强，与福建海上丝绸之路核心区建设结合不够紧密）。(4)多重风险交织叠加，风险预警预判及防控机制建设滞后，风险防控能力与潜在风险应对需求不匹配（政治安全风险较大，东道国政策连续性差，汇率波动加大汇兑损失风险，关税优惠政策或面临调整）。最后，文章有针对性地提出推动福建省海上丝绸之路核心区高质量发展的思路及政策建议：着眼巩固提升核心竞争力和不可替代作用，聚焦重点方向和关键领域，加快推进重大开放功能平台建设（建设

"丝路海运"升级版，建设海上丝绸之路特色产业开放合作先行示范区，打造海上丝绸之路文化交流与海上合作国际门户城市，建设国家级海上丝绸之路综合服务平台)；着眼于强化资源整合利用及分工协作，加强统筹协调机制建设，引导地方、企业等有序参与海上丝绸之路核心区建设(鼓励各地市及福州港、厦门港、泉州港等重点港口积极探索创新"一带一路"建设参与路径，进一步明确各自功能定位，加强差异化发展指导；加强与央企交流合作，主动搭建企业合作平台；以泉州为重点，加强对福建省各地市海上丝绸之路历史文化资源的分类梳理及有效整合)；着眼破解民企对外投资贸易遇到的难点、痛点、堵点，深化银企对接合作，加强民企"走出去"发展资金保障能力；着眼壮大海上丝绸之路核心区建设积极力量，有效发挥海外华人华侨及友城作用，推动人文资源转化为经贸合作实效；着眼强化突发性及趋势性风险防范应对能力，坚持多方参与及全流程覆盖，建立完善海外风险防控体系(加强风险评估预警，强化企业项目风险防控主体地位，引导企业加快产业转型升级和优化空间布局)。

侯志强、曹咪和吴贵华在《"一带一路"倡议的入境旅游政策效应——福建省经验数据的实证》一文中以福建省为例，从旅游视角，主要对"一带一路"背景下入境旅游的发展进行深入探讨。文章采用合成控制法，利用我国11个省区市2004—2016年的面板数据，运用合成控制法，构建反事实组，模拟福建省受到"一带一路"倡议影响的入境旅游发展趋势，并借助"真实福建"与"合成福建"的对比，测算倡议对福建省入境旅游的政策效应。同时，采用DID方法和安慰剂检验对"一带一路"倡议是否真正推进了福建省入境旅游发展进行稳健性检验，并进一步探究"一带一路"倡议对福建省入境旅游的作用机制，且与"一带一路"沿线省区市的政策效应和作用机制进行对比分析。研究表明：(1)"一带一路"倡议提出以来，对福建省入境旅游具有一定的促进作用，相较于"合成福建"，年平均增长幅度为9.53%。(2)通过作用机制探究，"一带一路"倡议主要通过对福建省深化对外开放发挥政策效应。(3)基于政策效应、作用机制的异质性分析，"一带一路"倡议对福建省、"一带一路"沿线省区市入境旅游均表现为促进作用，但福建省政府宏观调控、旅游生产要素投入、产业结构有待进一步调整。在此基础上，文章提出相应的政策建议：持续推进旅游对外开放，优质对接国际旅游需求；促进产业平衡稳定发展，逐步优化升级产业结构；优化旅游生产要素积累，全面提升生产要素优势；合理调整政府支出，实行积极而有限的政府职能。

同时，探讨福建各地区如何建设“一带一路”的文章也比较多，主要有：萧君虹、卢巧妹和郑书耘的《重构泉州“海丝”英文网络外宣平台的思考》（《武夷学院学报》2021 年第 5 期），陈月生的《21 世纪海上丝绸之路沿线国家投资潜力分析——以福清投资的 14 国为例》（《莆田学院学报》2021 年第 4 期），陈宏的《海上丝绸之路背景下的特色小镇创建探析——以厦门渔港小镇为例》（《福建建筑》2021 年第 10 期），聂莹的《泉州海丝文化融入大学生社会主义核心价值观培育》（《高校后勤研究》2021 年第 11 期），黄益军的《泉州市全民艺术普及海丝特色研究》（《泉州师范学院学报》2021 年第 5 期），陈冷冷的《海丝文化与泉州市文创产业融合的路径》（《黎明职业大学学报》2021 年第 1 期），董青、张慧和丁鑫的《泉州海丝文化旅游网络关注度的时空分布特征及其影响因素》（《广西职业师范学院学报》2021 年第 1 期），程霞、李阳和王雨婷的《海丝古港遗址研学旅游开发研究——以泉州刺桐港为例》（《商展经济》2021 年第 4 期），宋新潮的《泉州：海上丝绸之路的东方明珠》（《自然与文化遗产研究》2021 年第 3 期），等等。

泉州是“一带一路”的战略支点城市。萧君虹、卢巧妹和郑书耘的《重构泉州“海丝”英文网络外宣平台的思考》就是探究通过重构泉州 21 世纪海上丝绸之路网络外宣平台，重塑泉州城市形象，促进我国“一带一路”的发展。文章分析了重构泉州 21 世纪海上丝绸之路网络外宣平台的重要性：加强交流互学互鉴，深化泉州经济的对外开放力度，重塑泉州城市形象。同时对泉州现有海上丝绸之路专题网络平台存在的问题进行了分析，认为存在的主要问题有：外宣平台内容较为单薄，研究深度不够；平台的构建渠道不够丰富。因此作者认为重构泉州海上丝绸之路网络外宣平台必须提升传播效果：根据受众习惯，降低文章的严肃感；注意文化的差异性，规避文化禁忌与种族歧视；树立泉州海上丝绸之路人物典型事例；以多感官互动体验，弥补受众地域的限制。最后文章提出重构泉州海上丝绸之路网络外宣平台的策略:讲究平台的整体性、统一性与多元化;发挥自媒体的外宣力量;拓展覆盖面更广的合作渠道以及更为多元的受众群;坚持政府主导与监督作用,注重网络文化安全;塑造一支专业过硬的外宣翻译团队。

陈月生的《21世纪海上丝绸之路沿线国家投资潜力分析——以福清投资的14国为例》专门锁定海上丝绸之路地理位置上的交汇点福清进行分析。文章基于对外投资理论,在对研究投资潜力的文献进行梳理的基础上,分别借鉴联合国贸易和发展会议的“业绩指数”模型和“潜力指数”模型,对福清和海上丝绸之路沿线14个国家的社会经济基础进行了分析,然后实证分析了海上丝绸之路沿线14个国家的投资绩效和投资潜力。结果表明:福清对海上丝绸之路沿线国家的投资潜力有强有弱,而且投资绩效和投资潜力并非一致,有的国家投资绩效高但投资潜力低,有的国家投资绩效低但投资潜力高,因此对外直接投资要因地制宜,结合实际制定投资决策。根据研究结果作者提出以下建议:(1)要因地制宜,进行差异化投资。根据投资绩效和投资潜力情况,进行差异化投资。(2)以基础设施建设投资为基础带动其他行业的投资。(3)改善投资结构,扩大投资规模。

(五)关于浙江参与“一带一路”建设问题的研究概况

浙江省作为“一带一路”建设的重要参与者,充分立足全球大港、数字贸易、海外侨商等独特优势,高水平打造“一带一路”重要枢纽。阎逸的《建设“一带一路”重要枢纽 促进内外贸一体化发展》(《浙江经济》2021年第11期)认为,浙江省建设“一带一路”重要枢纽,促进内外贸一体化发展必须紧紧围绕以大手笔谋划推进自贸试验区升级版,打造国际化高能级综合开放新平台(联动推进自贸区扩区扩容与开放大通道建设,联手上海合作开发大小洋山和推进自贸港建设,联合全球浙商纵深推进“一带一路”枢纽建设);高起点建设以数字贸易为标志的新型贸易中心,形成对内对外贸易新优势(高标准建设全球数字贸易中心,高规格推动服务贸易创新发展,高水平挖掘国内消费市场潜力);全方位统筹“两个市场、两种资源”,构筑国际国内“双循环”开放新格局(推动国际国内市场双循环互促共进,推动产业链供应链国际国内双线布局,推动“走出去”与“引进来”双向交流)。

刘淑春的《"一带一路"背景下推动浙江制造标准"走出去"》(《浙江经济》2021 年第 10 期)强调,在新发展格局背景下,浙江省应以"一带一路"为龙头牵引,深化标准化综合改革试点省建设,加强与"一带一路"沿线国家在标准方面的合作,加快推动浙江制造标准"走出去"。文章提出面向"一带一路"推进"浙江标准"向国际标准转化可以通过以下途径:加强与"一带一路"沿线各国项目合作领域的标准对接;打造标准化支撑产业链的示范项目;支持行业协会、产业联盟、科研机构、高校院所和龙头企业等协同攻关。文章同时指出,在有较多不确定性因素的背景下,应抓住"一带一路"机遇,加强与"一带一路"沿线国家的标准对接与标准互认,增强国际标准话语权和影响力。具体的建议有:加强国际创新园、国际技术转移中心等创新载体建设;鼓励龙头企业和行业协会实质性参与专业性国际和区域组织的标准化活动;探索浙江制造标准国际化"弯道超车"战略及技术路线。接着,文章提出要以"浙江标准"走出去带动浙江制造全链条"走出去",必须做到:实施"一带一路"贸易畅通行动计划;深化与沿线重点国家在标准方面的合作;实施专利标准融合策略;建立技术标准与科技创新相结合的机制。文章认为,实施浙江制造标准对接"一带一路"专项行动应该做到:实施浙江制造标准国际化战略,探索浙江标准"走出去"实施计划和可行路径,为"一带一路"建设提供标准信息服务。建立与沿线国家在标准方面合作的常态化机制应做到:开展标准国际化双边和多边合作;与"一带一路"沿线国家建立技术标准合作创新载体;培养技术、标准、国际语言文化兼具的标准国际化复合型人才。

2021 年,有关浙江省参与 21 世纪海上丝绸之路建设的文章主要还有:刘晓明等的《"一带一路"背景下"品字标浙江制造"品牌国际化的实践探索》(《大众标准化》2021 年第 23 期)、郭峰的《"一带一路"倡议下浙江国际货运代理企业转型升级对策研究》(《特区经济》2021 年第 9 期)、倪伟清的《"一带一路"倡议对浙江茶叶出口贸易的影响及对策浅析》(《南方农业》2021 年第 7 期)、章一超的《浙江形象在"一带一路"沿线国家的话语建构》(《传媒评论》2021 年第 4 期)、徐冯璐的《浙企"一带一路"融资难与跨境供应链金融创新》(《中国经贸导刊》2021 年第 2 期),等等。

还有一些文章对浙江的具体城市进行了探讨，主要有：殷军杰等的《“一带一路”背景下宁波与中东欧国家贸易的潜力、效率及趋势预测——基于大数据分析与挖掘技术的研究》（《现代商贸工业》2021年第9期），田晨、颖龚钦和杨彭飞的《“一带一路”背景下杭州地域文化对外传播研究》（《科技创新与生产力》2021年第10期），朱西湖、董雪兵和张旭亮的《以“一带一路”高质量发展推动构建杭州国际人文交流互鉴网络》（《杭州》2021年第10期），陈杰的《“一带一路”与杭州文化传媒企业“走出去”研究——基于华策影视“走出去”的动因机制与模式选择研究》（《今传媒》2021年第10期），朱林婷的《“一带一路”引领跨境电商协同创新发展路径研究——以杭州为例》（《特区经济》2021年第9期），杨爱美的《“一带一路”背景下温州民营企业“走出去”的跨文化管理》（《中国商论》2021年第1期），何盈的《弘扬海丝文化 高质量建设“一带一路”》（《宁波通讯》2021年第20期），甄桂春的《宁波海丝文化平行语料库的构建及应用》（《长春工程学院学报（社会科学版）》2021年第3期），白玉萍、罗勤力的《宁波城市品牌建设初探——基于海丝古港历史文化视角》（《营销界》2021年第11期），等等。

宁波作为一个港口城市，有着悠久的海上丝绸之路历史和丰富的海上丝绸之路文化，能高水平融入“一带一路”建设。殷军杰等的《“一带一路”背景下宁波与中东欧国家的贸易的潜力、效率及趋势预测——基于大数据分析与挖掘技术的研究》一文探究如何在“一带一路”倡议下提升宁波与中东欧各国进出口贸易的潜力与效率。文章选取近年的面板数据，对宁波与中东欧各国的贸易现状进行分析，然后基于随机前沿引力模型计算出宁波与中东欧国家的贸易潜力与效率值，得出以下结论：(1)自“一带一路”倡议提出以来，宁波与中东欧国家的贸易额持续增长，给宁波以及整个浙江省的经济都带来了重要影响。文章指出，宁波与中东欧各国的贸易合作还有较大的提升空间，需针对贸易潜力巨大的国家积极展开贸易活动。(2)宁波与中东欧国家贸易效率参差不齐且普遍较低。从双边贸易潜力角度看，宁波与大多数中东欧国家属于贸易潜力巨大型。因此，宁波应积极打破贸易壁垒，持续寻求与中东欧各国的优势产业合作，扩大与中东欧各国的贸易潜力。文章最后建议：(1)探索发展新型贸易合作，发挥跨境电商先行作用；(2)建立高新技术合作，加强产业园区联通；(3)推进互联互通建设，优化物流政策体系。

(六)关于其他省市参与“一带一路”建设问题的研究概况

2021年，各地方政府积极投入“一带一路”建设中。对此学者从不同的视角进行了分析。关于上海和长三角地区参与“一带一路”建设问题的研究主要有：刘洪愧的《长三角参与“一带一路”建设的实践和建议》(《经济体制改革》2021年第5期)，曾娇、冯钧国的《“一带一路”视域下上海合作组织大学发展：挑战、机遇与应对策略》(《黑龙江高教研究》2021年第11期)，范晓、薛霞的《上海参与“一带一路”科技合作研究》(《青海科技》2021年第2期)，吴谢玲的《上海对“一带一路”沿线国家机电产品出口贸易潜力研究》(《中国农业会计》2021年第4期)，田睿琪的《“一带一路”倡议下上海多式联运发展对策探讨》(《铁道货运》2021年第3期)，魏喜、武薛霞的《上海高企深度参与“一带一路”建设的调查与思考》(《科技中国》2021年第3期)，等等。

刘洪愧在《长三角参与“一带一路”建设的实践和建议》中以长三角地区为例进行研究。文章首先分析了长三角地区参与“一带一路”建设的比较优势，包括政策优势、经济和地理优势、区位优势、科技创新优势。接着文章介绍了长三角地区参与“一带一路”建设的实践及成效：长三角地区积极鼓励企业参与“一带一路”建设，其与“一带一路”沿线国家的贸易、投资快速增长；地方政府与“一带一路”沿线国家展开合作，开发建设了10多个海外经济合作园区，对当地经济产生了非常积极的影响；长三角地区各省市建设了多个“中欧班列”起始站点，使得其与“一带一路”沿线国家的货物贸易更加快捷畅通。基于上面的分析研究，文章提出长三角地区参与“一带一路”建设的政策建议：协同推进长三角一体化与“一带一路”建设(建设总体规划布局应更加一体化，应实现“一带一路”建设信息服务的一体化，应实现各类行业商会和协会的一体化)；完善分工合作机制，明确各自的比较优势和重点任务(上海应成为长三角地区参与“一带一路”建设的引领者和领导者；浙江应充分利用跨境电商发展优势，服务“一带一路”建设；江苏应发挥制造业优势，鼓励高科技企业参与“一带一路”建设；安徽应发挥科技创新产业的比较优势，加强农业领域的海外园区建设）；巩固并创新“一带一路”建设方式（境外经济合作园区建设，充分发挥跨境电商的作用，强化“中欧班列”的引领作用）。

江苏作为丝绸之路经济带和21世纪海上丝绸之路的交汇点，受益于国家“一带一路”倡议。2021年跟江苏有关的21世纪海上丝绸之路的研究文章主要有：林俊的《“一带一路”视阈下江苏企业走出去政策建议》（《经济研究导刊》2021年第18期），孟祥波的《“一带一路”背景下苏州市体育赛事发展的挑战与策略》（《苏州市职业大学学报》2021年第1期），雷方宇、张涛的《“一带一路”倡议下对外直接投资对江苏省海洋产业升级影响的研究》（《江苏商论》2021年第12期），刁翔正、琚胜利的《构建“一带一路”高职教育共同体：江苏高职教育国际化实践》（《职业技术教育》2021年第33期），郑秀坤的《“十四五”时期江苏国际贸易投资与“一带一路”交汇点建设研究》（《中国商论》2021年第21期），刘健的《“一带一路”倡议下跨境电商对江苏省区域经济协调发展的综述》（《中国商论》2021年第19期），杨晨、张蕾和刘爱军的《“一带一路”倡议下江苏农业对外投资对策研究》（《北方经贸》2021年第8期），陈相芬、陆家静和刘海霞的《“一带一路”交汇点建设对江苏的影响研究》（《北方经贸》2021年第8期），李上康的《绿色“一带一路”建设背景下江苏港航供应链的转型升级策略》（《水运管理》2021年第7期），彭英、陆纪任和余小莉的《“一带一路”背景下江苏省跨境电商发展对策研究》（《物流工程与管理》2021年第6期），成海燕的《高质量推动“一带一路”交汇点建设》（《群众》2021年第8期），刘健、刘春林的《“一带一路”倡议下跨境电商对江苏区域均衡发展的影响》（《中国经贸导刊》2021年第5期），谈东华、蒋微的《浅论“一带一路”背景下江苏民营企业更好更快“走出去”策略》（《时代经贸》2021年第2期），潘东旭的《“一带一路”倡议下连云港跨境电子商务的现状及发展策略》（《湖北开放职业学院学报》2021年第5期），王璐瑶、王仲智的《“一带一路”背景下徐州市企业“走出去”问题研究》（《江苏商论》2021年第6期），张斓、张建民的《连云港：丝绸之路上的“东方之城”》（《江苏地方志》2021年第6期），马荣的《“一带一路”背景下城市经济发展——以连云港为例》(《营销界》2021 年第 Z6 期),等等。

其中,林俊的《"一带一路"视阈下江苏企业走出去政策建议》围绕着"一带一路"视阈下江苏企业如何"走出去"展开讨论。文章首先对江苏企业在"一带一路"背景下"走出去"及其分析框架进行回顾,客观分析了当前江苏企业"走出去"进程中存在的问题:企业"走出去"战略谋划不足,风险及防范意识欠缺,融资难且不均衡,专业中介机构及国际化人才存在短板。接着介绍了日本、韩国和印度的经验做法,从中得到以下借鉴与启示:在各国对外直接投资发展的过程中,政府都发挥了至关重要的作用;日本、韩国等国家都根据海外投资需要建立了较为健全的资本市场体系用于服务企业海外投资;企业要实现海外投资产业的结构优化就必须将海外投资战略与国内发展计划相融合,齐头并进;积极搭建沟通衔接桥梁,引导海外投资企业在境外抱团并形成合力,打造国内产业集聚区整体"走出去",在强化企业境外生存力与竞争实力的过程中,缓解在境外单独应对市场竞争的风险。在此基础上,文章认为"一带一路"背景下江苏企业"走出去"的路径分析可以从以下几方面展开:一是打造境外经济贸易合作区;二是鼓励境外技术并购;三是积极鼓励优势产业拓展海外经营;四是鼓励境外品牌收购和建立国际营销网络,采取多种形式兼并、收购境外企业,特别是境外成熟品牌,建立国际营销网络,实现向产业链高端延伸;五是深化境外能源资源互利合作;六是积极引导服务行业进行境外投资,充分发挥江苏省服务产业外包的优势,注重配套服务的提供;七是加大境外基础设施建设投入,与国有企业进行密切衔接,提升境外工程接包水平。最后,文章提出如下政策建议:健全政策扶助体系,健全风险防控体系,健全服务保障体系。

此外,还有一些文章探讨了其他沿海地区参与 21 世纪海上丝绸之路的建设问题,主要有:郭建萍、张晓月和杨合同的《"一带一路"背景下山东省与乌克兰科技合作研究》(《企业改革与管理》2021 年第 21 期),马晓曼的《"一带一路"视角下山东省高职教育国际化发展路径构建》(《大视野》2021 年第 2 期),宋艳敬等的《山东省科技创新深度融入"一带一路"对策研究》(《科技创业月刊》2021 年第 6 期),于晓黎的《打造"一带一路"国际合作新平台 助力青岛高水平对外开放》(《中国集体经济》2021 年第 9 期),徐文的《"一带一路”背景下高职院校合作与交流现状——以天津“鲁班工坊”为例》(《天津职业院校联合学报》2021 年第 8 期),郑霖、周然和朱乐群的《天津港服务天津市融入“一带一路”建设研究》(《中国港口》2021 年第 5 期),赵滨元的《“十四五”时期天津参与数字丝绸之路建设对策研究》(《环渤海经济瞭望》2021 年第 5 期),肇丽颖、宋春兰的《基于“一带一路”的辽宁沿海经济带港口城市发展对策》(《沈阳工程学院学报(社会科学版)》2021 年第 3 期),李盛瀚、金花的《“一带一路”倡议下辽宁省数字贸易发展路径探究》(《边疆经济与文化》2021 年第 10 期),李忠华、倪倩的《沈阳建设“一带一路”东北亚枢纽城市的对策研究》(《经济研究导刊》2021 年第 24 期),姜昕、周媛子的《“一带一路”背景下辽宁省农产品对外贸易发展路径探讨》(《农业经济》2021 年第 8 期),吴志刚、张爽的《“一带一路”倡议背景下我国农产品跨境电商策略研究》(《商业经济》2021 年第 7 期),武月琦、马坤的《辽宁省吸引“一带一路”沿线国家直接投资潜力的实证分析——基于扩展的引力模型》(《商业经济》2021 年第 7 期),顾莹雪、荆浩的《“一带一路”背景下辽宁省对外贸易与留学生教育相关性分析》(《沈阳航空航天大学学报》2021 年第 3 期),陈娜的《“一带一路”倡议下辽宁企业境外投资策略研究》(《中国市场》2021 年第 12 期),刘倩颖、袁菁和王雨婷的《“一带一路”倡议与辽宁省对沿线国家出口增长》(《现代商贸工业》2021 年第 13 期),金花的《积极融入“一带一路”倡议构建大连开放新格局》(《现代商贸工业》2021 年第 7 期),等等。

其中,宋艳敬等的《山东省科技创新深度融入“一带一路”对策研究》主要对山东省科技创新深度融入共建“一带一路”的对策进行研究。文章首先对以往的相关研究进行综述,从文献计量分析、研究热点出发,对“一带一路”背景下山东省科技创新的相关研究进行了总结,从而分析了山东省科技创新深度融入“一带一路”的优势:良好的政策环境,科技合作平台丰富,产业体系完善,具有合作基础,科技人才支撑。同时文章认为,山东省科技创新深度融入“一带一路”面临的挑战有:缺乏高水平的国际合作平台;企业国际合作层次不高、经验不足;缺少资源共享平台;风险应对机制不完善;科技合作机制不健全。最后,文章给出山东省科技创新深度融入共建“一带一路"的对策建议：推进建设高水平国际科技合作平台；坚持企业主体、政府推动，积极推进企业国际科技合作；加强优势产业合作，推动传统产业转型升级；发挥区位与产业优势，打造国际化区域创新中心；加强"一带一路"科技信息共享，推动信息共享平台建设；实施更加开放有效的人才政策，释放人才创新创业活力；完善科技创新合作的金融保障措施，建立有效的金融支撑体系；培育专业中介机构，完善国际科技合作服务。

郑霖、周然和朱乐群的《天津港服务天津市融入"一带一路"建设研究》围绕如何最大限度挖掘并发挥天津港连接海陆双向的核心枢纽优势，推动天津市高质量融入"一带一路"建设。文章在简单介绍天津港服务天津市融入"一带一路"建设发展的基础上，提出天津港服务天津市融入"一带一路"建设存在的问题有：集疏运体系不完善，限制了天津市海陆双向网络功能的发挥；海铁联运整体水平不高，影响了与"一带一路"国家之间的运输效率；海上航线不具备领先优势，影响了天津与"一带一路"沿线港口直连；港口同质化竞争突出，制约了参与"一带一路"建设的整体效能；现代物流和航运服务体系不健全，影响了服务品质的提升；港口投资布局不完善，影响了天津市与"一带一路"沿线共建港航生态网络。文章同时介绍天津港服务天津市融入"一带一路"建设的发展目标为：将天津港建设成为"四港一区"，即一流枢纽港、贸易畅通港、航运金融港、国际邮轮港、海洋文化与科技交流区。最后，文章提出了天津港服务天津市融入"一带一路"建设的对策建议：(1)建设世界一流综合性枢纽港，放大天津市"一带一路"核心节点联通效应(精准供给基础设施，增强综合服务能力；拓展海陆双向辐射网络，提升天津外向连接能级)；(2)构建以港口综合服务为核心的新型贸易生态，推动天津市成为我国北方"一带一路"贸易核心(创新物流载体建设，深度参与"一带一路"贸易体系；服务建设京津冀自由贸易港，推进区域港口协同发展)；打造高端航运要素集聚的特色链，做优天津市"一带一路"航运金融创新示范(探索建设航运交易所，提升高端航运服务品质；建设北方国际航运融资中心，打造航运金融特色名片)；强化邮轮旅游及文化科技多元融合发展，助推天津市成为"一带一路"沿线港口海洋科技文化传播的新平台(打造具有国际影响力的世界一流邮轮母港，建设海洋科技协同创新平台)。

肇丽颖、宋春兰在《基于"一带一路"的辽宁沿海经济带港口城市发展对策》一文中提道:"'一带一路'倡议拓展了沿海地区对外开放合作与经济发展。辽宁沿海经济带各港口及腹地城市是融入'一带一路'倡议向北开放的重要窗口。"文章先介绍了辽宁沿海经济带港口城市的发展现状,认为"一带一路"倡议对辽宁沿海经济带港口城市发展既是机遇又是挑战。(1)机遇:有利于辽宁沿海经济带港口城市扩大对外经贸合作与人文交流;有利于辽宁沿海经济带港口的转型升级与整合发展;有利于辽宁省及东北地区经济振兴与发展。(2)挑战:辽宁沿海经济带各港口城市需要优化营商环境;辽宁沿海经济带港口及物流软硬件基础设施有待完善与提升。最后,为加快辽宁沿海经济带港口城市发展,提升其综合竞争力,针对"一带一路"倡议对辽宁沿海经济带港口城市发展的影响,文章提出辽宁沿海经济带港口城市的发展对策:(1)强化政府部门对深化开放合作的顶层设计与组织推动;(2)进一步完善软硬件基础设施建设与投资软环境建设;(3)突出大连市的引擎作用;(4)加强辽宁沿海港口城市联盟建设;(5)各港口城市提升对外开放水平。

(七)关于港澳台地区参与"一带一路"建设问题的研究概况

2021年,关于港澳台地区参与"一带一路"建设的文章主要有:李校原的《"一带一路"建设背景下粤港澳大湾区跨境电子商务发展SWOT分析与对策》(《科技经济市场》2021年第11期),邹镇的《"一带一路"倡议下金融机构支持粤港澳大湾区发展的设想》(《时代金融》2021年第22期),齐冠钧的《"一带一路"框架下粤港澳大湾区面临的挑战与对策》(《东北亚经济研究》2021年第3期),许创颖、于开贺的《粤港澳大湾区与"一带一路"沿线国家双向投资对经贸发展的作用机制分析》(《商业经济研究》2021年第10期),苏春的《"一带一路"背景下粤港澳大湾区高职外语国际化人才培养现状及对策》(《创新创业理论研究与实践》2021年第3期),赵赛的《从"一带一路"视角谈粤港澳大湾区的协调发展》(《对外经贸》2021年第1期),谢来风、谭慧芳的《"一带一路"项目风险管理与香港的角色》(《科技导报》2021年第2期),郜季雯、李文鹏的《海峡两岸与"一带一路"沿线国家数字通信专利合作研究》(《中国发明与专利》2021年第8期),等等。

粤港澳大湾区作为世界重要的四大湾区之一,独具特色,其建立是当前"一带一路"背景下国家经济发展的必然选择。齐冠钧的《"一带一路"框架下粤港澳大湾区面临的挑战与对策》就是围绕粤港澳大湾区各地如何融合发展,促进"一带一路"建设进行探讨的。文章通过分析粤港澳大湾区的建立过程及地区优势,提出粤港澳大湾区各地因社会制度差异遇到的新问题有:人才占比率亟待提高,三种税制下亟须创新发展模式,医疗和教育等高端执业证书应互认,信息、交通建设应优化。最后,文章有针对性地提出粤港澳大湾区在"一带一路"框架下的发展路径:促进"资金融通"的协同发展,促进粤港澳大湾区的协同发展,推动科技创新的协同发展,推进文化交流的协同发展。

许创颖、于开贺在《粤港澳大湾区与"一带一路"沿线国家双向投资对经贸发展的作用机制分析》一文中将粤港澳大湾区作为一个重要区域,探究其与"一带一路"沿线国家双向投资对经贸发展的作用机制。文章从广东省统计局、香港金融管理局、澳门统计暨普查局网站采集相关数据,分析了粤港澳大湾区与"一带一路"沿线国家双向投资对经贸发展的作用机制。研究结果表明:(1)在总体上,向境外投资、境外来华投资、向境外投资和境外来华投资的交互项对进出口贸易均存在显著正向作用;经济水平、贸易自由度对出口贸易存在显著负向作用;劳动力市场规模、数字化发展程度对出口贸易存在显著正向作用;数字化发展程度、贸易自由度对进口贸易存在显著正向作用;经济水平对进出口贸易存在显著负向作用;劳动力市场规模、数字化发展程度对进出口贸易存在显著正向作用。(2)在亚洲,向境外投资、境外来华投资、向境外投资和境外来华投资的交互项、劳动力市场规模对进出口贸易存在显著正向作用;经济水平对进出口贸易存在显著负向作用;在欧洲,向境外投资、境外来华投资、向境外投资和境外来华投资的交互项与进出口贸易存在显著正向作用。最后,在上述结论的基础上,文章提出促进粤港澳大湾区快速发展的建议:应当积极发展双向投资,根据国家特点选择不同投资方式,健全投资配套设施,完善企业双向投资信息咨询机制,完善企业双向投资风险防范机制。

赵赛在《从"一带一路"视角谈粤港澳大湾区的协调发展》一文中，分析了"一带一路"背景下粤港澳大湾区建立的经济基础和现实依据，总结了粤港澳大湾区面临的一些问题和未来粤港澳大湾区发展的方向。文章认为"一带一路"倡议的影响体现在：有助于缩小区域发展差距；为东部地区产业转移和西部地区产业吸纳提供了空间；有利于形成我国全方位对外开放格局。文章详细分析了粤港澳大湾区建设的经济基础和现实依据，提出："打造粤港澳大湾区，建设世界级城市群的战略，既加深了港澳与内地的深度合作，也为港澳社会经济发展提供了更多的机会。同时，港澳既是国际性大都市，又是'一带一路'倡议的重要节点，它在先进制造业、现代服务业、金融业、对外贸易等领域与'一带一路'提倡的政策沟通、设施联通、贸易畅通、资金融通和民心相通等核心内容高度契合，具备全面服务'一带一路'建设的能力和优势。反过来，'一带一路'建设深入推进，能够充分发挥港澳的优势，深化我国与'一带一路'沿线国家的互联互通，为粤港澳大湾区参与国际合作拓展了空间。因此在'一带一路'背景下考虑粤港澳大湾区建设是非常必要的。"文章同时指出，粤港澳大湾区的建设要达到所设立的目标，还面临很多挑战：首先，粤港澳三地在城市定位和产业协同发展方面有待改进；其次，粤港澳三地的跨境区域合作可能会受到制度的制约；最后，粤港澳大湾区还要求我国与"一带一路"沿线国家实现更深层次的融合，增强沿线国家对"一带一路"倡议的认同感，更好带动我国与沿线国家的经贸合作。因此文章认为，粤港澳大湾区还需要重视以下方面的发展：首先，发挥粤港澳大湾区的区域辐射带动作用；其次，粤港澳大湾区需要扮演好内地与世界经济往来的中间角色；再次，把香港打造为"一带一路"建设的融资平台；最后，打造粤港澳大湾区为国际科技创新中心。

此外，海外华侨华人是共建"一带一路"的重要力量。2021 年，关于华人华侨参与 21 世纪海上丝绸之路建设的文章有：刘雨辰的《海外华侨华人统战工作推动"一带一路"高质量发展研究》(《东北亚经济研究》2021 年第 6 期)，王超群的《海外华侨华人社会与 21 世纪海上丝绸之路的互动关系》(《中阿科技论坛(中英文)》2021 年第 5 期)，严晓鹏、周涛的《华侨华人与"一带一路"建设的关系——华侨华人与"一带一路"研究综述》(《八桂侨刊》

2021 年第 4 期），刘佳义的《关于“一带一路”教育、华人华侨交流与合作的若干建议》（《甘肃政协》2021 年第 6 期），王丽霞的《我国华侨华人研究的可视化分析（1999—2020 年）数据》（《华侨大学学报（哲学社会科学版）》2021 年第 6 期），刘恒的《发挥华侨华人在推进“一带一路”建设中的作用研究》（《中国经贸导刊（中）》2021 年第 3 期），龙晨的《海外对华侨华人与“一带一路”的研究》（《上海市社会主义学院学报》2021 年第 1 期），等等。

其中，刘雨辰的《海外华侨华人统战工作推动“一带一路”高质量发展研究》一文探讨如何全面发挥海外华侨华人统战工作在“一带一路”高质量发展中的角色功能。文章首先分析了海外华侨华人统战工作推动“一带一路”高质量发展的有利条件：“一带一路”高质量发展获得了沿线国家的广泛合作与响应；“一带一路”倡议得到了广大海外华侨华人的高度评价和正面回应；“一带一路”沿线是我国海外移民与投资创业的新兴地带；华侨华人的雄厚实力是我国“一带一路”高质量发展的强大物质支撑；海外统战部门积累了成功工作经验，为推动共建“一带一路”高质量发展提供了便捷路径；此外还具有外部机遇（政策机遇、发展机遇、合作机遇等）。其次文章指出：“海外华侨华人统战工作推动‘一带一路’高质量发展的主要任务就是落实落地国家间的战略对接，深化中国与沿线国家的经贸合作，架设文明互动的桥梁，促进基础设施的互联互通。”要完成这些任务，海外华侨华人统战工作推动“一带一路”高质量发展主要面临三类挑战：一是风险叠加问题；二是服务赤字扩大问题；三是海外侨胞发展不平衡问题。这些问题是历史与现实、主观与客观等因素共同作用的结果。为应对和破解上述三种挑战，作者提出了海外华侨华人统战工作推动“一带一路”高质量发展的对策建议：多措并举，强化风险管理参与；多管齐下，提升海外统战服务能力；重点引导，统筹侨胞发展与安全需求。

三、21 世纪海上丝绸之路与世界发展研究

“一带一路”建设秉持的是共商、共建、共享原则，是促进各国共同发展、实现世界共同繁荣的合作共赢之路。因此“一带一路”倡议一经提出，获得

了许多国家的热烈响应，沿线国家相继出台相关配套政策并积极参与，取得了实质性进展。中国不断加强、深化与相关国家的合作，努力打造利益共同体、责任共同体、命运共同体，共同营造良好环境，在促进“一带一路”沿线国家发展上取得了重大成果。

（一）关于中国与东盟国家的合作关系的研究概况

东盟地区自古以来就是海上丝绸之路的重要枢纽。东盟地区作为中国开展周边外交的优先方向，是21世纪海上丝绸之路倡议重点关注的区域经济体。关于中国与东盟国家“一带一路”倡议合作的研究视角多样，侧重点不同，2021年中国与东盟国家共建21世纪海上丝绸之路仍是研究和探讨热点。有的文章专门从某一视角具体研究，主要有：高程、王震的《高质量发展“一带一路”倡议的差异化分层路径探析——以东南亚地区为例》（《东南亚研究》2021年第2期），夏梦虎的《东盟与“一带一路”倡议的互动探究》（《国际合作与科技创新》2021年第5期），杨王勤的《疫情背景下中国与东盟共建“一带一路”的路径》（《当代世界》2021年第12期），罗圣荣、赵祺的《美国“印太战略”对中国—东盟共建21世纪海上丝绸之路的挑战与应对》（《和平与发展》2021年第3期），毕世鸿、屈婕的《东盟国家对“一带一路”倡议的认知及其应对探析——基于非对称相互依赖视角》（《太平洋学报》2021年第4期），支宇鹏、黄立群和杜方鑫的《“一带一路”视阈下中国与东盟东部增长区国家的经贸合作》（《东盟研究》2021年第3期），王友云的《“一带一路”倡议下中国—东盟合作的协议治理方式探讨》（《亚太经济》2021年第6期），陈彦妃的《“一带一路”倡议背景下中国—东盟博览会发展策略》（《营销界》2021年第Z5期），陆志琼的《基于“一带一路”倡议的东盟信息资源开发与利用研究》（《图书馆界》2021年第5期），周俊的《“一带一路”背景下中国—东盟公共安全跨域治理机制体系及其基本架构研究》（《广西社会科学》2021年第8期），张洪瑞、郭海红和殷健的《“一带一路”背景下中国与东盟木质林产品贸易的绿色生产率效应研究》（《林业经济》2021年第5期），组文天、罗传钰的《“一带一路”倡议下中国—东盟投资争端解决机制构建探究》（《河南工业大学学报（社会科学版）》2021年第2期），钟雯、李保民的

《"一带一路"倡议下中国与东盟金融市场风险溢出效应研究》(《高师理科学刊》2021年第6期)，王小艳的《中国—东盟共兴"一带一路"数字经济的路径探索》(《中国经贸导刊》2021年第4期)，郑琳、臧新的《中国与东盟五国的贸易竞争性及影响因素研究——基于"一带一路"背景下制造业分行业的实证分析》(《江苏商论》2021年第9期)，刘伟、刘宸希的《"一带一路"视角下我国与东南亚国家的贸易结构互补分析》(《统计与决策》2021年第4期)，于子添的《"一带一路"倡议影响中国与东盟双边贸易的引力模型研究》(《中国商论》2021年第17期)，罗永宣等的《"一带一路"倡议下中国与东盟区域移动支付发展研究》(《金融科技时代》2021年第3期)，尹新尧的《"一带一路"背景下中国—东盟汽车出口贸易潜力分析》(《对外经贸》2021年第2期)，支宇鹏、黄立群和杜方鑫的《"一带一路"视阈下中国与东盟东部增长区国家的经贸合作》(《东盟研究》2021年第3期)，沈山等的《21世纪海上丝绸之路沿线东盟国家与中国地缘关系判识研究》(《地理科学》2021年第8期)，等等。

有的文章专门从文化教育等方面来研究探讨，主要有：王海迪的《"一带一路"背景下中国—东盟旅游的跨文化传播》(《传媒论坛》2021年第10期)，骆莲莲、姜雪的《"一带一路"倡议下中国大陆的东南亚研究机构综述》(《湖南工业大学学报(社会科学版)》2021年第4期)，卫魏的《民心相通：东盟青年群体参与共建"一带一路"的重要性研究》(《贵州民族研究》2021年第3期)，方宝、韦健的《"一带一路"背景下中国—东盟传统医药教育合作：可为与使为》(《中国卫生事业管理》2021年第10期)，张秋凤、杨满福的《"一带一路"视域下中国—东盟职业教育合作的问题表征与推进策略》(《教育与职业》2021年第7期)，郑花、杨涛的《"一带一路"文化交流背景下中国—东盟跨境体育赛事发展现状与策略研究》(《北京体育大学学报》2021年第3期)，李美、黄刚的《"一带一路"中国—东盟传统医药文献信息资源建设的现状与对策分析》(《大众科技》2021年第2期)，蓝勋、夏国恩和杨琴的《"一带一路"背景下中国—东盟高等教育合作的运行机制研究》(《"一带一路"与中国—东盟合作发展研究》2021年第1期)，则晶的《"海上丝绸之路中国—东盟"背景下壮锦与东南亚蜡染的比较研究》(《纺织报告》2021年第

1 期),等等。

其中,高程、王震的《高质量发展"一带一路"倡议的差异化分层路径探析——以东南亚地区为例》一文试图解决在明确"一带一路"倡议合作伙伴类别之后,如何实施有针对性的项目层次推进策略以更好地推进"一带一路"倡议的高质量发展问题。文章指出:"随着'一带一路'倡议的不断推进,高质量发展成为未来'一带一路'建设的主要目标。为此,不但需要考虑中国的诉求及'一带一路'合作伙伴自身建设的需要,也要对其合作伙伴及推进路径做出合理选择。'一带一路'研究的侧重点应从必要性向可行性转变。"文章通过将影响中国与东南亚国家关系的要素进行系统化的层次划分,构建了一个以长时段——结构变量和中时段——局势变量为核心的分析框架,以不同层次变量自身的属性和两个层次之间互动的强弱为标准,从理论上实现对东南亚国家的分层和排序。基于对东南亚国家的差异化分类,文章进一步提出了项目分层的具体推进策略,将"一带一路"倡议中的项目分为长期项目和中短期项目,并根据国家的类别确定适宜的项目层次。分析结果显示,缅甸、柬埔寨和老挝属于适宜推进长期项目的重点深耕国家,而长期项目在泰国和文莱所能发挥的战略作用有限,且竞争激烈抑或是发展空间受限。新加坡拥有辐射该地区的经济平台,可鼓励开展对国内社会影响较小的中短期项目,但在中短期项目的实施中也需要做好必要的风险防范。鉴于印尼和马来西亚的类别归属及国内政治变革对"一带一路"倡议长期项目的影响,长期项目在这两个国家面临的变数较大,风险较高。但考虑到这两个国家较大的市场,中短期项目推进的空间较大。越南、菲律宾的国内环境决定了这两个国家并不具备推行长期项目的国内社会空间。

夏梦虎的《东盟与"一带一路"倡议的互动探究》主要研究东盟作为区域组织与"一带一路"的互动及影响,从而为相关领域领导者提出政策性意见。文章主要运用了文献分析、话语分析以及采访的定性研究方法,梳理了东盟地区"一带一路"发展的现状。文章介绍了东盟次区域组织(大湄公河次区域、澜沧江—湄公河合作),认为东盟次区域组织在"一带一路"中的作用有:有助于东盟共同体的建设,能缩小发展差距,并能成为东盟与"一带一路"合作的桥梁。东盟在"一带一路"倡议中可以发挥的功能有:加强政治互信,成为东盟成员国的协调者，为其他区域组织树立典范等。文章指出，“一带一路”在东南亚地区面临的挑战有：项目可能延期，对中国派遣工人的批评，政局动荡和腐败问题，以及来自其他国家的竞争。“一带一路”与东盟合作将面临的挑战有：东盟总部的权力受限，缺乏与区域性组织进行直接合作的经验，东盟成员国内部的分歧和外部的压力。因此，作者认为中国与东盟应该积极采取对应措施来提升项目的质量和成功率；中国应建立良好的治理、透明、问责、反贿赂、反洗钱的机制，这能在一定程度上增强“一带一路”发展的可持续性。东盟作为一个整体，在与“一带一路”倡议的互动中，其秘书处应该与中国相对应的部门组成专门的工作小组，负责协调相互间的对接，这就需要东盟各国赋予东盟秘书处更多的权力并加强其人员配置。此外，东盟应增设专项基金来支持本区域互联互通的发展。

杨王勤的《疫情背景下中国与东盟共建“一带一路”的路径》是在疫情背景下讨论中国与东盟如何共建“一带一路”。文章开门见山地指出：“面对国际形势和地缘政治的风云变幻，中国与东盟不断增强政治互信，努力加强抗疫合作，共同促进经济复苏。双方经贸合作逆势而上，共建‘一带一路’的前景依然广阔。”文章先通过数据说明在全球新冠疫情背景下中国与东盟区域经贸合作逆势向好前行，接着分析了影响中国—东盟共建“一带一路”的因素：“展望后疫情时代，东盟在高质量共建‘一带一路’中仍占重要地位。从近中期看，加强区域抗疫合作和推动经济复苏是推进共建‘一带一路’的当务之急，《区域全面经济伙伴关系协定》（RCEP）将为中国与东盟区域经济一体化注入新动力，而全球价值链重构对区域经贸合作可能产生双重影响。”在上述分析的基础上，文章提出中国与东盟需要进一步增强政治互信，推动各自发展战略对接，扩大区域产业转型和产能合作，提高区域制度型开放水平，逐步夯实中国与东盟新型经贸合作的基础。具体措施为：携手合作抗疫和促进经济复苏；积极推进落实中国与东盟发展战略对接；继续推动面向“工业 4.0”的中国—东盟区域产业转型和产能合作；把握 RCEP 契机，提高“一带一路”框架下中国—东盟区域的制度型开放水平；逐步壮大中国与东盟共建“一带一路”的经济基础。

关于中国与越南方面合作的研究文章也比较多，主要有：刘曙华、张鹏飞和周青的《"一带一路"背景下中越跨境经济合作区支持政策研究》(《广西社会科学》2021年第9期),王道征的《"数字丝绸之路"视域下的中越数字经济合作》(《湖北经济学院学报》2021年第3期),丁瑶、曹历娟的《"一带一路"背景下中国对越南农产品出口影响因素再考察——基于修正和扩展的CMS模型》(《江苏农业科学》2021年第1期),李氏蓉、佟光霁和周伦政的《"一带一路"倡议下中越农产品贸易影响决定因素与潜力研究——基于引力模型的实证分析》(《商业经济》2021年第5期),周红利、王仲珏的《"一带一路"视角下的越南职业教育研究》(《北京财贸职业学院学报》2021年第2期),缪苗、刘晃和张成林的《"一带一路"视域下中越渔业合作潜力分析及发展策略研究》(《农学学报》2021年第7期),黄大富、姚林华和凌淑倩的《"一带一路"下中国与越南征信跨境合作研究》(《区域金融研究》2021年第3期),曾芬钰、陈坤鹏和孔庆宝的《"一带一路"背景下中国与越南能源合作前景分析》(《上海电力大学学报》2021年第4期),范琼、邹冬梅和丁莉的《"一带一路"倡议下中泰农产品质量安全合作方向研究》(《农产品质量与安全》2021年第6期),等等。

其中,刘曙华、张鹏飞和周青的《"一带一路"背景下中越跨境经济合作区支持政策研究》是从"一带一路"背景下如何加强中越跨境经济合作区政策支持的角度进行探讨。文章写道:"作为次区域经济合作的新型发展模式,跨境经济合作区经历了兴起到沉沦的发展阶段,但其在服务我国与周边国家经贸合作方面的作用不容小觑。随着'一带一路'倡议的深入实施,其所具有的价值逐步显现,尤其《区域全面经济伙伴关系协定》(RCEP)的签署以及国家层面推进新时代西部大开发、西部陆海新通道建设等,更是赋予了其重要意义。"文章从中越跨境经济合作区推进历程、中方区域支持政策和越方区域支持政策三方面介绍了中越跨境经济合作区支持政策总体情况,"中越跨境经济合作区包括中国东兴—越南芒街跨境经济合作区、中国凭祥—越南同登跨境经济合作区、中国龙邦—越南茶岭跨境经济合作区、中国河口—越南老街跨境经济合作区,目前还处于规划建设阶段,尚未获得中越两国的正式批准"。接着,文章指出了中越跨境经济合作区政策对接存在的短板与瓶颈:跨境经济合作区顶层设计尚未达成,中越双方政策差异比较大，跨境经济合作区专项政策比较少，政策创新突破难度比较大。最后，文章提出了加强中越跨境经济合作区政策支持的对策建议：加大管理体制机制改革创新支持力度（构建高效管理架构，推进管理体制机制改革创新，赋予相关管理权限和职能，强化跨境经济合作区开发运作市场化，适时推进合作区一体化管理）；全面优化财政支持政策（争取相关专项扶持资金，建立财力与事权相匹配财政体制，争取基建项目财政专项安排，制定财政资金支持政策）；构建税收支持政策体系（制定出台专项支持税收政策，适时探索税收政策一体化）；深化投融资改革创新（强化财政融资体制改革创新，支持建立产业发展基金，深化金融领域改革创新，探索推进项目融资模式）；加大土地支持政策力度（强化用地指标支持，实行差异化土地占补政策，创新项目建设用地供地方式）；进一步优化通关便利化政策（构建货物通关高效模式，实施人员货物车辆便利化措施，推进更加开放出入境管理措施）；进一步夯实边贸支持政策（落实互市商品落地加工政策，争取更多互市贸易政策）；优化提升边境旅游政策（强化边境旅游便利化政策支持，争取离区免税试点政策）；夯实人员往来支持政策（积极争取跨境劳务政策，强化人员流动便利化措施）。

王道征在《"数字丝绸之路"视域下的中越数字经济合作》一文主要在中越关系深入发展的大背景下，探究中越如何共建"数字丝绸之路"。文章开门见山指出："中越共建'数字丝绸之路'对两国经济发展多有裨益，一方面可以为越南快速融入全球产业链和价值链提供平台和契机，另一方面可以为中国分享数字化转型红利创造便利条件。"为此，文章首先分析了中越共建"数字丝绸之路"的机遇：顺应发展趋势（数字经济是当前中越经济发展的重要取向）；契合各自战略（数字经济是中越发展规划的重要组成部分）；满足现实需求（中越数字经济发展现状有较强互补性）。其次文章指出中越共建"数字丝绸之路"将面临多重挑战，主要有：越南数字基础设施建设相对滞后，中越数字经济治理能力存在差异，双边深层互信有待增强，多方竞争给中越数字经济合作带来不确定性。最后文章认为推进中越共建"数字丝绸之路"的可行路径有：坚持高层引领和企业推动相结合；精准把握越南数字经济发展需求，共同探索推进方式；夯实双边互信根基，协调构建中越网络安全共同体；做好舆论宣传工作，积极平衡不利舆论。

新加坡是东南亚地区唯一被国际货币基金组织认定的发达国家，也是21世纪海上丝绸之路的重要枢纽。2021年关于中国与新加坡共建海上丝绸之路方面的研究成果有：赵儒南的《新加坡参与"一带一路"及中新合作研究》(《亚太经济》2021年第1期)，彭虹、张祖娟的《"一带一路"倡议下中国与新加坡贸易竞争性与互补性实证分析》(《中国石油大学学报(社会科学版)》2021年第6期)，王领、刘瑞青的《"一带一路"背景下中国与新加坡贸易关系及影响因素》(《沈阳工业大学学报(社会科学版)》2021年第5期)，等等。

其中，赵儒南的《新加坡参与"一带一路"及中新合作研究》一文主要基于中新两国双边合作的经验，随着"一带一路"倡议的推进，积极探索新格局下双边合作的新重点。文章指出："中新两国全面合作的经验成果正逐步在东盟国家间共享，促进了中国与东南亚地区的互利合作，有力助推了'一带一路'倡议的落实及地区经济发展。基于前期经验积累和中期成果凸显，中新两国立足于新的起点，以落实《自由贸易协定升级议定书》和《区域全面经济伙伴关系协定》为契机，进一步提升两国和地区合作关系向下一个10年迈进。"文章首先介绍了中国与新加坡的双边合作模式及经验：一是以"双边"促进"多边"的联动合作模式；二是以"多边"推进"一带一路"可持续合作模式。其次文章分析了中国与新加坡双边合作的优势与现实意义：通过"一带一路"倡议共享双边合作经验(新加坡与中国各沿线城市的经济联系密度增大；重视经验的动态化共享而非模式化共享；无论是双边合作还是多边合作，都需要立足于相互信任的前提和条件，使所有参与合作的国家和行为体收获互动的成效)；扩大第三方市场合作，探索地区性合作新领域；以政府间创新驱动，提高双方合作项目的现实意义(通过政府间合作提升综合创新能力，开辟新兴市场发展机遇，建立成熟的商业生态系统)。最后作者认为："随着新冠肺炎疫情在全球的蔓延，'一带一路'倡议和中国—东盟愿景的推进步伐有所减缓，东盟国家自身经济结构的不完整性也被放大，对于中国和新加坡等东盟国家而言，这既是一次重大的突发危机，也是一次重要的合作机遇，中国的'世界工厂'地位进一步显现，两国合作处理危机的方式也获得了国际社会的广泛认可。""中国与新加坡双边合作的未来前景，应将视角放在经济、军事、地区安全等宏观领域，保障地区政治的平稳运作，以便将疫情的负面影响减至最低。"文章认为具体做法应为：通过稳定货币渠道，提高地区金融结构稳定性；保持军事与防务的接触，巩固东南亚地区性安全框架；借助双边合作经验，修复地区多边机制裂痕；拓展中新两国双边合作的发展空间。

彭虹、张祖娟的《"一带一路"倡议下中国与新加坡贸易竞争性与互补性实证分析》一文全面梳理了中国和新加坡双边贸易合作具有的重要现实意义，并有针对性地提出了相关建议。文章基于2009—2018年双边贸易的数据，分析了中国与新加坡双边贸易的概况（双边贸易规模不断扩大，双边贸易长期以中国顺差为主，双边贸易商品结构不断优化），并实证分析了中国与新加坡双边贸易的竞争性和互补性指数。文章得出结论：中国和新加坡作为"一带一路"倡议沿线的贸易大国，存在较为显著的贸易关系。(1)从贸易竞争性角度上看，中国与新加坡出口比较优势的产品差异明显：中国的出口比较优势主要体现在工业制成品上，且主要集中于劳动密集型产品；而新加坡的出口比较优势主要体现在资源和能源密集型初级产品以及资本密集型工业品上。中国和新加坡在初级产品上并没有在国际上形成竞争优势。(2)从贸易互补性角度上看，双边贸易的产品与各自具有相对竞争力的商品吻合，双边贸易紧密度整体较为稳定，双边贸易互补性较强。对此文章认为，两国应着力于发挥各自的比较优势，促进贸易共赢，具体措施为：中国应积极推进与新加坡在互利共赢基础上的沟通对话机制，增强双边政治互信，提高政策协调的有效性，协调推进双边合作项目；借助中—新自由贸易区平台以及"一带一路"倡议的重要机遇，积极构建有效合作机制，加强双边经贸合作，继续推动两国间贸易便利化；探索双边国际产能合作新模式。

此外，有文章考察了中国与东盟其他国家合作方面的问题，主要有：江涛、张引弟的《"一带一路"倡议下中国对柬埔寨的援助：背景、特征与展望》（《"一带一路"与中国—东盟合作发展研究》2021年第1期），唐拥军等的《"一带一路"背景下境外工业园区商业模式动态更新路径：基于中国—印度尼西亚经贸合作区的案例研究》（《世界经济研究》2021年第11期），叶晗、陈钧天的《"一带一路"背景下印度尼西亚华文教育发展探析》（《浙江科技学院学报》2021 年第 4 期),陈培昌、马健的《“一带一路”倡议下中马经贸关系现状及动因解析》(《江苏商论》2021 年第 4 期),阳海飞的《马来西亚中东政策与中国“一带一路”倡议:身份与政策视角》(《广东农工商职业技术学院学报》2021 年第 1 期),翟洪波、魏晓霞的《“一带一路”背景下中柬林业合作现状与展望》(《林草政策研究》2021 年第 3 期),等等。

其中,唐拥军等的《“一带一路”背景下境外工业园区商业模式动态更新路径:基于中国—印度尼西亚经贸合作区的案例研究》一文以价值共创理论和动态能力理论为研究视角,基于国内外学者对地产型商业模式和城市功能型商业模式研究的理论贡献,通过对中国—印度尼西亚经贸合作区的董事长、总经理等各级管理人员进行访谈和对相关资料的收集、检验,形成案例文字材料。研究采取开放式编码的形式,遵循探索式研究方法对案例企业的数据进行分析,揭示案例企业地产型商业模式与城市功能商业模式的特征及其更新路径。研究发现:(1) 中国—印度尼西亚经贸合作区地产型商业模式的形成基础包括吸引式价值动机、互利式价值主张、互补式价值网络、共赢式价值获取等特征要素。吸引式价值动机是地产型商业模式的开端,互利式价值主张是地产型商业模式的具体表现,互补式价值网络是价值主张得以顺利实现和吸引式价值动机得以满足的保证,共赢式价值主张是地产型商业模式健康运行的保证。(2) 中国—印度尼西亚经贸合作区城市功能型商业模式的形成基础包括差异式价值动机、精准式价值主张、服务式价值网络、共赢式价值获取等特征要素,各特征要素之间的关系与地产型特征要素之间的关系相同。而且,城市功能型商业模式保留了地产型商业模式的特征要素,是在地产商业模式的基础上增加新的服项目发展起来的。(3) 中国—印度尼西亚经贸合作区地产型商业模式更新成城市功能型商业模式有引导性更新和匹配性更新两条路径,路径选择的驱动因素是价值动机。引导性更新的价值动机是隐性价值动机,匹配性更新的价值动机是显性价值动机。隐性动机对应的价值主张是惊喜型价值主张,显性动机对应的价值主张是基本型和期望型价值主张。根据上述研究结果,文章建议:中国—印度尼西亚经贸合作区应根据园区经营目标发展阶段的不同选择不同的商业模式;应根据顾客价值动机的不同从地产型商业模式到城市功能型商业模式运用两条更新路径；在城市功能型商业模式中，中国—印度尼西亚经贸合作区可以根据价值动机的不同，采用不同的价值主张；在不同的商业模式阶段，对资金、综合型管理人才、风险保障体系、员工日常生活保障体系、园区基础设施完善度等方面的需求也应有所不同。

（二）关于中国与南亚国家的合作关系的研究概况

南亚是世界地缘政治的中继站，具有陆海相连、东西相通、南北并联的复合枢纽特征，是我国推动共建 21 世纪海上丝绸之路的重要方向之一。2021 年研究中国与南亚合作方面的文章主要有：张家栋、柯孜凝的《"一带一路"建设在南亚：现状、挑战与机遇》（《印度洋经济体研究》2021 年第 5 期），公丕萍、卢伟的《高质量推进南亚地区"一带一路"建设的思路及对策建议》（《北方经济》2021 年第 10 期），胡文远、范云的《"一带一路"背景下中国对南亚直接投资的特点、问题与对策》（《印度洋经济体研究》2021 年第 5 期），岳圣淞的《语言战略构建与"一带一路"在南亚的可持续发展》（《南亚研究》2021 年第 4 期），等等。

其中，胡文远、范云在《"一带一路"背景下中国对南亚直接投资的特点、问题与对策》一文中在梳理中国在南亚投资现状的基础上，分析了当前中国对南亚各国投资中存在的主要问题，提出逆全球化趋势下优化中国在南亚投资布局的应对之策。文章首先得出中国对南亚投资的特点主要体现在：(1)中国与南亚各国经济互补性强，投资潜力巨大；(2)中国对南亚投资覆盖除不丹以外的所有国家，投资趋势呈波动式增长；(3)第三产业的投资规模较小。文章认为："虽然中国与南亚地区的投资合作潜力巨大，但相比东南亚和中亚等地区，投资潜力还未得到有效释放。"文章认为主要原因在于：中国对南亚投资面临来自东道国的阻力，制约了投资潜力的有效释放（投资潜力难以有效释放与南亚国家复杂的地缘政治与安全环境相关，中国对南亚大国印度的投资还与其对华投资壁垒密切相关；中国对南亚其他国家的直接投资规模非常有限）；中国在南亚投资的产业集中度过高而增加了企业投资风险；中国对南亚投资易受非经济因素的干扰，影响了中国企业投资的积极性和主动性；中国在南亚小国投资受到西方国家和印度大肆宣扬的"债务陷阱论”的制约。在上述分析的基础上，文章提出了优化中国对南亚投资格局的对策：重视对南亚各国市场环境与投资风险的评估，结合东道国自身优势进行投资布局，避免非理性投资；考虑南亚各国市场环境的特殊性，以差异化投资为原则，找准利益契合点进行投资布局；政府要采取措施完善企业“走出去”的相关配套制度，促进有效投资；重视中国企业海外形象的建设，营造有利于投资的舆论环境。

张家栋、柯孜凝在《“一带一路”建设在南亚：现状、挑战与机遇》中写道，“自2013年‘一带一路’倡议提出以来，多数南亚地区国家积极参与，并与中国签署了不同形态的合作协议”。文章认为中国与南亚五国在“一带一路”框架下的合作取得了良好的成绩，主要表现在：战略对接持续推进，贸易往来不断扩大，投资水平逐渐提升，基础设施互联互通及重大项目加快推进，境外经贸合作区建设稳步推进，金融服务逐步加强，民心相通与交流不断深入。接着文章以南亚国家对“一带一路”合作模式的反应和由此产生的结果为评判标准，指出“一带一路”建设在南亚地区有三种模式：一是巴基斯坦模式。中巴两国全方位合作，相关项目虽偶遇干扰，但总体进展顺利。二是斯里兰卡模式。斯里兰卡同时与中国和印度合作，虽然存在多种干扰因素，但总体上可以推进。三是印度模式。印度公开反对“一带一路”倡议，且中印两国间的经贸合作在2020年因新冠疫情和中印关系恶化而受挫折，但中印经贸关系总体上仍然在发展，并且潜力巨大。在分析上述三种模式的基础上，文章认为“一带一路”建设在南亚地区面临的挑战有：“一带一路”政治安全风险突出（一些国家内部政治风险居高不下，个别国家治理能力薄弱导致一些项目推进困难，国际政治因素可能带来风险）；“一带一路”项目存在金融和运营风险（资金压力过大可能导致金融风险，项目在运营过程中可能存在风险，有效基础设施运能不足）；“一带一路”的机制建设滞后（来自国际竞争者的挑战干扰着“一带一路”机制化进程，合作模式较为简单，项目主体与合作内容过于单一）。综合考虑中国与南亚之间的历史联系、人文纽带、地理邻近和经济发展阶段互补等因素，“一带一路”建设在南亚有很大的合作空间和潜力，目前，以能源和交通设施建设为核心的第一阶段已经大致完成，以产业合作为核心的第二阶段正在展开。最后，文章认为,要克服上述风险和挑战,中国和南亚合作伙伴国家还有大量工作需要加强:需要进一步澄清“一带一路”倡议的内涵,以消除“中国威胁论”及其衍生言论的消极影响;要推动实施内容的多样化;要推动实施主体的多元化;要推动实施方式的多边化。

印度是21世纪海上丝绸之路的重要通道,是“一带一路”潜在的合作伙伴,在推进“一带一路”建设中居于重要地位。因此2021年一些学者对印度参与21世纪海上丝绸之路建设的讨论比较多。主要有:赵昌平、刘梦茹和龚宇的《印度在“一带一路”贸易网络中的影响力分析》(《东北亚经济研究》2021年第2期),王颖的《印度“印太”认知及其对21世纪海上丝绸之路的影响》(《南亚研究季刊》2021年第3期),周艳梅、周发强的《“一带一路”建设背景下印度来华留学教育发展与路径选择》(《南亚研究季刊》2021年第1期),叶刘刚的《中国与“一带一路”沿线国家印度参与双边贸易研究》(《经济研究导刊》2021年第23期),申钟秀的《印度智库对“数字丝绸之路”的认知评析》(《情报杂志》2021年第6期),等等。

其中,王颖在《印度“印太”认知及其对21世纪海上丝绸之路的影响》一文中分析了印度的“印太”战略认知:“‘印太’战略构想被澳大利亚和美国提出后,印度对此产生了积极的反应。莫迪政府对‘印太’概念的认知,折射出印度不满足于现实的地缘政治,而欲借助世界海洋大国的力量拓展其海上战略空间,包括印度洋和南海的地理范围。这无疑将对中国正在开展的‘21世纪海上丝绸之路’建设产生不同程度的影响。毕竟‘印太’地区所涵盖的印度洋、孟加拉湾、南海及南太平洋等关键海域,是‘21世纪海上丝绸之路’运行的重要通道。虽然印度政府目前没有正式出台‘印太’战略构想,但其在亚太地区角色的转变与定位,使印度产生了较为开放的战略认知,以推动其与美日澳等国形成潜在的战略组合。”文章指出,印度至今仍未接受“一带一路”倡议,这必然对21世纪海上丝绸之路的正常开展产生不利影响,毕竟印度洋是海上丝绸之路运行的关键水域。这些具体影响表现在:干扰正常运行航线,挤压海上丝绸之路建设空间,离间中国与沿线国家的关系,制约海上丝绸之路实施进程。基于上面的分析,文章认为中国应主动采取相应措施,确保21世纪海上丝绸之路未来建设的顺利开展,具体做法可以是拓宽海上丝绸之路运行航线和空间；大力加强海上运输和保障能力建设；积极深化中国同沿线国家的关系；努力提升中印战略互信，以促进印度尽早接受“一带一路”倡议。

此外，2021 年关于其他国家与 21 世纪海上丝绸之路关系的相关研究成果还有：张若澄的《“一带一路”倡议背景下中国与巴基斯坦合资企业跨文化管理研究》（《商展经济》2021 年第 6 期），张慧芳的《“一带一路”倡议背景下中斯高等教育合作策略研究》（《黄冈师范学院学报》2021 年第 5 期），王腾飞的《中斯人文交流发展：现状、挑战及思考》（《区域与全球发展》2021 年第 6 期），汪金国、张立辉的《莫迪政府的国家认同建构及其对“一带一路”认知的影响》（《南亚东南亚研究》2021 年第 4 期），缪苗等的《“一带一路”背景下的中国—斯里兰卡渔业合作探析》（《热带农业科学》2021 年第 7 期），等等。

其中，王腾飞的《中斯人文交流发展：现状、挑战及思考》一文从人文交流角度考察中斯关系。文章首先回顾了中斯人文交流的历史基础：古代海上丝绸之路、法显赴斯里兰卡、郑和下西洋以及近代的《米胶贸易协定》等一段段历史佳话不断丰富着中国和斯里兰卡的人文交流，为两国关系的发展奠定了坚实的基础。接着文章介绍自 1957 年中斯建交以来，两国政治互信不断加深，尤其是在“一带一路”倡议的推动下，两国在图书出版、广播影视、教育、文化、智库等方面的合作与互动更加密切、频繁，取得了重大进展。文章同时指出，虽然中斯在人文交流方面基础深厚、进展迅速，但潜力仍有待挖掘，且受一系列因素影响，仍面临诸多困难，主要有：斯里兰卡国内安全形势依然不容乐观；政党斗争时而牵动反华情绪；西方势力不断抹黑中国在斯形象；印度也给中斯人文交流带来诸多挑战。同时，中斯人文交流本身也存在发展不平衡、不充分以及合力不足等问题。在上述分析的基础上，文章提出了中斯继续深化、增强人文交流的具体建议：积极推动人文交流合作的机制化建设，优先发展人文交流重点领域；发挥新媒体和新技术的作用，促进人文交流的包容开放；注重人文双向互动，共同推动两国人文交流取得更大的发展。

（三）关于中国与非洲国家的合作关系的研究概况

非洲是 21 世纪海上丝绸之路建设的重要战略支点。截至 2021 年底，在 53 个同中国建交的非洲国家中，有 52 个国家及非盟委员会已经同中国签署了共建“一带一路”的合作文件。非洲几乎实现了“一带一路”合作的全覆盖。

张春宇在《蓝色经济赋能中非“海上丝路”高质量发展：内在机理与实践路径》（《西亚非洲》2021 年第 1 期）一文中指出：“推动中非蓝色经济合作，正在成为中非共建高质量‘一带一路’、实现双方经济社会可持续发展的重要手段。中非双方都是蓝色经济理念的重要推动者。”文章进一步写道：“进入 21 世纪以来，中非蓝色经济均实现了快速增长。非洲国家发展蓝色经济意愿强烈，但基础薄弱，亟须外部合作；中国蓝色经济的发展阶段、技术和管理水平处于全球价值链中端，与非洲国家形成了渐次梯队；中非双方的发展意愿及较强的供需匹配度为加强蓝色经济合作提供了可能。中非蓝色经济合作已具备一定基础。”文章详细梳理了中非蓝色经济合作现状，指出推进中非蓝色经济合作高质量发展还有一些问题亟待解决，这些问题主要体现在以下三个方面：一是中非蓝色经济合作起步晚，合作规模小，合作层次低；产业领域合作仍然主要集中于传统的海运、港口和海洋渔业，而在海洋工程、船舶制造、其他海洋装备制造等高技术、高附加值产业方面鲜有合作；非洲海洋产业规模小、层次低，双方在为海洋产业提供配套服务的海洋金融、海洋信息、海事法律、海事教育等现代海洋服务业方面，尚未展现明显的合作空间。二是中非之间尚缺乏有效的蓝色经济合作机制。三是进入 21 世纪以来，非洲国家展现了强烈的开展海洋产业、海洋生态保护与治理、海洋科技、海洋教育等领域的国际合作需求与意愿，但各类中资机构对非洲国家的相关合作需求关注不够、挖掘不足，导致双方合作范围狭窄，规模有限，未能充分发挥中方在海洋产业、海洋生态保护、海洋科技、海洋教育、海洋综合管理等方面的比较优势。文章也明确指出，中非开展蓝色经济合作、共建高质量海上丝路需要明确以下几点：（1）合作总体目标。中非蓝色经济合作应将构建海洋命运共同体作为最终目标，以共建海上丝绸之路为手段，推动蓝色产业合作，带动蓝色经济发展。(2)合作新特点带来的新要求。新特点清晰地体现在包括蓝色经济在内的中非合作当中，对中非蓝色经济合作提出了重视贸易均衡、投资安全、经济和债务可持续、金融稳定等一系列新要求。(3)合作的重点内容，可作为中短期内中非开展蓝色经济合作、共建海上丝绸之路的重点工作。至于合作的重点内容，应包括：完善中非蓝色经济合作机制（中国与更多非洲国家构建蓝色伙伴关系；尽快推动中非合作论坛下的中非海洋部长级论坛召开，论坛宗旨可定为推动中非蓝色经济增长、促进各国蓝色经济相互依存、加强开放的多边蓝色经济合作体制机制；加强与非洲国家的“政策相通”，与非洲国家联合开展海洋领域相关规划的编制工作是实现“政策相通”的最佳方式）；优化海洋产业领域合作（优化中国在非洲合作的港口布局，与非洲国家联合开展港口信息化建设，在有条件的港口合作建设新一代“智慧港口”；继续深化中非渔业合作，需援助与投资并重；支持中资大型涉海企业与有条件的非洲国家共建境外海洋产业园，以优势蓝色产业带动当地经济发展）；强化海洋科技教育领域合作。

黄梅波、段秋韵的《“数字丝路”背景下的中非电子商务合作》(《西亚非洲》2021年第1期)一文主要探讨在后新冠疫情时期，中非双方应如何共同建设“数字丝路”。文章首先分析了非洲发展电子商务的现实条件：消费市场潜力巨大，基础设施不断完善，信息技术水平快速提高，政府大力支持，区域经济一体化稳步推进，新冠疫情加快非洲国家数字化转型。接着文章写道：“信息技术的迅速发展使得电子商务在现代化贸易中的角色越来越重要。电子商务打破了时空界限，逐渐成为非洲国家对外贸易的新亮点，它对非洲国家经济发展产生了多重影响。”一方面，电子商务对非洲经济发展有正效应：提高交易效率，降低交易成本，推进物流业发展，推动中小微企业融入全球经济，提高民众特别是青年群体的就业；另一方面，电子商务对非洲经济发展也具有挑战：冲击传统零售业，影响税收征管，在一定程度上抑制了制造业的发展，会扩大数字鸿沟。作者认为：“电子商务的发展将会给非洲经济社会各方面带来正负两方面的影响，但不论电子商务对于非洲的发展是有利还是有弊，电子商务目前已经成为全球贸易市场上的新潮流，非洲各国为推进经济发展，更加积极地参与全球化，电子商务的发展和国际合作是无法避免的。与此同时,中国电子商务的快速发展及中非两国的贸易互补性,使得中非双方的电子商务发展合作成为非洲发展电子商务的重要选择。"接着,文章分析了中非电子商务合作的现状:中非双方政府相继出台相关支持政策,合作建设多个电商平台,共同推动移动支付领域合作。同时,文章也指出中非电子商务合作面临挑战,主要有:工业化水平低,制造业不发达,发展电子商务的根基不牢固;信息网络安全存在隐患;复合型电子商务人才缺乏;基础设施建设和物流业较为落后。最后,作者针对非洲电子商务发展的"硬"基础的欠缺和"软"实力的不足,提出了中非深化"丝路电商"合作的建议:从非方而言主要有完善相关法律法规建设,加强基础设施建设,加快制造业的发展,加快电子商务人才的培养,适当放宽电信市场准入;从中方而言可采取的措施包括合理规避投资风险和政治风险,深化中非基础设施合作和产能合作,推进中非电商人才培养。

2021年有关非洲如何参与21世纪海上丝绸之路建设的研究成果主要还有:肖瑾、徐薇和李雪冬的《"一带一路"与非洲大陆自贸区高质量发展的思考》(《非洲研究》2021年第1期),郭佳的《"一带一路"倡议视阈下的中非卫生健康合作:成就、机遇与挑战》(《非洲研究》2021年第1期),张嘉璇、陈昊的《"一带一路"框架下的中非关系发展》(《公关世界》2021年第24期),杨宝荣的《"债务视角"看非洲"可持续发展议程"融资困境——兼论"一带一路"对非洲发展支持》(《学术探索》2021年第12期),喻珍、蓝宏锐的《"一带一路"背景下中国与非洲国家次区域合作:以中国—非洲经贸博览会为例》(《湘潭大学学报(哲学社会科学版)》2021年第4期),黄梅波、段秋韵的《"数字丝路"背景下的中非电子商务合作》(《西亚非洲》2021年第1期),叶伟、张婷和姜海洲的《"一带一路"背景下中埃水产养殖产业合作潜力分析》(《渔业信息与战略》2021年第2期),曾爱平的《全球公共卫生治理合作:以中非共建"健康丝路"为视角》(《西亚非洲》2021年第1期),等等。

(四)关于中国与大洋洲及太平洋岛国的合作关系的研究概况

大洋洲及太平洋岛国是21世纪海上丝绸之路倡议推进的重点区域。2021年,中国与大洋洲及太平洋岛国合作的相关文章主要有:汪超、覃杰和陈强的《"一带一路"倡议下南太平洋区域交通基础设施投资机会分析》(《交通企业管理》2021 年第 5 期),韩玉平的《"一带一路"视域下瓦努阿图高等教育发展述评》(《太平洋岛国研究》2021 年第 1 期),凌胜利、李航的《"一带一路"倡议在大洋洲的政治安全风险》(《区域与全球发展》2021 年第 4 期),岳圣淞的《澳新两国对"一带一路"倡议的认知比较与机制化建设》(《辽宁大学学报(哲学社会科学版)》2021 年第 4 期),等等。

其中,凌胜利、李航的《"一带一路"倡议在大洋洲的政治安全风险》一文主要探究"一带一路"倡议在大洋洲推进所面临的政治安全风险和挑战,以及如何促进"一带一路"倡议在大洋洲开展。文章写道,自 2013 年提出"一带一路"倡议以来,在大洋洲得到了越来越多国家的认可与响应,在政策沟通、贸易畅通、资金融通、设施联通和民心相通这五大领域都取得了重要进展,促进了中国与大洋洲国家的共同发展。但要在大洋洲地区深入推进"一带一路"倡议,还面临一系列政治安全风险,主要表现在以下方面:全球性(或地区性)政治安全风险(国际社会的负面舆论影响大洋洲国家的认知,涉华问题容易恶化中国与大洋洲国家的关系,"逆全球化"影响国际经贸合作);大国博弈的风险(美国阻挠"一带一路"建设,日本谋划对冲"一带一路"倡议的影响力);沿线国家内部风险(多数大洋洲国家政局不稳,延缓"一带一路"建设项目推进进程;大洋洲分散的地理特征,增加"一带一路"建设成本;落后的社会经济环境,制约"一带一路"目标实现;文化差异导致认知冲突,影响"一带一路"深入推进);沿线国家之间的矛盾;非传统安全风险(恐怖主义,自然灾害,环境问题)。同时文章分析了在防范政治安全风险的过程中,"一带一路"可能会受到的各种挑战,主要有:中美战略竞争,澳大利亚和新西兰对中国的防范,以及中国自身的因素。文章在深度分析这些政治安全风险形成的原因的基础上,认为应采取政治安全风险防范的措施,以有效应对"一带一路"建设中出现的挑战和危机,如:重视舆论引导,促进各国间的相互认知;妥善处理涉华问题,减少摩擦;加强大国沟通;完善共建"一带一路"安全保障体系,有效应对安全突发事件;促进海洋与环境合作,构建"蓝色伙伴"关系;尊重澳大利亚和新西兰在大洋洲事务中的角色,重视与现有的区域合作机制的对接。

（五）关于中国与拉美国家的合作关系的研究概况

中国与拉美国家共建 21 世纪海上丝绸之路的合作持续深入，拉美地区已是中国对外投资的第二大目的地，2021 年中国同拉美国家的贸易总额再创新高，突破 4500 亿美元。到 2021 年底，与我国建交的 24 个拉美国家中，已有 19 个与中国签署了“一带一路”合作备忘录，而未签署的 5 个国家也与中国在“一带一路”框架下开展了实质性合作，可见，“一带一路”倡议已覆盖拉美地区所有与中国建交的 24 个国家。2021 年学术界更多关注拉美国家参与 21 世纪海上丝绸之路建设的问题，并从不同视角开展研究，主要成果有：岳云霞的《中拉共建“一带一路”合作：内涵、条件与前景》（《西南科技大学学报（哲学社会科学版）》2021 年第 6 期）和《中国与阿根廷携手共建“一带一路”》（《进出口经理人》2021 年第 10 期），贺双荣、佟亚维的《中国与乌拉圭共建“一带一路”：进展、驱动因素及挑战》（《拉丁美洲研究》2021 年第 6 期），宋海英、王敏慧的《“美洲增长”倡议对中拉共建“一带一路”的经济影响》（《拉丁美洲研究》2021 年第 12 期），刘晋彤、班小辉的《“一带一路”倡议下中国与拉美国家劳工合作规则的构建》（《国际贸易》2021 年第 9 期），史沛然的《“一带一路”框架下的中拉绿色产品贸易：特征、比较优势与出口潜力》（《企业经济》2021 年第 1 期），杨志敏的《“一带一路”框架下中拉资金融通合作的历程和方向》（《西南科技大学学报（哲学社会科学版）》2021 年第 6 期），王飞、胡薇的《中国—拉美共建“一带一路”的现状、问题与启示——基于智库研究视角》（《重庆大学学报（社会科学版）》2021 年第 4 期），李昊旻的《中拉“一带一路”民心相通领域的合作历程与前景》（《西南科技大学学报（哲学社会科学版）》2021 年第 6 期），步少华的《中拉“一带一路”合作：现状与未来路径》（《新丝路学刊》2021 年第 1 期），贺双荣、王钰鑫的《中智携手打造新时代中拉“一带一路”的合作典范》（《丝路百科》2021 年第 3 期），等等。

其中，贺双荣、佟亚维在《中国与乌拉圭共建“一带一路”：进展、驱动因素及挑战》一文中主要探讨中乌双方共建“一带一路”的政治基础和挑战，以助力两国更好规划未来发展。文章首先梳理了中乌“一带一路”合作已取得的可喜进展，主要有：战略伙伴关系将中乌关系定位提升到新高度，中乌经贸关系取得突破性进展，中乌“一带一路”合作机制取得新进展，中乌启动自由贸易可行性研究，中乌抗疫合作树立了构建人类卫生健康共同体的合作典范，中乌全方位合作取得新进展。接着文章具体分析了新时代中乌战略伙伴关系的驱动因素：从乌拉圭的战略方面考量，主要有利益驱动，促进对外开放及战略调整，推动乌拉圭加快融入亚太，中拉“一带一路”合作的战略机遇，中乌自由贸易谈判的“机会之窗”；从中国的战略方面考量，主要有乌拉圭是中拉共建“一带一路”的战略节点，乌拉圭在中拉共建高质量“一带一路”中发挥引领和示范作用，中乌合作是大国与小国间互利合作的典范，中乌是推动全球治理的伙伴。此外，文章还分析了中乌“一带一路”合作面临的挑战及自由贸易谈判前景合作除受外部因素制约外，还受到国内因素的制约，具体有：中美战略竞争对中乌“一带一路”合作的地缘政治影响、南共市因素和国内政治约束。在上述分析的基础上，作者得出结论：“中乌‘一带一路’合作面临来自全球、区域和国内三个层面的挑战。其中，双边自由贸易谈判面临的不确定性是影响中乌未来深化合作的重要方面。但无论结果如何，这只会影响中乌‘一带一路’合作的战略预期，而不会影响中乌合作的大局和发展方向，因为中国与南共市国家有着共同的发展利益，经济上高度互补。另外，巴西和阿根廷国内也有许多支持与中国谈判自由贸易协定的力量。此外，在区域化进程不断加深的情况下，推进与中国的自由贸易也符合巴西和阿根廷的利益。”“中国与南共市的合作升级只是时间问题。中乌双边自由贸易谈判即使未能达成协议，也将为未来中国与南共市的自由贸易谈判做好前期的准备。巴西和阿根廷是中国在拉美最重要的战略伙伴，中国不希望中乌双边自由贸易谈判损害南共市的发展以及中国与南共市的关系。因此，中乌在‘一带一路’合作，特别是双边自由贸易谈判中，应加强与巴西和阿根廷的政治磋商，以增加中国与巴西和阿根廷的政治互信。”

王飞、胡薇的《中国—拉美共建“一带一路”的现状、问题与启示——基于智库研究视角》一文以智库为分析主体，动态分析拉美国家对“一带一路”倡议的认知和互动，重点分析中拉共建“一带一路”的现状、存在的问题并提出政策建议。作者基于中国社会科学评价研究院“全球智库综合评价 AMI 指标体系”，首先对中拉共建“一带一路”进行文献回顾，梳理了拉美地区 21 个国家的 129 家智库在 2015—2019 年间的中国研究，明确了近年来拉美智库中国研究的重点，发现作为重要的咨政渠道和学术研究平台，智库越来越受到拉美各国政府、政党、非政府团体和 NGO 的广泛关注。经过半个多世纪的发展，拉美智库在研究能力、研究内容和影响力方面均实现了突破，拉美智库关于中国的研究力量不断增强。尽管拉美是最后被纳入“一带一路”合作框架的地区，但已经成为发展速度最快的地区之一。在中拉共建“一带一路”过程中，加强双方智库交流将更好地服务于中拉共建“一带一路”实践，通过智库合作渠道丰富我国“以国内大循环为主体、国内国际双循环相互促进的新发展格局”的内涵。作者通过研究发现，拉美智库的“一带一路”研究存在两面性，有支持也有疑虑。同时，拉美智库的“一带一路”研究队伍集中、研究领域狭窄。面对这些问题，文章得出的启示是：鉴于当前签订“一带一路”合作文件对拉美“一带一路”研究促进作用较低，中拉双方应重视智库网络和联盟建设，扩大“一带一路”的影响力；鉴于“一带一路”研究成果及其传播力不足，中拉双方可突破传统论坛形式，鼓励拓展“青年论坛”“智库—商界—政界对话”等多样化的交流形式，充实双方各自的研究队伍力量，提升智库研究成果的转化能力；鉴于拉美智库“一带一路”研究存在队伍集中、研究领域狭窄等，双方或多方应分别着力，凝聚共识。

“冰上丝绸之路”作为“一带一路”倡议向东北亚的延伸，是我国规划的三条海上丝绸之路蓝色经济通道之一，也是近几年的新生事物。2021 年共建“冰上丝绸之路”的倡议仍是研究热点，关于“冰上丝绸之路”的研究文章主要有：刘广东、于涛的《“冰上丝绸之路”倡议的科学内涵、内在逻辑与实现路径》(《东北亚经济研究》2021 年第 2 期)，戴瑜的《“冰上丝绸之路”倡议下北极航道的中国话语权构建》(《理论界》2021 年第 8 期)，于涛、刘广东的《“冰上丝绸之路”建设促进东北经济振兴：机理与对策》(《东北亚经济研究》2021 年第 8 期)，王武林、龚姣和林珍的《“冰上丝绸之路”沿线国家贸易网络结构特征分析》(《热带地理》2021 年第 8 期)，马腾、李永宁和李一杰的《北极地缘环境解析与中国的应对之策——以“冰上丝绸之路”为例》(《热带地理》2021年第6期)，李振福等的《北极航线到“冰上丝绸之路”的学术演进》(《北京交通大学学报(社会科学版)》2021年第4期)，林建华、邹冠男和张心悦的《论“冰上丝绸之路”与新时代东北全面振兴的对接互动》(《辽宁师范大学学报(自然科学版)》2021年第2期)，李兴、董云的《中俄共建“冰上丝绸之路”的地缘政治经济分析》(《人文杂志》2021年第10期)，等等。

刘广东、于涛在《“冰上丝绸之路”倡议的科学内涵、内在逻辑与实现路径》中对“冰上丝绸之路”倡议的科学内涵进行辨析，对内在逻辑进行梳理从而探讨其实施路径。文章基于“冰上丝绸之路”概念的历史演进以及对中俄双方关于“冰上丝绸之路”科学内涵的辨析，阐释了中俄双方合作的基础和动因。从内在逻辑上看，“冰上丝绸之路”建设的关键是“战略契合”，首要是“能源合作”，基础是“北极航线”，舞台是“北极治理”。因此文章认为在双方共建“冰上丝绸之路”的过程中，我们要有足够的战略定力，做好面对困难的准备，精心谋划，决定参与方式，避免失控，具体措施有：中俄双方应进一步弥合认知差异，寻求最大利益公约数；利益锁定，注重分阶段投资及阶段性利益获取；注重多元，加大对俄其他领域的经济投资；加强次区域合作，重视地方外交；人文交流，建立信任；沿路合作，扩大“朋友圈”，促进中俄“冰上丝绸之路”建设行稳致远。

四、学术界对“一带一路”的探讨

“一带一路”倡议自2013年正式提出以来，已在国内外引起很大反响，成为国内外学术界研究的热点。在中国知网以“主题”和“海上丝绸之路”为关键词进行检索，结果显示，在2021年发表的关于“海上丝绸之路”的学术论文成果一共有191篇，相对于前几年关于“海上丝绸之路”的主题研究成果数量略有下降，但在研究深度与广度上有所拓展。这些论文从多个维度探究21世纪海上丝绸之路建设。系统梳理和归纳这些研究成果，可以发现主要围绕以下五个方面展开：(1)对21世纪海上丝绸之路进行综合性的探讨；(2)从文化、教育视角对21世纪海上丝绸之路进行探讨；(3)从经济贸易视角对21世纪海上丝绸之路进行探讨；(4)关于海洋、港口问题的探讨；(5)

关于21世纪海上丝绸之路建设中各种风险及法律的探讨。

（一）对21世纪海上丝绸之路进行综合性的探讨

2021年，对21世纪海上丝绸之路建设的综合性研究比较多，特别是对概念继续深化的研究和构想有很多，主要成果有：王文、刘英和郭方舟的《后疫情时代的"一带一路"建设与展望》（《扬州大学学报（人文社会科学版）》2021年第6期），陈健的《"双循环"新发展格局下21世纪海上丝路畅通研究》（《现代经济探讨》2021年第11期），卢伟等的《推进"一带一路"建设高质量发展的总体构想研究》（《中国软科学》2021年第3期），孙灿的《"软联通"机制：21世纪海上丝绸之路共建的逻辑与路径》（《中国海洋大学学报（社会科学版）》2021年第6期），樊如森的《中国陆上和海上"丝绸之路"的近代交汇与交融》（《贵州社会科学》2021年第7期），陈志武的《从海上丝绸之路历史对比不同文明：对当代企业的启示》（《外国经济与管理》2021年第6期），李国强的《从丝绸之路到"一带一路"》（《中国中小企业》2021年第12期），葛剑雄的《从"丝绸之路"到"一带一路"》（《检察风云》2021年第4期），王雪慧、殷昭鲁的《21世纪海上丝绸之路倡议的三维探析》（《北方经贸》2021年第3期），等等。

其中，陈健在《"双循环"新发展格局下21世纪海上丝路畅通研究》（《现代经济探讨》2021年第11期）一文中指出："作为中国今后较长一段时期内的对外开放主导方向，'一带一路'建设倡议将成为引领国内国际双循环新发展格局的重要实践路径……构建新发展格局是中国当前的重大战略，这一战略要想落到实处，必须有现实的平台予以支撑，而21世纪海上丝绸之路的循环畅通能有效联结中国国内市场与沿线区域市场，为构建'双循环'新发展格局提供重要平台。这一平台要想实践好，必须对标新发展格局的目标任务。"文章首先阐述了"双循环"新发展格局下21世纪海上丝绸之路循环畅通的政治经济学基础，在此基础上，认为"双循环"新发展格局下21世纪海上丝绸之路循环畅通是海洋强国建设的现实方案、实现海路循环畅通的中国方案、破解沿线海洋资源利用不足短板的行动方案。

接着，文章提出了"双循环"新发展格局下21世纪海上丝绸之路循环畅通的主要难点:(1)面对传统安全问题的挑战。一些西方发达资本主义大国在海路区域制造摩擦,影响各国之间的合作;海盗等恐怖主义问题也在一定程度上存在,这些都影响海路沿线各国的合作;21世纪海上丝绸之路沿线的部分东南亚国家对中国存在一些猜疑等。(2)循环畅通的保障机制有待完善。缺少21世纪海上丝绸之路沿线统一的区域性法律法规支撑、规范沿线发展;联合攻关海洋科技的体制机制和政策体系有待完善;缺少关于21世纪海上丝绸之路沿线市场、产业等循环畅通的政策支撑体系;支持21世纪海上丝绸之路沿线基础设施建设的常态化支撑体系还存在不足;缺少矛盾纠纷处理机制;缺少应对西方海洋霸权主义的联动机制;沿线港口建设还存在不足。(3)中国的示范引领作用有待进一步发挥。海洋科技、海洋产业发展还存在发展短板;如何把海洋强国建设融入新发展格局之中的路径有待拓展;中国世界一流跨国公司在数量上还存在不足;缺少传播到位、能解释清楚21世纪海上丝绸之路倡议是基于沿线各国利益的发展倡议的国际话语体系;在"美丽之海"建设方面有待进一步加强;海洋命运共同体意识有待进一步实践。

最后,文章认为"双循序"新发展格局下21世纪海上丝绸之路循环畅通的实践方案有以下几点:(1)建立沿线协同安全共同体。加快建立沿线常态化的国家海上安全战略互信对话机制;建立沿线应对恐怖主义的协调联动共同体;建立南海区域命运共同体;中国应加快与印度的战略互信,构建中印命运共同体;建立沿线利益互联共同体。(2)建立沿线循环畅通制度共同体。对标"双循环"新发展格局的目标任务,加快构建有助于21世纪海上丝绸之路循环畅通的沿线区域法律法规体系;建立21世纪海上丝绸之路沿线各国科技联合攻关的制度体系;建立有助于21世纪海上丝绸之路沿线市场、产业循环畅通的政策支撑体系;建立有助于21世纪海上丝绸之路沿线基础设施建设的政策支撑体系;建立引导各种资金争相投资21世纪海上丝绸之路沿线基础设施建设的政策体系;建立有助于21世纪海上丝绸之路沿线矛盾纠纷处理的制度体系和矛盾纠纷处理机构;建立应对西方海洋霸权主义的应对体系;21世纪海上丝绸之路沿线各国政府应加快协商建立支持沿线港口建设的制度体系。(3)建立中国引领的沿线循环畅通共同体。加大海洋科技研发步伐，实现海洋科技的高水平自立自强；加快中国新基建建设，率先实现中国的软联通；加快培育具有世界竞争力的一流大型企业集团；建立强有力的能够解释清楚、传播到位的关于中国声音、中国故事的国际话语体系；把“美丽之海”建设提高到建设海洋强国的高度予以重视，作为海洋强国建设的重要方面；中国应加快培育海洋命运共同体意识；中国应加快向沿线输出公共安全产品。

卢伟等的《推进“一带一路”建设高质量发展的总体构想研究》一文主要探讨未来推进“一带一路”建设高质量发展的总体框架和主要任务。文章基于对当前“一带一路”建设所处阶段的判断，首先从五个层面分析了“一带一路”建设质量不高的主要表现，具体为：总体层面（对外投资和工程向东南亚南亚地区聚集但还未形成较强的经济影响力；合作领域中低端居多，创新、绿色、高标准的合作领域有待拓展）；项目层面（部分企业“跟风政策”式投资导致产能过剩和投资亏损风险增加，部分项目企业前期尽职调查不充分导致后期运营受到影响）；规则层面（经贸规则构建方面，双边投资规则层面，技术标准层面）；货币层面（中美贸易摩擦对外汇储备资金可持续投入“一带一路”建设形成挑战，中资银行布局速度慢于中资企业且没有满足企业差别化融资需求，项目建设尚未更好地带动人民币区域化进程）；文化层面（“硬设施”建设还未转化为对我国软实力的认可，人文交流重点与建设项目地区分布不匹配）。接着，文章界定了“一带一路”建设高质量发展的基本内涵以及总体思路和目标，认为“一带一路”建设高质量发展应体现在“五高”，即投入效益高、合作水平高、价值链位置高、市场瞄准程度高、整体联动性高。在以上分析的基础上，文章提出了推进“一带一路”建设高质量发展的主要任务：(1)总体层面。推动“一带一路”重点合作领域迈向中高端（推动中欧班列高质量发展，高质量建设境外经贸合作区，提升海外工程承包建设质量）。(2)项目层面。构建“一带一路”建设项目质量提升机制（建立项目多维度分级评估机制，探索化解项目债务风险机制，提升项目招投标和实施的透明度，构建项目生态环境影响审评机制，构建项目风险高质量防范机制）。(3)规则层面。探索创新完善经贸投资规则并推动标准“走出去”（在“一带一路”倡议中坚持 WTO 多边规则体系的主导地位；借鉴发达经济体经验稳步提升“一带一路”经贸规则标准；在战略规划设计、基础设施建设和数字贸易领域积极推动形成新规则；补齐我国标准“走出去”的基础条件和短板制约）。（4）货币层面。构建金融高质量支持“一带一路”建设机制（研究设立中国国际发展合作银行，进一步加大人民币境外投融资比重，创新多渠道差别化融资模式）。（5）文化层面。改进人文交流重点和策略强化“软实力”支撑（调整和优化人文交流战略重点，淡化人文交流官方色彩并充分发挥非政府组织的作用，大力发展国际传媒信息产业加强人文交流的能力建设）。

近几年为有效应对疫情冲击，共建绿色、健康的数字丝绸之路成为“一带一路”合作新增长点，也是“一带一路”高质量发展的内在要求。因此，2021 年聚焦于绿色、健康、数字丝绸之路方面的文章较多，主要有：陈健的《“数字丝绸之路”：应对西方数字帝国主义的中国方案》（《东南学术》2021 年第 4 期），赵祺的《后疫情时代数字“一带一路”的机遇与挑战》（《当代世界与社会主义》2021 年第 6 期），陈福炯、刘野和程大中的《跨境电商助推“数字丝绸之路”建设：机遇、挑战与策略》（《北方金融》2021 年第 5 期），邓云青、刘文斌的《数字丝绸之路的当代形态及文化价值研究》（《齐齐哈尔大学学报（哲学社会科学版）》2021 年第 11 期），高燕的《携手共建绿色、健康、数字丝绸之路》（《人民论坛》2021 年第 14 期），刘媛媛、祝思民的《数字丝路建设赋能“一带一路”沿线国家经贸合作》（《中国远洋海运》2021 年第 6 期），史佳颖的《中国与“一带一路”沿线国家的数字经济合作：进展和展望》（《北京城市学院学报》2021 年第 6 期），郭少飞、任新农的《“健康丝绸之路”的价值意蕴与实践路径探赜》（《石河子大学学报（哲学社会科学版）》2021 年第 3 期），周亚敏的《全球气候善治与“绿色丝绸之路”——基于治理实验的视角》（《当代亚太》2021 年第 5 期），杨东平的《打造“绿色丝绸之路”，引领人类命运共同体新征程》（《丝路百科》2021 年第 9 期），万喆的《“碳中和”背景下“绿色丝绸之路”危机中育新机》（《中国经济评论》2021 年第 5 期），孙敬鑫的《绿色丝绸之路的动力与挑战》（《丝路百科》2021 年第 1 期），张瑾的《科技合作打造“健康丝绸之路”》（《一带一路报道（中英文）》2021 年第 5 期），杨东平、刘洋和龙希成的《数字丝绸之路建设下的数字自贸机遇》（《丝路百科》2021 年第 6 期），等等。

陈健的《"数字丝绸之路"：应对西方数字帝国主义的中国方案》一文主要围绕为何共建"数字丝绸之路"能够有效应对西方数字帝国主义这个主题展开。文章指出，"共建'数字丝绸之路'是基于人类整体利益而提出的国际合作倡议，这一倡议的实践能够有效破解西方数字帝国主义"。"'一带一路'沿线国家应加强合作，加快共建'数字丝绸之路'，以应对西方数字帝国主义，这有利于实现南北国家共享数字科技、数字技术等新经济新业态的发展成果，实现南北国家共同发展繁荣。"为此，文章从历史、理论与实践等深层逻辑进行深入揭示。共建"数字丝绸之路"应对西方数字帝国主义的历史逻辑主要有：古丝绸之路中互利共赢精神的历史积淀，马克思主义政党应对帝国主义的历史担当，中华民族的和合基因。文章从以下三个方面来论述共建"数字丝绸之路"应对西方数字帝国主义的理论逻辑：列宁帝国主义资本扩张批判理论，列宁帝国主义垄断同盟批判理论，列宁帝国主义生产垄断批判理论。正因为"数字丝绸之路"具有深厚的历史、理论与实践逻辑，因此必然能够破解南北国家数字经济发展失衡和发展差距日益加大等问题，进而有效应对西方数字帝国主义，维护广大发展中国家的数字发展权益。因此"一带一路"沿线国家应加快共建"数字丝绸之路"，以合作成效吸引更多国家加入这一倡议，促进人类共享数字技术、数字科技等新经济新业态的发展权益，助力南北国家均衡发展，最终实现各国的共同发展繁荣，使得美好世界建设取得新进展。

(二)从文化、教育视角对 21 世纪海上丝绸之路进行探讨

海上丝绸之路文化有着丰厚底蕴和独特的价值体系，对我国发展有很好的价值引领作用。2021 年有关海上丝绸之路文化教育方面研究的文章比较多，侧重点有所不同。从文化方面进行探讨的文章主要有：张敏敏的《海丝文化传承与创新研究》(《中国港口》2021 年第 8 期)，李晖的《让海丝文化更加闪耀》(《人民政坛》2021 年第 6 期)，侯利民的《"海丝"背景下社会主义核心价值观对外传播路径分析》(《南方农机》2021 年第 12 期)，林琦芳的《面向海丝沿线华裔新生代中华文化传播的思考》(《泉州师范学院学报》2021 年第 3 期)，李效杰的《从商人与鲸鱼故事的流播看海上丝绸之路多元

文明的互动》(《国际汉学》2021 年第 4 期),赵云、燕海鸣的《海上丝绸之路:一个文化遗产概念的知识生产》(《故宫博物院院刊》2021 年第 11 期),王兰兰的《海上丝绸贸易对古代中外经济文化交流的影响》(《西安文理学院学报(社会科学版)》2021 年第 3 期),张焱的《装饰元素多元化表现在视觉传达设计中的应用——以"海上丝绸之路"传统文化传承为例》(《西部皮革》2021 年第 13 期),等等。从宗教交流方面研究的文章主要有:崔飞的《海丝路上的宗教音乐传播》(《中国宗教》2021 年第 6 期),程恭让、徐文静的《从"丝绸之路"到"一带一路":百年佛教交流研究的回顾与展望》(《西南民族大学学报(人文社会科学版)》2021 年第 6 期)。关注课程教学方面的文章主要有:蔡靖芳的《高职传媒创意课程与海上丝绸之路文化融合的实证研究》(《天津中德应用技术大学学报》2021 年第 1 期),牟乃夏、张灵先和任浩楠的《海上丝绸之路 GIS 课程思政实验案例库建设与思考》(《南京师大学报(自然科学版)》2021 第 S1 期)。研究博物馆专题的文章主要有李蜜的《专题博物馆在海丝临展工作中的探索与思考——以中国港口博物馆为例》(《中国港口》2021 年第 S1 期)。从旅游资源开发伦理角度探讨的文章主要有全国花的《海上丝绸之路旅游资源开发的伦理审视》(《齐鲁师范学院学报》2021 年第 3 期)。从历史角度进行考察研究的文章主要有:白舒荣的《侨批局:海上丝绸之路早年民间邮政》(《世界华文文学论坛》2021 年第 4 期),夏时华、王春的《宋代海上丝绸之路香料贸易的合伙制经营考察》(《青海社会科学》2021 年第 1 期),徐思雯、谷舟和杨益民的《公元 2 世纪以前印度—太平洋珠的分布与海上丝绸之路》(《中国科技史杂志》2021 年第 S1 期),车效梅、马思的《15—16 世纪霍尔木兹贸易圈与海上丝绸之路研究》(《西亚非洲》2021 年第 6 期),柳平生、葛金芳的《试析宋代海上丝绸之路勃兴的内在经济动因——兼论两宋经济结构变迁与三大文明竞争格局形成》(《文史哲》2021 年第 1 期),孙悦的《从明清海上丝绸之路看景德镇外销瓷审美意蕴》(《景德镇陶瓷》2021 年第 5 期),等等。

其中,林琦芳的《面向海丝沿线华裔新生代中华文化传播的思考》围绕如何面向海上丝绸之路沿线华裔新生代进行中华文化推广是高校不可推卸的历史使命进行阐述。文章指出了目前面向海上丝绸之路沿线华裔新生代文化传播中的不足：对华裔新生代求学需求缺乏了解，课程设置不尽合理，缺少与华裔新生代长期联系的机制，面向华裔新生代的教师专业化水平不足。文章认为新时代高校面向华裔新生代中华文化传播的策略主要有：回应情感关切，把握好中华文化的价值引领；针对特定需求，强化课程与平台的设计开发；探索多元模式，推进文化传播教学方式改革；进行师资建设与文化传播推广研究。

程恭让、徐文静的《从“丝绸之路”到“一带一路”：百年佛教交流研究的回顾与展望》一文以“一带一路”视域下的佛教文化交流问题为切入点进行研究。文章先明确提出观点：百年以来的佛教文化交流研究经历了从“丝绸之路”研究范式到“一带一路”研究范式的重要转换。文章写道：“到了20世纪末期及21世纪初期，随着中国政治、经济、文化环境的显著变化，中国学界佛教研究关注点发生变化，传统丝绸之路佛教交流问题的研究，也开始逐渐转型。文章详尽回顾了百年佛教文化交流研究的历史和内容，在此基础上，文章对“一带一路”佛教交流史研究的方法、思路和重点，作出了前瞻性的分析和描述。

（三）从经济贸易视角对21世纪海上丝绸之路进行探讨

2021年从经济贸易视角对21世纪海上丝绸之路进行探讨，相对以前更加深入。研究成果主要有：程恩富、李静的《“一带一路”建设海上合作的国际政治经济学分析》（《管理学刊》2021年第1期），彭飞等的《21世纪海上丝绸之路沿线国家水产品贸易网络分析》（《热带地理》2021年第6期），曹翔、李慎婷的《“一带一路”倡议对沿线国家经济增长的影响及中国作用》（《世界经济研究》2021年第11期），滕祥宇、胡纬的《丝路精神下的全球贸易与国家战略管窥》（《边疆经济与文化》2021年第9期），王敏、吴晓芬和邓建高的《21世纪海上丝绸之路贸易便利化水平测度》（《统计与决策》2021年第5期），李季刚、马勇的《中国“一带一路”沿线地区企业投资效率研究——基于“丝绸之路经济带”和21世纪海上丝绸之路视角》（《区域金融研究》2021年第1期），周嫱、梁颖和张练的《新时代中国与“海丝路”沿线国家产能合作的潜力与路径分析》（《人文杂志》2021年第10期），张士洋、郝会娟的《我国与21世纪海上丝绸之路沿线主要区域渔业组织合作路径研究》(《中国渔业经济》2021年第5期),等等。

其中,程恩富、李静的《“一带一路”建设海上合作的国际政治经济学分析》一文从国际政治经济学的视角着重探讨国际政治因素对21世纪海上丝绸之路的影响,结合“一带一路”建设海上合作的基本内容、建设亮点与面临的现实挑战,分析其未来的发展趋势。文章首先界定“一带一路”建设海上合作的基本内容,其主要是指中国—印度洋—非洲—地中海、中国—大洋洲—南太平洋,以及经北冰洋连接欧洲的三条蓝色经济通道合作建设。接着,文章重点关注“一带一路”港口设施建设,选择了三个关键与亮点港口工程(巴基斯坦瓜达尔港、斯里兰卡汉班托塔港和希腊比雷埃夫斯港)来论述“一带一路”建设海上合作的现状。同时,文章探讨了海上合作中三条蓝色经济通道建设面临的问题与挑战:中国—印度洋—非洲—地中海主要面临的挑战(中美等大国在此地区存在激烈的战略博弈;中国与部分沿线国家存在领土、岛礁及海洋权益之争;该海上通道沿线大多数国家较为贫穷、基础设施落后);中国—大洋洲—南太平洋主要面临的挑战(除澳大利亚和新西兰属于发达国家外,该地区其他国家多为小微岛国,大多数国家以海洋经济为主,产业结构单一,基础设施严重不足,经济发展落后;从历史上看,南太平洋地区一向被美国和澳大利亚等国当作自身的势力范围,其对中国的认知受美澳等国的控制和影响较大;随着中国综合国力的不断提升以及“一带一路”倡议项目的展开,美国调整了其在亚太地区的政策,加大了对太平洋岛国的援助力度,提升了太平洋岛国在美国对外政策中的战略地位和价值);北冰洋蓝色经济通道主要面临的挑战(北极航道沿线地区纬度高,可通航时间短,且该航道所经地区自然环境恶劣,气候复杂多变,潜在危险多,对通信、导航、破冰船等技术要求高;随着北极气候条件的变化,环北极国家纷纷参与到北极开发的热潮中)。文章最后提出,在推进21世纪海上丝绸之路建设的过程中,应当正视“一带一路”建设面临的风险,应对之策主要有:要妥善处理与美国及周边邻国的关系,要放眼长远因地制宜地推动“一带一路”建设海上合作,在推动“一带一路”合作过程中应注重加强中国国际话语权建设。

李季刚、马勇的《中国"一带一路"沿线地区企业投资效率研究——基于"丝绸之路经济带"和 21 世纪海上丝绸之路视角》一文主要研究"一带一路"政策对沿线国内企业的投资效率及影响因素，反映出沿线地区的政策实施效果和企业发展状况。文章在简单梳理企业投资概念的基础上，基于 Dea-Malmquist 模型测算"一带一路"沿线地区上市公司 2010—2019 年的投资效率及其分解，并运用 Tobit 模型分析"一带一路"倡议等因素对沿线上市公司投资效率的影响。研究结果表明，自"一带一路"倡议提出以来，沿线上市公司的投资效率总体呈上升趋势，政策对沿线上市公司投资效率有明显的正向作用。在异质性分析中发现，"一带一路"倡议对 21 世纪海上丝绸之路沿线上市公司投资效率的作用强于对丝绸之路经济带的作用，存在明显的区域差异性。最后，作者提出了相应的建议：第一，政府应继续深化落实"一带一路"倡议，根据区域差异制定适应性政策，为沿线企业营造更具特色的投资环境，以促进区域间协调发展。第二，企业应积极响应"一带一路"倡议，搭乘国家政策"便车"，在加快自身发展的同时为经济注入新活力，形成国内、国际双循环相互促进的发展新格局。第三，加强丝绸之路经济带沿线地区金融建设，拓展多元化融资渠道，降低融资约束，满足中小企业的投融资需求，降低融资成本，改善该地区企业存在的投资不足情况，提高投资效率。

周嫱、梁颖和张练的《新时代中国与海上丝绸之路沿线国家产能合作的潜力与路径分析》一文探寻我国与海上丝绸之路沿线国家的产能合作新方向。文章基于比较优势理论和要素禀赋理论，从新的视角出发，通过分析中国与海上丝绸之路沿线国家开展国际产能合作的理论逻辑，认为产能合作的潜力应从多个维度来衡量，不仅从中国进口侧和出口侧测度我国与海上丝绸之路沿线国家的贸易互补性，还从产业竞争力的角度考虑，从中国自身的绝对优势和比较优势两个方面来构造产业竞争力指数，并综合分析互补性和竞争力的测度结果，对国际产能合作的重点产业及其重点合作国家进行了详细到国别的深刻探讨。研究结果表明，我国与海上丝绸之路沿线 32 个国家产能合作潜力巨大，其中，巴基斯坦、伊拉克、厄立特里亚、苏丹、缅甸、柬埔寨、斯里兰卡、坦桑尼亚、吉布提等国与中国具有较高合作潜力。资源及劳动密集型、资本及技术密集型产业将作为我国与海上丝绸之路沿线国家产能合作的重点领域。因此，文章综合考虑各国的经济发展水平、资源优势、产业结构及市场等因素，认为我国可以和海上丝绸之路沿线国家在基础设施如公路、铁路、电气工程、通信工程设备、公共设施建设等领域开展合作，还可以在装备制造、生物医药、健康服务、建材等领域探索开展跨境产业链的构建。中国与海上丝绸之路沿线国家产能合作的优化路径有：构建重点跨境产业链；加强国际产能合作的要素支撑；构建高效便利的投融资机制；加强境外贸易园区建设；建立国际产能合作沟通协调机制；加强风险评估与防控。

（四）关于海洋、港口问题的探讨

2021 年，从海洋方面探讨 21 世纪海上丝绸之路的研究成果主要有：董利华等的《"海丝之路"沿线中国原油进口海运网络货流分布格局脆弱性分析》（《地域研究与开发》2021 年第 1 期），蔡海亚、潘坤友的《21 世纪海上丝绸之路沿线国家（地区）航运竞争力综合评价与空间差异》（《经济地理》2021 年第 11 期），余璇的《"丝路海运"推动中国国际物流供应链转型的创新路径——基于碳中和视阈》（《对外经贸实务》2021 年第 10 期），孟晓宇的《中国海洋话语传播刍议——基于 21 世纪海上丝绸之路倡议的视角》（《江南社会学院学报》2021 年第 3 期），齐皓、齐张翼的《南海丝路文化流变及其启示》（《兰台内外》2021 年第 25 期），董利华的《中国与"海丝之路"干散货海运网络货流分布集中度分析》（《北京测绘》2021 年第 7 期），邓昭等的《基于 AIS 数据的海上丝绸之路船舶活动时空格局》（《经济地理》2021 年第 4 期），周德全、蔡锐的《21 世纪海上丝绸之路集装箱海运景气指数》（《中国航海》2021 年第 1 期），王建强等的《丝绸之路沿线深水油气资源勘探方向》（《地质通报》2021 年第 Z1 期），杨泽伟的《论"海洋命运共同体"理念与 21 世纪海上丝绸之路建设的交互影响》（《中国海洋大学学报（社会科学版）》2021 年第 5 期），李林杰的《海上丝绸之路对南海区域发展的影响研究》（《现代营销（经营版）》2021 年第 3 期），等等。

其中，蔡海亚、潘坤友的《21 世纪海上丝绸之路沿线国家（地区）航运竞争力综合评价与空间差异》一文主要探讨21世纪海上丝绸之路不同国家（地区）航运竞争力评价及其空间差异。文章以2007—2018年21世纪海上丝绸之路沿线国家（地区）为研究对象，借助熵值法对航运竞争力进行综合评价，并借助核密度估计、聚类分析和空间自相关方法分析了航运竞争力的空间演变格局，得出结果：(1)航运竞争力大致呈逐年增长的发展态势，历年极差值在明显增大，表明国家（地区）间发展不平衡，极化效应十分严重。(2)竞争力综合评价得分呈正偏态分布，偏度值较大，分布较为分散，得分较低的国家（地区）占有较大比重。(3)航运竞争力和密度曲线逐年向右移动，曲线波峰高度逐年下降，函数区间呈现小幅扩大，且仍存在双峰形态，航运竞争力绝对差异逐年变大，并且极化现象在不断增强。(4)根据航运竞争力综合得分指数，可以将其划分为航运竞争力强、较强、一般、较弱等四种类型。(5)航运竞争力存在明显的空间正相关，马太效应显著，空间发展格局正由集中走向分散，且分散程度有所增强。在上述结论的基础上，作者认为主要政策启示有以下两方面：一方面，优化港口资源配置，提升航运网络连通度；另一方面，构建区域发展协作机制，注重地区空间关联发展。

杨泽伟的《论“海洋命运共同体”理念与21世纪海上丝绸之路建设的交互影响》一文探讨“海洋命运共同体”理念对21世纪海上丝绸之路建设将发挥哪些作用，21世纪海上丝绸之路建设对“海洋命运共同体”理念的传播又会产生哪些影响。文章指出“海洋命运共同体”理念进一步丰富了21世纪海上丝绸之路建设的价值引领（“海洋命运共同体”理念是现代海洋法的基本价值，“海洋命运共同体”理念为21世纪海上丝绸之路建设提供了价值指引，构建“海洋命运共同体”是21世纪海上丝绸之路建设的重要使命和愿景）。同时文章也指出，21世纪海上丝绸之路建设是践行“海洋命运共同体”理念的重要平台，表现在以下几个方面：参与21世纪海上丝绸之路建设的众多双边、多边国际合作机制，是传播“海洋命运共同体”理念的重要载体；21世纪海上丝绸之路建设的沿线国家类型多样化，是践行“海洋命运共同体”理念的重要试验田。接着，文章中写道：“非传统的海洋危机问题主要包括海洋微塑料污染的防治、海洋气候变化的应对和海洋能源资源的开发等，它具有跨国性、非政治性和非军事性等特点。积极应对非传统的海洋危机问题，有利于传播‘海洋命运共同体’的理念和推动‘21 世纪海上丝绸之路’建设。”文章对此进行了一定的分析，得出结论：以“海洋命运共同体”理念为价值引领的 21 世纪海上丝绸之路建设是一个渐进的过程；通过立法和司法等方式进一步传播“海洋命运共同体”理念，有利于推进 21 世纪海上丝绸之路建设；升级“一带一路”高峰论坛，逐步推动 21 世纪海上丝绸之路建设平台的组织化趋势；增加 21 世纪海上丝绸之路建设合作文件的硬法因素，有利于保障 21 世纪海上丝绸之路建设的顺利进行。

在 21 世纪海上丝绸之路建设中，如何提升港口竞争力并提出切实可行的发展策略一直是学者关注和研究的热点。2021 年关于港口建设的研究文章主要有：冯琳、刘龙方和李杨的《公平互惠导向下“海丝”港口合作方式的博弈选择》（《工业工程与管理》2021 年第 2 期），姜波的《港口、沉船与贸易品：海上丝绸之路的考古发现与研究》（《海交史研究》2021 年第 4 期），陈芙英、张建同的《“一带一路”战略下我国沿海港口竞争力评价与比较研究》（《工业工程与管理》2021 年第 3 期），曹光求的《我国“海上丝绸之路”沿线港口物流效率分析——基于三阶段 DEA 模型》（《山东工商学院学报》2021 年第 4 期），等等。

其中，陈芙英、张建同在《“一带一路”战略下我国沿海港口竞争力评价与比较研究》一文中，从“一带一路”倡议背景出发对我国沿海港口竞争力进行评价与比较。文章首先运用熵权 TOPSIS 法从港口基础设施、生产能力、经营环境、发展潜力、集疏运与通过能力五个方面对我国沿海 18 个港口进行综合评价；其次从海运航线网络视角出发，以复杂网络分析中的度值、介数、接近度、特征向量为评价指标，构建港口航线组织竞争能力、航线控制竞争能力、航线通达竞争能力和航线吸引竞争能力的综合评价体系，并以此对港口竞争力进行综合评价；最后通过对比分析熵权 TOPSIS 法和复杂网络方法，对我国沿海 18 个主要港口的竞争力进行实证研究。从结果来看，两种方法的综合排序差异不大，其中上海港、宁波—舟山港、深圳港、天津港、广州港、大连港的竞争力普遍较强，这些港口的基础设施完善、区域条件优越，在海上丝绸之路海运网络中的地位十分重要，是“一带一路”的建设主力军；而营口港、连云港、湛江港、珠海港、汕头港的竞争力表现较弱，这些港口在其区域内主要作为补充和支线喂给，在“一带一路”建设中也具有不可替代的作用。基于这些研究结果，作者认为港口的竞争力受多方面因素影响：从港口自身而言，上海港、宁波—舟山港、深圳港在港口基础设施、港口生产力以及集疏运能力方面明显优于其他港口。同时，这些港口的航线组织能力和控制能力也优于其他港口，说明这些因素在港口的综合竞争力中起决定作用；排名靠后的港口，这些因素不具备优势，可以通过改善投资环境和港口其他作业能力，提高自身竞争力。港口的自身实力会影响港口在航线网络中的地位和表现，而港口在航线网络中的竞争力则影响着港口业务规模的提升。

曹光求的《我国“海上丝绸之路”沿线港口物流效率分析——基于三阶段 DEA 模型》一文在对海上丝绸之路港口的物流效率进行测评和比较分析的基础上，为沿线港口有效建设和运营管理提供决策支持，从而推进 21 世纪海上丝绸之路国际物流大通道建设。文章以我国 14 个海上丝绸之路港口为研究对象，采用三阶段 DEA 模型，研究测评各港口的物流效率，得出以下结论：第一类规模效率和纯技术效率均显著的港口有青岛港、深圳港、湛江港和上海港，其中青岛港和深圳港为效率值最优的港口；第二类规模效率显著但纯技术效率不显著的港口有天津港、广州港、烟台港和大连港，其中广州港处于规模报酬递减状态；第三类规模效率不显著但纯技术效率显著的港口有宁波—舟山港、海口港、泉州港和汕头港，其中宁波—舟山港是规模报酬递减；第四类规模效率和纯技术效率都不显著的港口有两个，即厦门港和福州港。综上，作者建议首先要建立海上丝绸之路港口合作机制，提升港口整体物流效率；其次要精准定位港口的发展战略，加强单个港口的建设；最后要注意加快智慧型港口建设。

（五）关于 21 世纪海上丝绸之路建设中各种风险及法律的探讨

2021 年关于 21 世纪海上丝绸之路建设各种风险及法律研究的文章主要有：罗帅的《海上丝绸之路建设中的区域金融监管协调机理研究》（《商场现代化》2021 年第 5 期），孙家庆、韩兴华和马悦超的《21 世纪海上丝绸之路沿线国家港口投资风险评价》（《大连海事大学学报》2021 年第 2 期），史春林的《21 世纪海上丝绸之路建设的安全保障——海上通道非传统安全治理合作法理依据及完善》(《亚太安全与海洋研究》2021 年第 2 期)，李振福、陈霄和赵梓州的《基于 AIS 数据的 21 世纪海上丝绸之路航行安全风险评估》(《水利水电技术(中英文)》2021 年第 5 期)，等等。

其中，孙家庆、韩兴华和马悦超在《21 世纪海上丝绸之路沿线国家港口投资风险评价》一文中主要对 21 世纪海上丝绸之路沿线国家港口投资风险进行评价并提出相应的对策。文章科学划分了 21 世纪海上丝绸之路沿线国家港口的投资风险等级，在综合相关国内外研究文献、《中国海外投资国家风险等级》报告及专家访谈意见的基础上构建了海外港口投资风险评价指标体系；运用博弈论方法对层次分析法和熵权法所确定的权重进行组合优化形成综合权重，引入改进的联系度公式划分港口投资风险等级，并据此构建基于博弈论和集对分析的港口投资风险评价模型，将沿线 20 个主要国家港口投资风险评价结果与相关文献进行比较和分类分析，结果表明：(1)东南亚国家属于低风险等级的有新加坡，较低风险的有马来西亚、泰国、柬埔寨、印度尼西亚，一般风险的有菲律宾、越南、缅甸。主要的风险因素有政府稳定性、法制风险、两国友好程度、内部冲突和气候灾害风险。(2)南亚国家属于低风险的有斯里兰卡，一般风险的有巴基斯坦和印度。这些国家都是发展中国家，主要风险因素为政治稳定性、两国友好程度、经济形势和内部冲突。(3)西亚国家属于较低风险的有阿拉伯联合酋长国，一般风险的有伊朗，较高风险的有沙特阿拉伯。对于西亚地区，这些国家的主要限制因素为政治稳定性、法制、内部冲突和自然地理条件。(4)非洲国家属于较低风险的有肯尼亚，高风险的有埃及，其主要风险因素为法制风险、经济形势、内部冲突和市场货源风险。(5)欧洲国家属于较低风险的有意大利和俄罗斯，一般风险的有希腊，较高风险的为土耳其，其主要的风险因素为两国友好程度、政府干预和技术风险。在上述分析的基础上，作者提出了相应的对策：对于东南亚国家的港口投资，中国应加强与各国的人文交流，增进合作共识；对于南亚国家的港口投资，暂缓与印度的港口投资进程，因为地缘政治问题很可能导致港口投资项目中止，应加强与其战略协调和对接，缓解双方关系；对于西亚国家的港口投资，我国企业可以针对资源的进口贸易需求，在阿拉伯联合酋长国和伊朗等国投资建设油气资源运输港口；对于沙特阿拉伯，由于其国内冲突严重，社会安全风险较大，且法律风险也较其他国家严重，所以暂缓港口投资，与这些国家的合作尽量以贸易为主，避免陷入其内部冲突；对于非洲国家的港口投资，像风险较低的肯尼亚等国家，可以加强合作，而高风险的埃及地区，因其重要的区位优势，我国在综合各方面风险成本后，应对其进行战略性港口投资，占据重要的港口区位；对于欧洲国家的港口投资，因其发达的经济环境和港口基础设施，我国对其投资的意义不大；可以减少与希腊、土耳其等投资风险较高国家的港口投资项目合作，而增加与低风险国家（如俄罗斯、意大利等）的港口投资合作项目，针对双方需求，谋求共同利益。

史春林的《21世纪海上丝绸之路建设的安全保障——海上通道非传统安全治理合作法理依据及完善》一文运用海上通道非传统安全治理合作的法理依据来探讨如何完善安全保障。文章认为21世纪海上丝绸之路沿线通道非传统安全治理合作具有一定的法理依据，《联合国海洋法公约》与国际海事组织制定的专门公约以及有关国家和地区双边与多边协议等相关规定，在一定意义上搭建起治理合作的主要制度基础，并取得了良好的治理效果。同时，有关法规也存在一定缺陷与局限，主要表现在：有关规定缺失导致安全治理合作缺位；有关规定不合理成为安全治理合作障碍；有关规定在特定海域与情形下不适用，致使安全治理合作无法有效开展；有关规定软法性与模糊性造成安全治理合作缺乏实践操作性；有关规定缺乏相互协调，致使安全治理合作无所适从；沿线国家加入有关法规不同，影响安全治理合作效果。针对上述问题，作者认为中国应与21世纪海上丝绸之路沿线的其他国家以及联合国、国际海事组织、国际海道测量组织（IHO）、国际海上人命救助联盟（IMRF）、国际油污损害赔偿基金组织（IOPC FUND）、国际航标协会（IALA）等有关海上通道安全的国际性或区域性的政府间或非政府组织等加强交流、沟通与磋商，尽快健全有关法规及其配套体系，促进相关法规有效对接与协调，统筹、理顺现有法规与新订法规关系、国际法与国内法关系、常规制度与临时决议关系、软法与硬法关系、传统安全与非传统安全关系、普遍管辖权与国家主权关系、沿岸国与使用国关系、技术性规定与非技术性规定关系，特别是要妥善解决好立法预期目标与实际效果偏差问题，增强沿线有关治理合作立法的前瞻性、针对性、融合性与实效性，不断拓展有关立法的契合度、适用面与执行力，共同营造一个安全、畅通的沿线航行环境。

综上所述，共建21世纪海上丝绸之路的倡议经过8年多实践探索，从夯基垒台、立柱架梁到落地生根、持久发展，已成为开放包容、互利互惠、合作共赢的国际合作平台，是国际社会普遍欢迎的全球公共产品。通过共建21世纪海上丝绸之路，提高了国内各区域开放水平，拓展了对外开放领域，推动了制度型开放，构建了广泛的朋友圈，探索了促进共同发展的新路子，实现了共建国家互利共赢。2021年国家领导人在国内外通过多种方式持续推进21世纪海上丝绸之路的建设。同时，学术界继续深入研究，至今21世纪海上丝绸之路建设研究的内容涵盖广泛，研究成果较为丰富，为“一带一路”建设做出了重要贡献。但同时，学术界对21世纪海上丝绸之路方面的研究多停留在宏观区域，还不够细化和具体，对解决现实问题的解释力还较欠缺，理论内卷化现象比较突出。特别是目前世界百年未有之大变局和新冠疫情交织影响，新一轮科技革命和产业变革带来的激烈竞争前所未有，使共建21世纪海上丝绸之路面临的国际环境的不确定性和复杂性前所未有。新阶段如何继续推动共建“一带一路”高质量发展不断取得新成效，需要学术界与业界的深度融合，更需要理论与实践联动服务。因此学术界亟须加强国内外学术交流，深刻理解不同国家之间的差异，不断融合各学科进行研究，提供更多视角与方法，加强研究的针对性和实践性，把“一带一路”研究做得更扎实、更深、更接地气，让21世纪海上丝绸之路倡议更多造福各国人民。

（本章作者：姚蕾，宁波大学马克思主义学院副教授；龚缨晏，宁波大学人文与传媒学院教授，“中国南海研究协同创新中心”兼职研究员，浙江省重点文化创新团队“海洋文化研究创新团队”负责人）

第二章　海上丝绸之路东海航线研究

2021年，各地举办以海上丝绸之路为主题的研讨会，进一步推进海上丝绸之路研究，相关研讨会包括：4月24—25日，中国海洋发展研究中心第十六期中国海洋发展研究论坛暨“中华海洋文明与‘海上丝绸之路’沿线国家文化遗产”学术研讨会在集美大学举行。该次研讨会以中华海洋文明与海上丝绸之路沿线国家文化遗产保护与利用为主题，旨在借鉴历史，启迪智慧，深化丝路沿线国家在海洋文化遗产保护领域的密切合作，更好地推进21世纪海上丝绸之路建设。8月20—21日，由中国海外交通史研究会与山东大学历史文化学院联合举办的“全球史视野下的东亚海洋史”学术研讨会在山东大学举办，来自国内知名高校和科研机构的近50位学者参加会议。10月11—12日，由广州海事博物馆、广东历史学会、广东省社会科学院海洋史研究中心和中国博物馆协会航海博物馆专业委员会联合主办“唐宋时期广州与海上丝绸之路”学术研讨会，与会学者共同探讨唐宋海上丝绸之路的时代意义与丰富的历史内涵，呈现广州辉煌的海洋历史与深厚的文化底蕴，拓展广州“海丝文化”的广度与深度。10月23—24日，由上海师范大学都市文化研究中心与人文学院历史系主办的第七届海洋文明学术研讨会召开，本次会议采用线上与线下结合的形式，来自国内多所高校和科研机构的40余位专家学者与会交流。11月12日，海上丝绸之路保护和联合申报世界文化遗产城市联盟召开联席线上会议，共有广州、宁波、南京等28个海上丝绸之路保护和申遗城市联盟成员代表齐聚线上，该次会议为海上丝绸之路文化遗产保护传承利用夯实基础，提供强大的智力支撑。11 月 26 日，由华侨大学与马来西亚南方大学学院携手主办第五届中马“一带一路：海上丝绸之路”国际学术研讨会，与会海内外专家学者聚焦中国—东盟合作新趋势。2021 年，海上丝绸之路东海航线历史研究有进一步推进，有力地促进了海上丝绸之路东海航线研究的深化。下面将具体介绍这一年的研究情况。

一、港口、航路、船舶及航海研究

(一)港口研究

就 2021 年有关海上丝绸之路东海航线港口研究成果而言，多为一些散篇文章，本年度关于沿海港口研究热度继续呈现出“降温”态势。相关研究主要聚焦在对合浦、泉州、莆田、宁波、扬州等港城的历史考察上。东亚航线上各港口成为对外贸易的重要窗口，如姜波的《港口、沉船与贸易品：海上丝绸之路的考古发现与研究》(《海交史研究》2021 年第 4 期)一文从考古发现的视角考察海上丝绸之路上的港口、沉船与贸易品。作者认为，20 世纪下半叶水下考古的兴起，为进一步探究“海上丝绸之路上的族群、语言和宗教交流，提供了十分丰富的考古实物资料”，作者在文章中结合“泉州港遗址”、“南海Ⅰ号”沉船以及“龙泉窑荷叶盖罐”等海丝考古热点进行详细解读。

王晶的《马克思主义视域下合浦海洋文化研究》(广西师范大学博士学位论文，2021 年)在马克思主义视域下考察合浦海洋文化。作者在文中提出，“中国拥有属于自己的海洋文化或海洋文明”，且“中国海洋文化有其自身发展历程与独特文化基因”，因此将中国自身独特的海洋文化结合“合浦海上古丝路文化底蕴深厚”展开论述，认为中国的海洋文化是“在交通贸易、生产交流、文化交往等具体历史活动中所形成的以开放包容、和合交往为核心价值的一种中国古代海洋文化”，“合浦海洋文化海陆一体的开放包容、和合交往核心价值，是汉文化、少数民族文化、海外文化汇聚合浦交融而成，合浦当地出土的各种古代器物是这种文化融合的主要标志”。同时，作者在文中借助“器物—符号—价值”进一步表明“以合浦海洋文化为代表的中国海洋文化进行话语重构与价值重塑，从而树立中国海洋文化自信、提升中国海洋软实力，为当前中国海洋强国战略、‘一带一路’建设、海洋命运共同体倡议等方面的发展提供价值基础与理论支撑”。邓宇航的《传播视域下的汉郡合浦与南海丝绸之路》(《广西民族研究》2021 年第 6 期)一文从传播视域探究汉郡合浦与南海丝绸之路之间密切关系，作者认为：“汉代从合浦郡出发的南海丝绸之路作为第一条由官方开通的海上航线，其面向东南亚、南亚的通使贸易活动，同时也是由官方主导、民间参与，并以文化商品符号为主要内容的跨区域人际传播，它依托于政府的行政、交通及社会优势，不仅强化了边疆控制和国家‘大一统’秩序，还使汉代中国的国家形象传播和认知世界的信息渠道得以突破陆路限制，扩展到南亚乃至欧洲地区。”廖国一、欧冬梅的《明代合浦的珍珠采捞、商贸的历史探析》(《广西社会主义学院学报》2021 年第 4 期)则考察明代合浦珍珠采捞、商贸历史，作者认为，合浦珍珠成为“进贡与民间贸易”的桥梁，促进了合浦经济及周边区域的发展。[①]

李俏梅、肖彩雅的《华肆有番佛：泉州的泰米尔商人寺庙》(《海交史研究》2021 年第 4 期)一文则考察泉州泰米尔商人寺庙，通过对“散落在泉州各个区域的印度教石刻做出了诠释”，“勾勒出了元代泉州湿婆寺的复原图”，以此来展示来华“生活在泉州的印度商人的情况”。寒鲲的《宋元泉州：涨海声中万国商》(《廉政瞭望》2021 年第 15 期)则叙述联合国教科文组织第 44 届世界遗产大会审议通过“泉州：宋元中国的世界海洋商贸中心”列入《世界文化遗产名录》一事。汪勃、梁源的《唐宋泉州城空间格局下的泉州南外宗正司、泉州市舶司遗址的考古发掘研究》(《自然与文化遗产研究》2021 年第 3 期)一文则是从考古视角对唐宋泉州城空间格局下的泉州南外宗正司、泉州市舶司遗址进行论述。作者认为：“唐宋泉州城的空间格局、城池营建和重要建筑的坐向和形制布局是中国古代堪舆学、易学、天文学及定向、定方位、测绘等科学技术的完美结合。”作者认为唐宋泉州城空间格局是“在

① 其他研究成果还有：谢广维：《试析合浦东汉三国墓中的莲花形器》，《考古与文物》2021 年第 6 期；富霞：《东南亚地区发现的汉代铜镜》，《考古与文物》2021 年第 6 期；李富强、王海迪：《互鉴而发展：中国—东南亚铜鼓文化史论》《民族论坛》2021 年第 4 期。

以开元寺大雄宝殿中心为圆心的三个同心圆周上而构成泉州城的‘三衡’，城池主体包含‘内衡’而未至‘中衡’，城池外围的‘山水’在‘中衡’‘外衡’之间，并有更细分为‘七衡六间’的意向”。这体现出古代中国“传统思想文化及相关科学技术的发展脉络”。

李静蓉的《蒙古帝国与亚美尼亚的关系及居留泉州的亚美尼亚人》（《海交史研究》2021 年第 3 期）一文主要考察蒙古帝国与亚美尼亚的关系及居留泉州的亚美尼亚人的情况。在文中，作者认为在 13—14 世纪，随着蒙古不断地征服，使得“大亚美尼亚与西里西亚亚美尼亚（或称小亚美尼）分别以不同的方式臣服于蒙古帝国”，也使其与中国有了深入接触的机会，推动了中外交流，因此不少“亚美尼亚人经由陆路与海路来到东南沿海著名的港口城市泉州”，逐渐在泉州落地生根，形成“一个较大规模的聚居区”。李静蓉、林仪的《海上丝绸之路视野中的“泉州时代”（10—14 世纪）》（《文化创新比较研究》2021 年第 22 期）一文主要考察 10—14 世纪泉州成为“中国连接世界的重要港口”的过程。泉州市“泉州：宋元中国的世界海洋商贸中心”系列遗产申报世界文化遗产工作领导小组办公室、泉州市文化广电和旅游局的《泉州 宋元中国的世界海洋商贸中心遗产图录》（福建人民出版社，2021 年）主要介绍泉州的 22 处代表性古迹遗址，共收录出土文物、考古发掘图片 360 余幅，还展示了泉州的民俗活动照片。该书向全世界彰显了泉州作为“宋元中国的世界海洋商贸中心”的重要价值和恒久魅力。

范金民、陈昱希的《清代前期沙船业的沿海贸易活动——以上海商船会馆为中心的考察》（《海交史研究》2021 年第 1 期）一文认为清朝康熙开海 30 年后成立的海沙船会馆是最早的“商人会馆”。这些会馆的存在表明“清代上海航运业隆盛发达的特殊性，颇具重要地位”。作者通过收集到的 52 例沙船北洋贸易事例，进一步挖掘并考察“其运营方式与运价、商品种类及船主船工等情形”，显示出当时上海沙船贸易的盛况。吕绍勋的《法显文化与青岛城市影响力研究》（《西部学刊》2021 年第 16 期）一文考察法显文化在青岛的影响力。作者在文章中对青岛强化法显文化提出了“构建法显文化城市联盟、法显文化圈，定期举办法显文化交流会、法显文化节，打造法显纪念馆、遗址公园，宣传青岛作为《佛国记》诞生地的重要地位”等建议。

张华琴、王结华的《城市考古与宁波港城》(《中国港口》2021 年第 S1 期)一文探究宁波的城市考古与港城发展历程,并有针对性地提出相应的对策和建议。宁波市文化遗产管理研究院、宁波中国港口博物馆、国家文物局水下文化遗产保护中心的《第二届水下考古 宁波论坛文集》(科学出版社,2021 年)一书考察近年来国内外水下考古的最新成果与发展趋势、管理体系与行业规范、技术研发与创新应用,以及水下文化遗产的科技保护与研究利用、海上丝绸之路与传统造船工艺等方面。冯定雄、林建的《舟山群岛古代简史》(武汉大学出版社,2021 年)一文主要考察舟山群岛形成到清后期不同时期内的基本发展历程,认为舟山群岛既是海上丝绸之路重要站点,又是古代中国海疆史的重要内容。

刘恒武、白斌和金城的《宁波对外贸易史》(浙江大学出版社,2021 年)一书系统梳理宁波对外贸易发展的历史脉络,深入探析浙东地理环境和人文底蕴对宁波对外贸易发展的影响,同时注重揭示唐宋变革、近代开埠通商以及当代改革开放等重要历史时段宁波对外贸易状况呈现的不同特征。谢西营、陈佳佳的《唐宋时期越窑瓷器流通渠道探讨——以扬州、明州港为中心》(《中国港口》2021 年第 S1 期)一文主要是以扬州、明州港为中心,考察越窑瓷器流通。作者认为,“唐宋时期,越窑制瓷业获得飞速发展。伴随着越窑瓷业繁荣,大量越窑瓷器开始向外输送”。因为扬州与明州港具有得天独厚的地理优势,因此在越窑瓷器外运过程中发挥了重要作用。另外,作者还进一步考察了越窑瓷器外运港口的地位变化、产品结构特征和输出路线等问题。

王丽芳的《唐代扬州成为中日经济交流中心的内在成因》(《江苏商论》2021 年第 5 期)一文主要考察唐代日本遣唐使以扬州中心进行文化交流的事,作者认为“扬州自身优势”是形成“中日交流中心的成因”。周运中的《古代台州海洋图书与海港丛考》(《中国港口》2021 年第 S1 期)一文考察古代台州海洋图书与海港,文中指出“北宋吕亢记载台州海商讲述我国台湾的诸多奇特蟹类,证明古代台州和我国台湾的密切联系”。同时,作者还认为“台州大汾在唐代是海港”。于丽君的《唐代绍兴与日本“海上丝绸之路”研究》(《文化产业》2021 年第 8 期)一文主要考察唐代绍兴与日本之间的来往,认为唐朝绍兴佛教文化是当时日本遣唐使“展开交流和学习的主要内容”。

蔡天新的《莆田海上丝绸之路》（厦门大学出版社，2021 年）主要记述汉代以来地方行政区划演变、人口迁徙、经济社会发展的基本脉络，再现莆田先民披荆斩棘、筚路蓝缕推动地方农耕文明和海洋经济发展的艰难历程。丁炜的《帆影 海上丝绸之路千年纪实》（广州出版社，2021 年）是对唐至清千余年的海上丝绸之路的历史呈现，其中特别对广州、泉州、宁波、杭州、南京等海丝重要港口、商铺与域外海上丝绸之路的港口与城市发生的港口贸易和友好交往作了详细而生动的描述。何守强的《洲尾贸易场 汉代以后北部湾海上丝绸之路变迁与延续的历史见证》（漓江出版社，2021 年）一书从考古调查出发，对北部湾沿岸企沙半岛上的洲尾遗址进行文物、遗迹的考察，通过对近 700 张图片进行多角度呈现，认为洲尾遗址曾为古代沿海贸易场，见证了汉代以后北部湾海上丝绸之路的变迁与延续。

（二）航路研究

2021 年关于海上丝绸之路东海航线的研究成果主要有：王子今的《汉代丝路交通的西北方向和东南方向》（《丝路文化研究》2021 年第 00 期）认为汉代海上丝绸之路已经形成，通过海路“沟通着东亚、东南亚以及南亚”，通过对上古神话的解读，作者认为“已经显现中原人从这两个方向观察世界的文化迹象”。赵鸣的《徐福东渡与东北亚区域海上丝绸之路的演进》（《连云港师范高等专科学校学报》2021 年第 1 期）一文以“徐福东渡”为视角考察东北亚区域海上丝绸之路的演进。作者认为，“徐福东渡遗迹和传说反映了其航线概貌”，形成杭州湾—海州湾—胶州湾—渤海湾海洋航线，该般线由“韩国的济州岛、南海郡等地，再穿越马海峡到达日本”。作者强调，“徐福东渡开辟了多国之间的航海线路”，“推进了东亚地区的交通发展；与当地居民开展商品交易，促进了东亚地区的贸易往来；将中国文化传播至朝鲜半岛、日本，促进了东北亚各国的文化交流”。廖国一的《南流江航运与海上丝绸之路》（广西科学技术出版社，2021 年）一文从考古学的视角，对南流江及其流域出土的文物进行梳理和分析，研究南流江航运的发展及其与海上丝绸之路、与民间信仰的关系等问题。

周永卫的《秦汉六朝海上丝绸之路历史地位的重新审视》(《丝绸之路研究集刊》2021 年第 2 期)一文主要重新审视秦汉六朝海上丝绸之路的历史地位。作者认为,“秦汉六朝时期是海上丝绸之路正式形成的时期”,主要论述西汉开辟海上丝路、东汉与罗马的交流、三国时期孙吴与东南亚地区的交往,尤其该时期法显、智严、佛陀跋陀罗等无数中外高僧大德往来奔波于海上丝绸之路,促进了佛教文化传播,以及海南岛冼夫人及其冯冼家族对海上丝绸之路发展的贡献等。金洪培、王建辉和王丹丹的《三国时期孙吴与辽东地区的海上交流》(《海交史研究》2021 年第 4 期)一文主要考察三国时期孙吴与辽东地区的海上交流,作者在文中指出,“孙吴政权利用先进的造船和航海技术,不断谋求海外发展,纵深扩张其战略空间”。而“公孙氏割据辽东,在寻求自保的同时,伺机越海经略四方”,两者在类似政治目的下展开跨越海洋的交流。但是在两者决裂之际,孙吴展开与高句丽的海上交往。作者认为“孙吴与辽东地区的海上交流对南北互通及东亚海洋交流都起到了积极的推动作用”。党宝海的《八至十五世纪的中国与也门》(《北京大学学报(哲学社会科学版)》2021 年第 2 期)一文主要考察 8—15 世纪中国与也门之间的经贸、政治、文化交往过程。作者认为,8—15 世纪,中国与也门之间的经贸往来不断加深,13—15 世纪两国互派使节,在文化领域也有较多交流,但是,15 世纪因中国的海洋政策变化,导致中国与也门的联系中断。

刘盛平、夏代云的《更路簿记载的广西北部湾地名及更路探析——以两种更路簿为例》(《中国地方志》2021 年第 2 期)一文主要考察更路簿记载的广西北部湾地名及更路问题。作者在文中指出,“现存大部分更路簿的内容主要覆盖海南岛、西沙群岛、南沙群岛和南洋的更路”,随着“郑有勤—郑有奕更路簿和庄云青更路簿记载了广西北部湾近海航线及地名”的解读,能够证明“广义更路簿”的观点,也是“帆船时代北部湾近海航行技术的典型记录”。作者强调,对“广义更路簿”的研究能够拓展北部湾海洋文化研究,推动传承、发展和振兴广西海洋文化。阎根齐、吴昊的《海南渔民〈更路簿〉地名命名考》(《社会科学战线》2021 年第 6 期)一文主要考察宋代至清代海南渔民《更路簿》地名命名问题。作者在现有研究的基础上,明确原有《更路簿》记载的“我国南海诸岛石塘、长沙地名”就是指我国所属“今西沙群岛”和

"今南沙群岛"。作者在海南渔民《更路簿》中又将"石塘"缩小到今永乐群岛的范围。海南渔民又称"石塘"为"七峙",而称文昌东部七洲列岛为"七洲洋",由七座岛组成故名。海南渔民在《更路簿》中最早划分海区,将西沙和南沙海域划分为"东海"和"北海",称两者之间的海区为"半潮洋",比我国官方对"西沙群岛""南沙群岛"及海域的命名还早。吴绍渊、曾丽洁的《南海更路簿中粤琼航路研究》(《中国海洋大学学报(社会科学版)》2021 年第 2 期)一文考察南海更路簿中粤琼航路问题,作者对现存六份粤琼航路更路薄进行了详细研究,认为:一是"粤琼航路形成年代介于清中后期至民国早期";二是"篇名立目具有明显的外源性与内生性特征并可依此划为三类";三是"条目格式与内容具有五大特点,与更路簿中的其他航路记录存在显著差异,反映更路簿体系产生、发展与完善过程的长期性与复杂性"。作者通过对 97 条粤琼航路更路条目的研究,还原了东西、南北向两大航路,绘制"南海更路簿粤琼航路图"。李文化、高之国和黄乐的《〈癸亥年更流部〉暹罗湾地名的数字人文考证》(《地理研究》2021 年第 5 期)一文以最新发现的更路簿之一的《癸亥年更流部》为对象,考察"铺前港出发,经海南岛东线,自三亚一带前往越南东部沿海,再往南洋各岛国的更路,有海外更路 120 余条",并指明有些更路采用"苏州码子形式"。作者指出,在《癸亥年更流部》中大部分地名的渔民俗称为"首次发现"。作者利用"南海更路系列计算模型测算","从数字人文视角,证实该簿暹罗湾部分 31 条更路记载完整、36 个地名位置清晰、航路科学可靠,平均航速为 10.37 海里/更,略小于其他更路簿,符合暹罗湾海域特点,航向偏差平均为 3.46°,优于多数更路簿"。

吴小平、魏然的《考古发现与汉代长江下游的海上之路》(《厦门大学学报(哲学社会科学版)》2021 年第 1 期)一文主要是以考古发现为出发点,考察"汉代长江下游的海上之路"。作者认为,从汉代长江下游地区的考古发现可知,已经出土不少"岭南遗珍","山东半岛、朝鲜半岛和辽东半岛等地亦发现岭南和江东遗物",这些文物的出土表明"两汉时期中国沿海至少存在三条海上航线:岭南地区至长江下游、长江下游至山东半岛,以及长江下游至辽东、朝鲜半岛"。作者认为其反映出"东亚海域贸易网络雏形的形成"。黄毅的《从明代海图看明人对东亚海域的认识》(《福建文博》2021 年第 3

期)一文以《郑和航海图》《古今形胜之图》《东西洋考》《经国雄略》等海图为考察对象,作者认为这表明了明人对"海洋的进取之心从未停歇",并进一步指出,明代对外交流,积极吸收了新的科学知识和文化元素。

高建新的《"映日帆多宝舶来"——唐诗中的"海上丝路"》(《唐都学刊》2021 年第 5 期)一文主要考察唐诗中的海上丝绸之路,作者通过梳理唐诗中的"海丝"元素,发现唐代已经与"扶南、真腊、诃陵、师子国等"保持着良好关系。唐代东亚和朝鲜半岛也深受唐诗影响。杨斌的《当自印度洋返航——泉州湾宋代海船航线新考》(《海交史研究》2021 年第 1 期)一文考察1974 年发现的宋代泉州后渚港沉船,作者通过"目前的考古和国内外文献,重新解读有关的考古分析",认为"泉州湾宋代海船应当自印度洋返航"。刘思文的《家园、航道与海疆意识:南海诗的特色流变及文化意蕴》(《中州学刊》2021 年第 6 期)一文强调"自汉至唐,南海作为家园、航道、港口、海疆入口,出现一系列与南海相关的专题诗作",这也有助于增添"南海诗创作"中的"海丝"因素。作者对宋至清代的海南诗歌进行总结,认为"宋元诗坛开启关注中国大陆与南海及其周边国家政治、经济、文化交流的写作传统,南海诗成为歌颂国家强大的文学范本,并被赋予国家统一的象征意涵。明清时期,动荡的国内环境和严峻的国际形势,促使海洋政策日趋保守,南海诗呈现忧患海疆安全与捍卫领海主权并存的新形态"。

(三)船舶及航海研究

2021 年古代船舶及航海研究成果的数量和研究内容与近年相比,并无太多变化,但学术界对海下沉船所作的最新研究成果,还是让人眼前一亮。

王进锋的《海上交通与"乘桴浮于海"新证》(《中原文化研究》2021 年第5 期)一文详细地考证"乘桴浮于海"的问题。作者认为,"乘桴浮于海"中的"海"应是指"海外"。作者结合齐鲁之地的实际情况,认为这里的人有着较强的海上交通能力,与朝鲜半岛保持着密切联系。并进一步点明,"乘桴浮于海"的"海"就是指"朝鲜"。作者同时也指出,齐鲁之人与朝鲜之间的交往很有可能是受到商末箕子事迹的启发。

金成俊、崔云峰的《高丽初罗州船吨位的推算及验证》(《海交史研究》

2021年第3期)一文主要考察了2004年在韩国罗州荣山江出土的罗州船，该船被认为船长32～42米，是当时的超大型古船，推断其是属于高丽时期的哨马船。文中经过对楼船、哨马船、戈船、日本远征船等四种类型的比照，认为该出土的船只应是“攻打罗州时高丽太祖王建所使用过的楼船”。王依农的《浮觞寰宇:唐代沉船出水绿釉(彩)器物及相关问题》(《美成在久》2021年第3期)一文对“黑石号”沉船瓷器进行研究，作者“通过观察唐代贡瓷的流散情况，比较‘黑石号’沉船所出绿釉(彩)器与邢窑白瓷，联系到新见越南沉船存在相似情形”，“认为这批品质精良、风格特殊的绿釉(彩)作品中，带有与内廷相关铭款者，其来源并非唐皇室的私库，而是属于‘贡馀’后流散进入市场的商品瓷，且其较可能与邢窑白瓷产自同一窑场”。钟翟的《沉睡千年美人鱼——黑石号和唐代的海外贸易》(《上海工艺美术》2021年第1期)一文指明东南亚海域反映了唐代亚洲地区繁荣的贸易图景，除了大量瓷器外，“金银器比较引人注目，多是‘胡风’浓郁的中国仿制品”。

黄纯艳、冯辛夷的《“南海Ⅰ号”研究中历史文献与考古资料的相互补证——对现有研究史料和路径的检讨》(《海交史研究》2021年第1期)一文主要对“南海Ⅰ号”现有研究史料和路径进行探讨，以期推进相关领域研究。孙博的《“南海Ⅰ号”南宋沉船出水瓷器阿拉伯文墨书题记考释》(《东南文化》2021年第2期)主要对“南海Ⅰ号”南宋沉船出水瓷器上的阿拉伯文墨书题记进行考释。作者指出，“南海Ⅰ号”沉船中有7件为阿拉伯语题写的所有者姓名及真主赞词，这表明当时有着一群活跃于海上的阿拉伯人群体。作者进一步指明，“该阿拉伯人群体应为泛海客商而非船员，同时又可再细分为居于船艏、艉楼的两小群体，其中前者的生活环境优于后者，显示出船上人群的财富等级差异”。黄可佳等的《“南海Ⅰ号”沉船木材的微束XRF面扫描分析》(《光谱学与光谱分析》2021年第9期)一文主要是利用科技手段对“南海Ⅰ号”沉船木材进行微束XRF面扫描分析。通过对木材中的铁、硫含量和分布进行全面扫描分析，指出“样品中的铁、硫元素分布不均。存在多种赋存形态。揭示了元素分布特点和规律，为研究水木材中硫、铁的来源、富集以及耦合关系等提供了线索”。此外，微束XRF技术可有效分析不规则、不均匀的饱水木材中不同部位铁、硫丰度，在二维尺度上揭示元素的分布情况及其相关性。研究结果可为探讨海洋出水木材中的硫、铁及其化合物的沉积和循环机制以及相关文物保护和修复工作，提供重要的科学支持和有益借鉴。[①]

宋上上的《明代南京兵部船厂位置考》（《海交史研究》2021年第3期）一文考察明代南京兵部船厂位置，作者认为学术界以往研究的“兵部下辖的造船厂、拨船厂和带管的黄船厂”是属于“龙江船厂内，或以为在江淮、济川二卫驻地”，但是经过考证后，作者认为兵部下辖的是三个船厂，其中“黄船厂位于定淮门南、清凉门北；拨船厂位于清凉门南、石城桥北；造船厂位于石城桥南、西城兵马司北”。

二、航海贸易、海洋行政研究

2021年有关海上丝绸之路东海航线航海贸易方面的研究成果覆盖专题包括：航海贸易与东亚关系、东亚货币、水路运输与海上贸易、海外贸易管理体制、海商，等等。另有一些文章专门论述中日、中韩海上贸易状况。以下依次做一介绍。

（一）航海贸易研究

富霞的《东南亚地区发现的汉代铜镜》（《考古与文物》2021年第6期）一文考察东南亚地区出土的汉代铜镜。作者认为东南亚地区陆续发现的59面汉代铜镜均可在我国中原汉文化区找到原型，说明它们与汉王朝在越南北部的统治及海上丝绸之路上的贸易交往关系密切。李富强、王海迪的《互鉴而发展：中国—东南亚铜鼓文化史论》（《民族论坛》2021年第4期）一文主要考察中国—东南亚铜鼓文化史问题。作者在文中梳理了“中国—东南亚铜鼓文化”的起源与发展，认为在这个过程中“中国—东南亚铜鼓文化因互鉴而丰富”，这成为贯穿“中国—东南亚铜鼓文化现代传承与发展的力

① 其他研究成果还有：陈士松：《从“南海Ⅰ号”出水鸟食罐看宋代养鸟文化的发展与中外交流》，《中国港口》2021年第S1期；刘冬媚：《“大海道——‘南海Ⅰ号’沉船与南宋海贸”策展解析》，《艺术与民俗》2021年第1期。

量源泉”，有助于促进民心相通和更好的交流与合作。

宾娟的《唐代长沙窑瓷器上的外来纹饰》(《福建文博》2021 年第 3 期)考察唐代长沙窑瓷器上的外来纹饰，文中指出“长沙窑广泛吸收域外文化因素”，在瓷器上有以“莲花纹、枣椰纹为代表的植物纹；以狮子纹、摩羯纹为代表的动物纹；以胡人乐舞纹为代表的人物纹；以点彩、直线或放射状线、连弧纹、佛塔纹为代表的几何图案；以阿拉伯文为代表的文字装饰”。武世刚的《海帆寻踪 文化遗产视野下的海上丝绸之路》(社会科学文献出版社，2021 年)主要记录“海帆寻踪：文化遗产视野下的海上丝绸之路”学术研讨会上诸位专家学者如何从器物、贸易、航路、文献、文化、社会等方面探讨以物承载的航海往昔。李伯重、董经胜的《海上丝绸之路 全球史视野下的考察》(社会科学文献出版社，2021 年)一书主要包括两个部分：一是对海上丝绸之路(即中国和中国以外各地区的海上联系)的研究，二是对沿线国家和地区(即中国以外，但与海上丝绸之路有关的各国和各地区)的社会、经济、文化情况的研究。北京大学历史学系的《北大史学海洋史与海上丝绸之路专号》(社会科学文献出版社，2021 年)是“海洋史与海上丝绸之路研究专号”，收录了 14 篇围绕海洋史和海上丝绸之路上的国家历史的研究文章。

夏时华、王春的《宋代政府的香料消费》(《安徽史学》2021 年第 4 期)一文考察宋代政府的香料消费，作者认为宋代政府香料消费主体主要是官府，尤其是在办公、祭祀、节庆、恩赏、政治礼仪等诸多政务活动中，随着“海上丝绸之路大量香料的输入、长期积淀的香料知识和祭祀用香文化、繁多的国家祭祀活动、庞大的行政机构和官吏队伍等诸多因素促进了政府香料消费的兴盛”。同时，宋代官府香料消费带动了民间香料的消费。

许利平、孙云霄的《古代印尼与中国香料贸易的变迁影响》(《重庆大学学报(社会科学版)》2021 年第 5 期)一文考察古代印尼与中国香料贸易变迁的影响。作者认为香料在中国有着广泛的用途和巨大的经济价值，需求量巨大，因此，古代中印尼香料贸易分为官方的朝贡贸易和民间贸易两个路径，其中汉唐的开拓时期、宋元的鼎盛时期与明清的衰落时期是中印尼香料贸易的三个主要历史时期。陈巍、靳宇智的《古代丝路上的药物辨伪知识传播——以中世纪伊斯兰市场监察手册为线索》(《海交史研究》2021 年第 2

期)一文以中世纪伊斯兰市场监察手册为线索,考察古代丝路上的药物辨伪知识传播。文中认为,中世纪伊斯兰市场监察手册所载内容多数来自伊本·西那《药典》和伊本·贝塔尔《单方集成》等权威医书,通过贸易等渠道作跨文化传播,在长时段上保持稳定的药学知识体系。

柳平生、葛金芳的《试析宋代海上丝绸之路勃兴的内在经济动因——兼论两宋经济结构变迁与三大文明竞争格局形成》(《文史哲》2021年第1期)一文考察宋代海上丝绸之路勃兴的内在经济动因,认为"宋代海上丝路贸易勃兴和社会经济结构变迁是双向互动的历史过程",尤其是宋代"'南重北轻'经济格局、雄厚的制造实力以及领先世界的造船与航海技术为海上丝路的繁盛提供了物质支撑和内在动力"。刘未的《北宋海外贸易陶瓷之考察》(《故宫博物院院刊》2021年第3期)一文考察北宋时期对外贸易情况,认为北宋中期在海外贸易中"越窑青釉瓷和景德镇窑青白釉瓷构成了稳定组合",但在北宋中晚期出现转折,"闽广地区以外销为主的窑场迅速兴起并占据海外市场主体",其中广州、潮州、泉州窑场成为东南亚及西印度洋地区主要出口港,福州成为面向日本的陶器出口港。北宋晚期,"闽南、广西窑场青白釉瓷繁盛,龙泉窑青釉瓷崛起,潮州、漳州产品亦见于日本",作者并进一步指出"东西方贸易陶瓷品类组合都趋于复杂化"。

刘祖铭的《从〈萍洲可谈〉看北宋的海外贸易》(《今古文创》2021年第31期)一文以《萍洲可谈》记载为研究视角,考察北宋海外贸易。文中指出,北宋朝廷通过"市舶司的设置、进口货物的登记、征税、博买等贸易制度"管理海外贸易,造船与航海技术的提高,指南针的广泛使用为海外贸易提供了坚实的条件。吴敬、赵东海的《宋元时期广东瓷器运输与贸易的考古学观察——以窑址以外出土材料为中心》(《东南文化》2021年第4期)一文从考古学视角考察宋元时期广东瓷器运输与贸易问题,作者指出,"广州港与明州(庆元)港、泉州港在瓷器运输路线上存在着单向或双向的联系"。包静的《绿色黄金 17—19世纪中国和欧洲的海上茶叶贸易》(浙江古籍出版社,2021年)一书主要考察17—19世纪中国和欧洲的海上茶叶贸易,茶叶超过丝绸成为当时中西贸易最为重要的商品,海上丝绸之路亦成为茶叶之路。冉昊的《丝路行记 消逝的王朝与定邦的先驱》(广东人民出版社,2021年)一书主要考察古丝绸之路和海上丝绸之路上中外经济、人文交流等方面。作者从历史中爬梳资料，为读者讲述丝绸之路上的历史变迁、制度变迁和著名的历史事件。

衣保中、郭思齐的《明清时期中朝贸易的发展与演变》(《吉林大学社会科学学报》2021 年第 2 期)一文考察明清时期中朝贸易的发展与演变过程，认为明清时期是“中朝传统贸易规模较大、贸易关系发展比较稳定的一个时期”，中朝之间的贸易具有朝贡、使行、边市、海上四种贸易形态，该时期“朝贡贸易是主导的贸易形态，边市贸易和海上民间贸易自由度较高，海上民间贸易在晚清时期取代朝贡贸易成为中朝贸易的主要形态”。作者认为明清时期中朝贸易“有政治上求稳定与经济上求利益的双重动力因素，推动着中朝贸易在宗藩封贡体制下缓慢发展”。卢伟的《明清时期海外白银流入的经济内涵探讨》(《经济资料译丛》2021 年第 3 期)一文考察明清时期海外白银流入现象的重要原因，作者认为“明清白银货币体系下，货币供给及其增长主要源于海外白银的流入，相应产生对于获取海外白银的强劲需求”。同时，文中也指出，明清时期中国社会的白银“并非一种轧平贸易差额的平衡手段”，而是在国际社会中将“短期内牺牲中国社会的经济福利和未来的增长空间，在长期内也由于‘海外白银悖论’而使得中国在国际经济关系中处于日益不利的地位”。

陈宁宁的《略论耀州窑瓷器的外销》(《文物春秋》2021 年第 3 期)一文考察耀州窑瓷器的外销历史，文中认为耀州窑在唐至金时期是“中国北方地区规模较大、影响广泛的窑场之一”，近些年的考古可以佐证，耀州窑瓷器的品种、釉色、纹饰等特征有助于探究外销耀瓷的运销线路和范围。韩翔、张睿的《论公元 10—13 世纪海上丝绸之路中的西村窑瓷器》(《农村经济与科技》2021 年第 1 期)一文主要考察 10—13 世纪海上丝绸之路中以西村窑为代表的广州地区的窑口，认为西村窑外销瓷“不仅代表着我国高超的制瓷技术、审美意识、民族习俗以及中国文化的韵味”，“所生产的瓷器制品在海外各国也产生了重大的影响”。王瑶的《清代外销瓷传承中的创新——以巴达维亚瓷为例》(《陶瓷研究》2021 年第 2 期)一文主要以巴达维亚瓷为例考察清代外销瓷传承中的创新问题。作者在文章中梳理了清代外销瓷的历史发展概况，认为“清代外销瓷是中国外销瓷的黄金时期”，不仅依据西方的审美进行市场操作，还将中国传统文化推陈出新。

王岫庐的《十九世纪初中英器物交往中的文化交流与翻译——关于班克斯夫人藏瓷的历史考察》（《海峡人文学刊》2021年第3期）一文以班克斯夫人藏瓷为考察对象，探究19世纪初中英器物交往中的文化交流与翻译。文中指出“多萝西娅·班克斯夫人（Lady Dorothea Banks，1758—1828）是19世纪初英国重要的瓷器收藏家”，她在瓷器收藏方面的品位与专业鉴赏眼光受到当时“男性主导的知识精英的青睐”。作者以她为考察对象有助于管窥“18世纪末、19世纪初中英两国交流史中器物的文化意义，以及其中所反映英国人的东方认知与想象”。伊夫·波特、翟毅的《十四至十七世纪伊斯兰宫廷的龙泉青瓷器》（《故宫博物院院刊》2021年第9期）一文主要梳理14—17世纪伊斯兰宫廷的龙泉青瓷器来源。作者认为伊斯兰宫廷最早出现中国瓷器是在哈里发哈伦·拉希德（Harun Rashid，786—809）时代，13—14世纪开始，伊朗地区和马穆鲁克王朝统治区域开始仿效龙泉青瓷，同时也从马来西亚和缅甸湾海岸大量购买中国瓷器。16—17世纪，在萨菲王朝，又出现模仿青瓷的“第二波浪潮”。翁彦俊的《景德镇16—18世纪陶瓷外销规模估略》（《中国陶瓷》2021年第10期）一文主要从考古资料和文献档案视角出发，考察16—18世纪的景德镇陶瓷外销规模，作者通过量化研究，认为景德镇外销瓷器规模“16世纪约为6476万件，17世纪约为10088万件，18世纪约为10217万件，16至18世纪合计约26781万件”。李琳的《16、17世纪销往西班牙的中国瓷器》（《中国港口》2021年第S1期）一文对16世纪、17世纪销往西班牙的中国瓷器进行考察，认为“这一时期销往西班牙的中国瓷器以青花瓷，尤其是克拉克瓷为主”。杨明、詹嘉的《17—19世纪华瓷对英国茶具设计的影响》（《中国陶瓷》2021年第3期）一文则是考察17—19世纪中国瓷器和茶叶通过贸易成为欧洲的流行商品，因此对英国人茶具造型设计和装饰艺术方面产生影响。梁立佳的《破冰之旅：19世纪初期沙俄开拓远东海上贸易的活动及其影响》（《海交史研究》2021年第3期）一文考察19世纪初期沙俄在远东海上的贸易活动，文中指出，虽然沙俄经过一系列的尝试，欲“开拓中国广州和日本长崎的远东海上贸易”，但是因

"清代中国与德川日本的外贸管制政策",最终没有如愿建立起有效的贸易往来。作者认为沙俄的失败"实质是近代东北亚区域不同国际关系体系间冲突与碰撞的结果"。

吴思雨的《十八世纪西方毛毯的传入与清宫的借鉴》(《东华大学学报(社会科学版)》2021年第3期)一文以清代档案为基础,探讨18世纪西方毛毯传入与清宫借鉴的史实。文中认为,"传入清宫的西方毛毯体现出交流路径的复杂性和交流内容的选择性,清宫借鉴制品是中西艺术和技术互动下的产物"。高志超的《从布匹到白银:"还乡女"交易媒介与皇太极时期东北亚贸易网络》(《吉林师范大学学报(人文社会科学版)》2021年第4期)一文考察"还乡女"交易媒介与皇太极时期的东北亚贸易网络。文中认为"17世纪前期初步形成的东北亚贸易网络有别于传统的朝贡体制,它是以市场为主导,以白银为交易媒介的新型贸易体系,是大航海时代以来日渐成熟的全球市场体系的重要组成部分"。同时,还指出,"'还乡女'的赎还价格与交易媒介的演变,朝鲜李朝政治、经济变革,后金(清)对外贸易格局的形成及变迁,具有密切的关系,揭示东北亚贸易网络形成的基本轨迹"。

张晓明的《明代辽东地区与朝鲜半岛贸易研究》(辽宁师范大学硕士学位论文,2021年)一文考察明代辽东地区与朝鲜半岛的贸易情况。首先,作者分析了辽东地区与朝鲜半岛的地理关系,"辽东地区因与朝鲜半岛山水相连,与日本隔海相望",因此,既能促进政治、经济、文化的发展亦是维系东亚政治格局稳定的重要保障。其次,作者在梳理明代辽东地区中朝贸易活动后认为,辽东地区与朝鲜半岛之间的贸易受到中朝宗藩关系影响经历多次变动。洪武、永乐两朝时期,"辽东地区与朝鲜的贸易活动以官贸为主导,民间贸易群体难以逾越地理的瓯脱地带以及政治上的交往禁令";"洪熙、宣德以后中朝宗藩关系稳定,贸易体系随之确立。正统至正德年间,中朝社会生产能力逐渐恢复,双方经济交流意愿不断加强,辽东地区中朝贸易呈多元化发展趋势。明代中后期,明朝几度实施'新政',中朝'礼治'外交得以重塑。明廷加强对中朝官、私贸易的管控"。然而,嘉靖至万历前期虽民间贸易活跃,但是随着壬辰战争的爆发,"辽东地区的中朝贸易活动突破了朝贡体系的束缚,区域贸易活动居主导地位","中江以其地利优势成为官、商、民买卖与转运物资的集中之地，中江关市得以建立”。明清易代之际，“中朝贸易活动对女真社会发展、辽东政局均产生重要影响”。

除了陶瓷贸易，玻璃器也是海上丝绸之路贸易的重要物品。李盈理的《10至12世纪中国出土玻璃器研究》（辽宁师范大学硕士学位论文，2021年）一文主要考察10—12世纪中国出土玻璃器问题。作者首先分析玻璃器在中国的社会功能和价值，认为中国出土玻璃器主要有两种类型：“一是佛寺塔基；二是上层阶级的墓葬。”文章指出，中国出土的玻璃器主要来源有三类，即“本土制造、国外进口和利用外来玻璃料于本地制作”。本土玻璃器既能反映出该时期“中国玻璃制品的技术特点，也反映了佛教世俗化的趋势以及玻璃器在佛教崇拜中的地位”。而进口国外玻璃器虽然数量不多，但制作精良。作者还对墓葬中出土玻璃器进行了分析，认为“墓葬中玻璃器多出土于辽朝的皇族贵胄大墓，宋朝墓葬出土的此类玻璃器很少。辽墓中出土大量精美玻璃器随葬，而宋墓中少见，不仅折射出辽与陆上丝绸之路各国的交流，而且透露出宋人对玻璃制品的普遍态度。随着宋人对玻璃器制作工艺的认识，玻璃材质制品身价降低，使它仍处于贵重材质制品的替代地位，一直没有突破传统的盛储器和艺术品的范畴”。

闫悦的《15—18世纪中朝弓角贸易研究》（东北师范大学硕士学位论文，2021年）一文考察15—18世纪中朝弓角贸易问题。文中梳理了朝鲜弓角制造材料，以及朝鲜对水牛角弓的需求特点，这是中朝弓角贸易的现实需求背景。有明一代，李朝与明清两朝展开长达300余年的弓角贸易。朝鲜与明朝的弓角贸易经历过不同时期的变化：一是李朝世宗朝（1418—1450）至世祖朝（1455—1468）时期，中朝之间弓角贸易是以辽东弓角私贸易获得；二是自李朝成宗朝（1469—1495）起，李朝通过向明朝奏请，可以获得每年200副定额弓角贸易额。有明一代，朝鲜通过“公、私贸易形态”获得一定数量的水牛角。清朝时期，朝鲜又以新的方式与清朝建立弓角贸易机制，即一是李朝以朝贡形态进行弓角贸易，“每年向清朝进贡水牛角岁币”；二是顺治十一年（1654）取消水牛角岁币后，李朝以私贸易形态进行弓角贸易，但因清朝的禁令，弓角数量不稳定；三是李朝与清朝一直没有建立官方弓角贸易模式。明清时期与李朝因自身军事需要而采取不同策略对待弓角贸易。

郝治城的《1624—1634年荷兰对中国通商贸易研究——兼与对日本通商贸易比较》(郑州大学硕士学位论文,2021年)一文主要考察1624—1634年荷兰对中国的通商贸易,同时兼顾对比荷兰与日本的通商贸易。文中认为,荷兰在东亚地区通过巴达维亚、中国与日本之间的“各类货物、传递着各种信息”构建“荷兰东印度公司东亚海上贸易网络体系的雏形”。作者依据对《巴达维亚城日记》《热兰遮城日志》《荷兰人在福尔摩沙》等史料的解读,翔实梳理了中荷诸通商贸易要素的贸易方式、船只、航路、通商贸易品等,并结合荷兰与日本之间的贸易,探析中荷、荷日贸易对中日荷三国产生的影响。文中指出,“荷兰从中国输入的商品主要是砂糖、瓷器、丝织品三类,从日本输入的主要是粮食和金属制品两类,荷兰向两国输出的主要有荷兰、东南亚及印度商品”。

周佳的《中日勘合贸易中的明代丝绸研究》(东华大学硕士学位论文,2021年)一文主要考察明代中日之间丝绸的勘合贸易。中日之间朝贡贸易被称为“勘合贸易”,其中大宗贸易商品以丝绸为主,这些出口到日本的丝绸主要用于“服饰装点中,还因日本茶道的兴盛被用作茶道具仕覆和装裱裂”,以“名物裂”形式保留下来。明朝在勘合贸易中的丝绸性质有三种,即“皇帝颁赐物、给赐僧使物、僧使买办物”,并且在皇帝颁赐物中首次出现“天鹅绒”。作者认为明朝赐给日本丝绸是依据“日本的国情与文化特性在丝绸种类和图案的选择中进行针对性给赐”,还认为日本通过与明朝的丝绸贸易刺激其本土染织业发展,“仿制从而促进西阵织的创始与发展,日本典型织物的纹样艺术风格也从中吸取借鉴,融合自己本民族风格,在世界舞台上大放异彩”。

(二)海洋行政研究

关于古代海洋行政的研究成果涉及的具体专题包括海外贸易政策、海疆防卫等。如冯丽红的《江户早期唐船贸易及唐商管理研究》(浙江大学硕士学位论文,2021年)、王凤翔的《唐代山东缘海军事地理与海防战略刍论》(《孙子研究》2021年第2期)、张曼琦的《明代山东半岛海防卫所聚落选址布局与空间特征研究》(山东建筑大学硕士学位论文,2021年)、侯冠宇的

《明代洪武永乐年间中朝官方贸易对朝鲜货币改革的影响》(兰州大学硕士学位论文,2021年)、石晶晶的《明代双屿港与十六世纪东亚海上贸易网络的形成》(上海师范大学硕士学位论文,2021年)等。

冯丽红的论文主要考察江户早期唐船的贸易及唐商的管理问题。作者在文中认为,随着国际形势变化,“17世纪的东亚海洋贸易被纳入逐步形成的世界贸易体系”,尤其是“晚明倭寇对中国沿海的劫掠、明清鼎革之际郑氏集团的崛起以及稍后清政府厉行的海禁政策;17世纪初日本江户幕府的建立以及葡萄牙澳(门)日(本)贸易的终结”对中国与日本之间的“传统贸易形成巨大冲击与深刻影响”。首先,作者以唐船贸易制度变迁为主线,对丝割符制度时期、自由贸易时期、货物市法时期及定额贸易制度进行考察。通过以上考察,作者认为,“江户幕府不停地调整贸易制度,管理制度趋向严格,最后上升至完全由官方垄断”。其次,作者进一步探究“长崎奉行”和“唐通事”两个唐船管理机构,认为“长崎奉行作为幕府的官僚人员,其政治地位和职务伴随着长崎贸易的发展而变化;唐通事作为在日本的华侨团体,是幕府管理长崎贸易相关制度的直接执行者,其岗位及职能也是为适应长崎贸易的需要而设置的”。最后,作者考察了在日唐商分布情况,指出由于“幕府根据不同时期贸易总体方针逐步调整唐商管理方法”,使得唐商在日本居住情况“从‘散居’到‘半自由居住’,再最后到入住唐人屋敷,行为受到完全管制”。

王凤翔的文章探究唐代山东缘海的军事地理与海防战略,认为山东缘海具有重要的战略地位,“山东缘海交通可分为海路东线、北线和南线,是往来辽东、江南以及朝鲜半岛、日本的交通要地”,且山东地区“总管、军镇、守捉、兵府、藩镇等军防体系完整”,虽然在山东腹地常驻兵力有限,但是在山东缘海部署的兵力可观,在唐朝征伐高丽时发挥着重要的作用。

张曼琦的论文主要考察明代山东半岛海防卫所聚落的选址布局与空间特征。作者指出,山东半岛海防建设“承担着护卫黄渤海沿岸人民生命、财产等安全与拱卫京畿等海防任务”,在此背景下,形成“独具山东半岛地域特征的海防卫所聚落体系”。文章在城乡规划学的基础上,结合历史学、考古学等学科知识,运用GIS技术与空间句法理论对山东半岛海防卫所聚落空间特征进行量化分析,认为该项研究有助于“为战略发展提供有力的理论保障与文化支撑，丰富了山东半岛海防卫所聚落的学术研究，弥补了城市规划史与建筑史在这一领域研究的缺环，同时对卫所聚落历史文化遗产的保护与发展具有指导意义”。

侯冠宇的文章考察明朝初期洪武永乐年间中朝官方贸易对朝鲜货币改革的影响。作者认为，明初独特的朝贡—海禁体系具有独特性，尤其是在中朝贸易方面具有特色。洪武二十五年(1392)，朝廷便规定了两国官方贸易的品种、数量、价格与结算方式。因此，朝鲜在此框架下与明朝贸易，以“‘利权在上’‘务本抑末’作为本国指导思想，进一步重建国内经济秩序并制定与明朝制度相适应的贸易政策”。但在“靖难之役”后，朝鲜在贸易上出现“有限理性经济人”的特点。永乐时期，因中朝使臣“舞弊之举”频发，朝鲜对此“加大处罚力度、严立法程”。倭寇海盗侵扰也使得运输成本增加，一定程度上影响了贸易发展。作者通过详细考察后得出以下结论：“(1)朝鲜在贸易中的机会成本不低，朝鲜多次派遣使臣、逐渐突破规定，更多的是基于本国实际情况采取较小成本的行为来应对贸易中遇到的问题。(2)政治变动、使臣套利行为、倭寇侵扰等都是中朝贸易变化的原因。(3)在朝鲜太宗两次推行货币改革的过程中，中朝两国均展开了规模庞大的官方贸易并用布货进行国际贸易结算，大规模贸易进一步增强朝鲜国内民众对布货的使用信任，这为朝鲜政府货币政策的推行制造重重阻碍，加速了朝鲜货币改革的失败。”

石晶晶尝试在全球史语境中重新定位东亚海洋在世界的海上贸易网络，其论文考察明代双屿港与16世纪东亚海上贸易网络形成的问题。作者分析了当时的国际贸易环境，认为明代双屿港的出现到消失源于东亚海洋上的四大矛盾：“一，明代朝贡贸易体系与其他亚洲国家大量获取中国商品的矛盾；二，明代海禁政策与中国东南沿海地区海外贸易传统的矛盾；三，明代海禁政策与以江南地区为代表的商品经济对外发展内在需求的矛盾；四，以葡西为代表的西方国家向东进行殖民拓展和以明朝为代表的东亚国家之间的矛盾。”嘉靖二十七年(1548)明廷的军事行动后，双屿港从此湮没。

万明的《明代海疆治理与危机应对——以两部〈闽海纪事〉为线索》(《中央民族大学学报(哲学社会科学版)》2021年第3期)一文以《闽海纪事》为

考察对象，探究明代海疆治理与危机应对问题。作者从地方官角色及其作用视角出发，指出“无论军将还是地方官，均守土有责，二者在战时的互动关系与作用，体现了明代海疆治理的整体特征”。并指出，“嘉靖末年福建海疆治理与危机应对中的文武协同，彰显地方官的作用”。

蒋宏达的《嘉靖倭乱前后的沿海卫所与海疆庇护网络——以杭州湾南岸地区为中心》（《史林》2021 年第 3 期）一文主要以杭州湾南岸地区为中心，考察嘉靖倭乱前后沿海卫所与海疆庇护网络问题。作者认为，倭寇被平后，王朝政策转变及其控制力上升使得江浙沿海进入一段较长的安宁期。作者指出，在此背景下，明廷积极将“沿海庇护网络从向外游离转为向内聚敛，其主导力量由具有离心倾向的卫所武官、窝家势要一变为代表王朝国家的各级官府”，为“一条鞭法”改革的推行奠定了基础。

郭雪的《清初朝鲜的汉人漂流民政策研究（1641—1689）》（东北师范大学硕士学位论文，2021 年）一文主要聚焦清朝初期（1641—1689）清廷对待朝鲜汉人的漂流民政策。作者认为漂流民在东亚海域是常见事件，对东亚“各国政治、经济、文化、思想等方面都有着重要的影响”。虽然明代时与朝鲜以陆路为主，但是海上仍然保持通畅，因此漂流民现象不断，明朝与朝鲜两国对待漂流民一般是“人道主义原则救援抚恤、‘刷还送归’”。作者对明代朝鲜汉人漂流民政策进行了详细总结，认为“朝鲜就汉人漂流民的处置问题形成了一套完备的体系”。作者在文中指出，清朝初期，朝鲜以“小中华”自居，因此在对待清朝的态度上是表面的“恭敬与顺从”；在对待漂流民事件上，“朝鲜王朝对于汉人漂流民的政策变化大致是经历从受制于人到‘摇摆不定’，再到自寻出路的阶段”。

谢章辉、王智汪的《明代泉州市舶司设置沿革与职能变迁考述》（《湖南工程学院学报（社会科学版）》2021 年第 1 期）一文主要考察明代泉州市舶司设置沿革与职能变迁问题。作者认为“泉州市舶司的设置及其相关制度不断完善，保障了泉州地区海外贸易的正常开展”，但因为海禁，泉州只通琉球，但因现实需求，泉州的市舶司成为“由起初管理市舶贸易的独立经济机构转变成笼络海外诸国的政治手段”。明代成化八年原泉州市舶司迁往福州，宣告近 400 年的泉州市舶司时代结束。

李欣的《清代中国海疆经略对构建周边海上安全秩序的启示》(《国际安全研究》2021 年第 6 期)一文探究清代中国海疆经略构建问题。作者认为清朝将"'天下'安全思想运用到海疆经略具体实践之中,对包括内洋、外洋、大洋和海上周边关系在内的多重要素进行总体考量,建立起较为成型、完备的海疆安全治理体系"。文中具体论述了清代海疆建设:"一是按照内洋、外洋和大洋三部进行海域管理。对内洋和外洋,通过行政建制和水师巡查,实现日常的、具体的海上管辖;对于大洋,则将陆地边疆治理中的'以不治治之'原则应用到海上。二是以制度建设保障各地水师开展海上巡视、缉盗、护送、救助等任务,有效维护了东亚海上的安全秩序。三是以宗藩制度经营与周边海上藩属国之间的政治、安全关系,实现了东亚海上的长期和平与稳定。"同时,文章指出,晚清时期"以主权原则强化对海岛、海域的管理,取得了重要进展",但在"立约保藩"上面遭到失败。

张晓东的《郑和下西洋的海权性质》(《史林》2021 年第 4 期)一文以郑和下西洋为考察对象,探究其下西洋的海权性质。文中认为"郑和舰队能够使用军事力量为朝贡贸易护航,并掌握了航线上的制海权,随行军事力量还具有'由海向陆'的登陆作战能力,因此从海权理论的角度来考察,贸易海权是其发展弱项,而其军事海权的发展却有'超前性',总体上具有不充分、不平衡的特点"。同时,文中强调,"郑和海洋经略活动实为近代海权历史潮流的前奏,也是全球航海贸易时代的前驱",在此背景下,东南亚地区一些国家借此"得到了发展动力",认为"郑和海权活动在中外之间产生一定的共生性",但郑和下西洋的海权是"发展不充分、不平衡的",作者认为造成这种局面的原因比较复杂,尤其后期下西洋活动的中止"意味着对当时海权探索的能力与可能性的扼杀"。

三、文化交流、政治交往、人员往来与国族间认知研究

(一)文化交流研究

东亚各国之间不论是在政治上还是在文化上都紧密相连,各国之间形

成以儒家文化为核心的交流圈，不仅体现在政治上的朝贡，还体现在相互之间人员往来等方面。

朝鲜半岛与古代中国之间的文化交往极为密切。常馨的《宋丽海上丝绸之路与青瓷文化传播之新探》（上海外国语大学硕士学位论文，2021 年）一文主要考察宋丽海上丝绸之路与青瓷文化传播，作者介绍了宋丽之间海上贸易的背景，指出“宋、丽通过海路进行官方层面的朝贡贸易、附带贸易”，民间海上贸易也是人员往来、物品流通如梭，因此高丽借鉴中国的制瓷技术，开始造高丽青瓷，并在此方面技术日益精湛，作者指出，高丽与宋在制瓷技术方面存在广泛的交流，这也使得“高丽人与宋人有同样的雅趣，即点茶、焚香。所谓‘器以象制’，高丽青瓷茶器、香具的形制和纹饰不仅体现了高丽时期的成器活动，也反映了茶、香贸易对高丽文化生活的影响”。作者认为，在宋丽海上贸易过程中，高丽青瓷作为物质文化和精神文化的双重载体诠释了海上丝绸之路的文化意义。

张景昆的《文雅之力：论中朝诗赋外交对古代朝鲜汉诗的形塑》（《江西社会科学》2021 年第 4 期）一文是对中朝诗赋外交中古代朝鲜汉诗的形塑。作者认为，中朝诗赋外交具有重要的政治文化意义，能够借此“彰显汉诗在东亚文化圈作为国家文化软实力的功能和价值”。文中指出：“在诗赋外交影响下，朝鲜保持与中国的文化黏性，朝鲜汉诗次韵、律诗的比重较高，杂体诗从无到有，并形成敏捷富赡的价值标准。充分认识汉诗的‘文雅之力’与朝鲜‘以诗华国’的创作观念，是理解朝鲜时代以国家行为推崇汉诗的关键，也是把握中国文学域外传播机制与朝鲜汉诗艺术风貌的关键。”

张宝双的《朝鲜朝后期诗人朴宗善汉诗研究》（吉林大学博士学位论文，2021 年）一文则重点考察朝鲜朝后期诗人朴宗善的汉诗。作者首先对朴宗善的生平进行梳理，认为其乃名门之后，又受到“英祖宠爱”，虽然朴宗善在政治上一直未能得到重用和施展政治抱负，但是他能够清楚地认识到“通过文学创作来实现自我价值”。接着，作者聚焦朴宗善的作品《菱洋诗集》，“结合朝鲜后期的历史、文化背景以及朴宗善的个人经历，对其汉诗主题内涵、题材特征、创作方法与艺术风格进行了系统、全面的研究”。作者指出，“朴宗善的汉诗反映了庶孽阶层的悲剧意识。他在诗中阐述自己对于庶孽身份的认识，表达了对平等的渴望，他倾诉理想与现实的矛盾所带来的痛苦，也直言对疾病与死亡的恐惧。朴宗善是一个散发着悲情的人物，但他并不悲观。他在诗中歌唱对山水田园的热爱，表达平淡自然、超然物外的心境，歌颂与中国文人间真挚的情谊，而这正是他超越身份悲剧、实现自我安顿的方式与表现。朴宗善还在诗中抒发了对亲友的追思，表达了对底层民众的关注与关怀，这反映出了儒家思想中的伦理道德与'仁爱'思想对他的影响"。最后，作者讨论了朴宗善汉诗在传统题材范围内的创新之处，认为"朴宗善汉诗的题材并未跳脱传统的范围，但追求创新的他却能在继承传统的同时另辟蹊径，这一点主要体现在他的咏物诗、纪行诗与风俗诗的创作中"。同时，作者还指出，朴宗善的汉诗"主要采用'以学济诗'的'学问化'创作方法，其具体表现为'以典故入诗''以议论入诗''以文字为诗'"。此外，朴宗善的汉诗亦呈现出"朝鲜风"的艺术特色。

孟石峰的《明朝时期朝鲜使节纪行诗中的登州诗》(《韩国语教学与研究》2021 年第 1 期)一文考察明朝时朝鲜使节纪行诗中的登州诗，指出"登州不仅是一个停靠的港口，同时也是感知中国的第一扇窗户"，朝鲜使臣来登州后，创作大量纪行诗，这些诗歌"不仅反映朝鲜使节个人的精神世界，也反映山东海洋地理文化对朝鲜汉诗的影响"。

谷小溪的《清代前期中朝诗歌交流编年史的研究意义——以〈燕行录〉为中心》(《辽宁工业大学学报(社会科学版)》2021 年第 2 期)一文以《燕行录》为中心考察清代前期中朝两国的诗歌交流，作者结合清崇德至雍正(1636—1735)年间的中国史料文献，探究清代前期中朝诗歌交流编年史的研究意义。

张自强的《宋丽鼓吹乐比较研究——以〈宋史〉〈高丽史〉为中心》(延边大学硕士学位论文，2021 年)一文主要以古籍《宋史》《高丽史》为研究对象，考察宋朝与高丽的鼓吹乐。文中认为，"鼓吹乐作为中国古代宫廷音乐伴随着文化交流传入朝鲜半岛"。随着朝鲜对鼓吹乐的重视，其不断得到发展和演变。宋丽两国在不同场合也沿用鼓吹乐，但两国在鼓吹乐运用场合、乐队编制、乐器使用三个方面存在不同之处。崔玉花、王沛的《朝鲜燕行使眼中的清代音乐——以〈燕行录〉为中心》(《文艺争鸣》2021 年第 2 期)一文以

《燕行录》为中心，考察朝鲜燕行使眼中的清代音乐，作者认为，“中国音乐作为东亚音乐发展的动力源对朝鲜乃至整个东亚音乐文化的发展起到了重要作用”。吴明微的《清代朝鲜使臣在华音乐活动探究》(《音乐研究》2021 年第 2 期)一文考察清代朝鲜使臣在华的音乐活动。朝鲜使臣来华后，除了完成使命外，还在华进行采购活动，“于清宫廷与民间，购买乐器，获取乐书，记录音乐，学习西乐，并与清人笔谈论乐”。这些活动“促进了中国音乐与朝鲜音乐的互动交流，也改变了朝鲜原有僵化保守的文化观，并使朝鲜打开西乐传播的大门，推动了朝鲜音乐的建构与发展”。

中国古代的四大名著在朝鲜半岛的传播也是学术界的研究热点。胡伟的《朝鲜时期〈红楼梦〉的流传状况》(《辽东学院学报(社会科学版)》2021 年第 2 期)一文主要考察《红楼梦》传入朝鲜的时间问题，作者经过详细考察，认为《红楼梦》在 1800 年前后传入朝鲜比较可信。作者认为乐善斋译本《红楼梦》是“最早出现的朝鲜语全译本，也是全世界最早的全译本”，由“李钟泰等几十位王室译官集体翻译而成”，较为权威。同时，在该时期“《红楼梦》在朝鲜半岛的普及程度并不算很高，而且人们对它的评价还存在着一定的分歧”。孙勇进的《17 世纪朝鲜王朝口传艺术中的〈三国演义〉》(《南开学报(哲学社会科学版)》2021 年第 1 期)一文考察 17 世纪中叶《三国演义》在朝鲜的口传说唱艺术表现。作者认为，当时朝鲜已经具有一批知名的《三国演义》口传艺人，并有机会为清使表演《三国演义》，这些艺人在“朝鲜王朝和清朝的文化交际中，无形中扮演了某种特殊角色”。李巧、任晓霏的《〈水浒传〉在朝鲜半岛的传播与影响研究》(《汉字文化》2021 年第 15 期)一文指出，17 世纪，《水浒传》随着朝鲜使臣、文人在中国购书而传入朝鲜半岛，目前韩国收藏“《水浒传》相关著作共 173 部，其中金圣叹评议《水浒传》占绝大多数”。作者还指出，《水浒传》传入对韩国的文学创作产生了深远的影响。

古代中国兵法和武术书籍在朝鲜地区流传广泛。周江吾的《〈六韬〉兵学思想的实践运用——以朝鲜壬辰战争为例》(《孙子研究》2021 年第 4 期)一文考察壬辰战争期间《六韬》在朝鲜王朝的传播。作者在文中详细论述了朝鲜运用《六韬》而闻名的将士。蔡艺、赵剑平和张银行的《中国武术古籍东传与朝鲜汉文武籍的编撰》(《体育学研究》2021 年第 4 期)一文详细考察了古代传统武术文化在朝鲜的传播路径。作者认为,“朝鲜汉文武籍编撰与中国武术古籍的东传息息相关”,在传播过程中存在“从引入到模仿,由模仿至创新,因创新而独特的发展历程”。导致出现这种现象的原因是“朝鲜为提升士兵武艺技能对中国武籍展开的慕求,亦反映出明清时期中国武术发展的成熟及其对周边国家的影响和辐射,从而明确了中国传统武术文化在东亚地区的源头地位”。

袁晓辉、蔡艺的《韩国馆藏汉文武籍及其成书历程》(《体育科技文献通报》2021 年第 7 期)一文考察韩国馆藏汉文武籍及其成书历程。文中指出韩国朝鲜汉文武籍现分别藏于韩国启明大学东山图书馆、韩国中央博物馆、水原华城博物馆、首尔大学校奎章阁。法国东洋语言文化学校图书馆、日本筑波大学也藏有部分朝鲜汉文武籍。因受“中国传统武术文化的影响,朝鲜半岛在模仿的基础上,“将本国的武艺文化融会贯通其中”。金青云、池龙浩、徐嘉璘的《中国古代蹴鞠在朝鲜半岛的传播研究》(《东疆学刊》2021 年第 4 期)一文考察中国古代蹴鞠在朝鲜半岛的传播,作者研究表明,蹴鞠传入朝鲜最早可以追溯到唐代以前,此后蹴鞠在朝鲜快速发展,演变出“抛球乐、掷草戏、弄珠、击鞠等游戏”,其中击鞠最受欢迎。朝鲜半岛编制的《武艺图谱通志》,是武将必考项目。李吉远、谢业雷的《以剑为媒:明代中、日、朝刀剑武艺交流研究》(《浙江体育科学》2021 年第 5 期)一文以剑为视角对明代中、日、朝刀剑武艺交流进行考察,文中认为“中日武术交流在明代达到一个高峰,日本刀及其刀法传入中国,并为中国武术家所借鉴、改良;明代朝鲜曾作为中日武艺刀剑交流的中转站,不断在中、日、朝三国间进行武术文献及技艺的交流传播,促进了明代中、日、朝三国刀剑武艺的交流”。

此外,还有其他书在朝鲜半岛流传。黄文燕、秦跃宇的《〈仪礼经传通解〉中韩藏本简述》(《汉字文化》2021 年第 20 期)一文考察《仪礼经传通解》在韩国的馆藏情况。作者认为“韩国国立中央图书馆藏‘朝鲜铜活字本’亦是以宋刊元修本为底本”,是《仪礼经传通解》重要的海外版本,具有特殊校勘学术价值。韩东的《李攀龙、王世贞复古文风在朝鲜朝文坛的传播与影响》(《东疆学刊》2021 年第 4 期)一文主要考察李攀龙、王世贞复古文风在朝鲜朝文坛的传播与影响。作者认为,朝鲜使节在出使中国期间与中国学者交流中“认识到李攀龙、王世贞在中国文坛的声名及其复古文学思想，并开始购买这二人的著作”，在朝鲜“慕华”思想作用下，衍生出的“同文”“并世”意识，朝鲜文坛受“秦汉古文”风尚的推动，使得两人的著作与思想在朝鲜得到传播，出现了“散文创作风格向‘艰涩’‘奇僻’的转变，也促成‘秦汉古文’在散文学习范式与散文选集领域经典地位的确立”。

曲金良的《“环中国海文化共同体”历史上的跨海人文旅行——明朝高丽文人郑梦周的渡海入京与其人其诗的古今影响》(《集美大学学报(哲学社会科学版)》2021 年第 1 期)一文以明朝高丽文人郑梦周的渡海入京与其人其诗为考察对象，探究“环中国海文化共同体”。文中指出，高丽末重要官员和文人郑梦周曾多次渡海入京，对明朝与朝鲜产生了深远影响。文中翔实地梳理其在中国的四个阶段：第一个阶段是明初，朝鲜官方认为郑梦周是高丽王府的“权臣”和“奸臣”；第二个阶段则是朝鲜《高丽史》对郑梦周评价的彻底转变，国内对其也有很高的评价；第三个阶段是 20 世纪五六十年代，中国学术界对郑梦周的“重新发现”高度重视；第四个阶段是 20 世纪 90 年代以来，中国学术界对其有不少全面研究，中韩两国对郑梦周在中国的历史足迹进行考察发掘、缅怀纪念。

王进明的《朝鲜朝文人徐居正的“归去来”情结》(《东疆学刊》2021 年第 1 期)一文指出，朝鲜文人徐居正怀有“非常浓厚的‘归去来’情结”，因此他将陶渊明“作为人生与官场的指向标，希望在建立功勋后急流勇退，辞职回归家乡广津隐居”。但是，因深受五任国王宠信，其不能辞官而归隐，遂“作诗文以‘归去来’意象表达他不贪恋官场、脱离樊笼、超越世俗、追求高远的高峻人格”。申佳霖的《18 世纪朝鲜王朝“北学中国”思潮的发生逻辑》(《学海》2021 年第 5 期)一文考察朴趾源和朴齐家联袂提出的“向北学习中国”的理论体系，文中认为“北学思潮”的产生“既植根于朝鲜国计民生的迫切需求，也因应清朝繁荣昌盛的客观事实，学理上凸显为由价值判断到事实判断的重心转移”。徐诚的《清中叶中韩学人交游与书籍传播的学术意义——以洪大容为中心的考察》(《中国典籍与文化》2021 年第 1 期)一文以洪大容为中心考察清中叶中韩学人交游与书籍传播的学术意义，作者利用“朱文藻《日下题襟集》、洪大容《湛轩集》等著作所录信札”，表现“中韩文人的学术往来以及治学态度与方法”，其中“朝鲜北学派代表洪大容以天文、历算等实学为研究重心”，与清朝学者进行笔谈交流和书籍交换，以“促进学术的深化”。

张安琪的《韩国朝鲜王朝〈诗经〉学之文学阐释研究》(《山西大同大学学报(社会科学版)》2021年第5期)一文主要考察朝鲜《诗经》学的文学阐释，作者认为朝鲜效仿中国确立“儒学在意识形态领域的核心地位”，并在文章中指出因晚明时期《诗经》学发生转向，形成“经学阐释到文学解读的发展态势”。刘志峰的《韩国古代汉诗“长安形象”中的中国认识源流蠡论》(《东疆学刊》2021年第4期)一文主要考察韩国古代汉诗“长安形象”，文中指出，“长安形象”的政治属性奠定了其在韩国古代汉诗文学中的“文化地位”。作者认为，最早的“长安形象”出现在新罗时期，随后在高丽朝和朝鲜朝文学中又进行接受与再创作，从韩国汉诗中可以折射出“唐宋狂热崇拜、金元憎恶交流、明代亲善认同、清代憎恶交流”，同时体现出“韩国古代文人对中国认识的演变”。作者进一步指出，其中“蕴含着国家民族主体间性文化交流、文学语言主体间性意象审美的双重规律”。

韩东的《〈唐宋八大家文钞〉在朝鲜文坛的传播、再选与影响》(《外国文学评论》2021年第1期)一文主要对《唐宋八大家文钞》传入朝鲜半岛的历程进行考察，认为因“迎合了朝鲜后期文坛对‘秦汉古文派’模拟文风反思意识以及由此兴起‘由唐宋上窥秦汉’的创作理念和用正统古文纠正稗官小品文风的实际需求，并顺应‘朱子学绝对化’的学术思潮，《唐宋八大家文钞》得到广泛的传播与接受”。此外，朝鲜还有针对《唐宋八大家文钞》进行的再次拣选的“选集”问世，这些“再选集”具有鲜明的朝鲜“本土化”特征，这体现了“朝鲜社会在接受”和对“自身文化风俗进行着文学评判与现实考量”。

王臻、骆姚的《〈时宪历〉传入朝鲜及其流播探析》(《大连大学学报》2021年第6期)一文主要考察清朝《时宪历》如何传入朝鲜，认为朝鲜王廷逐渐接受并采纳清朝颁发的《时宪历》，“全国刊印施用，同时不断派遣使臣赴京购买历法书籍、学习《时宪历》的编纂方法”。但在具体“年号、纪年等时间规则”的做法上，朝鲜举国“都表现出对奉行清朝正朔的极大反感”，这也反映出朝鲜在明清更迭后“对华观念由‘尊明’‘慕华’到‘贬清’‘攘夷’的嬗变，实质上体现出朝鲜在政治上屈服、文化上反叛的二元对立”。敖英的《元晓的

〈法华经〉观初探——兼与智者大师比较》(《延边大学学报(社会科学版)》2021年第5期)一文考察新罗学僧元晓对《法华经》的注释。文中认为“元晓的《法华经》观受到智者大师一定程度影响,但也有很大不同。元晓并没有如智者大师一样将《法华经》置于极高的位置,而是认为《法华经》和其他佛教经典一样,都是佛陀所说之法,都是真实之义”。

姚超的《十三至十五世纪西亚文化对中国青花艺术的影响研究》(景德镇陶瓷大学硕士学位论文,2021年)一文主要考察13—15世纪西亚文化对中国青花艺术的影响。文中指出,13—15世纪是青花瓷器彩釉装饰绘画艺术转变期。由于伊斯兰各国对青花瓷市场的需要使“中国的青花陶器艺术和文化更为丰富、也具有更多元认知和视野”。方安豪的《17—18世纪日本伊万里样式瓷器中的博古图像研究》(景德镇陶瓷大学硕士学位论文,2021年)一文主要对17—18世纪日本伊万里样式瓷器中博古图像进行考察。作者认为,因为日本伊万里样式瓷器受到晚明时期克拉克瓷的影响,因此日本伊万里样式瓷器存在博古图像的题材和内容,这在日本“17—18世纪的陶瓷艺术之中绽放出了别样的光彩”。在研究中,作者将中国克拉克瓷与日本伊万里样式瓷进行对比研究,认为“日本伊万里样式瓷器中的博古图像的产生是由于仿制中国的克拉克瓷器,由于同为荷兰东印度公司订制,故而在日本陶工的多年努力下,在青花的呈色上已与中国克拉克瓷的产品非常相似。但后来日本伊万里‘金襕手’技法创立,使得其绘瓷用色与中国克拉克瓷中博古图像的用色大为不同”。

古代中日之间佛教文化交流密切,佛教文化是中日之间文化交流的重要媒介。相关研究成果主要有:谢奇烨的《曹洞东渐——渡日僧东皋心越的禅学思想》(《佛学研究》2021年第2期),刘洋、谢彤和储明霞的《曹洞宗在日本和朝鲜半岛的传播研究》(《西部学刊》2021年第13期),费泳的《六朝佛教造像对海东的传播路径探析》(《南京艺术学院学报·美术与设计》2021年第6期),陶金的《闽僧东渡与江户时期的中日佛学对话研究——以黄檗宗东传日本为例》(《大理大学学报》2021年第11期),孟丹的《隐元隆琦书风源流》(《艺海》2021年第11期),温志拔的《黄檗禅僧独立性易的书学与日本书法》(《福建技术师范学院学报》2021年第4期),等等。

谢奇烨的文章主要考察明末清初渡日僧东皋心越的禅学思想。文中指出，东皋心越远渡日本后开创“曹洞宗寿昌派”，在修行实践方面提倡“念佛禅”；在禅学思想方面提倡“曹洞宗的‘五位’说”。开创日本曹洞宗寿昌派缘于“德川时代的政治权力和曹洞宗人对新思想的渴望”，但是因“东皋心越的禅学思想并未造成明显的社会影响”，所以其影响比较有限。刘洋、谢彤和储明霞则考察曹洞宗在日本的传播，其文中认为不仅“日本诗僧是传播禅宗文化的主要力量，相关诗歌典籍也是曹洞宗在东亚地区传播重要媒介之一”。费泳聚焦六朝佛教造像在海东的传播路径，认为“以建康为中心的六朝佛教造像”中的“‘褒衣博带式’佛衣、微笑像容等一些重要造像因素”在“朝鲜半岛三国时代及日本飞鸟时代的佛像表现显得尤为突出”。陶金认为中国佛教名僧隐元东渡日本创立黄檗宗，并为日本佛教发展注入新的生机。其文中指出，“黄檗宗衍生的黄檗文化还深刻影响了江户时期的日本文学、艺术、书画、建筑等，中日佛学对话的影响力甚至深入日本国民日常的饮食生活，表现出较高的文化融合度”。孟丹则聚焦在日本黄檗宗开祖隐元隆琦的生平及其东渡日本弘法与传播文化的经历，侧重考察隐元隆琦书风师承的溯源及看法。作者指出，隐元隆琦书风师承主要是“费隐、‘宋四家’及文徵明”。温志拔则考察日本黄檗禅僧“独立性易以其兼容程朱、陆王的思想，既强调天道的规定性，又重视人心的主体地位，体现出独特的精神文化追求”。他指出，“性易的书法理论和创作均表现出独立于‘黄檗三笔’之外的特殊性，摆脱宋元文人书画为中心的艺术追求，返本溯源，重回晋唐书风，最终在日本江户时代另立门户，形成独立的流派，是这一时期中日文化交流的重要方面”。廖深基的《黄檗文化研究》（九州出版社，2021 年）一书主要以古代海上丝绸之路和华侨文化为背景，细致梳理黄檗文化历史渊源、思想概貌及其沿着古代海上丝绸之路流传发展的历史脉络。该书既详细探讨了黄檗文化在中国传统文化的传承与对外传播中的重要历史地位，又展望了黄檗文化在 21 世纪海上丝绸之路建设方面所具有的独特思想和文化价值。

此外，对日本僧人进行考察的研究成果有：姚宇亮、李立鹏的《空海的执笔法与〈高野大师真迹书诀〉真伪辨》（《书法》2021 年第 11 期）、姚潇鸫的《唐宋商人：9 世纪中叶后中日佛教交流不可或缺的新助力》（《宗教学研究》

2021年第1期)、高兵兵的《日本入明僧绝海中津的江浙吟咏》(《日语学习与研究》2021年第6期)、姚维的《五山禅僧与虢国夫人形象的受容——以〈虢国夫人夜游图〉诗为例》(《日语学习与研究》2021年第6期),等等。

姚宇亮、李立鹏对空海《高野大师真迹书诀》进行了考察,认为"日本入木道传书《入木抄》《麒麟抄》《金玉积传集》等书相关信息中,辨析源流、考证出处,可知空海所传执笔法应是由来有自的"。他们对学术界一直以来的争议进行了回应,认为"江户时代屋代弘贤刊行的《高野大师真迹书诀》是可信的"。姚潇鸫则考察9世纪中叶后中日佛教交流中唐宋商人在其中扮演的重要角色。作者指出,随着海上丝绸之路的发展,交流规模日益扩大,"唐宋商人为中日佛教交流提供了新助力",尤其是不少商人在中日交流上具有很大优势,因为他们"拥有丰富的航海、造船技术与经验,有些还熟练掌握日语,在日僧巡礼求法行程中能充当通事,协助处理相关事宜等"。高兵兵则考察了日本中世禅林文学代表性人物——僧绝海中津,绝海中津有诗文集《蕉坚稿》传世,他渡海入明,长达九年,其间遍访浙江名山,拜师求学,曾向"季潭宗泐、清远怀渭等高僧修习禅法",其间主要活动于杭州中天竺寺和南京天界寺,"与当地禅僧多有诗歌唱和,亦长于咏景怀古及题写画赞"。姚维考察了五山禅僧对《虢国夫人夜游图》形象的受容。他在文中指出,"虢国夫人形象经历了一个漫长的建构过程",对诗人也产生了不同程度的影响,五山文学同样如此,作者为了更好地说明,选择横川景三、江西龙派《虢国夫人夜游图》诗为代表对五山诗僧文学创作进行了考察。

古代中日之间的文化交往还体现在书籍、文学等方面。张小敏、郜航的《日本江户时期〈诗经〉学窥管——松永昌易〈头书诗经集注〉谫论》(《国际儒学(中英文)》2021年第4期)一文以《头书诗经集注》为例考察日本江户时期《诗经》学在日本的私学教育。作者在文中指出:"松永昌易所选取的底本应为明代《诗集传》,这一定程度上反映了江户初期对明代《诗经》学的重视程度,并为我们观照大致同期的明代《诗经》学提供新的视野。"樊宁的《三国文化在日本的流传与嬗变》(《中州学刊》2021年第8期)一文主要考察三国文化在日本的流传与嬗变,文中指出,大化改革时期三国史料翻译传入日本,江户时期则流行三国文学,并且形成具有日本特点的三国文化。作者指出，虽然日本的“三国文化已脱离其原始形态，不断嬗变，但在文化思想及美学层面却依旧与中国的三国文化密不可分”。

杨洋的《从“文”向“道”——花园天皇与14世纪初日本宫廷对宋学的接受》（《文史哲》2021年第5期）一文主要考察花园天皇与14世纪初日本宫廷对宋学的接受。文中认为，虽然宋代僧人不断到日本并“陆续将宋学传入了日本”，但是“天皇家及其周边的贵族学者对宋学的吸收比较滞后”。随着宋学的传播，日本宫廷中花园天皇成为较早接受宋学的关键人物。作者在文章中对《花园天皇宸记》《学道之御记》的记载进行梳理，认为“花园天皇的宋学接受与他复兴儒学、重塑政道的现实需求密切相关”。

许建业的《题李攀龙〈唐诗选〉在晚明与江户时期的文本流衍》（《首都师范大学学报（社会科学版）》2021年第4期）一文对李攀龙编的《唐诗选》在江户时期的文本流衍进行考察，文章“尝试在‘汉文化圈’等思考基础之上，进一步考察《唐诗选》在这两段时期的印刻情况与文本生成、流衍等的关系”。在版本方面，文中指出，“晚明期间已出现的早期与现存版本系统，以及江户时代的舶载与再刻，大概总括本书的传续情况。此外，晚明与江户的文人对其版本校订与追寻原本的考虑，也是文本流传过程中非常重要的一环”。

李小龙的《〈唐才子传〉散佚及日本传本考》（《北京社会科学》2021年第7期）一文对日本刻本《唐才子传》的版本问题进行考察，并得出以下结论：“一是此书在明初曾存全帙以供《永乐大典》倫撰之用，之后逐渐散佚，直至消失。二是此书元刊本曾传入日本，日人有据此复刻的五山版，但现在并无元刊本存世；杨守敬从日本携归者非原本，而是五山本。三是杨藏本曾经珂罗版影印，主其事者学界多误以为黎庶昌，又有人以为董康曾刻是书，实皆误，此书仅有珂罗版影印本，乃董康所为。四是此书在日本之流传亦可得而论之，杨守敬所得善慧轩藏书原为彭叔守仙所藏，后入日本藏书家狩谷掖斋求古楼，再为杨氏购得，现藏于中国台湾。”

张小敏的《〈诗经〉在日本江户时期的接受与流变》（《山西大学学报（哲学社会科学版）》2021年第4期）一文是对《诗经》在日本江户时期的接受与流变进行考察，作者认为“在中国视域下探求日本诗经学的核心价值，是当前国内日本诗经学研究亟须突破的方向”。江户时代在日本诗经学史上具有代表性，同时指出日本《诗》风转变的“主导因素不在于本国的主流文化思潮，而是源自中国”。张焱、王燕丽和李枫的《〈本草纲目〉在日本的传播与译介研究》(《南京工程学院学报(社会科学版)》2021年第4期)一文主要考察《本草纲目》在日本的传播、译介、再传播和持续影响的历程。平燕红的《石壁传奥略考》(《宗教学研究》2021年第4期)一文则对石壁传奥进行详细考证，认为“他是宗密的门人”，是“沟通唐代宗密与宋代子璿的重要过渡人物”。

范建明的《论钱谦益诗学对江户时代诗风诗论的影响》(《苏州大学学报(哲学社会科学版)》2021年第6期)一文主要研究江户时期钱谦益诗学在日本的影响，文中指出，作为文坛领袖的钱谦益编撰的《列朝诗集》传到日本后对“江户时代诗风诗论的变迁产生了极大影响”，对“江户时代诗坛由拟唐摹明的第二期向提倡学习宋诗清新性灵的第三期转变起到了关键性作用”。潘超的《日本静嘉堂文库藏宋本〈钱塘集〉考述》(《图书馆杂志》2021年第10期)一文则是对日本静嘉堂文库所藏宋刻本《钱塘韦先生文集》进行考述，文中认为宋刻本《钱塘韦先生文集》是“北宋士人韦骧的文集《钱塘集》现存唯一的宋刻本，并且为通行本的祖本”，对“北宋政治生态、文人交游活动有重要的文献价值”，也有助于“重新审视这部宋代文集的文学和史料价值”。

高悦的《江户日本对中华价值的置换：以徂徕学双重中国认知为中心》(《外国问题研究》2021年第4期)一文以徂徕学双重中国认知为中心考察江户日本对中华价值的置换。作者认为前近代东亚世界中是“以华夷秩序为价值标准的”，“华”是文明与野蛮的判断标准。文中指出，在日本江户时期逐渐构建了“日式华夷秩序”，以荻生徂徕最具代表性。荻生徂徕结合明清鼎革的实际情况，在著作中“多有盛赞日本文化贬低现实中国的论述”，作者在文章中指出“徂徕学代表了17世纪以来日本人中国认识的一个缩影：既想为日本文化寻求合理性解释，又无法摆脱传统华夷观的思维框架，在‘崇拜中华’与‘日本优越’之间来回摇摆”。

古代中国与日本之间的文化交流内容广泛，其中音乐是重要的文化交流媒介。沈笑予的《古筝与日本筝文化发展对比探究》(《艺术评鉴》2021年第21期)一文指出,唐代日本遣唐使将古筝带到日本,通过对古筝的不断探索,日本将原来唐代的古筝融合到自己的文化特色中,形成特有的"日本筝"。崔飞的《海丝路上的宗教音乐传播》(《中国宗教》2021年第6期)一文则是考察海上丝绸之路上的宗教音乐传播,认为"古代海上丝绸之路不仅是贸易交往的海上通道,同时也是文化交流的重要渠道"。

王小盾的《日本唐乐曲〈苏莫者〉及其南海来源》(《中华文史论丛》2021年第1期)一文考察《苏莫者》在日本的传播路径。文中指出,《苏莫者》原是"由林邑僧佛哲从南海传入日本的东南亚乐曲",此曲在发展过程中,"由'小曲'发展为'中曲',由独舞发展为群舞"。通过对《苏莫者》进行考察,作者认为"有助于认识日本雅乐以佛教团体为载体的事实,以及中古'歌舞戏'的性质及来历——《苏莫遮》和《拨头》《伴侣》等西域乐曲代表了印度假面乐舞的陆路传播,而《苏莫者》和《拔头》《倍胪》等林邑乐曲则代表了这种假面乐舞的海路传播"。严薇的《从几种唐乐古谱所收唐乐曲目看平安朝乐制改革之影响》(《中国音乐》2021年第2期)一文考察日本唐乐谱收录曲目,管窥平安朝乐制改革对日本雅乐产生的影响,认为"平安朝的乐制改革对雅乐发展具有划时代的意义"。严薇的《〈三五要录〉三种抄本研考》(《音乐研究》2021年第2期)一文对日本平安时代末期的雅乐琵琶谱《三五要录》进行探究,认为该曲谱是"研究琵琶音律、日本雅乐、中国隋唐音乐的重要史料",因此作者翔实梳理了《三五要录》三种抄本之间的渊源及其传抄人的情况。张哲俊的《从元曲到能乐:日本五山诗文作为津梁》(《外国文学评论》2021年第2期)一文考察散乐传入日本后的演变。日本散乐的基础是能乐,逐渐成为代表性戏剧。作者在文章中详细考察了日本能乐走向戏剧的原因,认为"一是在东亚古代文学中早于能乐的戏剧形式只有宋元杂剧,二是日本五山文学与元曲、能乐都有接触,可以为能乐传递元曲戏剧形式的信息"。

丁莉的《绘画东传与古代日本的文化受容——"书籍之路"与绘画》(《日语学习与研究》2021年第3期)一文通过对中日"书籍之路"的考察,认为除了书籍,中日之间以图像为媒介的绘画作品也是重要的文化交流媒介。遣唐使、入唐僧及赴日唐人将绘画作品带入了日本,12—14世纪是中国绘画东传日本的高峰期。作者认为,"文学直视图像,可以发现日本'汉文学'与

‘唐绘’发展呈现出相辅相成的关系，平安时代的屏风诗、五山僧侣的题画诗都是以‘唐绘’为媒介而产生的；从图像反观文学，绘画欣赏中的‘和汉并立’‘和汉搭配’在文学上则表现为‘和’与‘汉’两大文学体系的并存及复杂的互动关系”。叶磊的《试论明清中国绘画的对日传播交流及艺术影响》(《南京艺术学院学报·美术与设计》2021 年第 2 期)一文主要考察明清时期中国绘画对日传播交流及艺术影响。文中指出，明代中国水墨画东传日本后奠定了在日本画坛的主流地位，“实现了水墨画样式的民族化改造”。清代时随着“各类画谱、明清插图小说的东传以及民间画师的赴日交流”，日本的“文人画、写生画和浮世绘版画应运而生”。

郭雪妮的《从〈三体诗〉注释史看江户俳人森川许六的唐诗阐释》(《日语学习与研究》2021 年第 4 期)一文主要以《三体诗》为例，考察江户俳人森川许六的唐诗阐释。作者认为，“自 14 世纪以来，《三体诗》在室町时代禅僧之间反复被讲读、注释，形成一个庞大的‘抄物’文献体系”。这些“抄物”被江户俳人接受，并成为“批判与超越的对象”，森川许六的《和训三体诗》作为代表，“在注释形式上选择了松尾芭蕉新创立的‘俳文’文体，内容上注重对江户时代的风土文化进行‘翻案’，审美风格上则强调和汉交融、雅俗折中”。作者认为，“森川许六将《三体诗》从室町禅僧以‘政治讽喻说’为主流的注释史中释放出来，将唐诗审美带入一种冲淡、风雅的俳趣境界”。郭雪妮的另一篇文章《李渔与十八世纪日本“文人阶层”的兴起》(《外国文学评论》2021 年第 2 期)则考察江户时期李渔的戏曲小说、诗文画谱陆续传入日本并对其产生的影响。文中认为，日本文人之所以对李渔作品的接受在时间上有“倒错”，主要是因为“江户思想史上‘文人阶层’的兴起存在着错综复杂的关系”。文中揭示了“李渔《芥子园画传》及《闲情偶寄》对日本文人画及文人生活美学的影响，并借由江户政治史与儒学史的交集，探讨李渔与 18 世纪日本文人阶层兴起之间的关系”。

赵季玉的《汉诗、和歌与神风：论谣曲〈白乐天〉的白居易叙事》(《外国文学评论》2021 年第 4 期)一文对室町时代的谣曲《白乐天》进行探究。作者认为，“日本传统的白居易叙事，透露出对中华文化的贬抑以及对‘华夷秩序’的挪移，标志着那个时代日本民族国家意识的萌兴，也展现出一代日本知识分子试图摆脱中国文化影响、争取本民族文化和政治独立性的诉求”。罗宇的《〈天下白〉命名考——兼论万里集九对苏轼诗的接受》(《日语学习与研究》2021年第6期)一文对日本五山禅僧万里集九对苏轼诗的接受进行论述。文中认为万里集九是“苏轼海外接受史上的关键人物”,“不论是其苏诗‘抄物’《天下白》,还是其诗文集《梅花无尽藏》,都展露了他学苏的轨迹”。作者认为有两种原因导致万里集九对苏轼诗的接受:“从内因上看,由战乱所造成的生存基础崩塌、传统信仰断层,给集九提供了理解东坡的绝佳契机;从外因上看,在地方州校讲学的现实困境,使集九主动开辟由学堂走近东坡的独特接受道路。”罗宇的另一篇文章《盆石卧游:日本五山禅僧对苏轼诗的接受》(《外国文学评论》2021年第2期)对日本五山禅僧对苏轼诗的接受进行了考察,认为五山文学受到苏轼诗中“卧游”概念的影响,给“禅僧创作盆石诗文带来了灵感与动力”,作者从物质与文学两个层面进行了分析:“从物质层面来说,五山禅僧卧游的观察对象是日本所制的盆石,但其所怀想的实景却多为中国山水;从文学层面来说,禅僧卧游盆石的旨归多为修行禅法,禅理交融的状态时常渗入诗歌创作中。”冯芒的《文体的东传还是制度的东传:日本律赋发端考》(《外国文学评论》2021年第4期)一文对日本律赋的发端进行了考察。文中认为日本律赋的出现问题一直未受到学术界的重视,作者经过详细考察后,认为“日本律赋的产生体现了日人取法于唐的思想意识,它虽突出表现为文体东传这一文学现象,但同时也是以赋取士这一制度东传的结果”。

森公章、苏亦伟的《日本学术界唐代中日文化交流研究的回顾与展望》(《日语学习与研究》2021年第6期)一文主要回顾与展望日本学术界对唐代中日文化交流的研究。作者针对日本学术界在“唐使派遣的次数与目的、航路与时代划分、日本对唐文化的吸收、对唐观的变化以及遣唐使的停派”等方面的研究,指出日本学术界对中日之间的往来主要是从“东部欧亚的角度来考虑国际性因素”,并指出了“遣唐使的公认说法”。刘金的《日本文化民族主义的形成——基于吉备入唐说话的流变》(《日语学习与研究》2021年第5期)一文考察“吉备入唐说话的流变”,认为平安末期开始流行的“吉备入唐”是“日本中心主义”,“文人政治家大江匡房通过描述唐人设置重重难关考验且迫害日本遣唐使吉备真备(695—775)情节,借此贬低并丑化中国形象”。文中指出,“从中国传入的代表性文化艺术被改写为吉备通过考核获胜的方式带回日本,进而强调本国的文化自主性。镰仓时期,在政治集团的参与下,吉备入唐的故事得以不断继承与发展,并深入传播至日本民众。江户时代,小说家通过对故事的改编,将情节夸大甚至妖魔化,使其更加深入人心”,经过一系列篡改后,使故事“朝有利于日本民族主义的方向发展”。

陈明的《早稻田大学图书馆藏〈底野迦真方〉写本初探——兼论底野迦在日本江户时期的使用》(《中医药文化》2021 年第 6 期)一文考察《底野迦真方》在日本的使用情况,随着国际交流日益频繁,底野迦(Theriaca)由西方传到日本,日本对其的认识也逐步加深,因此有了日本早稻田大学图书馆收藏的《底野迦真方》写本。安艺舟的《清代中国医者渡日成因与影响考辨》(《医学与哲学》2021 年第 17 期)一文考察中日两国的医学交流,认为虽然“中国渡日医师人数有限,赴日后由于两国医学传统和用药理念差异,合作面临诸多困难”,经过不断的磨合,使得“两国医师也开辟了远程交流与请教的新渠道。这种互动模式,为后来东亚各国医疗合作体系建设和医学理念革新起到了示范作用”。邢鑫的《北海奇珍:日本江户时代的一角形象及其变迁》(《海交史研究》2021 年第 2 期)一文主要考察 17 世纪以来荷兰东印度公司在日本售卖的一种药品——一角。作者通过仔细梳理文献史料,认为这种外来药物实际上是“一角鲸的鱼齿”,也是“《本草纲目》中的蛇角、骨咄犀”。

邹文烨的《汉代至明代中国对日本漆艺的影响研究》(扬州大学硕士学位论文,2021 年)一文考察汉代至明代中国对日本漆艺的影响。作者在文中认为,漆艺是中国“最具有代表性的传统工艺之一”,汉代漆艺已经是发展黄金期,“漆器制作精巧、种类繁多、分布广泛”,随着与海外交往的密切,中国漆器传至日本,在这个过程中经历了四个时期:一是汉代至唐代以前,由朝鲜半岛传至日本;二是隋唐时期,由遣隋使及遣唐使传至日本;三是五代及宋代,由中国民间商贸与僧人将漆艺传至日本;四是元、明时期,通过自由贸易与朝贡贸易途径在日本传播。[①]

司聃的《中国与斯里兰卡的佛教文化交流分期——以两汉至南宋为中心》(《中国佛学》2021年第1期)一文考察两汉至南宋时期中国与斯里兰卡的佛教文化交往。文中认为,“中斯佛教文化的交流历史,可将之分为两汉发轫期、魏晋南北朝以佛教为中心建立文化纽带期和唐宋的鼎盛期”。司聃的《古代中斯佛教交流的海洋人文因素》(《中国宗教》2021年第4期)一文主要考察古代中斯之间的文化交往,认为中斯之间的“佛教交流始终占据着主要地位”,两国的僧人往来频繁,“或是入华持戒、传法,或中土僧侣西去求经”。薛克翘的《中国斯里兰卡文化交流史》(社会科学文献出版社,2021年)一书主要论述中国与斯里兰卡有着2000多年的友好交往和文化交流历史。书中重点围绕中斯交流中的重大事件展开,如东晋高僧法显访问斯里兰卡;南北朝时,斯里兰卡佛教界向中国赠送玉佛雕像,并派来铁萨罗等两批19名尼姑来华;明代郑和下西洋时曾经多次到访斯里兰卡,所立石碑至今犹在;等等。何方耀的《东晋至两宋时期中国与印尼佛教文化的交流互动考述》(《海交史研究》2021年第3期)一文探究东晋至两宋时期中国与印尼佛教文化的交流互动。文中认为古代印度尼西亚诸岛国位置非常重要,是“佛法东传华夏之中转站和集散地”,“就印度尼西亚诸岛国而言,它是海路西来梵僧之中转站和瞭望所,西行求法华僧之梵语训练场所和中国佛典译场之海外延伸;中国东南沿海诸口岸则是梵僧入华的登岸地和迎送站,西行求法僧人的始发港和集散地,同时又是政府网罗域外高僧的情报搜集所和中外僧人北上弘法的主要通道。东晋至宋末,佛教文化逐渐成为中国与印度尼西亚诸岛国间朝贡贸易之纽带、外交活动之媒介,两地之间人员信息往来互通,留下了众多有待发掘的历史文化遗产”。

(二)政治交往研究

从东亚整体视域探讨东亚诸国政治交往史及相关观念形态的论文有:

① 其他研究成果还有:黄雅萌、严雅琪、林芷淇、刘安定:《日本“树下四屏风”臈缬视角下中原蜡缬嬗变研究》,《服饰导刊》2021年第4期;丘志力、薄昊楠、杨炯、罗涵、吴沫:《广作牙雕:17—19世纪“海上丝绸之路”上的跨文化交流》,《宝石和宝石学杂志(中英文)》2021年第5期;邹振环:《14至18世纪东亚世界的“象记”:博物学知识比较史研究的一个视角》,《世界历史评论》2021年第3期;等等。

姜晓琳的《乐浪郡与东亚海域交流研究》（延边大学硕士学位论文，2021年），孙文政的《金与高丽宗藩关系演变的历史学考察》（《东疆学刊》2021年第3期），陈佳臻的《元代〈市舶则法〉的演变及其“官法同构”现象》（《江西社会科学》2021年第5期），尹铉哲、尚冬雪的《仁祖前期朝鲜朝对外交往政策的成因与影响》（《东疆学刊》2021年第1期），等等。

姜晓琳的文章主要考察汉代乐浪郡在东亚海域交流中的地位与作用。汉武帝设置乐浪郡以来，“至南北朝时期，乐浪郡一直是中原王朝连接朝鲜半岛以及日本列岛的重要交通枢纽”。作者对乐浪郡海上交流关系进行探究，指出中原王朝离乱使陆上受阻，遂通过海上之路进入朝鲜半岛，由乐浪郡海域航线通向朝鲜与日本。文中还兼论东夷诸国通过遣使以及朝贡的方式与中原王朝产生联系。中原文化传播至乐浪郡后形成乐浪文化，进乐浪郡再次向着朝鲜半岛和日本传播，现在这一航线上考古发现的遗物有“铁器、养蚕缫丝、封泥与印章、墓葬形制与铜镜以及汉字”。

孙文政考察金与高丽宗藩关系的演变。文中认为，“中古时期东北亚的国际关系主要是通过朝贡体系确立宗藩关系”，因此，金朝对外也继承这种关系，初期是“依附于高丽”，随着金朝实力的增强，“金丽之间宗藩关系逐渐发生变化”，并将两者的宗藩关系维持较长时间，因辽与北宋相继被金朝灭亡，直接导致金丽宗藩关系发生根本变化，“继承了辽与高丽的宗藩关系，高丽反向金称臣纳贡依附于金”。陈佳臻的文章主要是以元代《市舶则法》的演变及“官法同构”现象为考察对象。文中指出，至元三十年和延祐元年出台了《市舶则法》，该法一直沿用到元末。《市舶则法》具有“官法同构”的特征，这能够保障“元朝航海贸易事务的良性运作，文中进而实现规范‘民’的效果”，文中进一步指出，“一法律规定属于对外管理章程，其主要目的在于约束元朝官民，确保海外贸易能为国家和民众谋取利益，而不在谋求海上霸权，因此就这个意义讲，《市舶则法》可被视为元朝对外政策由军事向商业转变的标志”。

尹铉哲、尚冬雪的文章主要考察朝鲜仁祖前期对外交往政策的变化。文中指出，朝鲜仁祖在对外交往政策上存在较大变化，尤其1637年是重要的分水岭。文中认为，这段时间是后金实力上升期，后金在对明朝的战争中处于优势地位，“仁祖上台后的对外政策，特别是不与后金交往的政策是十分被动的，先受保守观念束缚不得不高举亲明的大义旗帜，后又因自身国力弱小不得不向后金屈服”。这个对外政策从根本上来说，是“基于维护自身地位和统治集团利益的需要”。赵亚军的《登莱巡抚袁可立与朝鲜仁祖请封》（《海交史研究》2021 年第 3 期）一文则考察登州与朝鲜之间的往来，作者以“朝鲜仁祖请封”为考察对象，指出登州有着独特的对外交流优势，通过对“请封”的考察可见“登莱巡抚袁可立发挥了至关重要的作用”，朝廷因此授予袁可立“行查朝鲜政变实情的任务和权限”，重视并维护“新设登莱巡抚节制朝鲜事务的权威”。

陈俊达、王征的《反思“封贡体系”：10 至 13 世纪东亚国际体系的一个侧面》（《赤峰学院学报（汉文哲学社会科学版）》2021 年第 2 期）一文主要是对 10—13 世纪“东亚国际体系封贡体系”的反思。作者在文中指出，“汉唐时期或明清时期的东亚国际体系所提炼出的要素对于 10 至 13 世纪的东亚解释力不足”，因缺乏“10 至 13 世纪的东亚国际体系的整体把握，无法正确、深刻地理解东亚是怎样由‘汉唐东亚’步入‘明清东亚’，进而也就无法正确认知当代东亚国际问题的历史症结所在”。郭嘉辉的《近代“朝贡制度”概念的形成——兼论费正清“朝贡制度论”的局限》（《中山大学学报（社会科学版）》2021 年第 1 期）一文通过翔实辨析近代“朝贡制度”概念的形成过程，认为传统经史中对外关系是“朝贡”，但“被近代知识体系碎片化地整合为‘朝贡制度’的‘学术概念’”。文章从儒家经典释出对“朝贡”的“古义及其在传统经史知识体系的位置”，进而“分析其在近代知识体系建构与转型的过程中，如何被纳入成为中国近代史的命题”。作者“透过剖析费正清‘朝贡制度论’，指出这一近代转型过程如何造成‘朝贡制度’研究视野狭隘、史料单一等问题，从而反思如何突破目前研究困境”。

阎瑾的《明朝前期中日关系浅析》（《历史档案》2021 年第 2 期）一文主要考察明朝前期与日本的关系。文中认为明朝前期施行“怀柔远人”的外交政策，希望“日本以及邻边各国和平相处”。作者以中日之间的鹅贸易为线索，指出“日贸易政策是中日关系的重要导向，以永乐时期中日间实施勘合贸易为标志，中日之间外交、经贸往来日趋频繁。同时，也使日本政府有足够的财力和物力对倭寇进行压制，在一定程度上缓解了明朝沿海区域的倭患问题，促进了明朝沿海周边社会的稳定，有利于明朝巩固政权统治”。齐畅的《万历朝鲜战争初期袁黄朝鲜行迹新考》（《外国问题研究》2021 年第 2 期）一文主要考察万历朝鲜战争期间袁黄在朝鲜的行迹。文中指出，万历朝鲜战争期间，袁黄作为明朝的“赞画”参与朝鲜的抗倭战争，但在明清史料中没有详细记载，反而在朝鲜有丰富的史料记载。作者通过梳理朝鲜的史料，复原了袁黄在朝鲜的基本行迹，“战事初期经略宋应昌驻扎辽东，袁黄作为宋应昌的代表先行渡江赴朝承担与提督李如松和朝鲜方的沟通工作；军旅之余，他与朝鲜文臣论学，试图推行陆王之学受阻”。

蒋宏达的《嘉靖倭乱前后的沿海卫所与海疆庇护网络——以杭州湾南岸地区为中心》（《史林》2021 年第 3 期）一文考察嘉靖时期杭州湾南岸地区的沿海卫所与海疆庇护建设。通过考察嘉靖后期倭乱平息后沿海地区得到安宁的社会环境，文章认为“嘉靖倭乱为王朝国家与海疆社会的重新整合提供了契机”，在此背景下，“沿海庇护网络从向外游离转为向内聚敛，其主导力量由具有离心倾向的卫所武官、窝家势要一变为代表王朝国家的各级官府”。苏锰、张玉坤和谭立峰的《明清长三角地区海防体系与军事聚落》（中国建筑工业出版社，2021 年）一书主要对明清时期长三角地区海防聚落体系进行考察。作者详细梳理了明清时期长三角地区的海防建置沿革、海防聚落体系的组成特点和构成方式及其空间分布规律、时空演化历程，并考证了海防堤墙的军事作用，探讨了海防建设对江南城镇的影响。夏志刚的《明代嘉靖倭乱之后浙江总兵考略——〈明代职官年表〉浙江军〈事志〉补正》（《浙江海洋大学学报（人文科学版）》2021 年第 2 期）一文主要以《明代职官年表》和《浙江军事志》为依据，考察嘉靖倭乱之后浙江总兵问题。作者对明代历任浙江总兵年表进行补充，对研究明代浙江海防具有重大意义。三田村泰助的《明帝国与倭寇》（四川人民出版社，2021 年）一书是明代史的通俗读本，其以亚洲史观重点讲述明朝与日本的关系、倭寇的由来与发展变化等。

年旭的《明清鼎革后日朝通信使笔谈中的“中华”观碰撞》（《世界历史》2021 年第 2 期）一文主要探究明清鼎革后日朝通信使笔谈中的“中华”观碰

撞。文章认为明清鼎革后,在日朝笔谈中先是充满“崇明贬清”情结,以此解构清朝“中华上国”的政治地位,在文化上进行“文化中华”争论,试图打造“神国”“东方君子国”等理念,以此达到“抚朝”的政治目的,建立以日本为核心的政治秩序。日本借此重构“神州”,推销其“中华移易”说,进行“尊己自华”宣传。但是,朝鲜却继续坚持“事大”,维护清朝的“中华上国”地位,却又对明朝有着“思明”的衷情。在文化上朝鲜不仅维持与日本的“邻好”关系,又抵制日本的“斥中”说,且突出朝鲜自身的“中华赓续”。实际上,朝鲜在做法上以“地望中华”角度,回击日本的“自华”,维护了“中华神州”的地位。

此外,中西方的武器交流也是相关研究的重要方面。庞乃明、李响的《中西互动下的晚明管型单兵火器——以三种典型手持火铳为例》(《郑州航空工业管理学院学报(社会科学版)》2021 年第 6 期)一文主要考察晚明时期中西方的武器交流,尤其是西方武器在明朝的应用。文中认为,在武宗正德朝以后,“明朝单兵火器逐渐呈现出中西并存、交汇融合的特征”,尤其是“西式管型单兵火器鸟铳”得到“明朝军政官员的高度赞赏,并大量列装部队,使用日渐成熟”。同时明军还装备“以三眼铳、快枪、夹靶枪为代表的传统中式管型单兵火器”,这些中式武器装备具有“低廉的制造成本、较快的射击速度、多用途性以及对中国北方环境的较好适应性”。作者认为“明中后期管型单兵火器中西并存、各司其职的装备格局,是时人对军队武器装备建设审慎考量的结果,也是晚明中国军事体系深刻变革的表征之一”。

安焕然的《软实力和硬实力:郑和下西洋与满剌加》(《贵州师范大学学报(社会科学版)》2021 年第 4 期)一文主要考察郑和下西洋时期与满剌加之间的往来。文中认为,因为明朝具有强大实力,在郑和下西洋过程中将“‘德’与‘威’”相结合,是“中华朝贡体制的优越性神话得以张扬的关键”。徐业龙的《明清时期中国与琉球国的宗藩关系——以琉球国朝京都通事郑文英墓为中心的考察》(《淮阴师范学院学报(哲学社会科学版)》2021 年第 5 期)一文以明清时期琉球国朝京都通事郑文英墓为中心,考察中国与琉球宗藩的关系。文中指出,1793 年,琉球国朝京都通事郑文英一行奉使来中国,但其不幸病逝,安葬于清口驿旁的彤华宫后。“郑文英墓为京杭大运河沿岸著名的古迹,是琉球国长期为中国藩属国的历史见证,对于研究中国与琉球政治、文化交流及琉球华裔民族的发展具有重要意义。”

秦嘉璐的《新罗迎唐礼仪及其特征探析》(延边大学硕士学位论文,2021年)一文主要考察新罗迎唐礼仪及其特征。文中认为,新罗一直与唐朝保持良好的外交关系,向唐朝相互派遣使臣,并且唐朝也向其派遣使臣,为迎接唐朝使臣,新罗有一套外交迎接礼仪,这套迎接唐朝使者的礼仪是在“唐不断交涉的过程中逐渐成形、完善的”。文中指出,唐与新罗的关系经历了三个时段,即“同盟期”“战争期”“恢复期”。作者在文章中对新罗迎接唐朝使者的礼仪进行了归纳。新罗按照唐代礼仪设置相应官方机构和职官,迎客官府共有两个:一是负责接待来访使臣的“领客府”,二是为来访使臣提供住所的“客馆”。

刘芃泽的《隋唐征高句丽粮食补给研究》(黑龙江省社会科学院硕士学位论文,2021年)一文主要考察隋唐征高句丽的粮食补给问题。文中认为,隋唐在征高句丽粮食补给上存在很大困难,如“辽东及朝鲜北部地区距离隋唐的核心统治区长安、洛阳一带距离遥远,所以发动战争之后要进行的粮食补给活动就会难上加难”。此外,辽东气候和地形对于陆路运输及海路运输都有着很大阻碍,隋唐时期在克服各种困难后,在国内建设上积极施行“兴修大运河、广征民夫、修船海运、驱赶牛羊和因粮于敌等种种措施”,最终攻灭了高句丽,于其地设置安东都护府。陈奉林的《区域性的国际交往与东方外交圈的形成》(《海交史研究》2021年第1期)一文主要考察区域性国际交往与东方外交圈的形成问题。文中指出,“从外交史的角度,探讨东方外交圈的形成与发展,对于建立建设中国的东方外交史学科具有积极意义”。

张斐雯的《唐宋时期朝鲜半岛入华宾贡进士研究》(延安大学硕士学位论文,2021年)一文主要探究唐宋时期朝鲜半岛入华宾贡的进士群体。文中指出,因“唐宋时期是中华文化最为繁荣的时期,吸引了众多域外学子来华求学”。文章将穆宗长庆初年(821)作为重要的时间点,指出唐廷从该年开始从海外有才学之人中选拔人才,是为“宾贡进士”,由此开启“域外学子以科举进入中国官场的先河,对后世影响深远”。作者将考察对象定为朝鲜半岛,是因其有着先天优势,“朝鲜半岛山水相邻,唇齿相依,在远古时期就已有交往,此后一直未有断绝”。作者梳理了新罗来唐宾贡进士39人,对这些人的“派遣性质以及任官情况进行探讨”。同时，还进一步对唐宋宾贡进士选拔制度的变化进行考察。作者还针对唐宋时期朝鲜半岛入华宾贡进士的具体情况，对其来华人数、频次、持续时间进行比较和分析，指出“唐宋不同的国力，导致两朝文化自信程度不同，从而在对外交往的心态上也存在差异”。唐宋时期朝鲜半岛入华宾贡进士的出现对后世的朝鲜半岛文学、科举制及儒家文化的传播都有深刻影响，同时也有助于中国对朝鲜半岛的了解。

侯冠宇的《明代洪武永乐年间中朝官方贸易对朝鲜货币改革的影响》（兰州大学硕士学位论文，2021 年）一文主要考察明代洪武永乐年间中朝官方贸易对朝鲜货币改革的影响。文中指出，明朝初期与朝鲜之间的贸易往来有特殊形式，即中朝之间的“朝贡—海禁体系”。明朝规定“两国官方贸易的品种、数量、价格与结算方式”，朝鲜在此背景下调整本国的经济制度以适应与明朝的经济往来。朝鲜将“‘利权在上’‘务本抑末’作为本国的指导思想”用以发展与明朝的贸易政策。但在永乐时期，因“政治局势的变动、倭寇海盗的侵扰、中朝使臣的舞弊、朝鲜与别国的互动”等贸易变化的影响，贸易中数额庞大的布匹涌入朝鲜国内，这对朝鲜‘推行纸币、禁用布币’的货币政策产生负面影响，阻碍朝鲜纸币的发行与流通”，最终导致朝鲜货币改革的失败。

马云超的《“己亥东征”与 15 世纪前期的东亚的外交博弈——以朝鲜王朝初期的对外政策为中心》（《江海学刊》2021 年第 5 期）一文以朝鲜王朝世宗时期“己亥东征”为例，考察 15 世纪前期东亚的外交博弈。文中认为，因“来自明朝的不信任感、朝鲜境内倭人频繁来往的现状，以及明日两国断交后东亚世界的紧张氛围”，朝鲜王国决定“出兵对马岛和促成望海埚大捷，朝鲜成功规避了可能出现的明朝出兵日本的危机”，从而使“建国初年以来与对马等地倭人的贸易关系得以保全，战后与日本的外交关系迅速恢复”，更为重要的是，朝鲜获得明朝信任，成为“跻身册封体系中最重要的藩国”。

在东亚政治交往中，万历壬辰战争是回避不了的，因此受到学术界持续关注。相关研究成果有：刘晓东的《壬辰战争出兵与乞师言说中的政治伦理》（《古代文明》2021 年第 2 期）、徐丹的《万历朝鲜战争中的福兵与中朝交流——以游击将军许国威为中心》（《当代韩国》2021 年第 2 期）、于跃的《邢玠与壬辰战争后期(1597—1598)的中朝协作》(山东大学硕士学位论文,2021年)、李雨晴的《辽东在万历朝鲜之役中的战略地位》(东北师范大学硕士学位论文,2021年)、朱若翌的《晚明士人对壬辰战争以及日本的认识(1599—1644)》(山东大学硕士学位论文,2021年)、王臻的《东亚区域外交:壬辰战后朝鲜与日本之间的关系态势探析》(《安徽史学》2021年第4期),等等。

刘晓东主要探究壬辰战争出兵与乞师言说中的政治伦理问题。作者认为在东亚区域华夷秩序体系中,中朝之间存在"彼此权力与义务关系的'事大字小'之政治伦理",进一步说,是明朝从"'恤远字小'与'守在四夷'"角度都具有政治伦理上出兵的"正当性"。朝鲜则强调对明朝"事大以诚",希望明朝履行"兴灭继绝"。作者还分析了日本对侵略朝鲜的狡辩,即对"一超直入大明国"的政治诡辩,日本称是因"朝鲜'交邻无信'与'通贡见拒'才不得已兴兵"。作者指出这些都没有超过"事大交邻"的基本政治伦理范畴。徐丹以游击将军许国威为中心考察朝鲜战争中的福兵与中朝交流问题。文中认为,万历二十六年二月游击将军许国威率领福兵入朝参战,在朝期间,许国威坚定支持明军统帅杨镐,政治上促使"朝鲜上书陈情、联合明军将领上书等行动"。此外,游击将军许国威不仅传授军事知识,将"俞大猷系军队的军事技战术介绍到朝鲜",还带回大量朝鲜文籍,推动了中朝之间的文化交流。

于跃的文章以邢玠为中心,考察其在壬辰战争后期(1597—1598)中朝协作方面发挥的作用。文中认为,中朝联军虽然协作抗击日军,但在联军中间一直存在摩擦,明廷为缓解期间的摩擦,任命最高指挥邢玠负责调节联军的矛盾,"经略邢玠作为沟通前线后方的重要纽带,通过在前线、后方之间运筹协调,促成后期双方协作的整体和谐,从而促成了战争的最终胜利"。虽然邢玠在壬辰战争后期努力协调"后方的调兵、筹饷、协调以及前方军事策略",在防御方面形成了"陆上防御上实行三路防守之策;海防上,在加强朝鲜海防的同时,在中国北部形成了旅顺—辽东—山东的三角形防御体系",但是因明朝大军到达朝鲜后,朝鲜对明朝始终怀有不信任感,始终心怀戒备,害怕明朝借援助之由行侵占之实,而且朝鲜担心明军内部将领之间以及南北兵之间会发生矛盾,加上明朝将领"对宣祖不够尊重,再加上杨镐、杨元等人的决策失误，更引发朝鲜的不满，加重朝鲜对明朝的不信任感”。作者认为，正是这种不信任使得“明朝对朝鲜上下的战斗意志、战斗力以及后勤保障一直存在不满”。但即便如此，在华夷秩序的框架下，朝鲜坚持“事大主义”，“对于邢玠的指挥都竭力执行，对于明军的行动也全力配合，双方水军的配合尤为和谐，捷报频传；而无论是为维护以明朝为中心的华夷秩序还是为明朝在北方边疆的国家利益，以邢玠为首的明军必须竭尽全力以取得战争胜利”。作者认为，邢玠不仅“以稳妥周密、协调平衡的策略来协调双方”，还能够“吸取前期经略宋应昌的经验教训”，因此，在中朝联军配合下击败日军，赢得胜利，“明朝由此维护了属国安全和自身在古代东亚国际秩序中的中心地位”。李雨晴的文章则考察辽东在万历朝鲜之役中的战略地位。文章认为，万历朝鲜之役具有重要的战略地位，在这次战役中辽东是首要阵地，在战役期间“存在大量辽东籍官员，在辽东进行各种调度、训练待命，辽东为其提供兵力支持、粮饷支持”。同时，作者也分析了战役对辽东的影响，认为“万历朝鲜之役后的辽东，辽东衰败，无暇管控女真，战争消耗明朝大量国力，给女真的发展提供了机会”。

朱若翌的文章考察晚明士人对壬辰战争以及日本的认识。文中认为，壬辰战争是东亚地区重大的政治事件和历史事件，明朝帮助朝鲜复国，战胜日本，这激发了明代士人对于日本的再认识，尤其是在晚明风雨飘摇之时，士人对壬辰战争的认识有了很大转变，认为“在海防上尤其是北方沿海地区防倭上的见解与实践加深了他们的忧患意识”，“激烈变化的政治格局和内忧外患的现实情况使得他们对于过去的反思更为积极，并从中寻找经世之法，此时辽事成为他们最为关切的问题，而对日本的警惕之心不减”。晚明士人因御倭援朝的壬辰战争而对“倭患”有了新的认识，对日本防御和预警意识始终没有衰减。

王臻主要考察壬辰战后朝鲜与日本之间的关系。其文章认为，壬辰战争结束后朝鲜与日本开展关系不是很顺利，朝鲜方面对日本的“讲和与遣使”保持着“警惕和防范，双方开展通商贸易中有摩擦，双方在外交人员往来方面亦有争端”。文章分析认为“朝鲜与日本关系不和谐的深层次根源，一是日本长期的‘倭患’，导致朝鲜对日本产生历史记忆，积怨甚深；二是日本发动壬辰战争造成的伤害，令朝鲜民众认知深刻，难以释怀”。

李宗勋、姚兰的《朝鲜朝光海君时期对明关系略析》(《社会科学战线》2021 年第 12 期)一文考察朝鲜朝光海君时期的对明关系。文中指出，因壬辰倭乱爆发，朝鲜宣祖李昖与光海君李珲分朝主政。在抗击倭寇期间，光海君获得臣民拥戴，因此宣祖派遣使臣赴明朝请封光海君为朝鲜世子，但遭到明朝拒绝，这使得“光海君统治初期对明关系冷淡”。其在位期间的“野史辩诬”事件后，明朝与朝鲜的关系“不断交涉，双方关系逐渐缓和”。但在后期，因后金势力崛起，朝鲜不得不采取“对明朝‘事大’、对后金‘交邻’的中立政策”。朝鲜施行这样的政策“加剧了明朝与朝鲜的相互猜疑，又使中朝传统封贡关系出现裂痕”。

向勇的《明清朝贡体制下的文化交流与实物往来》(《深圳大学学报(人文社会科学版)》2021 年第 5 期)一文考察在朝廷体制下文化与实物的往来。作者认为，“华夷秩序”的制度设计下的国际关系，可以体现出“古代社会对外文化交流注重礼教天下和德治外邦的传统”。因此，古代中国政府“册封藩属国王和输出吏治的政治文化、推动儒学经典和汉字传播的文化教育、进行藩属国家‘封山’和‘奠域’的宗教礼仪、促进文人与工匠之间的文化交流与艺术创作、安排文化地标的参拜和艺术表演的欣赏、管控瓷器玉石和珠宝等艺术珍品的‘文化贸易’等”。明清时期朝贡体制也有助于“文化交流和文化传播的外交功效”。张弛的《明清鼎革与朝鲜王朝对华观的嬗变》(《中州学刊》2021 年第 10 期)一文主要考察明清鼎革对朝鲜对华观的影响。文中认为，尽管朝鲜已经是清朝藩属国，但是朝鲜并没有将清朝视为正统王朝，而是在相当长时间里“仍暗怀‘反清复明’的思想，甚至策划‘北伐’”。随着清朝“统治的稳固、国力的上升以及政策的调整，再加之朝鲜国内‘袪文务质’之风的兴起，朝鲜王朝对清朝的认识逐渐从抗拒走向认可”，在朝鲜仍然有着对明朝的怀念，但朝鲜精英阶层原有的“胡无百年之运”逐渐消失，并接受和“认可其对中华正统的接续，出现‘北学’清朝的声音”。

张沁兰、方宝川的《明代洪武永乐年间中琉关系探微》(《东南学术》2021 年第 4 期)一文考察明朝初期中琉之间的关系。洪武五年(1372)，中琉之间建立外交关系，琉球正式成为明朝藩属国，明朝施行系列措施加强与琉球的往来,“遣使谕赐琉球与册封琉球国王、琉球国朝贡明廷、琉球国派遣‘官生’入学南京国子监,与‘闽人三十六姓’移居琉球等一系列中琉交流史事,奠定封贡体制下中琉宗藩关系的政治基础”。刘旭康的《明代中琉封贡关系的调适倾向——以琉人来贡中的违纪事件为视角》(《江苏海洋大学学报(人文社会科学版)》2021 年第 4 期)一文主要考察明代中琉封贡关系,作者以琉人来贡中的违纪事件为视角进行探究。终明一代中琉两国都保持着封贡关系,在两国藩属关系发展过程中,琉球多次请求保持一岁一贡“定例”,但是都被明廷拒绝。文章认为这是“琉人来贡期间的违法乱纪行为”引起的,因此“不仅削弱了琉球的朝贡贸易,也推动着中琉两国的封贡关系由过分亲密趋于适度理性”。

刘晓东的《康熙朝“三道沟事件”的处置与对马倭书》(《四川大学学报(哲学社会科学版)》2021 年第 5 期)一文主要考察康熙二十四年“三道沟事件”。该事件引起康熙皇帝的重视,下诏对朝鲜进行“察议”和处罚罚金。作者认为,之所以对朝鲜采取严厉处置是因为这段时间是特殊时期,由于“三藩之乱”期间朝鲜“事大不诚”的表现,清廷担心内部反清势力乘机发事,“内部意欲借机联合其他反清势力攻伐清朝的政治暗流涌动不已,并以防范‘海盗’为由,修筑城池等军事设施”。平定三藩之后,清廷以“三道沟事件”为契机,进一步整理、强化与朝鲜的关系,在达到预期目的后,“清朝又很快恢复了对朝鲜的亲善与宽容态度,双方关系也随之回归正轨,并趋向改善”。丁晨楠的《韩国所藏清朝塘报关联文献初探——以首尔大学藏〈环报删节〉为中心》(《历史档案》2021 年第 4 期)一文指出,朝鲜燕行使整理乾隆二十五年(1760)几乎整年的清朝塘报,将重要部分摘录下来且附上评论,编成三卷本《环报删节》。该文献大部分内容可以与《清高宗实录》记录形成对应,又可补《清高宗实录》之缺,同时也可以展示朝鲜人对清朝的认识在 18 世纪中期发生的变化。

王向远的《中国古代“外国志记”与亚洲视域之形成》(《江西社会科学》2021 年第 4 期)一文主要探究中国古代“外国志记”与亚洲视域之形成。文中认为:“佛教传入中国以后‘华夏—四夷’的‘中国中心’观被印度的‘洲’及‘四国’世界观所冲击,形成有别于‘四夷’的‘外国’视域,并以‘志’‘记’(合称‘志记’)的撰著形式加以呈现。”作者对中国古代“外国志记”展开了论述,提出“晋唐时代主要依托佛教,宋元时代主要依托国际贸易,明代(前期)主要依托政治外交”的观点,并指出了各个时期“外国志记”的特点。“晋唐时代求法僧‘志记’所呈现的主要是中亚南亚的‘佛国’,宋元明时代的‘外国志记’所呈现的是东亚、东南亚、南亚、中东地区通商各国,都属于‘亚洲—东方’世界,而对西方(欧美)世界则记之甚略、知之甚少”,同时文章指出,“外国志记”的视域实际是“亚洲(东方)视域”而非“亚洲—东方”世界。[①]

马云超的《足利义满对明外交政策的调整——“日本国王源道义”成立之前》(《世界历史评论》2021年第1期)一文考察足利义满对明外交政策的调整。文中认为,日本与明朝永乐朝的外交不是一蹴而就的,而是经过长时间的调整。文章指出,足利义满以“征夷将军身份致书中书省的外交方式”遭到“明太祖的拒斥”,使得两国外交中断。随着日本对明朝贸易的依赖,足利义满假借日本朝廷的名义“向明朝派遣使者”,试图将中日之间的外交拉回正轨,但是遭到日本公卿的强烈反对,不得已足利义满借“日本国王”的名义与明朝展开外交往来,这种做法被“后来的历代遣明使所继承”。

唐浩的《将领、英雄与故事流变:任环与明代江南社会研究》(《历史教学问题》2021年第6期)一文主要考察苏州府同知任环御倭事迹。文章指出,苏州府同知任环不仅谋划防御战略,还亲自领兵,活跃在战场前线,抗倭事迹遍布苏州、昆山、吴江、常熟、太仓、嘉定、上海、华亭、崇明等地。任环在“倭乱”的军事上功绩卓越。但不久任环逝世,引发了江南民众的追思热潮,他被江南民众称为“御倭”英雄。朝鲜壬辰战争“重新唤醒了江南民众的‘倭乱’记忆和反抗情绪,江南各地再次掀起追思任环和谈兵议倭的热潮”。明末宦官与东林党人相争的朝局,任环被江南士人赋予“忠孝完节”“不屈权贵”的意义。明清鼎革间,江南士人再次对任环“御倭”故事进行构建和虚化,作者认为这“反映出江南民众在遭遇危机时渴望安定的心理需求”。

王子今的《秦汉时期中外关系史研究40年》(《贵州社会科学》2021年

---

① 除此之外,还有研究涉及东亚海洋的新冠疫情应对,如康昊:《瘟疫、饥馑与施饿鬼仪式——朝鲜“己亥东征”背景下日本的饥疫对策》《海交史研究》2021年第2期;宁浩:《17世纪上半期东亚牛瘟流行史述论》《海交史研究》2021年第2期;等等。

第6期)一文对秦汉时期中外关系史研究进行回顾和总结,指出40年来,“秦汉时期中外关系史研究步入新的学术境界”,在研究中要有深度与广度。李安山的《中非古代关系史研究四十年》(《社会科学战线》2021年第2期)一文则从中外关系史视角详细回顾和总结中非古代关系史研究。文中探讨了唐代古籍中出现的相关地名(如摩邻、老勃萨、拨拔力、三兰等)、中非商贸往来以及被称为“昆仑奴”或“僧祇”的黑人之来源问题。宋元时期的中非贸易往来,使中国对非洲的认识得以提升。

(三)人员往来与国族间认知研究

东亚各国之间有着深厚的文化基因,为各地区之间人员往来营造了良好的文化氛围。

2021年研究古代东海航线人员往来的成果比较丰富,如冷静的《唐对新罗侨民活动管理研究》(延边大学硕士学位论文,2021年)一文考察唐廷对新罗侨民的管理。文中指出,新罗百姓因各种原因不断迁往唐朝境内,这些迁入唐朝境内的新罗人在“现在的山东、浙江、江苏等沿海区域都有活动”,唐朝官府“给予来唐新罗人各种优厚的政策和待遇”,因此有些地方形成新罗人的聚落。一些新罗人在沿海地区从事各种形式的商业活动,如做水手、译语、商人,从事运输、商业、航海等贸易活动。还有些新罗学生在唐留学,学习唐朝文化,参加科举考试,在唐朝为官或回国报效国家。

高建新的《唐代来自海上丝绸之路的“昆仑儿”——以张籍诗作为考察对象》(《民族文学研究》2021年第2期)一文以张籍诗作为考察对象,探究唐代来自海上丝绸之路的“昆仑儿”。文中认为,唐代来自南海的“昆仑儿”属于来自朝贡国家或地区的“贡品”。金洪培、王丹丹的《两宋时期的东亚三国漂流事件研究》(《东疆学刊》2021年第4期)一文主要考察宋代、高丽与日本三国之间的漂流事件。随着海上交流的繁荣发展,特别是造船技术及航海技术的发展,东亚海域漂流事件的发生频率也增多。作者对此进行了翔实考察,得出结论“高丽朝发生漂流事件的次数最多,且漂流民身份最为复杂”,认为漂流事件折射出当时东亚三国的内政外交情况,表明东亚三国之间“海上交流频繁,外交关系融洽;漂流事件减少时,则海上交流减少,外交关系进入冷淡期”。马建春、李蒙蒙的《9—13世纪朝鲜半岛大食蕃商行迹钩沉》(《中国经济史研究》2021年第4期)一文对9—13世纪朝鲜半岛大食蕃商行迹进行考察，文中依据《苏莱曼游记》《道里邦国志》《黄金草原》和《世界奇异物与珍品志》等阿拉伯文献，分析认为9—13世纪大食商旅于东亚海域进行贸易活动。

王煜焜的《“正使”抑或“伪使”：16世纪中期的遣明使，倭寇与明、日通交的侧面考察》(《海交史研究》2021年第4期)一文主要辨析16世纪中期倭寇与明、日通交中的使者身份的真伪。文中指出，遣明使中存在“伪使”，一方面是因为这些遣明使没有遵循明朝制定的“国际秩序”；另一方面是因为“日本的朝贡和交邻使节的派遣受到地方势力博弈的影响”，这些使节“其团体在商业利益期望值未获满足时会导致‘身份’的转变”。胡梦飞的《日本遣明使眼中的明代浙东运河——基于策彦周良〈入明记〉文本研究的视角》(《浙江水利水电学院学报》2021年第5期)一文则是以策彦周良的《入明记》为视角，考察其在渡海入明后沿途的所见所闻。策彦周良将沿途之事记载在《入明记》中，他先后四次经过浙东运河，将“有关运河交通状况、城镇风貌和名胜古迹”也收录其中。

安艺舟的《日本遣明使的江南记忆与城市认同——从中国宁波到日本堺市》(《日语学习与研究》2021年第1期)一文考察日本遣明使记忆中的宁波。文中认为，日本遣明使在以宁波市舶司为中心的江南一带“广泛游历，结交文人士大夫，购买商品，从江南文化的旁观者逐渐成为直接参与者”。在返回日本后在堺市将明朝“江南城市文化、生活方式和社会习俗”进行了复制，这直接带动其社会繁荣与发展，“堺市因之而成为明文化向世界传播的窗口”。

朴现圭、马元杰的《壬辰倭乱时期移居明朝的朝鲜流民考》(《东疆学刊》2021年第1期)一文主要考察壬辰倭乱时期移居明朝的朝鲜流民问题。文中指出，朝鲜朝壬辰倭乱时期朝鲜流民不断涌出，这些移民“为了生存自行越境，或投靠明军，后以同行的方式迁入中国”。有些朝鲜移民投效明军，明军出于“救济难民、便于活动、增强军力”等原因，大量接收朝鲜人，撤军回国时将这些朝鲜移民带回国，这些朝鲜移民在中国“流浪乞食或做家丁，或成为边防地区的军人,也偶尔有人从商等”。

朱瓅的《清初渡日僧高泉性潡的艺文思想和诗歌书写》(江西师范大学硕士学位论文,2021 年)一文主要考察清初渡日僧高泉性潡的艺文思想和诗歌书写。文中认为,高泉性潡是中国明清之交福建地区临济宗黄檗派重要的僧人。清顺治十八年(1661)其远渡日本,嗣隐元隆琦法脉,住在日本黄檗山万福寺。来到日本后,高泉性潡往来皆藩政家老、幕府权臣,甚至博得太上天皇接见,赐号大圆广慧国师。其人雅善书画,兼擅诗偈,尤长于文,时有“诗南源,文高泉”之说,著有《高泉全集》。高泉性潡在日本历住六寺,成为日本黄檗宗第五代住持之位,对日本佛教、文学乃至儒家诗教产生了深远影响。高泉性潡独有的艺文观念,不仅全面继承了东土佛教“文字禅”的传统,还引申拓展为“翰墨禅”,为黄檗宗的艺文创作奠定了禅理基础;在诗文理论上其着意构建以天台三圣为中心的诗僧谱系,又构建出以“德”为主的诗文评鉴标准,重视诗文不朽的生命价值,并以“无字诗”为中心,倡导无住、无心、自适的创作观,反对苦吟。他高扬禅者的主体性,又强调人生如戏如梦的空幻感,却执着于将美学境界寄托于作者的道德涵养。

方宝川、徐斌和张沁兰的《“闽人三十六姓”移居琉球史料钩沉及其史实考析》(《海交史研究》2021 年第 3 期)一文是对“闽人三十六姓”移居琉球进行考察。作者依据史料,认为明初并没有发生过“闽人三十六姓”移居琉球的史实,指出“闽人三十六姓”移居琉球应是一个不断发生的渐进过程。“闽人三十六姓”移居琉球的群体包括“元末明初的‘避乱安居’者、明廷拨赐海舟时随船而去的‘善操舟者’、海上贸易交流过程中的‘通事’,还有明中期由政府差遣赴琉办事‘逗留他国’后的‘补赐’者”。这些人留居琉球,拥有共同的闽人认同感,成为久米村闽人。王雅洁的《久米村系家谱浅论》(《史学集刊》2021 年第 4 期)一文主要考察久米村系家谱。文中指出,“明太祖朱元璋派遣闽籍三十六姓舵工、水手和通译等移居琉球,帮助其提高造船和航海技术”。清朝初期以后,“原三十六姓的存留者及后来补充原三十六姓缺额的人,开始编写家谱,即现存久米村系家谱”,这为探讨明清两代的中琉交往状况提供了第一手资料。

李渌、谭阳阳的《历史名人之遗产识别:乾隆朝赴琉球册封使周煌的个案论述》(《贵州大学学报(社会科学版)》2021年第6期)一文从文化遗产学视角出发,对“帝师”周煌远赴琉球的史料档案踏查、整理和实地调研,归纳整理周煌为后世留下的著作、碑铭、墨宝、档案文献、现存墓冢等物质遗存,识别乾隆朝“帝师”出使琉球遗留给当代的文化遗产。丁丽、赖正维的《张家湾琉球国官生墓探析》(《莆田学院学报》2021年第6期)一文则是对张家湾琉球国官生墓的考察,以此“追溯琉球官生在国子监的学习状况、清朝政府对琉球官生的培养和关怀、官生与中国教习的深厚情谊,揭示琉球官生向慕中华的文化心理、求知若渴的进取精神以及深藏他们心中的家国情怀”。

冯小禄的《南望眼:明人出使越南专集》(《北京社会科学》2021年第11期)一文主要考察明人出使越南时的文集。作者通过梳理和统计,认为至少有21种明人出使越南专集,这些专集具有旅行书写的特征。文中认为这些文集是“中原人观看岭南的窗口,可借之研究岭南从‘瘴乡’到‘桃源’的‘异地’镜像演进”。作者指出,在明人文集中透露出“既想占据又怕烫手,既亲近又痛恶的安南情结”,在明朝与安南的文学交往中还可以体现出“不平等的宗藩交流,是对有差序的宗藩关系的训诫与角色确认,充满了礼仪、政治的默契与交锋”。

陆小燕的《17世纪朝鲜人赵完璧和金大璜的安南之旅》(《海交史研究》2021年第4期)一文考察17世纪朝鲜人赵完璧和金大璜的安南之旅。朝鲜人赵完璧和金大璜因两次意外来到安南,对安南的风土人情进行观察,由此,朝鲜对安南的认识有了很大提升,“繁荣的海洋贸易使得朝鲜人对安南的认知从间接走向直观”。丁克顺、阮黄申的《越南会安华人会馆之汉文碑铭》(《海交史研究》2021年第3期)一文考察越南会安华人会馆的汉文碑铭。文中指出,会安是越南中部广南省始建于16世纪的古老贸易港口,17—18世纪是港口最繁荣的时期,19世纪逐渐衰落。作者利用华人会馆里的汉字铭文探究华人的日常生活,“各个会馆之中的碑文文献之内容相当丰富,展现了历史风貌,反映了每个特定时期在会安的华人的活动”。

肖飞燕的《明末海商巨魁李旦和颜思齐关系研究》(《闽商文化研究》2021年第1期)一文考察明末海商巨魁李旦和颜思齐的关系。文中认为:“两个人实质是同一个人,颜思齐只是李旦在另一个场合的名讳;到而后认定他们是真实存在的两个历史人物，只是后来的史书当中将前者的活动经历移植到后者的身上进而引发后世的混淆；再到论证两者生活轨迹有诸多交叉然而却并不尽相同甚至在某些方面迥然相异，是两个完全独立的历史个体。”李忠辉的《清代第一代朝鲜语译员姓名的汉语音译研究》（《中国朝鲜语文》2021 年第 4 期）一文主要考察清代第一代朝鲜语译员姓名的汉语音译问题。文中指出，清代第一代朝鲜语译员人数较多，这些朝鲜语译员都有汉语音译姓名。作者将其与朝鲜传统汉字姓名进行对比，发现“汉语音译姓名源于他们满语音译姓名的再音译，且在音译过程中，朝鲜语译员游走于时代、文化、身份与认同之间，在音译名字内融入了大量朝鲜语言文化要素，追求文化的差异性与多样性，彰显了韦努蒂异化翻译原则，呈现了他们作为被掳朝鲜人的复杂身份与情感归属”。

薛晓涵的《中欧文化交流在明清之际的南京与杭州（1583—1707）——以耶稣会士与中国士人的互动为中心》（北京外国语大学博士学位论文，2021 年）一文主要以耶稣会士与中国士人互动为对象，考察明清之际南京与杭州的中欧文化交流。文中指出，“随着文化交流的不断深入，耶稣会士与中国士人双方对于彼此的认识不断获得提升”。欧洲人在对南京与杭州的城市书写方面，“涉及若干游记汉学与传教士汉学的经典文本”。其中士人与传教士的交往起到了关键作用。此外，西方西学书籍在明清时期的传播是中西方文化交流的重要媒介，是“耶稣会士与中国士人加强互动的上佳选择”，因此，“在中国士人与耶稣会士两方合作之下，南京与杭州出现了活跃的西学译介、西学刊刻活动”。

（四）海洋信仰

东亚海域之间的人员往来往往伴随着各种险象环生的情况，为了灵魂寄托，东亚海域往来人员有着强烈的海洋信仰精神。学术界关于海洋信仰的相关研究主要聚焦在妈祖信仰上，如刘明杉的《宋明之际民俗信仰中的妈祖形象》（《殷都学刊》2021 年第 4 期）一文从形象史学视角出发，考察宋明之际民俗信仰中妈祖神格不断上升的轨迹问题。作者在文中指出，妈祖的生平和显圣事迹经后人持续润色，被奉为海神，经过一系列的官府册封，妈祖神格与庙宇规模不断提升，“从宋至清，妈祖受封的爵号经历从‘夫人’‘天妃’或‘圣妃’直至‘天后’演变，供奉妈祖庙宇称谓也从‘庙’‘祠’‘观’，升格到‘宫’”。历代朝廷对妈祖不断加封，“有关其身世、圣迹故事变得越发复杂，妈祖形象的塑造也呈现出渐趋华丽的特点”。吕伟涛的《从〈天津天后宫行会图〉看北方地区的妈祖文化》（《中国宗教》2021 年第 10 期）一文主要考察《天津天后宫行会图》中北方地区的妈祖文化，认为妈祖文化的传播随着天津城市的发展而“赋予妈祖以更多的内涵”，逐渐成为“天津城重要的保护神”。

徐晓慧的《变通与坚守——妈祖信仰的图像学研究》（《中国非物质文化遗产》2021 年第 5 期）一文主要从图像学视角考察妈祖信仰的“变通与坚守”。作者指出：“妈祖信仰有北传、东传和海外三条主要传播路径，传播路径不同，妈祖信仰变迁形式不同。”而妈祖图像的制作是由信仰文化、时代、地域、赞助人、制作者、信众等综合因素决定的。郑捷、黄朝晖的《妈祖宫庙建筑特征及装饰元素解读——以湄洲妈祖祖庙为重点》（《莆田学院学报》2021 年第 4 期）一文以湄洲妈祖祖庙为重点解读妈祖宫庙建筑特征及装饰元素。作者认为：“湄洲妈祖祖庙是按照中国传统古建筑的营造法式建造，其建筑特色体现了福建地区的民俗、宗教与文化。”陈建霖的《妈祖信仰典籍中的伦理思想》（《中国宗教》2021 年第 4 期）一文考察妈祖信仰典籍中的伦理思想，认为“‘三纲五常、因果业报、传统美德’是妈祖信仰典籍中的伦理本质，其所展现出的人格教化思想是丰富而明确的”。作者进一步指出：“在官、民两方的交相影响之下，其神格被提升到至高的天后地位，其伦理性亦逐渐被开展，最终产生出经典与教化功能，借由经典的编制，道德教化的思想被镶嵌于其中，最终使得其教化功能胜过宗教功能。”

潘是辉的《妈祖信仰在南台湾的传播》（《妈祖文化研究》2021 年第 1 期）一文考察妈祖信仰在中国台湾南部的传播路径。作者“首先就妈祖信仰在南台湾的传播方式、途径与路线进行探讨，其次分析南台湾妈祖宫庙的分布及其主要特征，再简介南台湾地区主要妈祖信俗，最后以案例说明妈祖信仰在南台湾的影响”。陈春阳的《妈祖民间文献史料的搜集与整理——以莆田学院妈祖民间文献史料搜集与整理为例》（《莆田学院学报》2021 年第 4 期）一文以莆田学院妈祖民间文献史料搜集与整理为例，进行妈祖信仰史料整理与搜集工作。

连晨曦、卞梁的《当代民间信仰嬗变历程探析——以妈祖信仰为中心》(《妈祖文化研究》2021 年第 1 期)一文以妈祖信仰为中心考察当代民间信仰嬗变历程,认为“要吸取民间信仰文化中的优秀因子,积极推动民间信仰在中国当代社会实现创造性转化”。林国平、苏丹的《正统化、在地化与国际化:妈祖信仰长盛不衰的内在原因》(《世界宗教文化》2021 年第 1 期)一文主要分析妈祖信仰长盛不衰的内在原因。作者从正统化、在地化与国际化三个视角进行解读,认为“正统化为妈祖信仰的发展提供政治保障,在地化为妈祖信仰的发展注入强大的生命力,国际化为妈祖信仰的发展提供了无限广阔的空间”,尤其是“宋代以来,妈祖信仰的正统化、在地化、国际化卓有成效,三者相互依存,逐渐形成良好发展机制,有力地推动妈祖信仰的持续发展,长盛不衰”。

刘明菊的《从妈祖崇拜看社会性别视角下的女神崇拜》(《世界宗教文化》2021 年第 1 期)一文主要从社会性别视角考察妈祖崇拜。作者在文中认为,“从妈祖的神职、妈祖相关文献的语言、妈祖图(塑)像及妈祖的崇祀仪式中揭示出其中暗含的男权话语”。曾令明的《女性神灵·海洋信仰·融合互动——对海南岛的冼夫人、妈祖、水尾圣娘的实证分析》(《边疆经济与文化》2021 年第 1 期)一文对海南民间信仰中影响力最大的三位女性神灵冼夫人、妈祖、水尾圣娘进行考察。作者在学术界已有成果的基础上,对“三位女性神灵的相互融合与互动”进行探索,认为虽然三位“女性神灵起源不同,但在海南信众的长期供奉、祭祀中,又有互动融合现象”。

刘一的《明末朝鲜使臣所经辽东海域史事考》(《大连大学学报》2021 年第 2 期)一文主要以明末朝鲜使臣所经辽东海域为考察对象,论述朝鲜使臣在经过辽东海域期间需要做的“祭祀海神”活动,认为“天启四年(1624)确立天妃(妈祖)‘主兹四渎’至高无上地位后,更是对天妃神灵敬畏到了无以复加的程度”。陈金亮的《妈祖孝女形象的塑造与演变》(《闽台缘》2021 年第 4 期)一文主要考察妈祖孝女形象的塑造与演变问题,认为明代“妈祖海上救亲故事,具体地塑造了妈祖孝女的形象,为后世妈祖孝女形象的进一步传播奠定基础”;清代时“妈祖孝女形象在全国范围内得到更加广泛地流传”;民国时期“在破除迷信运动”中妈祖“孝女品格”被保存下来。

学术界还积极考察妈祖信仰在日本的传播情况，如林晶的《妈祖信仰在日本的传播与转型》（《华侨大学学报（哲学社会科学版）》2021 年第 1 期）一文主要考察妈祖信仰在日本的传播与转型。作者在文章中指出，妈祖信仰在日本的传播经历四次变化，“即‘一传’琉球成就域外中华的文化传承；‘二传’长崎成就中日两国的文明互鉴，‘三传’东日本成就本土化的文化转型，‘四传’现代日本成就祭祀文明的现代再生”。作者进一步指出：“妈祖文化作为中国文化海外传播的一大成功案例，彰显出中国文化强大的生命力与持续的包容力，为当下中国推行‘文化走出去’战略、构筑未来人类命运共同体提供了重要的思想源泉与历史参考。”刘智豪、林孟伶的《日本鹿儿岛林家妈祖研究》（《世界宗教文化》2021 年第 1 期）一文以日本鹿儿岛林家妈祖为研究对象，考察妈祖信仰在日本的传播。作者认为妈祖信仰在此地的传播与中国人的海上贸易、迁移有着很大关系。作者指出：“妈祖信仰进一步在往来鹿儿岛的航海人之间传播，使得此地成为日本海神信仰最为浓厚的地区之一。伴随着归顺日本国籍的南萨摩华人逐渐融入日本社会，妈祖信仰也逐步与当地宗教信仰融合。南萨摩笠沙町片浦地区的林家妈祖信仰被林家后裔传承延续，并被南萨摩市政府重视，成为南萨摩笠沙町所指定的文化遗产之一。”作者通过研究，发现“现今林家妈祖的神圣性消逝与华人的身份文化认同有着莫大之关系。华人在移民之初，原乡神祇原被视为非物质性祈求航海安全的宗教寄托；转至近代，由于原乡宗教信仰的消逝与断层，原乡神祇逐渐转变为物质性承继华人身份认同的遗产象征”。

王茜的《关羽信俗在朝鲜半岛的演变研究》（《运城学院学报》2021 年第 3 期）一文考察关羽信俗在朝鲜半岛的演变。文中指出，关羽信俗是随着明军出兵援朝平定壬辰倭乱而传入朝鲜，其传播路径“经历了自上而下、从被动到主动、由陌生到信任的传播与接受历程，并被朝鲜王朝统治者赋予了新的文化内涵，形成了朝鲜王朝自成一体而又独具匠心的信俗体系”。李广志的《东亚视域下的明州开元寺与日本文化交流》（《宁波大学学报（人文科学版）》2021 年第 1 期）一文主要以明州开元寺为中心，考察中日之间的文化交流。唐开元二十八年建的明州开元寺在整个东亚文化交流史上是重要的中日佛教交流的载体，成为日本遣唐使、入唐僧的重要落脚点，尤其是普陀山的观音信仰感染了日本僧人。

综上所述，2021 年度学术界的注意力主要集中在东亚各国之间的政治、经济、军事、社会等诸多层面，相关成果集中于航海贸易、文化交流、外交往来等专题，但对港口、航线的研究继续呈现降温态势。2021 年海上丝绸之路东海航线研究成果数量和研究内容与近年相比，并无太多变化，但也呈现出一些新特点，可以概括为以下几个方面：一是东亚贸易制度一直都是东亚海上丝绸之路东海航线重要的研究对象。二是随着海上考古技术的不断发展和新材料、海上出水文物不断涌现，探究东亚海域贸易往来更加深入。三是学术界不断从新视角、新的研究方法，进一步对壬辰战争、倭寇等问题进行探究，以此揭示东亚地区政治秩序构建问题。四是学术界对海商关注度不够，更多地聚焦在东亚文化圈人与物的研究，尤其是东亚佛教和僧人研究越来越受到重视，不断取得新成果，惠及学林。总体而言，学术界对东亚地区海上丝绸之路的研究强调东亚地区的政治、经济与文化交流，不仅具有学术价值，也具有现实关怀的意义。

（本章作者：金城，淮南师范学院马克思主义学院讲师；刘恒武，宁波大学文物与博物馆专硕点教授）

第三章　海上丝绸之路与中西政治经济交往

中国自秦汉以来，就开辟了通往西亚、中亚和欧洲的海上商路，海上丝绸之路初步形成，与陆上丝绸之路一起，成为中外物质文化交流的主要通道。东西方之间不仅展开了政治交往，也开启了相互之间的经济和文化交流。东西方文明在交融与碰撞中互学互鉴，这种互鉴不仅反映在科学技术、审美意趣、艺术风格等方面，更生动体现于社会风俗与人们的衣食住行中。改革开放以来，随着中西交流的蓬勃发展，国内学术界对海上丝绸之路的研究获得长足发展。2021 年度中国海上丝绸之路研究继续呈现蓬勃发展的态势，成为年度学术热点之一。本年度国内学术界的研究更加深入，既有对中西政治交往、中西贸易、海洋海疆政策、海外贸易政策、港口航线、中西文化交流等传统领域的考察，也有对中西物种交流等新领域的进一步关注。

一、中西政治交往研究

中西政治交往一直是国内学术界关注的重点之一，随着中外学术交流的发展、研究方法的创新以及对原始资料的深入挖掘，这方面的研究进一步深入。本年度学者们对中西政治交往的总体状况，古代中国与英国、俄国、葡萄牙、荷兰等西方大国的政治交往，进行了较为深入的探析。

（一）古代中国与西方国家政治交往研究

2021 年度学术界在以往研究成果的基础上，继续对中西海上丝绸之路的概念及意义进行探析。赵云、燕海鸣的《海上丝绸之路：一个文化遗产概念的知识生产》（《故宫博物院院刊》2021年第11期）一文回顾了海上丝绸之路概念在文化遗产维度的知识生产过程与特点。作者认为，作为一个仍然处于定义过程中的文化遗产知识体系，海上丝绸之路受到历史研究领域丝绸之路概念体系的塑造，并与现实中世界遗产层面的实践操作以及由于地缘背景原因导致的认知差异互相影响。一个文化遗产概念的塑造不仅是一个学术过程，更是文化系统在知识领域构建话语权的过程。海上丝绸之路概念的界定，是国家文化遗产实践者在国际层面的价值观和世界观的表达。海上丝绸之路不应是一个"给定"的概念，其价值在于不断对它进行知识探求乃至对其进行定义和再定义的过程。孙光圻的《古代海上丝绸之路是东西方共同的文明丰碑》（《国家航海》2021年第2期）一文认为，古代海上丝绸之路指沟通世界东西方的主要海上通道。作为由物质文化和非物质文化共同组成的历史文化遗产，海上丝绸之路是东西方国家和地区的人民共同文明活动的产物和丰碑。该文结合海上丝绸之路各个历史时期发展和变化的文明形态，讨论了东西方在架构和建设海上丝绸之路过程中的共同探索和不懈追求。作者指出，海上丝绸之路是在突破各自区域性海上封闭环境后，东西方国家和地区的航海者相互交流和共同推进的文明产物。它不仅对人类海洋事业的共同进步，而且对人类全部物质生活和精神生活的共同发展产生了极其重大和深刻的影响。海上丝绸之路正是构建人类命运共同体，特别是海洋命运共同体的伟大文明舞台。

周永卫的《秦汉六朝海上丝绸之路历史地位的重新审视》（《丝绸之路研究集刊》2021年第2期）一文认为，丝绸之路原指中国古代经中亚通往南亚、西亚以及欧洲、北非的陆上贸易通道。因为这条贸易通道上运输的商品以中国丝绸最为著名，故名丝绸之路。东西方之间的贸易往来和文化交往历史悠久，但将这条交往通道以丝绸之路命名，却比较晚。丝绸之路这个名称最早是由德国地理学家李希霍芬于1877年提出，并得到学术界的广泛认同。20世纪60年代以后，中外学者又将"丝绸之路"这一概念的内涵进一步扩大，并逐渐形成了广义和狭义之分。

李效杰的《从商人与鲸鱼故事的流播看海上丝绸之路多元文明的互动》

(《国际汉学》2021 年第 4 期)一文认为,10 世纪前后,唐和大食文献均载有一个情节相似的商人与鲸鱼的故事,古罗马史籍和古印度同样有一些情节相近的佛本生的故事。商人与鲸鱼的故事源于印度,原型是商人与摩竭鱼佛本生故事。在海上丝绸之路多元文明的互动中,这一故事从印度传播到东至东亚、西至欧洲的广大地区,并与接纳之地的文化相结合,形成了几个既有雷同情节、又各具特色的商人与鲸鱼的航海故事,一定程度上反映了海上丝绸之路多元文明互动的基本格局。

龚缨晏的《改革开放以来关于古代海上丝绸之路的研究》(《国家航海》2021 年第 2 期)一文对改革开放以来关于古代丝绸之路的研究进行了总结。作者认为,改革开放以来,中国学术界对古代海上丝绸之路的研究,大体上可以分为三个阶段:第一个阶段是学术研究的复苏(1978—2000 年),主要成就是确立了海上丝绸之路的概念,学术界关注的重点是泉州。第二个阶段是学术研究的兴起(2001—2013 年),主要动力是泉州、广州、宁波等城市提出要申报世界文化遗产,中外考古学新发现有力地推动了相关研究。第三个阶段是学术研究的空前繁荣(2014 年至今),主要得益于国家提出的"一带一路"倡议。中国学术界在这 40 余年间所取得的成果,不仅在数量上远远超过了此前一个多世纪的总和,而且拓展了研究领域,解决了许多学术难题,提升了学术研究的水平,并为今后的学术研究打下了更加坚实的基础。

近代中英之间的政治交往相对频繁,2021 年度这方面的研究成果较多,其中关于马戛尔尼的研究从一个侧面反映了鸦片战争前中英政治的交往状况。马戛尔尼使团访华是中西文化交流史上的一次重要事件,其在外交方面对近代中国历史进程产生了深远的影响,而使团内各成员对清代中国社会各方面的细致刻画,为我们了解清代中国社会奠定了丰富的材料和不同的视角,并为学术界研究清代社会史奠定了重要的资料基础。昝涛的《商业文明、世界知识与海洋秩序:反思多维视野下的马戛尔尼使华事件研究》(《新丝路学刊》2021 年第 1 期)一文在回顾以往学术界相关争论的基础上,进一步探讨后现代史学研究路径的相关问题。作者强调了多视角讨论马戛尔尼使华事件的可能性和重要性,提倡向比较文明研究路径的回归。

同时，作者指出，虽然何伟亚的研究采纳了典型的后现代主义研究路径和叙事风格，但其视角仍然是精英主义的，关注的议题仍是以国家和皇权为中心，其对马戛尔尼留下的文本所采取的后现代主义解释图式，使他过多关注了文本的宏大叙事与权力结构的问题，相对忽视了文本、表述与事实、现实之间关系的复杂性；何伟亚仅从内亚史的视角强调“清帝国”的复杂性，而不是中国文明的多元性。该文最后力图以马戛尔尼文本中的例子来反思“本质意义上的中国”这一问题。

沈艾娣等的《〈乾隆皇帝谕英王乔治三世敕书〉与有关传统中国对外关系之观点在20世纪早期的形成》(《全球史评论》2021年第1期)一文对乾隆皇帝回应1793年马戛尔尼访华使团要求的“谕英王敕书”予以考察。作者认为，该敕书常被解读为是清王朝无知和狭隘的象征。作者基于对更为广泛的档案史料的阅读分析，认为敕书中那段广为引用的引文并不是乾隆皇帝对英国使团的真实反应，乾隆主要是把此次事件看作一种安全威胁，而不是18世纪英国所担忧的礼仪问题。当该敕书在20世纪早期开始广泛流传时，英国人的观点又影响了中国和西方的学者。该文的注意力主要集中在陈垣、沈兼士、许宝蘅和其他那些利用清宫档案编辑出版了《掌故丛编》第一卷的学者身上，以及利用这些档案资料创造了具有持久影响力的清朝叙事的蒋廷黻、邓嗣禹和费正清。考察该敕书是如何被解读的，显示了档案工作者作为历史共同创造者的作用，同时也展示出我们今天关于清史的许多观点在多大程度上仍然受到20世纪初中国政局动荡的影响。朱柏林等的《马戛尔尼使团访华赠送国礼及清政府前后态度变化初探》(《河南博物院院刊》2021年第3期)一文基于对马戛尔尼使团出使中国所赠国礼的具体分析，和以乾隆为代表的清政府对使团赠送国礼事件前后态度变化及其原因的探究，尝试分析使团赠送国礼在当时对于中英双方的意义，从而在既有的研究基础上对使团访华进行更为全面的阐释。作者认为，马戛尔尼使团访华赠送的国礼为精心选择，通过与同时期英国工业产品的对比可知，所赠国礼在一定程度上展现了英国政府对清政府的立场与态度。而以乾隆为代表的清政府，对马戛尔尼使团的态度经历了从新奇、盼望到视若平常最后甚至有了警惕觉察的过程，这也是由乾隆一朝海外朝贡的基本情况、彼时英国工业革命的进行程度、清宫已有旧藏的水准以及清朝君臣对外部世界的判断能力等因素综合决定的。巩晓琳的《"诗意"的历史能动性——论〈乾隆英使觐见记〉的中国形象》(《太原学院学报(社会科学版)》2021 年第 5 期)一文指出，《乾隆英使觐见记》为 1793 年英国访华使团钦使马戛尔尼的访华日记，作为使团来华的见闻实录，该文本是此事件的核心文本，具有重要的文化意义和历史价值。该文本塑造了一个"诗意"的中国形象，但中国形象的"诗意性"，不仅是历史文本中一种客观存在的虚构因素，而且具有能动性，是一种重要的历史推动力量。正是由于这种文学性的存在，才使历史文本得以书写，并被接受而成为历史，并且潜移默化地塑造和改变着中国形象，乃至世界文化和历史进程。

杜梦驰的《约翰·巴罗的中国观:对清代中国的观察与想象》(辽宁大学硕士学位论文，2021 年)一文以约翰·巴罗笔下的清代中国社会作为研究对象，以约翰·巴罗关于中国的著述原文为依托，辅以马戛尔尼使团其他成员所提供的材料，以及中国国内的相关档案、方志等材料，同时结合前人的研究成果，在大量材料的基础上，探析约翰·巴罗的中国观。作者认为，约翰·巴罗作为马戛尔尼使团中占有重要地位同时著述较为丰富的成员之一，其对清代中国的观察与想象，是非常值得研究的对象。该文分为六个部分:第一部分为绪论。第二部分对约翰·巴罗开始其中国研究前的背景进行介绍。第三部分还原约翰·巴罗对中国人生活方式的塑造。第四部分将规则生活部分作为还原对象，主要包括法律刑罚、君主专制、赋税劳役和文字控制四个方面。第五部分则从语言与文字、教育与社交、娱乐与艺术、宗教与信仰四个方面，还原巴罗对清代中国生活方式中精神生活部分的塑造。第六部分是对约翰·巴罗的中国观察与想象做出的总结，探究巴罗的中国观，即他对处于"盛世"中和"盛世"过去并没有多久的清代中国究竟有着怎样的文明衡量，并探究巴罗中国研究与西方中国观发展的关系。

多学科交叉研究是近年来史学研究的新趋势，2021 年度部分关于马戛尔尼的研究成果体现出这一特征，为我们提供了更多的研究视角。叶向阳的《中英早期接触中的译员及其通用语——以马戛尔尼使团访华前的英国旅华游记为例》(《英语学习》2021 年第 3 期)一文首先通过 18 世纪末 19 世纪上半叶旅华的西方人赫特纳(J. C. Huttner)与亨特(William C. Hunter)的回忆录等第一手素材,勾勒中西在广州一带对外通商口岸早期交往中(主要为欧美商人与中国通事间)所使用的通用语状况。该部分尽可能地采用一些被保留下来的语言实例,来说明该通用语的特性以及发展演变情况,使人对当时中国译员(通事)所使用的"工作语言"乃至其外语能力产生较为直观的认识。该文的第二部分以英国马戛尔尼使团访华前的英国旅华游记中涉猎译员事迹较多的五部作品为例,尽量详细地描绘英国威德尔(Captain John Weddell)商船队所雇李叶荣、英商洛克耶(Charles Lockyer)所雇 Phillis、汉密尔顿(Alexander Hamilton)所雇詹官以及安逊(George Anson)所雇无名中国通事及其与诺伯尔(Charles F. Noble)先后所雇英国籍译员洪任辉(James Flint)的所作所为及其在英国人心目中的形象。英国游记中的中国通事的形象整体是负面的,且在职业素质与忠诚度方面与英籍通事洪任辉形成鲜明反差。这一方面,是因为中国通事的外文水平普遍不高,且常有徇私舞弊等职业操守问题;另一方面,是因为中国通事按规定为中国官方所遣,翻译时常有所顾忌,擅自篡改内容与语气,并被认为是官方派来的间谍,缺乏对于服务对象的"忠诚度",自然失去了英国人的信任与好感。

吴伏生的《一位 18 世纪英国诗人眼中的马戛尔尼访华使命:兼谈英国政治讽喻诗》(《中外文化与文论》2021 年第 2 期)一文认为,18 世纪 90 年代末,正在迅速崛起的大英帝国派遣乔治·马戛尔尼勋爵率领外交使团第一次访问清政府,拜见乾隆皇帝,寻求通商通使,以便为其在远东的利益和扩张铺平道路。这一事件在当时英国各界引起了很大反响,其中威廉·谢帕德所作的一首诗尤为引人注目。在这首题为"马戛尔尼勋爵访华使命颂"(Ode on Lord Macartney's Embassy to China)的诗中,诗人猛烈抨击大英帝国在世界各地的扩张行径,并对清朝人民发出警告。这首诗使我们能够从另一视角认识中西关系史上的一个重大事件,并向我们揭示了英国诗歌传统中政治讽喻诗的风格及其特点。

王宏志的《如何"张大其词以自炫其奇巧"?——论新发现 1793 年马戛尔尼使团礼品清单中译本》(《外国语言与文化》2021 年第 4 期)一文借助新

发现的使团自己准备的清单中译本，探究导致乾隆不满的原因，并对比收藏于清宫档案的抄本，分析中方删减的部分，说明清廷对使团礼品以至整个遣使活动的关注所在。作者认为，1793 年马戛尔尼使团访华，毫无疑问是中英交往史上最重要的历史事件之一，影响极其深远。使团以祝寿为名，带来丰厚礼品，但乾隆在阅读其礼品清单后却大加批评，认为英国人“夷性见小”“张大其词以自炫其奇巧”。

钟珍萍、葛桂录的《互文·图像·数据与中国形象构建——以英国马戛尔尼使团著作为中心》(《福建师范大学学报(哲学社会科学版)》2021 年第 2 期)一文指出，英国马戛尔尼使团访华是中英交流史上的重要事件，是英国人认识中国的一个转折点。使团成员在使华过程中搜集、记录了各种关于中国的资料，随后出版了相关的游记、报告和画册，将英国政府和东印度公司的利益放置在话语语境中心，使用互文、图像和数据等话语策略，构建了一个基本真实但又凸显英国立场的中国形象。在科技进步、工业发达的英国形象观照之下，中国仍然是一个以农业经济为主的社会，是等级制度森严、司法僵化严苛、科技停滞落后、民风淳朴愚昧的“落后东方文明”形象。著述中的中国形象描绘出自诩为优势民族看待想象中的落后民族的优越感，为后续的中英关系埋下了不可逆转的伏笔。

刘黎的《英使马戛尔尼访华日记汉译之百年叙事》(《重庆交通大学学报(社会科学版)》2021 年第 4 期)一文也从文本翻译角度对马戛尔尼访华日记进行探析。1916 年刘半农译《乾隆英使觐见记》，此为马戛尔尼访华日记汉译之滥觞。百年来，香港掌故大家高伯雨将日记手稿整理本译为中文，之后多个基于刘半农译本的现代重版本相继问世。马戛尔尼访华日记在中国的百年译介很好地说明了文本如何通过翻译、复译和改版等行为，从私人叙事衍化为展现不同历史面向的学科叙事，对历史文献类文本的翻译与接受具有一定的启示意义。

阿美士德使团是英国第二个正式访华使团，其旨在打破清政府对英贸易的限制和建立平等的外交关系，但使团不愿行叩头礼而被嘉庆皇帝拒绝接见，最终失败而回。与首次访华的马戛尔尼使团引起的关注相比，学术界关于阿美士德使团的研究成果相对较少，但近年来其也日渐受到重视，主要以中英关系和礼仪之争为焦点，2021 年度的研究领域有所拓宽。赵连城的《小斯当东与英使访华“礼仪之争”》（《全球史评论》）2021 年第 1 期）一文认为，清代乾嘉时期，英国马戛尔尼和阿美士德使团访华时，中英双方争论的焦点在于英使是否当行中国的“三跪九叩”之礼，也即所谓“礼仪之争”。小斯当东在两个使团中均发挥重要作用，尤其是在阿美士德使团，面对当时使团内部对于行礼的意义和限度的分歧，他坚持己见，最终成功说服阿美士德拒绝行礼。通过细读小斯当东不同时期的文本，并与其他阿美士德使团成员的文本横向对比，可以发现小斯当东对叩头礼的态度关涉诸多因素，他标榜的“个人经验”和“国家荣誉”有其潜文本，而他在东印度公司的职位、贵族身份和事业规划亦是重要的影响因素。叶霭云的《阿美士德使团（1816—1817）中方译员研究》（《海洋史研究》2021 年第 1 期）一文在前人研究的基础上，结合近年作者个人所见的清朝中方档案、英方使团成员的日记和回忆录、英国外交部编号 F. O. 1048 档案、19 世纪在广州出版的英语报纸以及美国商人日记手稿，聚焦于之前研究中被忽略的中方译员——广东通事，进行了较为深入的探析，资料比较翔实，研究有所拓宽。此外，刘火的《“集体孤独症”的破灭——从乾隆帝与光绪帝致英国国王书看中西文明冲突在近世的节点》（《文史杂志》2021 年第 4 期）一文也涉及了这一时期的中英政治关系。

除了对马戛尔尼使团、阿美士德使团相关历史进行研究，2021 年度学术界还聚焦鸦片战争前后的中英政治交往，进行了较为深入的探析。林高伟的《嘉庆十三年英军入侵澳门事件再探》（《理论观察》2021 年第 11 期）一文认为，嘉庆十三年英军占据澳门，在清政府强硬态度下英军最终退去。这一事件是嘉庆七年英军入侵澳门的延续，也是英国企图打开清朝国门的野心的表现。嘉庆采取多种措施来维护当地稳定及防备英军再犯，但这些举措多属于被动防御，进一步限制了对外交流。世界一体化的进程中，清朝逆流而为，注定无法独善其身。施晔、李亦婷的《嘉庆朝英军入侵澳门事件再考察——以新见斯当东档案为中心》（《史林》2021 年第 3 期）一文也对嘉庆朝与英国入侵澳门事件进行了探析。作者认为，一直以来，对于嘉庆朝英军两次入侵澳门事件，学术界一般都依赖清宫档案及清代外交史料作分析研究，而缺乏对始作俑者英方对应史料的支撑，尤其对嘉庆七年英军入侵事件的经过语焉不详，隐约其词。该文利用现藏于英国皇家亚洲学会的小斯当东档案中存有的许多不为学术界所知的相关文书，包括英国东印度公司、英海军总管、葡澳委黎多、香山县丞致粤省督抚及海关监督的上行文、英王乔治三世致嘉庆帝、英属孟加拉总督致澳门总督的平行文等，与清宫外交档案相互引证比勘，更客观全面地还原了当年英军侵犯澳门的史实。利梓淇的《清代嘉庆七年英船入澳文书初探》（《西部学刊》2021 年第 10 期）一文指出，清嘉庆七年，六艘英国兵船先后驶近澳门，意图靠岸登陆占领澳门。在多方的周旋之下，这一阴谋未能得逞。由于清代史书对此事记载并不详尽，表面上看只是一次简单的外交事件，实质上给当时英国对我国领土的觊觎之心埋下伏笔。作者指出，此事件提供了重要的历史经验教训，英兵船的逼近，引起澳门夷人恐慌；紫禁城中的嘉庆帝难知真情；广东地方政府安抚了澳门夷人的情绪，却不采取任何防御措施，任由英船滞留在澳门海域，这种暧昧态度使得英国人认定中国软弱可欺，助长了其侵略野心。

鸦片战争是中国历史的转折点，也是中英政治关系的转折点，中国学术界对此有深入研究，2021 年学术界更多从鸦片战争时期英国人对中国人的形象建构层面，来反映当时的中英关系。李明月的《鸦片战争时期英国人眼中的中国人形象》（曲阜师范大学硕士学位论文，2021 年）一文利用丰富的档案文献资料，对鸦片战争时期英国人眼中的中国人形象进行详尽的探析。作者认为，鸦片战争前，随着中英双方联系的加深，英国人对中国表现出浓厚的兴趣，传教士、使团、商人等来华群体通过日志、游记、回忆录等媒介表达他们对中国人的看法和态度。新闻媒体行业的快速发展也使英国民众增加了了解中国人近况的渠道，英国国内政治家、文学家等对中国人的态度也悄然发生着变化。西方话语塑造的中国人形象成为他们从道德和法理上为自身行为寻找合理性的舆论工具。传教士群体是英国人了解中国人的先行军，他们渴望在中国推广西方文明、传播上帝福音。传教士们深入中国基层社会，与中国人直接接触、交往，从西方基督文明的视角审视中国文化，利用西方价值观衡量中国人好坏。传教士们出于鼓动信徒以及身份认同的需要，有选择地对中国人形象进行了建构，将更多视角对准中国人的愚昧无知、道德败坏，刻画出唯有通过上帝福音才能得到拯救的中国人形象。马戛尔尼和阿美士德使团访华是中国人形象崩塌的关键事件。试图扩大市场的英国使团虽然受到中国朝廷的热情接待，但没有完成外交任务的他们深切感受到自诩天朝上国的中国人的傲慢与自大，通过与清朝大小官员的接触，以及对民众生活的观察，使团成员也了解到清王朝外强中干、危机四伏的现状，这就为英国鸦片贸易和武装入侵提供了翔实的决策依据。

19 世纪 30 年代，在自由贸易理论影响下，自由贸易者与代表垄断特权阶层利益的东印度公司的矛盾达到顶峰，双方关于对华贸易政策的争论也掺杂着对中国人形象的不同认识，他们为了捍卫各自的立场，东印度公司的支持者和批评者对中国政府、中国人民的形象进行了截然不同的描述。来华英人凭借着对中西文化差异极为敏锐的嗅觉，依托自己在中国的亲身经历，将自己的亲历亲闻记录下来，成为反射中国人习焉不察独特之处的镜子。随着新闻媒体行业的发展，报纸、杂志、宣传手册日益成为重要的大众传播媒介，鸦片战争爆发前，有关中国和中国人的报道迅速增加，这就给英国不同政治派别以及普通民众了解中国人以及发表不同见解提供了合理渠道，在构建、扩散中国人形象过程中发挥了不可替代的作用，同时这也是宣扬言论观点的重要阵地，发挥了一定的政治动员作用。从 18 世纪末到鸦片战争期间，英国文学家们在其作品中展现了对中国人暧昧不清的态度，随着英国的不断扩张，英国文学家截取不同的资料虚构异域故事，构建了滑稽丑陋、扭曲狰狞的中国人，为英国在中国的扩张提供合理的解释。19 世纪上半叶，中国人形象褒贬不一，总体呈矮化趋向，其原因也是复杂多变，不仅与个人的经历和境遇有关，而且受到经济利益和政治权力的影响。愚昧麻木无知的中国人展现在英国公众面前，所引起的并不是同情和怜悯，而是厌恶与唾弃，从而证明用武力等强硬手段来改造和拯救这个民族的合理性。而文质彬彬、温文尔雅的中国人形象也不过是商人或者政客们维护经济利益、表达政治诉求的一种手段。总之，英国人眼中的中国人形象，带有强烈的西方意识形态和迫切的政治需要，它不仅为英国向中国输入鸦片找到了借口，而且为武力侵略中国提供了依据。

张玥的《鸦片战争前〈泰晤士报〉对华鸦片报道中的中国形象》(《云南师

范大学学报(哲学社会科学版)》2021年第4期)一文以鸦片战争前《泰晤士报》对华鸦片报道为例，探究18—19世纪英国第一家综合性商业报纸对中国形象的建构经过。研究发现，报道重点从“经济”和“法律”两个维度出发，通过“精英化”的叙事手段和单一的框架报道，将鸦片战争前的中国书写为一个“残暴”“无法制”的异质经济体，而在此过程中，中国几乎处于“失语”的状态。《泰晤士报》对华形象刻画、形塑了英国本土读者对中国的认知，所形成的舆论导向对第一次鸦片战争的爆发也起到推波助澜的作用。钱茂伟、施琪航的《鸦片战争初期国人对英国的认知——以冯登府〈英吉利考〉为中心的考察》(《宁波大学学报(人文科学版)》2021年第2期)一文认为，浙江学人冯登府的《英吉利考》，是建立在1840年鄞县知县审问英国军官安突德口供基础上写成的，与魏源的《英吉利小记》相比各有特色。它是清朝地方官员审问英国俘虏而成的英国国情报告，体现了鸦片战争初期地方官员对英国的关切点。宁艺阳的《19世纪英国的社会焦虑与仇华情绪——鸦片贸易背景下的狄更斯遗作〈德鲁德疑案〉》(《外国文学研究》2021年第1期)一文认为，狄更斯于未竟遗作《德鲁德疑案》中有关鸦片吸食行为和伦敦烟馆的描写值得深究，且作品中并不多见的几个华人形象具有种族和历史层面的多重指涉。晚年频繁服用鸦片酊的狄更斯深知鸦片之害，并在小说中借由鸦片公主和贾思伯的症状对其予以间接揭露。自第一次中英鸦片战争起，有关鸦片烟馆和鸦片成瘾者的新闻叙述话语频繁见诸英国报端，反映了英国当时暗中发酵的社会焦虑和持续升温的反华情绪。这些报道想象式地建构并污名化了华人刻板形象，企图将英国白人接触并习染鸦片烟瘾的罪责归咎于在英华人。小说中的鸦片书写和华人形象的分析能够为我们提供管窥中英鸦片贸易、两次鸦片战争等宏大历史背景的独到视角。

雷蕾的《德庇时与中英关系》(湖南师范大学硕士学位论文，2021年)一文认为，19世纪上半叶是中英关系发生根本转变的时期，英国不断尝试打破中国的朝贡体制，建立西方式的基于主权国家的外交关系，并于1840年发动第一次鸦片战争，逼迫清政府签订条约。中英之间也由朝贡体制下的互市关系转变为新的不平等的条约关系。德庇时是中英关系第一次大转变的见证者，也是这一时期英国对华政策的执行者，亲身参与了第一次鸦片战争前后中英交往的重大事件,在其中不同程度地发挥了作用。政治方面,在第一次鸦片战争前,德庇时曾作为英国第二个访华使团——阿美士德使团的翻译前赴北京,觐见嘉庆皇帝,参与了中英之间关于礼仪问题的争辩。1834 年英国东印度公司对华贸易垄断权废除后,他先后担任第二商务监督和英国驻华商务总监,卷入律劳卑事件的激烈冲突,并在此后实行"沉默政策",借此维持英中两国的贸易。第一次鸦片战争后,1844—1848 年间,德庇时又被任命为英国驻华公使和香港总督,就进城问题、英侨保护问题等与清政府进行了大量交涉,维护英国利益,实施强权侵略。经济方面,为了加强对鸦片贸易的管制,消除鸦片走私带来的不良影响,德庇时多次与清政府交涉,以各种理由试图谋求鸦片贸易的合法化,但未能成功。在土地租赁问题上,德庇时充分利用条约的效力,采用和平的方式与中国政府和民众沟通,因而得以顺利解决。在文化方面,德庇时很重视对中国语言和文化的学习、研究与传播。在担任香港总督期间,他设立了英国皇家学会香港分会,在殖民政府中推广使用英汉互译的语法书和字典,支持学校中文教育。退休后,他仍然致力于中文的教授与传播。此外,他还翻译了大量中国古典文学作品,撰写了涵盖中国各领域的相关著作,取得丰硕的汉学成就,加深了西方世界对中国的认识,推动了中英文化的交流与发展。

郑彬彬、张志云的《英国驻华使领馆的情报工作与修约决策(1843—1869)》(《历史研究》2021 年第 2 期)一文认为,在 19 世纪 40—60 年代英国对华商贸扩张与修约决策中,英国驻华使领馆的情报工作发挥了关键作用。他们通过商贸情报的搜集与更新,配合英国政府将对华商贸扩张从沿海导向内陆。他们对清政府内政情报的刺探,使英国对华认知从商贸范畴扩展到政治领域。情报积累的日渐丰富,加深了英方的对华认知,使其对华交涉跳脱商贸扩张的单一视角,试图在商贸扩张与对华政策的把握上取得某种平衡。通过"情报搜集—认知中国—政策调适"的模式,英方不仅在 1868—1869 年的修约交涉中实现了商贸扩张与对华决策的平衡,为英国攫取在华利益打下了基础,而且改变了过去向清政府一味施压的办法,开始着手在清政府内部培养"代理人",以诱导清政府实现变革,从而服务其在华扩张。吴伟宁的《林则徐禁烟斗争的启示》(《岭南文史》2021 年第 2 期)一文指出,

1805年10月21日爆发的特拉法尔加海战中，英国皇家海军上将纳尔逊在西班牙特拉法尔加海面指挥英国舰队，以颠覆传统的T形战术，击败了规模浩大的法国—西班牙联合舰队，由此确立了英国的海上霸主地位。为了占领更多殖民地，攫取巨额财富，英国便把殖民扩张目标转向了遥远古老的东方，矛头直指中国。陈守凤、关志钢的《邓廷桢与清道光朝禁烟抗英斗争》（《炎黄春秋》2021年第6期）一文认为，在中国近代风起云涌的禁烟和抗英斗争中，邓廷桢的命运和林则徐紧紧连在一起。他在林则徐到达广东前就在当地采取了许多有效的禁烟举措，而后又全力协助林则徐禁烟。鸦片战争爆发后，他与林则徐一道指挥军民抗击外敌入侵，并坚决反对割让香港和厦门。清军战败后，道光帝为向英方求和，将邓、林革职查办，遣戍伊犁。两人同声相应，同气相求，患难与共，为捍卫国家主权和民族尊严付出了巨大努力。

2021年度学术界继续关注近代中俄关系。中俄关系是清朝时期重要的双边关系。现实中两国间的很多问题都要从清朝追根溯源，尤其是两国领土边界奠定于清朝时期，包括领土边界在内的政治外交问题历来都是清代中俄关系史研究的重点。叶柏川、于白昆的《近三十年来清代中俄政治外交问题研究述评》（《中南民族大学学报（人文社会科学版）》2021年第5期）一文对近30年来清代中俄政治外交问题的研究状况进行了梳理，有利于促进中俄政治外交的专题研究的进一步发展。王征的《清宫档案里的中俄关系》（《中国档案》2021年第3期）一文利用清宫档案资料，对明清时期的中俄关系进行了梳理。作者认为，由于西伯利亚横亘其中，长久以来，除了蒙元时代蒙古人的远征之外，作为北部近邻的俄国，始终没有与中国发生直接的交往。明朝万历年间，俄国曾派遣裴特林使团到达北京，这支使团除了搜集到一些有关中国地理、物产、交通、军事等方面的情报外，并未对两国的实际交往产生太大的影响。直至明末清初，随着俄国对西伯利亚汗国的征服，中俄两国陆路相通，俄罗斯人开始有组织地进入中国黑龙江（俄国称阿穆尔河）流域的少数民族生活地区。孔源的《从尼布楚条约到〈朔方备乘〉——康熙至咸丰年间清朝关于俄国知识的形成和固化》（《俄罗斯研究》2021年第2期）一文认为，从《尼布楚条约》前后到第二次鸦片战争，清朝通过外交、经贸等各方面与俄国的联系，积累了大量关于俄国的认识。18 世纪前期，清朝关于俄国的知识开始形成。到 18 世纪中期，乾隆朝一系列官方典籍的编纂表明，清朝基本形成了基于《尼布楚条约》和恰克图商贸外交体系的关于俄国的官方知识。此后的 100 年，清朝官方关于俄国的认识一直在完善，其集大成者便是代表清朝"俄国研究"最高水平的著作《朔方备乘》。但是，从乾隆朝到第二次鸦片战争，清朝官方主导的关于俄国知识的核心，逐渐固化成为对恰克图商贸外交体系的认知。清朝官员和士人一方面不断积累和整理关于恰克图的知识，另一方面却忽视了关于俄国本身的更丰富的知识。最终，面对 19 世纪 60 年代开始的中俄关系新形势，乾嘉道咸时期精细化的"俄国学"落伍于时代了。熊剑平的《近代俄罗斯使团在华的情报活动》(《文史天地》2021 年第 5 期)一文认为，随着沙俄的实力逐渐壮大，其触角逐渐向东延伸，渐与中国频繁接触，到了清顺治年间已开始入侵中国的黑龙江流域。沙俄的东进计划蓄谋已久，但令他们没想到的是，在与清军的初期交战中，沙俄军队未能取得预期战果，没能占得他们预想中的优势，转而试图通过间谍战调查和了解中国，摸清东方帝国的虚实。此后，便有了一批又一批俄罗斯使团，借各种名义，不远万里地来到中国。

2021 年度关于近代中葡关系也有相应的研究成果。陈才俊的《"耶稣会风格"教堂与澳门城市空间早期建构》(《世界宗教文化》2021 年第 6 期)一文指出，1557 年澳门开埠之后，以耶稣会为主体的罗马天主教修会伴随葡萄牙人的入居而纷至沓来，积极兴建教堂。天主教堂既是澳门最早的公共建筑，亦是澳门城市诞生的标志。居民围绕教堂聚居，渐渐形成市民中心—教区或堂区，奠定了澳门早期城市的雏形。耶稣会是澳门教区的开拓者与奠基者，主导着澳门早期的教堂建造。呈现浓郁巴洛克式"耶稣会风格"的教堂建筑，不仅肇基澳门早期的城市空间，而且确定了澳门城市的整体架构。澳门城市空间的早期建构是对欧洲中世纪城市空间结构的移植，既具有葡萄牙风格建筑之特色，亦充满欧洲中世纪后期城建模式之共性。曾金莲的《近代西方税收与殖民管治：澳葡政府确立对澳门华人的税收制度》(《广东社会科学》2021 年第 6 期)一文认为，鸦片战争后，随着清政府对澳门控制的减弱，葡萄牙开始积极寻求殖民管治澳门。1846—1849 年亚马留政府对居澳华人税收制度的确立是澳葡殖民管治政策的重中之重。首先，葡澳政府制定税收方案，明确征税对象为地产、房产和个人所得等，采取“什一税”固定税率，纳税人包括澳门葡人、外国人和华人。其次，设置征税机构，逐步推行向居澳华人征税。先强制收取华人快艇牌照费，以试探居澳华人的纳税态度，随后采取策略加快推进征收华人“什一税”的进程，费时约三年相继确立对城墙内外华人的税收制度。这段复杂的历史既呈现出清政府与葡萄牙政府在澳门统治力的互动消长，以及近代澳门如何沦为葡萄牙管治地的一个侧面；又反映出在19世纪下半叶葡萄牙扩张对澳门殖民管制的过程中，西方税收制度当地化的具体细节。孙明霞的《中西文明交融的澳门因素与澳门特色》(《北方论丛》2021年第5期)一文指出，从明清到近现代，澳门成为继敦煌、泉州之后的第三个中西文明交融典范性城市，为中华文明包容多元文明注入了独特的“澳门因素”。在明清时期，澳门成为来华传教士向中国介绍西方科技和向西方传播中国文化的集散地，推动了中国的康乾盛世和西方的启蒙运动；在近代，澳门又凭借其独特的治理制度和发达的报刊媒体，成为中国近代思想变革的重要策源地，深刻影响了中国现代化的历史进程。中西文明交融的“澳门因素”表明，澳门在中西文化交融中形成了独特的区位特色、历史特色和族群特色，中西文明交融的澳门特色有助于澳门在推进文明互鉴、化解文明冲突的新时代再度焕发活力。此外，金国平的《关于“葡王柱”商榷二则——葡萄牙“发现碑”简述》(《海洋史研究》2021年第1期)等文章，也从不同侧面反映了近代中葡关系的状况。

张晨炜的《马克思主义政治经济学视角下的葡萄牙霸权与澳门地区》(外交学院硕士学位论文，2021年)一文认为，“收复失地运动”后，随着城镇的兴起、商品经济的发展，西、葡两国的土地贵族面对商人的挤压、农民的反抗、金银的外流，越来越无法维持其统治地位。旧有的封建统治方式遇阻后，土地贵族便逐渐将原本零散的政治权力集中到国家层面。国王逐渐成为土地贵族利益的代理人，国家官僚机构成为土地贵族实现利益的工具。于是，以土地贵族的政治经济主导为特征的封建资本得以产生，并推动着国家对内集中兼并土地、对外推行商业扩张。但是，由于葡萄牙的农业生产越来越具有商业属性，仅仅占有土地无法弥补其在交换和分配环节的不利地位。为了弥补全球生产中的“缺环”，封建资本主导下的葡萄牙政府逐渐成为最大的商业机构，葡萄牙国王则成为最具代表性的商人。封建资本由此日益与商业资本结合，土地贵族通过商业资本的增殖以实现自身的发展。在海外商业扩张中，凭借武力和文化扩张等强权手段，葡萄牙控制了东方贸易航线，并极力打入各地市场以便通商贸易。葡萄牙还在各地建立贸易商栈，组织海上贸易网络，从事倒手贸易以实现资本增值。澳门作为东亚贸易乃至世界贸易中的重要一环，是弥补葡萄牙全球生产“缺环”的重要角色。因而，葡萄牙对澳门地区的控制与殖民是葡萄牙建立海上商业霸权的必然要求，也是葡萄牙封建资本在海外扩张的必然结果。

在近代中西交往史中，中荷关系占据着重要地位，中荷之间的台湾之争更是重要的关注点，2021 年度这方面的研究取得了较大的进展。刘勇的《中荷关系史研究综述》(《国际汉学》2021 年第 4 期)一文指出，基于交往所涉地域，中荷关系史大致可划分为荷兰与中国台湾、澎湖地区关系史以及荷兰与中国大陆地区关系史。自改革开放以来至 2019 年，中国大陆学术界中荷关系史研究所取得的成果中，荷兰与中国台湾、澎湖地区关系史研究成果重于荷兰与中国大陆地区关系史研究成果，这不仅反映于成果数量，同时也体现在研究所涉及的领域。中荷关系成为中国大陆学术界中西关系史研究中的薄弱环节，主要原因在于对荷文原始档案史料利用的困难。只有打破这一障碍，中荷关系史研究才能够得到进一步的拓展、深化。李庆的《〈明史〉所载“中荷首次交往”舛误辨析》(《海洋史研究》2021 年第 2 期)一文指出，作为基本史籍，殿本张廷玉《明史》的“外国传”塑造了学术界对明代中外关系史的基本认知。其中，《和兰传》所记万历二十九年(1601)中国与荷兰首次交往的史事，多为史家征引、讨论。张维华早在 20 世纪 30 年代就指出《和兰传》中的“李道”当为“李凤”，不过他并未对中荷首次交往的记载做更多订正。

台湾之争是近代中荷关系的重要节点，中荷双方的战争历程及郑成功收复台湾问题尤其受到学术界的重视，有大量的研究成果发表，2021 年度也呈现出蓬勃之势。杨伟忠的《清代以来郑成功研究综论》(《闽台文化研究》2021 年第 2 期)一文梳理了清代以来关于郑成功研究的学术史。作者认为,郑成功研究经历了三个重要的历史时期:晚清民国是郑成功研究的滥觞,浓烈的政治色彩和介入属性是该时期的主要特征;20世纪60年代到21世纪初是郑成功研究的第二阶段,表现出极高的规划性和组织性,并最终将郑成功研究推向高峰;目前则处于郑成功研究的第三阶段,学术界出现一种新的趋势,逐渐从历史研究转向叙事研究。该文对相关学术史的梳理和总结,不仅厘清了不同时期的研究特点及主要成果,也是对该领域研究的总结,并为将来的研究提供了新的研究方向。徐鑫的《17世纪初荷兰人的东亚认识与入据台湾》(《河北学刊》2021年第6期)一文指出,荷兰崛起于对抗西班牙的80年战争(1568—1648)。在这场战争中,荷兰在全球范围内展开了对西班牙、葡萄牙的直接战斗和商业竞争。16世纪末17世纪初,荷兰人进入亚洲后,其对东亚的基本认识仍然基于欧洲经验,将西班牙人和葡萄牙人视为自己最重要的对手。因此,荷兰人意图占领澳门、澎湖,在商业上击败西班牙人和葡萄牙人,获得与中国贸易的垄断权。遇到挫折后,荷兰人选择了台湾大员作为贸易基地,这是退而求其次的无奈选择。这一时期,荷兰人并不了解中国,对东亚的认识也仅仅依赖自身经验,并将之纳入欧洲各国之间的竞争视野中。逯鹏的《从全球视角看郑成功收复台湾》(《南方论刊》2021年第1期)一文指出,郑成功是在明末清初历史上留下了浓墨重彩的人物。他收复台湾的壮举,一直以来被国人津津乐道,传诵千古。至今大家仍不断赞扬郑成功的民族大义,认为他驱逐荷兰殖民者,维护了祖国的领土完整,是伟大的民族英雄。但从另一个角度来看,郑成功及郑氏家族所代表的海商集团,更是全球大航海时代的深度参与者。郑氏父子两代建立的海商集团,顺应历史大潮,以贸易为主体,不断发展、壮大自己的海上力量,并最终称霸东亚海域。到了郑成功时代还结束了荷兰殖民者在台湾长达38年的殖民式统治。由此可见,郑氏海商集团引领中国在全球大航海时代初期便深深参与其中,并一度取得辉煌的成就,而不是像人们认为的缺席了世界大航海时代。

获取经济利益是荷兰在远东地区进行扩张的重要推力,2021年度这方面的研究有所发展。王芳文的《马克思主义政治经济学视野下的荷兰霸权与台湾地区》(外交学院硕士学位论文,2021年)一文研究视角比较新颖,史料翔实，对荷兰霸权和台湾地区问题进行了深入的探析。作者认为，马克思主义政治经济学理论指出，资本原始积累是通过对内剥夺和对外扩张两种方式完成的。这两种方式相互交织，共同促进了资本主义世界体系的起源和初步形成。新航路的开辟在地理上加强了世界各地的联系，也为资产阶级向外扩张提供了途径。资本主义全球化肇始于16世纪，一个世界性的生产体系逐步形成。17世纪前后，荷兰霸权逐渐在该体系中占据主导地位，在其商业资本向全球扩张的推动下，实现了对总体生产过程中的四大环节，即生产、消费、交换和分配的控制。由于商业资本的特殊性，荷兰重点着力于对交换环节的控制以维持其“中间商”角色，通过赚取高额利润实现资本增值，同时通过与其他环节的配合确保资本增值和向外扩张的持续性。然而，由于其自然地理、人口构成等政治经济条件的短板和葡萄牙、西班牙势力的影响与制约，荷兰在其商业资本扩张初期并无法完全控制全球生产秩序，“交换”仍是其生产体系最重要的“缺环”。此时，拥有优越区位条件和自然禀赋的我国台湾地区就成为补足这一“缺环”的重要中转站和原料产地。荷兰霸权对台湾地区的殖民控制是其商业资本向外扩张、控制全球生产体系的关键步骤，也是其在这一过程中与其他各区域原有生产体系碰撞的一个缩影。

陈琰璟的《荷兰语文献中的1622年荷葡澳门之战》(《海洋史研究》2021年第1期)一文认为，1602年3月20日，荷兰联合东印度公司(VOC)在阿姆斯特丹成立。为了获得丰厚的贸易利润，荷兰人不断组织前往亚洲的商船队，力求形成垄断的亚欧贸易网络，这一行动无疑将挑战当时域内最大的既得利益者——西班牙和葡萄牙。1609年，荷兰人到达日本平户，获得了德川家康的朱印状许可进行贸易；1619年，荷兰人又攻占了爪哇岛上的雅加达，将那里作为荷属东印度的总部，并命名为“巴达维亚”。眼看着亚洲内部即将形成自给自足的贸易网络，独缺与中国建立正式的贸易关系。但荷兰人也非常清楚地意识到，与葡萄牙等的贸易竞争是场“零和游戏”，要想独占中国对外贸易的丰厚商业利润，就必须在中国海域取而代之，而澳门将是这场贸易争夺战中最为重要的环节之一。廖梓蔚的《17世纪中国沿海海盗与荷兰东印度公司走私贸易研究》(《现代商贸工业》2021年第27期)一文指出，17 世纪 20 年代，荷兰东印度公司在与中国政府求商不成的情况下，被迫依靠沿海的海盗开展对华走私贸易，而这些海盗对公司经营的走私贸易既有合作也有制约，双方关系十分复杂。

2021 年度还发表了一些关于近代中国与西班牙关系、中美关系的研究成果。李庆的《明万历初年中国与西属菲律宾首次交往考述》(《历史研究》2021 年第 3 期)一文认为，明初百年间，中国对外关系经历了从“四夷来朝”到“四夷来商”的演变，发展至明中期，统治者对“四夷”的认知，仍然沿袭“小、穷、弱”的观念。实际上，“地理大发现”时代已开启，葡萄牙、西班牙等欧洲强国开始向全球殖民扩张。16 世纪以后，葡、西两国及荷兰、英国相继介入中国海域，交往中留下大量文献，为中外关系史研究提供了丰富的史料。此前学术界对葡萄牙使团访华及早期中葡关系史的研究较为丰富和精深，对中国与西属菲律宾首次交往的探讨相对薄弱。究其原因，主要在于已公布的西班牙文原始史料较少，基本依赖传教士拉达和门多萨等人的已刊文献。相关研究一旦触及“谎报军功案”等重要问题，就难以达成一致看法。随之产生另一个不足，即研究主题集中于中文史料相对充足的海盗林凤突袭吕宋事件。黄涛的《卫三畏与近代中美条约外交关系》(《太平天国及晚清社会研究》2021 年第 1 期)一文认为，卫三畏是 19 世纪美国传教士、外交官和著名汉学家，是当时在华生活时间最长的西方人，并对中美关系产生了重要影响。在西方通过武力把晚清带入近代化的过程中，卫三畏成为中美条约外交关系的推动者之一。近代中美条约关系的演进，逐渐将中国对美关系置于不平等的地位，形成了中美长期缺乏信任和友好关系的历史困境。但卫三畏在中美条约外交关系中的作用也是双刃剑式的，客观上对中国近代化起到了一定的推动作用，但也给中国人带来了历史屈辱和灾难，这是中西关系的历史弊端，是不容忽视的历史教训。

(二)中西海洋观、海洋政策与海疆史研究

2021 年度关于中西海洋观的研究成果不少，既有对既往学术研究的梳理和总结，也有对具体问题的深入探析。侯毅的《中国海疆史研究回顾与展望》(《中国边疆学》2021 年第 1 期)一文对新中国成立之后中国海疆史的研

究进行了梳理。作者认为，新中国成立后，我国海疆史研究取得了显著发展，学科建设不断加强，理论研究不断深化，人才队伍不断壮大，已成为边疆史地研究中的显学。海疆史理论研究经过70年的学科建设日益成熟，学术建设逐步体系化和规范化，呈现出良好的发展态势。海疆史的发展带有鲜明的时代特征，应时势之变是海疆史研究成长的不竭动力，也是海疆史研究保持旺盛生命力的原因所在，随着国家海洋事业的发展进步，海疆史研究必然会迎来新的更大的发展。王楠的《中国海疆史研究述评》(《青春岁月》2021年第19期)一文对海疆史学术研究进行简要述评，包括涉海文献搜集编纂、海疆通史撰写和海疆专题研究，并探讨其推进方向。作者认为，中国海疆史研究涵盖了涉海文献搜集编纂、海疆通史撰写和海疆专题研究。海疆史考察对象广泛、学科交融复杂，并深受反帝话语和时代导向的影响。在近代中国，服务于涉海外交的学术著作已零星出现，但史料搜集未及深入开展，海疆史研究尚处于萌芽阶段。新中国成立以来，经过我国学者孜孜探索，海疆史从地方史和传统史学体系中被剥离出来，并找到自身的学科归属。我国学者可从发掘档案史料、研发专业数据库和开展专项研究等方面入手，推进海疆史研究，适应时代海洋维权和海疆发展的需要。

黄毅的《从明代海图看明人对东亚海域的认识》(《福建文博》2021年第3期)一文认为，《郑和航海图》《古今形胜之图》《东西洋考》《经国雄略》等一系列的明代海图表明了明人对于海洋的进取之心从未停歇。明人不但传承着中华传统的海洋运用技能和海洋知识，还积极对外开放交流，吸收了大量的科学知识和文化元素。明人对东亚海域的经营和认识直到今天仍然对中华民族伟大复兴及“一带一路”倡议有重大意义。吴宏岐、阮宏的《近代西文文献所记“浩官炮台”位置新考》(《中国历史地理论丛》2021年第1期)一文通过对相关中西文史料记载和地图文献的细致考证，否定了定功炮台说、赤岗塔附近说和永靖炮台说三种观点。作者认为，见于近代西文文献记载的“浩官炮台”，是鸦片战争前后广州城东南珠江沿岸的一座重要炮台，对于其位置所在历来有不同说法，但经过考证，这座炮台大致可以确定在今琶洲岛西端磨碟沙公园以东的台地一带。同时，文章分析了“浩官炮台”的中文名称与建置年代问题，认为其正式的中文名称是猎德炮台，始建于嘉庆二十二年(1817),道光二十二年(1842)就被彻底废弃,前后只存在了约25年的时间,选址不当是这座炮台被废弃的最主要原因。刘鸿亮等的《工程史视野中的中英虎门炮台大战》(《工程研究—跨学科视野中的工程》2021年第4期)一文认为,1841年2月,中英军队在广东东莞虎门炮台进行了一场很重要的战役,仅仅一天虎门第二道防线上的六座炮台纷纷陷落,清军"逃跑"成了主旋律,智勇兼备的广东水师提督关天培殒身于虎门靖远炮台,胸部有弹伤,且身中刺刀而死。此战的实质是:清廷让一支以"制贼与防夷"为主要职能的绿营水师,使用和世界上最强的陆海军有"代差"的武器和战术,担负御侮任务,无异于驱羊入虎口。再有,虎门炮台最初为海防与抵御海盗而设,但在清朝"一口通商"时期,竟沦为黄埔港和粤海关管理海口的关卡,自然御侮功能大打折扣。作为正义方的清军在此顿挫的根本原因,可从工程思想、国家制度和综合国力三大方面进行解释。

孙佳荀、葛云霞的《从水师编制核心看清代前期海防观念》(《国家航海》2021年第1期)一文认为,从清代文献资料记录中的船名和火炮数目问题,可推知清代水师编制的核心是人。按照现代军事观点来看,清代水师是陆师的专业化兵种,类似于现代的陆军船艇部队,并不是真正意义上的海军。由此可见,整个清代海防观念乃至海疆治理观念也是从控制人出发的,在这样的海防观念下,清军水师始终未能追随世界海军发展的专业化趋势,以致到19世纪中叶,中西方水上力量的技术差距大到已经无法用人的因素加以弥补,鸦片战争的惨败就是必然的结果了。张勇的《明清时期连云港的海防》(《大众考古》2021年第12期)一文则具体研究了明清时期的连云港海防。作者认为,连云港古称郁洲、朐县、海州,位于中国东部海岸线的"脐部",与日本、韩国隔海相望,向北可达胶东半岛、渤海湾,向南可抵沪、浙、闽、粤及南海,自古就有海港的存在,也是古代战争重要的战场之一。清代学者蔡方炳在《海防篇》中言:"海之有防,历代不见于典册,有之自明代始,而海之严于防,自明之嘉靖始。"为加强沿海戒备,明清两朝在沿海设立卫所,充实陆军、水军,筑有"烟墩""城池""炮台"等海防设施,形成完善的海防体系。

武器的发展是海防中的重要一环,2021年度也有相关研究成果发表。

陆伟的《中国古代航海火器的演进历程》(《大众考古》2021 年第 4 期)一文认为,火药是中国古代四大发明之一,火药诞生后,中国人就发明了火器。陆地战争之外,在水战和航海中,火器逐渐得到更广泛的应用,极大改变了战争的面貌。唐末到明初,中国火器在世界上长期处于领先地位,并随着陆上及海上丝绸之路广泛传播到东亚、东南亚、西亚及欧洲等地。

二、中西贸易研究

随着大航海时代的到来,海上丝绸之路上商船往来频繁,促进了中西贸易的发展。中国的丝绸、瓷器、茶叶等产品通过海上丝绸之路进入西方国家,西方国家在工业革命后其工业产品也源源不断输入中国,促进了中西经济的发展与社会生活的变革。学术界一直非常重视中西贸易研究,2021 年度国内学术界在以往研究的基础上,围绕中西贸易状况、贸易政策与组织、贸易航线与港口、中西货物贸易以及中西贸易相关人物等问题进行了比较深入的研究,促进了海上丝绸之路学术研究的发展,也为"一带一路"建设提供了丰富的历史经验。

(一)中西贸易状况研究

2021 年度关于中西贸易发展状况的研究成果不少,既有对贸易史的梳理,也有对具体贸易状况的研究。彭波、施诚的《千年贸易战争史:贸易冲突与大国兴衰》(中国人民大学出版社,2021 年)一书以翔实的资料,梳理了千年贸易战争史,深入分析了贸易冲突与大国兴衰的关系。作者认为,贸易与冲突是构成世界历史的主要内容之一,经贸利益是世界历史上很多重大战争的动机,自古以来贸易都关系到大国兴衰。该书从 17 世纪前主要的贸易战争写起,呈现了千年以来,贸易战如何促进大国崛起,又如何推动构建或破坏国际体系,以及中国如何与世界贸易战争紧密联系在一起。早期的荷兰、英国,后来的法国、德国、日本、美国等,在贸易战中受损或获利,借由贸易战衰落或崛起,书中都有十分精彩的呈现;对中国自清朝以来卷入的贸易战争以及由此带来的经济祸福,该书也有深入探讨。该书为我们理解当下的世界经济、贸易、金融格局提供了有益的参考与借鉴。伍媛媛的《清代中西贸易商欠案档案(下)》(《历史档案》2021年第1期)一文在中国第一历史档案馆藏军机处上谕档、录副奏折及宫中朱批奏折中,选编有关行商商欠案史料,为学术界进一步研究行商拖欠外商债务问题提供了宝贵的原始文献。张倩的《试论蒙元时期的中西经济文化交流》(《商业文化》2021年第19期)一文结合历史文献和考古资料,从蒙元时期中西交流的背景,经济贸易的发展及影响,中西文化交流的发展、特点及影响等方面,来论述蒙元时期中西经济文化交流盛况。蒙元时期是指1206—1368年,由蒙古人建立的全国统一的第一个少数民族政权时期,是中外文化交流史上一个非常重要的阶段,对现今我国经济文化交流具有启示意义。王兰兰的《海上丝绸贸易对古代中外经济文化交流的影响》(《西安文理学院学报(社会科学版)》2021年第3期)一文指出,中国古代各王朝与同时期世界各国进行经济贸易往来时,除了依靠著名的陆上丝绸之路,海上丝绸之路也是一种重要的途径。海上丝绸贸易起自秦汉,历经魏晋南北朝、隋唐五代、宋元明清等漫长的历史时期,不断发展繁荣,促进了丝织品通过海上航道进行国际双向流动,推动了各国丝织技术的互相交流、借鉴与发展,有助于中华文化多元审美的形成,为世界文明搭建起了互联互通的桥梁。宾娟的《交流互鉴视域下的东西方外销商品》(《大众考古》2021年第8期)等文章,也探析了相关问题。

白银在中西贸易中具有重要地位,学术界一直非常关注,2021年度也有相关的研究成果发表。孔祥祯的《晚明外国白银输入量研究之研究》(东北师范大学硕士学位论文,2021年)一文对相关研究成果进行梳理、比较和再分析,并根据研究者所处年代的不同,按照研究时期划分为三部分,以求厘清晚明外国白银输入量估算研究的整体进程与趋势变化。作者认为,明中叶开始,大量外国白银输入中国,成为中国自身历史发展变化诸多复杂因素中的一个重要因素,加速了中国从以实物、力役为基础的货币财政体制向以白银货币为主要基础的货币财政体制转变的进程,这种转变又在很大程度上成为晚明中国社会乃至国家体系发生巨大变迁的重要推动力。为论证、评估域外白银输入对中国历史影响的程度以及16世纪、17世纪中国历史与世界历史的关联程度与方式,自20世纪二三十年代至今,中外学术界对域外白银输入中国的数量进行了大量研究，其间虽有共识，但对域外白银输入量的估算差异极大，至今分歧不断。其中缘由，既关涉实证意义上的史料搜集与分析，也关涉研究的理论与方法。该文共分三章，第一章为对晚明外国白银输入量估算前期研究者的研究的梳理与总结。20世纪20年代末至60年代的前期研究者主要侧重于对西属美洲白银输入量估算的研究，并深挖菲律宾史料，但是对日本白银的史料利用较为单一，估算较为简单。第二章为对晚明外国白银输入量估算中期研究者的研究的梳理与总结。20世纪60年代至20世纪80年代的研究者深挖16世纪、17世纪自日本输出的日本白银的史料，提高了对晚明日本白银输入总量的估算。第三章为对晚明外国白银输入量估算后期研究者的研究的梳理与总结。自20世纪80年代至今的研究者对前中期研究者的研究成果进行整合估算，由于整合思路与方法的不同，得到诸多估算结果。该文主张在估算方法上利用16世纪、17世纪各国间的贸易数据进行估算，因为这种估算方法相对保守，误差值相对较小。作者通过总结诸位研究者的估算结果，提出晚明外国白银输入量应不大于1.78亿两到2.08亿两。

随着大航海时代的到来，西方国家陆续开拓通往东方的航线，东亚海域成为海上丝绸之路上重要的组成部分，其中明代双屿港在国际贸易网络中占有重要地位，学术界已有许多相关研究成果，2021年度这方面的研究更是有所发展。石晶晶的《明代双屿港与十六世纪东亚海上贸易网络的形成》(上海师范大学硕士学位论文，2021年)一文以双屿港为突破口，参考中、英、法、葡、西、日等多国相关文献，结合区域实际情况，发掘16世纪东亚海洋贸易网络发展的内在逻辑和规律，并在全球史语境中重新定位东亚海洋在世界海上贸易网络中存在的意义和影响。作者认为，新航路开辟后，以葡萄牙为代表的西方国家来到东亚寻找新的机遇，与此同时，东亚地区内部也出现了一些新的变化。双屿港就是这四种矛盾下的产物。双屿港位于今浙江舟山西南部六横岛周边，是16世纪上半叶在中国、东南亚国家、葡萄牙、日本等多国海商共同作用下形成的国际私人海上贸易据点。嘉靖二十七年(1548)，明廷派遣朱纨向双屿港发动军事攻击。双屿港从此湮没，辉煌不再。该文先从明代朝贡贸易和海禁实施的具体情况入手对明代的对外政策进行了讨论，并以中外双视角对东亚地区的海洋贸易网络进行了概述。接着，通过宏观和微观视角的结合，笔者分别对双屿港兴盛和衰落的过程、具体内容及影响等进行了探究。最后，该文以澳门、月港和长崎港三个与双屿港相关但不同类型的国际对外贸易港口为例，结合中外史料记载对双屿港衰落之后的东亚地区贸易经济网络进行简要论述。虽然双屿港的消失使得东亚地区的海上贸易遭受冲击，但东亚海洋贸易网络的发展趋势不会随之消失。

贝武权的《双屿港 16 世纪遗存考古调查报告》(《海洋史研究》2021 年第 2 期)一文认为，16 世纪上半叶，葡萄牙人在发现绕经好望角的东西方航线之后，沿马六甲海峡北上，试图在明朝东南沿海寻找贸易立足点，建立包括中、日、朝鲜半岛的东方贸易体系。在广东沿海的尝试挫败后，受福建海商引诱，北上浙江双屿港，即今舟山群岛新区的六横岛，与中、日等国海商进行国际贸易。这与明朝例行海禁政策相违背，嘉靖二十七年明军剿灭了双屿港的葡萄牙人，并以木石将港区填塞。

刘爽的《“七丘之城”：从里斯本、果阿到澳门——跨文化视野下 15—18 世纪罗马“圣城”景观在欧亚大陆的复制与改写》(中央美术学院博士学位论文，2021 年)一文研究视角比较独特，其通过城市从西方到东方的拓展过程，反映了这一时期中西经济文化的交流情况。作者认为，城市的拓展亦是一个征服高地的过程，从罗马城的“七丘”到帝国境内的大量山地城市，“山地建城”的理念也成为多数罗马城市的一大共性，在中世纪的宗教狂热中催生出一座座“山巅之城”，那些在图像中高悬山巅的建筑，成为与神明最为接近的“圣地”，赋予了城市一顶形制特殊的“冠冕”。在文艺复兴时期，这种理想在“七丘之城”罗马得到极大强化，通过一系列的城市改造、在罗马之劫的废墟上建立起一个新的圣城，不仅引起境内城市的竞相效仿，更在海权时代再度拓展到地中海的“边缘”，从而在曾经历罗马化的伊比利亚半岛获得了自由，发展出更具适应性的本土化山城格局。但与 4 世纪已将自身打造成“第二罗马”的君士坦丁堡不同，这些城市虽与罗马教廷的宗教运动息息相关，却同本国的海外事业有着更大的关联。在葡萄牙，首都里斯本不仅通过系列“重建罗马”的计划向圣城靠拢，更将其改造成以“下城区”为核心的“滨海山城”，以此展现海权时代的核心推动力——跨洋贸易。在这一过程当中，经过葡萄牙“本土化”的山城理念被带往印度洋的各个海岸和岛屿，罗马教廷的强盛势力也通过里斯本王室渗透其中，最终以一座座群山环抱下的新城塑造了葡萄牙帝国的海疆。正是在这一过程中，果阿凭借绝对的政治、宗教地位被打造成一个东方的罗马，它不仅与地中海的第一罗马遥相呼应，更使“高地建城”的理念进一步向远东传递，借助完备的山地建设和系列适应政策，将“真十字之地”澳门营建成一座特征鲜明的“妈港神名之城”。然而，在这种不断“移动”的圣城背后，是罗马人“从山地到海滨”的城市化进程，并在海权时代“从地中海到印度洋”的贸易局势下，经历了建城“媒介”的一次次转变，从而在适应山区、平原、海滨与岛屿的过程中，由古典向近代社会迈进，最终在中西交汇的“十字路口”，将遥想中的“真十字之地”（澳门）化作了现实。

2021 年度近代中英贸易研究有所发展，研究领域进一步拓宽。李娜美的《全球史视角下的 18 世纪英国“港脚贸易”研究》（广西师范大学硕士学位论文，2021 年）一文认为，18 世纪是英国“港脚贸易”逐渐走向繁荣的时代，也是印度洋世界“港脚贸易”比较兴盛的时期。英国“港脚贸易”兴起于 17 世纪末。英国“港脚贸易”的兴起是英国商船构造和装置方面的优越、英国东印度公司及英国政府的支持和保护、印度洋贸易世界的贸易契机以及亚洲商人的合作共同作用的结果。从 17 世纪末到 18 世纪中期，英国“港脚贸易”重心西倾，即贸易重心在西印度洋贸易区域。因为在西印度洋贸易区域中，英国港脚商获得贸易优待，拥有贸易竞争优势，英国东印度公司的亚欧洲际咖啡贸易帮助英国港脚商解决了寻找回程货的难题，荷兰东印度公司和法国东印度公司的势力衰退，加上一些亚洲商人群体退出西印度洋“港脚贸易”，英国港脚商在西印度洋贸易区域的贸易机会更多、贸易空间更大，贸易阻力和贸易竞争更少。因此，西印度洋贸易区域的英国“港脚贸易”蓬勃发展。至 18 世纪中期，英国港脚商在孟加拉—印度西海岸“港脚贸易”中占据多数份额，在波斯湾和红海的“港脚贸易”中至少占据一半份额。相反，在东印度洋贸易区域中，英国港脚商获得的市场较少，荷兰东印度公司、法国东印度公司，以及丹麦东印度公司对英国“港脚贸易”造成的阻力和竞争较强。东印度洋贸易区域的英国"港脚贸易"虽然在英国东印度公司和英国政府的支持下,取得一定进展,但发展比较有限,落在西印度洋贸易区域后面。从18世纪中期至18世纪末,英国"港脚贸易"重心东移,即贸易重心从西印度洋贸易区域转向东印度洋贸易区域。在此期间,西印度洋经济区域波斯湾和红海政局动荡,贸易环境恶化。从孟加拉出口到欧洲的货物数量增加,致使孟加拉货物价格上涨,在波斯湾和红海失去竞争优势。西印度洋贸易区域的英国"港脚贸易"出现衰落。大多数英国港脚商放弃波斯湾和红海的"港脚贸易"。在东印度洋贸易区域中,印度东海岸的军火贸易机会带动东海岸"港脚贸易"的发展。此外,随着英国的势力增强,荷兰和法国的势力被削弱,英国港脚商的贸易市场增多、贸易竞争减少,贸易阻力显著降低。英国在中英贸易中的逆差地位刺激英国港脚商扩大对中国的"港脚贸易"。因此,印度东海岸英国"港脚贸易"快速发展并超越西海岸,中国、东南亚及印度之间的英国"港脚贸易"也快速发展。东印度洋英国"港脚贸易"的迅速增长弥补了西印度洋英国"港脚贸易"的不足,推动英国"港脚贸易"走向繁荣。至18世纪末,英国港脚商在印度次大陆沿岸贸易、印度—东南亚贸易,以及印度—东南亚—中国贸易航程中占据主导地位,但是在中国—东南亚贸易中,英国港脚商未能取代华商的主导地位。英国"港脚贸易"的发展对印度洋贸易世界"港脚贸易"的整体格局和亚欧洲际贸易产生了重要影响。对印度洋世界"港脚贸易"而言,英国"港脚贸易"的发展主要带来了三个变化:第一,"古吉拉特—科罗曼德尔—马六甲"贸易轴心瓦解,孟加拉取代科罗曼德尔海岸成为印度的贸易重地,中国成为印度洋贸易世界"港脚贸易"的主要中心。第二,东印度洋经济区域间的贸易联系更加紧密。第三,印度洋贸易世界的所有经济区域之间的贸易联系进一步加强。英国"港脚贸易"的发展对亚欧洲际贸易的影响体现于三个方面。首先,英国港脚商将更多印度洋世界的贸易港口纳入英国东印度公司的洲际贸易网络,扩大了亚欧贸易的市场规模。其次,英国港脚商在印度洋世界的港口之间创造出更加繁复的贸易路线,为英国东印度公司的洲际贸易商船在印度洋世界提供了更多、更密集的贸易航线,推动亚欧洲际贸易网络形成一个更有凝聚力的整体。最后,英国港脚商在印度洋世界的贸易港口收集贸易信息,并将贸易市场的信息传递给英国东印度公司，促使亚欧之间的贸易联系更加深入。结合全球史视角研究18世纪的英国“港脚贸易”，可以丰富对英国“港脚贸易”以及相关历史进程的认识，也可以增进对全球史理论的理解与运用。

近代中荷之间的贸易往来开启较早，早在17世纪二三十年代，在荷兰东印度公司对中、对日开展通商贸易的过程中，大大小小的船只载运着各类货物、传递着各种信息往来于巴达维亚、中国与日本之间，构成了荷兰东印度公司东亚海上贸易网络体系的雏形，之后中荷之间经济政治交往日渐频繁，是中西交往的重要组成部分，学术界对此比较关注。郝治城的《1624—1634年荷兰对中国通商贸易研究——兼与对日本通商贸易比较》（郑州大学硕士学位论文，2021年）一文根据1624—1634年荷兰对中通商贸易复杂过程的梳理，通过对《巴达维亚城日记》《热兰遮城日志》《荷兰人在福尔摩沙》等史料的解读，对中荷诸通商贸易要素进行了整理和分析，包括通商贸易方式、船只、航路、通商贸易品等。另外，该文还对1624—1634年荷兰东印度公司对中、对日通商贸易关系和相关通商贸易状况进行比较，进而试探中荷、荷日贸易对中日荷三国产生的影响。该文第一部分从分析1624年之前中荷交往的历史背景展开，梳理欧洲的海外扩张以及中国与海外联系的状况，并分析荷兰人对华通商贸易的几次尝试和其建立台湾商馆等内容。明朝末期内忧外患，无力掌控台湾，这也给了荷兰人以可乘之机，使得台湾在17世纪初期被迫纳入荷兰东印度公司在东亚地区的通商贸易网络之中。第二部分着眼于对1624—1634年间荷兰东印度公司对中通商贸易情况的分析。其间，该公司在东亚区间内的通商贸易并不稳定，虽然荷兰人采取了吸引商人前来台湾通商贸易、预付定金通过中国商人购买商品、打击竞争对手的通商贸易等多种方式和策略，但始终无法直接打开中国的通商贸易大门。在此期间，台湾承担起了荷兰东印度公司向中国东南沿海以及日本输送东南亚商品，以及商船往来补给点的任务，体现了其作为通商贸易转口的重要性。第三部分首先分析荷兰东印度公司的对日通商贸易。1624年之前荷日通商贸易有部分军需用品，1624—1634年间荷日通商贸易经历了曲折发展，荷兰从日本输入的军需用品比例降低。其次将1624—1634年荷兰对中、对日通商贸易进行比较，发现这一阶段荷兰始终未获得对中自由通商贸易的许可，虽然荷兰在日本的许可下在平户开展通商贸易，但往往受制于幕府的管辖；荷兰从中国输入的商品主要是砂糖、瓷器、丝织品三类，从日本输入的主要是粮食和金属制品两类，荷兰向两国输出的主要有荷兰、东南亚及印度商品。中荷通商贸易是互相派遣船只，荷日通商贸易主要是荷兰方面派遣船只；中荷通商贸易有两条航路，荷日通商贸易仅有一条航路。总之，1624—1634 年间荷兰东印度公司对中、对日通商贸易过程曲折，是其构建东亚海上通商贸易网络的初期阶段，为公司后来在东亚区间内通商贸易兴盛打下了基础。

近年来中俄贸易的研究成果日渐增多。梁立佳的《破冰之旅：19 世纪初期沙俄开拓远东海上贸易的活动及其影响》(《海交史研究》2021 年第 3 期)一文认为，19 世纪初期，在商务大臣鲁缅采夫的推动下，沙俄政府多次尝试开拓中国广州和日本长崎的远东海上贸易。然而，受制于清代中国与德川日本的外贸管制政策，1804 年列扎诺夫赴日使团与 1805 年戈洛夫金使华团队均以失败告终，其实质是近代东北亚区域不同国际关系体系间冲突与碰撞的结果。俄国开拓远东市场计划的破产，使其错失改善太平洋区域贸易与殖民不利局面的关键时机。同时，清代中国与德川日本都在俄国的外交活动中感受到外域的威胁，两国政府在社会反应、应对策略等方面的差异似乎在某种程度上成为近代中日两国不同发展历程的具体表现。王力的《准噶尔蒙古与俄国的贸易类型及其特点》(《中国边疆史地研究》2021 年第 4 期)一文认为，准噶尔蒙古与俄国之间的贸易是中俄最早的区域性贸易和当时亚欧大陆经济、文化交流的重要组成部分。因游牧经济的相对脆弱性和单一性，对外贸易成为准噶尔蒙古获得社会资源的一种重要辅助性手段。在准噶尔蒙古对俄贸易的商品结构中，以畜产品与毛皮等为主的初级产品占较大比重。受领地、属民及实物税等因素影响，两者的贸易随着双方政治关系的变化而波动。

车效梅、桑敬鹏的《10—11 世纪的君士坦丁堡与丝路贸易研究》(《新丝路学刊》2021 年第 3 期)一文指出，7 世纪伊斯兰世界崛起后，欧亚经济贸易中心逐渐东移，而 10 世纪后伊斯兰世界的分裂混乱，有利于君士坦丁堡及周边地区复兴。拜占庭帝国马其顿王朝在中期对东部失地的收复，促使大量资产向君士坦丁堡转移,拜占庭帝国的黄金时代由此到来。10—11 世纪,以君士坦丁堡为中心的区域贸易网呈现扩大之势,与阿拉伯帝国、罗斯、埃及法蒂玛王朝、意大利商业城市的商贸往来达到高峰。贸易繁荣在使君士坦丁堡成为“欧洲各地区人们梦想中的家园”的同时,也使得丝绸之路贸易辐射区域进一步拓展。齐皓、齐张翼的《南海丝路文化流变及其启示》(《兰台内外》2021 年第 25 期)一文基于文化记忆理论视角,研究了南海丝路的文化流变及其启示,着重分析了南海丝路的历史发展、主要外销商品以及南海丝路变迁对现当代的启示。

此外,张亮的《鸦片战争前夕一块安民告示石碑与中外海上贸易》(《岭南文史》2021 年第 1 期),郭佳雯、王朝辉的《丝绸之路上的中西文化交流——东罗马神人纹鎏金银盘文化意象解读》(《石家庄职业技术学院学报》2021 年第 1 期),王祖远的《曾经在中国流通过的几种外国银币》(《收藏》2021 年第 1 期),周榜师的《论鸦片战争后海上丝绸之路与福建贸易》(《理论与当代》2021 年第 2 期),辛泽西的《丝绸之路上的朝贡贸易》(《丝路百科》2021 年第 2 期)、陈志武的《从海上丝绸之路历史对比不同文明:对当代企业的启示》(《外国经济与管理》2021 年第 6 期),甘泉等的《中英百年贸易包装设计的文化交融性研究(1840—1949)》(《包装工程》2021 年第 20 期)等文章,也从不同侧面反映了中西贸易发展的状况。

(二)中西贸易制度、政策与组织研究

随着中西贸易的发展,中西贸易制度、政策及组织在其中发挥了重要作用,学术界非常重视这方面的研究,且近年来也呈现出交叉学科研究趋势。

2021 年度关于中西贸易制度的研究成果有不少。韩琦、张昀辰的《马尼拉大帆船贸易垄断体制的建立及评价》(《国际汉学》2021 年第 4 期)一文认为,马尼拉大帆船贸易是菲律宾殖民当局的生命线。1565 年菲律宾与西班牙的贸易航线开通之后,一度沟通了中国经过菲律宾与美洲的自由贸易。但是由于这种贸易冲击了宗主国西班牙原先在美洲的贸易,且导致美洲白银流向亚洲,同时又不利于菲律宾当地工农业的发展,因此,从 1593 年开始,西班牙便颁布了一系列法令,除了对与中国的贸易做出种种规定,还从航行的次数、载重量、价值额、关税数额等方面对大帆船贸易进行限制，实行特许经营权制度、许可额制度、整批交易制度、货票制度、关税制度等，这样，便逐渐形成了一整套贸易垄断体制。垄断贸易在短期内维持了殖民地内部的贸易平衡，但从长期看，不利于菲律宾经济的发展，它带来的种种弊端，加上其他西方国家的挑战，最终导致大帆船贸易的终结。朱腾伟、张洪林的《清前期中西贸易法制变革之缘由》(《湖北社会科学》2021 年第 11 期)一文认为，为顺应贸易近代化的发展趋势，清廷在粤海关设立了广州十三行作为对外贸易主体，革新建构了具有近代化因素的外贸法律制度。清前期中西贸易法制的变革，既体现了顺应贸易近代化趋势的进步，也表露了固守传统、维护专制统治的保守。究其缘由，一是朝贡贸易法制对自由贸易的不适应使得清朝对外贸易法制遭遇困境；二是清廷需要通过构建具有近代化因素的法制顺应贸易近代化趋势；三是清廷出于维护专制统治和国防安全的需要，仍然继承了传统法制的内容。阮锋的《清前中期粤海关对珠江口湾区贸易的监管——以首航中国的法国商船安菲特利特号为线索的考察》(《海洋史研究》2021 年第 2 期)一文认为，大航海时代，对于欧洲国家来说，就是探索的时代，它伴随着基督教的传播、海外贸易的扩张以及海上的掠夺。在此期间，葡萄牙最先崛起，带着武装商船沿着非洲海岸进入印度洋，强行参与亚洲贸易。之后十几年，西班牙急起直追。葡萄牙主要向东行，发现西非沿岸，开设殖民点或者商埠，发现了西非以外有一个叫“Cape Verde”(佛得角)的群岛。西班牙主要向西行，发现了新大陆，来到加勒比海、西班牙岛(伊斯帕尼奥拉岛)。

郭文浩的《清嘉庆时期中英关系与行商制度演变》(广东省社会科学院硕士学位论文，2021 年)一文探析了嘉庆时期行商及行商制度衰落的过程。作者认为，行商制度是清王朝主导的对外贸易与交涉制度的重要制度体系，包括清王朝对行商的管理，通过行商管理对外贸易与交涉，行商与粤海关、两广当局的关系一系列制度机制。随着英国取得西方国家对华贸易垄断权和在华经济军事实力不断增强，以及清王朝衰落态势的形成和深化，英国逐渐掌握中英关系的主导权，以中英关系为代表的中西关系开始根本性变革，由西方国家服从朝贡体系转变为清王朝被迫纳入国际体系，在这一过程中，清王朝主导的既有行商制度被英国主导的行商经纪人和代理人制度取代，行商由清王朝授权的特权商人变成为英国利益服务的工具。这一过程从18世纪80年代开始，至1842年《南京条约》废除行商制度为止，其中嘉庆时期(1796—1820)是中英贸易交涉态势发生逆转的关键时期，是中英双方围绕中英贸易交涉制度进行激烈博弈的时期，是行商制度衰落的关键时期。嘉庆时期行商制度的衰落与行商经纪人和代理人制度的建立和发展是随着清王朝的衰落、中英关系主导权的转移以及英国对华挑衅升级而发展的。1796—1801年，英国对行商制度的挑战处在试探阶段，然而行商制度的危机已经初步显现，促使行商制度衰落的诸多因素正在逐渐成熟，而英国正在寻找挑战行商制度的替代机制，其中部分机制成为其控制行商制度的雏形；1802—1810年，行商出现快速衰落的趋势，英国在既有体制外部冲击清王朝主导的对外贸易交涉制度，同时逐步开始通过介入行商经营危机侵蚀行商制度，行商经纪人制度在个别行商中建立；1811—1820年，英国全面挑战清王朝主导的贸易交涉制度，企图建立以英国为中心的贸易交涉制度，中英双方在贸易交涉制度层面展开激烈冲突。行商群体加速衰落，英国主导的行商经纪人和代理人制度逐渐定型。至1820年，行商已难以发挥既有行商制度赋予的职能，行商经纪人和代理人制度已经巩固并更加深化，既有的行商制度已经从内部被瓦解。

广州十三行贸易体制创建于17世纪末期康熙开海后，之后形成的十三行贸易体制在中西贸易中起了重要作用，学术界一直非常重视，已经发表了大量的研究成果，2021年度这方面的研究取得新的进展。蓝国铭的《黄埔洋舶与十三行贸易关系研究(1700—1842)》(广州大学硕士学位论文，2021年)一文认为，18—19世纪，十三行体制日渐成熟，对前来贸易的洋舶管理也日益完善，从洋舶由外海进入澳门起，到贸易完成止，洋舶、洋人全程都要受到粤海关及其下属机构的管理，受十三行贸易体制的制约，而该流程的每一步都涉及不同的人员，包括引水人、虎门税馆官吏、行商、粤海关监督等，职责分别为洋舶引水、查验洋舶文件、与外商进行贸易及对在港的洋舶、洋人实施管理等，而黄埔洋舶与十三行贸易的关系，就是通过这些管理人员搭建起来的。洋舶管理程序不断完善的同时，前来贸易的洋舶也在不断地发展着。最早前来的是各东印度公司的船只。它们或是租赁所得，或是公司造船厂自造，而带来的货物则主要来自欧洲、印度和东南亚，分别是纺织品和白银，以及棉花和香料。该时期，洋人、洋船基本服从十三行体制，体制的运作也是顺利的。18世纪70年代后，随着贸易中的资金短缺以及欧洲自由贸易思想的兴起，散商和散商船逐渐占据重要地位。他们给广州带来不同的货物，但也制造了更多的事故和违规事件，包括违禁品鸦片的输入，加重了公司在粤管理会和粤海关的管理负担。散商强大的逐利性使他们为实现自己的利益不择手段，导致中国行商商欠的迅速发展，不但削弱了十三行贸易体制的垄断性，更使得行商成为外国商人摆布的工具。以禁烟为直接导火索引起的鸦片战争，最终终结了十三行体制。因此，随着洋船从公司船到散商船的变化，十三行体制本身及洋船与十三行体制的关系也在发生着变化。

韩红星、陈锦的《粤港澳湾区的历史回望——基于晚清十三行商业传播中的粤港澳角色而论》（《中华文化与传播研究》2021年第2期）一文认为，晚清十三行的出现是基于全球跨国商业传播的繁荣，呈现了以广州为中心、粤港澳三地进出口商业传播的兴盛。粤港澳三地的商业传播发展既依存其河海交汇的地理优势，更取决于当时的历史大事件所推动的政策和体制，三地的商业传播角色与地位随着历史的变迁而不断交替与变化，三地商业传播历史呈现了粤港澳经贸往来的依存共生关系。左如的《十三行，成也茶，败也茶》（《茶道》2021年第3期）一文指出，十三行行商中，以闽籍商人居多，且诞生了如潘振承、伍秉鉴这样的商业奇才。他们不仅独具国际视野与商业智慧，而且很懂茶。茶在18—19世纪的国际贸易中可谓是"爆款商品"，掌握了茶叶流通，就意味着掌握了财富的钥匙。然而，成也茶，败也茶，随着鸦片贸易的繁盛，印度茶业的兴起，西方科技的进步，中国茶的"桂冠"日益黯淡，再加上制度本身固有的致命硬伤，导致了十三行的最终陷落，成为中国近代商业史的绝唱。杨晓旗的《胥璟蒲艳十三行时期广府首饰艺术的审美特质》（《艺术大观》2021年第5期）一文认为，"一口通商"使广州成为大清帝国对外贸易、外交和文化交流的窗口，吸引着全世界的目光，在中西方文化碰撞交流中，形成了重商务实、开放包容、乐于尝新、求财享乐、繁华风流的城市品格，也成就了广府首饰艺术独特的审美特质——既有自身固有传统工艺的禀赋传承，也有对中原传统工艺文化的采撷光大，还有对西洋文化的吸收融合，更有独特的审美佩戴观念，彰显了多彩内涵。此外，2021 年 8 月 27 日—11 月 7 日，由上海市历史博物馆与广州博物馆联合举办“海贸遗珍：清代广州十三行外销品”展览会，展出近 110 件清代至民国时期广州工匠制作的外销品，涵盖广彩瓷、牙雕、贝雕、银器、织绣、石湾陶、外销画等，以此展现广州在海上丝绸之路上的重要地位及中外文化的交流融合。

十三行制度随着鸦片战争后中外不平等条约的签署而终结，在此基础上建立起新的商约关系，2021 年度这方面有相关研究成果发表。方慧的《晚清中美商约关系研究》（湖南师范大学博士学位论文，2021 年）一文指出，中国雄踞东亚，美国横跨美洲，是“贸易的冒险追求”促使美国在立国伊始，便踏上了前往中国的漫漫征程。在鸦片战争前的 60 年里，中美贸易虽发展平稳，但亦蕴含着诸多的矛盾与冲突。随着 19 世纪 30 年代中英贸易冲突的不断升级和英国缔约通商呼声的日渐高涨，美国也开始寻求与中国缔约通商的机会。通商条约是近代国家秩序下规范国际贸易的法律基础。因其与国家主权和经济利益息息相关，又被视为条约中最为重要者。晚清时期，中国国力衰微，饱受西方各国欺凌，不仅被迫签订了关乎割地、赔款的政治性条约，也签订了大量侵损国脉民命的通商条约。在与清政府缔约通商的西方国家中，美国一直占据着重要的历史地位。它是继英国之后第二个与中国建立通商条约关系的国家，1844 年签订的《望厦条约》因更为缜密、更为严谨而成了各国竞相效仿的范本。鸦片战争后，中美贸易虽因商约关系的建立而有据可依，但其矛盾与冲突并没有彻底解决。商约本身的不平等性、美国拓展商权的野心、清政府条约观念的淡薄等原因，致使商约难以得到切实有效的执行，新的矛盾与冲突再次浮出水面。凭借着 12 年修约的条文规定，美国拉开了修约的帷幕。最终在“中立”“调停”的遮蔽下，美国成功缔结了《天津条约》及其通商章程，为它同中国的通商设计出一种“周到而全面”的制度。因攫取了足够多的通商特权，加之南北战事的影响，美国倡导的“合作政策”基本成型，中美贸易关系随之进入了一个短暂的和谐时期。其后的修约谈判，美国从维系中美友好关系的角度出发，缔结了略有克制且彰显对华友善的《蒲安臣条约》。尽管如此，《蒲安臣条约》还是为在华美商获得了“中国政府的保护以及在中国生活和贸易的权利”。《蒲安臣条约》签订后，其执行又面临着新的问题。特别是19世纪70年代中叶美国愈演愈烈的排华风潮，使中美较为和谐的外交和贸易关系陷入了深重的危机。为解决华工问题、保护在华贸易，美国再次要求修约。以解决华工问题为条件，美国应允了中方禁止鸦片等贸易诉求，中美通商关系因1880年《续约附款》的签订又有局部微调。此后，伴随着美国国内产业经济的迅猛发展和垄断组织的初步形成，美国扩大对华商品及资本输出的诉求明显增强，中美之间的贸易冲突与矛盾亦愈加凸显。与此同时，日、俄侵华步伐的加剧，令美国甚感在华利益受到了严重的威胁。利用清末商约谈判，美国与清政府在1903年缔结了《通商行船续订条约》。该条约不仅拓展了美国在华商权、为其资本输出创造了条件，而且彰显了美国的“门户开放”政策及其与他国竞争的决心。至此，美国在中外商约关系中的地位变得愈加举足轻重。纵观中美商约关系在晚清时期的发展演变，其缔约过程中充斥着强权政治但被美国披上了对华友善的面纱；其条约内容强调最惠国待遇但又索取了许多有别于他国的新的通商权益；其缔约形式有着单方面索取到顾及双方利益的微调过程，但并不足以改变商约不平等的本质。并且，随着中美两国国家实力和国际关系的变化，商约中的政治色彩日渐浓厚，一定程度上反映了美国对华贸易强烈的进取之心和中国联美制夷之意。总而言之，晚清中美商约关系有着自己独特的发展态势，其不平等性是根本，是导致近代中国社会经济发展深受桎梏的重要原因。但是，晚清时期的中美商约关系，在构建、发展的过程中亦有过些许协商、合作、妥协的零星片段。系统梳理晚清时期的中美商约关系，厘清其发展演变中的冲突与矛盾，剖析中美商约的性质、地位与影响，总结其经验教训，为当今中美经贸关系的稳定发展走向提供借鉴与思考，无疑具有重要的学术意义和现实意义。

2021年度还发表了一些关于其他中西贸易制度与机构研究的文章。夏时华、王春的《宋代海上丝绸之路香料贸易的合伙制经营考察》（《青海社会科学》2021年第1期）一文指出，宋代海商在从事海上丝绸之路香料贸易过程中，出于抵御和分担海外贸易风险、筹集贸易资本或合作经营的需要，实行贸易合伙制经营，大体上分为合本经营、委托经营、结伴经营等经营方式。其中，合本经营可以实现贸易资本合作，激发民间资本活力，筹集巨额贸易资本，促进贸易规模不断壮大；委托经营使贸易资本所有权与经营权实现分离，经营者自主决策经营，参与利润分配，从而形成对经营者的激励机制，极大提高贸易效益；结伴经营即诸多小海商租赁舱位，结伴同行经营，但作为一个庞大的商人群体，也极大拓展了贸易规模。合伙制经营这一有效的制度安排，成为宋代海上丝绸之路香料贸易能够繁荣发展的关键性内在制度因素之一。宋代海商在合伙制经营上虽与阿拉伯商人有着相似性，但并非受其影响，主要还是自身发展逻辑所致。白舒荣的《侨批局：海上丝绸之路早年民间邮政》（《世界华文文学论坛》2021 年第 4 期）一文指出，作为海上丝绸之路上的早年民间邮政，“侨批局”不仅是传递国内外亲人之间信息、密切海外华侨和家乡之间感情的纽带和桥梁，也对促进海内外人员流动、商贸往来和文化交流以及反侵略斗争发挥过巨大的历史作用，堪称夯实海上丝绸之路的基石。新时代共建丝绸之路经济带和 21 世纪海上丝绸之路，侨批局对“一带一路”建设仍有积极意义。

（三）中西贸易航线、航海技术史、考古与港口研究

2021 年度关于中西贸易航线、航海技术史、水下考古与贸易港口的研究取得了进展，在资料运用、研究角度以及研究方法上都有所拓展。

中西贸易航线的研究一直是海上丝绸之路的重点领域之一，2021 年度的研究成果有不少，既有对海上丝绸之路航线的概述，也有对具体贸易路线的探析。樊如森的《中国陆上和海上“丝绸之路”的近代交汇与交融》（《贵州社会科学》2021 年第 7 期）一文认为，拥有辽阔陆地疆域又濒临浩瀚太平洋的中国，很早就有地表介质和物流方向不同的陆上和海上两大对外贸易商路，只因传统农耕时代国际贸易相对稀少，二者并未产生时空上的交集。进入近代以后，西方列强主导的贸易全球化进程加快，中国也被动卷入世界市场一体化的浪潮，陆、海丝绸之路遂得以全面交汇与交融。这一进程促进了中国国内和国际两个市场的发展与完善，也将传统农、牧、工、商业纳入市场

化工业的发展轨道，加快了近代中国经济的外向化与工业化，奠定了今天中国自主开放和“一带一路”倡议的历史地理基础。

何演的《17 世纪前中国和葡萄牙关于斯里兰卡的地理考释》（《国际汉学》2021 年第 2 期）一文认为，在 15 世纪以前，中国海外交通和文化交流以海上丝绸之路和“郑和下西洋”为代表，郑和七下西洋中五次访问斯里兰卡；而新航路开辟后，斯里兰卡也成为西方文化的聚焦地。先后接受汉文明和欧洲文明洗礼的斯里兰卡，在 15—17 世纪成为东西方文化传播路线的地理中心。该文对中国和葡萄牙所存史料中关于斯里兰卡的地理描绘进行研究，发现 15 世纪前后是中国与西方地理认知差异的分水岭，斯里兰卡在衔接东西方文明上具有重要作用。中西文化在斯里兰卡碰撞的历史，展示出其在中外交通史和东西方文化传播中的丰富历史价值。车效梅、马思的《15—16 世纪霍尔木兹贸易圈与海上丝绸之路研究》（《西亚非洲》2021 年第 6 期）一文认为，15—16 世纪的霍尔木兹既是波斯湾地区的海上门户，也是古代海上丝绸之路国际性港口城市，在印度洋贸易与欧亚贸易中的地位举足轻重。以霍尔木兹为中心形成了“三环贸易”，即霍尔木兹与波斯湾区域贸易、霍尔木兹与印度洋贸易，以及霍尔木兹与东西方远洋贸易。“三环贸易”纵横交错，构成霍尔木兹贸易圈。其贸易范围为：东面经印度洋、香料群岛到达中国，西面经波斯连接地中海东岸，南面通过马斯喀特、阿拉伯海西岸抵达非洲东海岸，北面通达波斯以北国家和地区。霍尔木兹贸易繁荣是稳定的国内环境与通畅的海上丝绸之路交互作用的结果，亦是政府贸易保护、宗教宽容、各商人团体共同努力的成果，同时也和科技进步、海军发展密切相连。贸易使霍尔木兹成为欧亚非文明交往汇集之地，它不仅改变了城市人口结构，而且还助推城市宗教文化、经济、生活等方面的国际化与多元化。高克冰的《罗马帝国与阿拉伯地区间的海路及贸易——兼论早期海上丝绸之路西段》（《廊坊师范学院学报（社会科学版）》2021 年第 3 期）一文深入分析罗马帝国与阿拉伯地区海路贸易的形成与发展过程。作者认为，罗马帝国与阿拉伯地区的海路贸易是古代世界海上交往的重要内容，它不仅为罗马帝国提供了丰富的香料等商品，而且借由此将海洋贸易的范围拓展至印度等地，从而在公元 1 世纪形成了早期海上丝绸之路西段。罗马帝国与阿拉伯半岛西北部纳巴泰、阿拉伯半岛西南部赛伯邑、希木叶尔王国的海路贸易，共同构成了其与阿拉伯地区海路贸易的主要内容。前者涉及地中海东部和红海北部贸易，后者则包含红海南部至亚丁湾间的贸易。地中海经红海至亚丁湾的航路共同组成了早期海上丝绸之路西段。

薛克翘的《〈大唐西域记〉有关海上丝路的记载》(《中国语言文学研究》2021 年第 1 期)一文指出，玄奘是丝绸之路的伟大践行者，其《大唐西域记》记载了当时海上丝绸之路沿线的诸多国家。主要有以下四个方面的相关记载：一是对印度沿海主要港口的记载，如耽摩栗底(Tamalitti)、建志补罗(Kancipura)、那伽钵亶那(Nagapattanam)和跋禄羯呫婆(Bharukacchapa)等；二是关于斯里兰卡的记载，斯里兰卡作为印度洋上的明珠，起到了海上丝路中转站的作用；三是关于东南亚的记载，玄奘记载了与缅甸、马来西亚、泰国、柬埔寨、越南和印度尼西亚这些海上丝路沿线国家的相关情况；四是关于波斯与拜占庭的记载，唐代波斯与中国的文化交流十分频繁，既有海上贸易，也有陆地上的交往，长安、广州等地有许多波斯侨民。拜占庭也与唐朝保持密切接触，曾四次派使者来华。《大唐西域记》中对海上丝绸之路的相关记载体现了古代中外文化交流的盛况。

内河水路交通线作为海上航线的重要延伸线，近年来也得到学术界的重视，2021 年度有相关的研究成果发表。赵鸣的《徐福东渡与东北亚区域海上丝绸之路的演进》(《连云港师范高等专科学校学报》2021 年第 1 期)、王斯宇的《从"丝路启航"展看岭南汉代海上丝绸之路文物》(《收藏》2021 年第 2 期)、辛泽西的《丝绸之路上的朝贡贸易》(《丝路百科》2021 年第 2 期)、魏峻的《考古视野下的海上丝绸之路》(《晚晴》2021 年第 12 期)等文章，也在一定层面反映了海上航线的发展情况。

2021 年度关于航海技术史的研究继续发展。关伟嘉等的《文化自信下海上丝绸之路与"广船"历史文化长廊构建研究》(《产业与科技论坛》2021 年第 20 期)一文以古代海上丝绸之路文化传播的重要载体——船舶为对象，研究南海依托腹地广东一带的古船型"广船"的演变史，以先秦、秦汉、唐宋、元明、清前期五个时期为时间经线，以其时"广船"船型的特点与海上贸易(丝绸之路)之间的联系为纬线，利用 VR 技术对五个时期的广船代表船型进行虚拟展现，设计出“广船—海上丝绸之路”历史文化长廊，进一步揭示船型发展对当时海外经济贸易（航海文化）的影响和推进作用。包乐史、孙蕴琦的《披水板在长江和莱茵河河口沿河与沿海船只中的使用：航海史比较研究的一个注脚》（《国家航海》2021 年第 2 期）一文指出，中国与荷兰根据各自不同的地理环境，在蒸汽动力尚未问世之前，设计并创造出适合其环境的披水板，其也被称为“腰舵”。该文探讨了中荷两国之间在披水板发明上是否存在相互影响，对比了中西方在推动船舶行进上的异同，特别是披水板在中荷两国帆船上的应用与发展。赵珏琪的《博物馆主导的“更路簿”传承模式及启示》（《文物鉴定与鉴赏》2021 年第 8 期）一文认为，“更路簿”是中国渔民自古以来在南海生产生活的航海指南，具有历史、法理、文化方面的价值。博物馆可从更路簿纸质文物本体与“更路簿文化”两方面着手，充分发挥自身在文物征集、文物保护、学术研究、文化传播等方面的优势，为更路簿构建一个新的传承模式，延续更路簿的生命力。此模式的实践经验可以扩展到其他与南海相关的文物上，从而征集、保护更多与南海主权和海洋探索相关的纸质文物，以此模式深入挖掘中国与 21 世纪海上丝绸之路沿线国家在南海所共有的历史文化记忆，对开辟和拓展 21 世纪海上丝绸之路具有重要的作用。蒋廷瑜、彭书琳的《从骆越铜鼓船纹看海上丝绸之路的开辟——骆越文化研究系列之三十五》（《广西社会主义学院学报》2021 年第 4 期）一文认为，骆越铜鼓胸部有精美的写实图案，越海船纹是其中很重要的一种。骆越是向海民族，长期的水上生活，促使其造船业不断发展，推动了对海洋的开发。骆越是海上丝绸之路的开辟者，骆越铜鼓上结构复杂的越海船纹是骆越开辟海上丝绸之路的历史见证。王静的《“州南有海造无穷，每岁造舟通异域”：站在世界之巅的泉州造船术》（《国家人文历史》2021 年第 20 期）一文也对泉州造船术进行了探析。

2021 年度关于海上丝绸之路的港口研究也有所发展。姜波的《港口、沉船与贸易品：海上丝绸之路的考古发现与研究》（《海交史研究》2021 年第 4 期）一文对有关海上丝绸之路的考古发现与研究进行了学术史回溯，对应于港口、沉船与海洋贸易品的考古成果，分别对泉州港遗址、“南海Ⅰ号”沉船、龙泉窑荷叶盖罐作了重点介绍，从考古学的视角解读了海上丝绸之路的历史面貌。作者认为,海上丝绸之路是东西方文明在海上交流的通道。季风、洋流、地理环境和经济资源是影响海上交流的重要因素,港口、沉船和海洋贸易品则是考古学家研究海上丝绸之路的切入点。20世纪下半叶水下考古的兴起,为探究海上丝绸之路上的族群、语言和宗教交流,提供了十分丰富的考古实物资料。陈旭的《世界文化遗产视野下海口海上丝绸之路遗址保护研究》(《面向高质量发展的空间治理——2020中国城市规划年会论文集(09城市文化遗传保护)中国城市规划学会会议论文集》,2021年)一文指出,海口市的海上丝绸之路遗址由散布在琼州海峡南岸的航海通商遗址、宗教寺庙和石碑遗址、城市建设遗址、海防遗址共同构成。其对海口市聚落的形成与塑造起到了关键作用,记录了中国文明与其他地域文化互通互融的过程,见证了海口特有海洋文化的萌芽、蓬勃和传承的历程。其点线面的混合形态与海口市的城区、海岸线在空间分布上相互交融。该文以世界文化遗产为视野,在历史地理背景分析、国内外类项比较、文化遗产价值评估的基础上对海口市海上丝绸之路遗址提出了保护规划建议。

广州由于特殊的对外政策,既是中西贸易的港口,又是中西文化交流的前沿与中心,具有重要的地位。胡相花的《论英国〈星期六杂志〉中的"广州掠影Ⅰ"(1837)》(《广东省社会主义学院学报》2021年第4期)一文通过广东省博物馆藏1837年英国伦敦约翰·威廉·帕克出版的《星期六杂志》(*The Saturday Magazine*)中关于广州连载报道的第一篇——《广州掠影Ⅰ》,整理出约翰·威廉·帕克以英国初访者角度描述的1837年广州虎门、黄埔港、珠江河的自然风光、水上居民的特殊生活,以及广州的城市管理与官僚制度等,从中可见他对当时广州的种种认识与态度。陈亦新、孙明春的《鸦片战争后广州对外贸易中心地位的衰落和启示》(《国际金融》2021年第7期)一文认为,1757—1842年间,广州作为清政府"一口通商"政策下唯一对外商开放的口岸,是中国甚至亚洲最重要的贸易中心。然而,1842年清政府签订《南京条约》、开放五口通商之后,广州丧失了对外贸易的垄断地位,其外贸规模很快被上海和香港赶超。毋庸置疑,五口通商后,广州面临上海等新增口岸的竞争和分流;但其毕竟拥有近百年的对外通商经验,并设有许多外国领馆及商馆,拥有绝对的先发优势,贸易分流并不能解释其通商地位的迅速衰落。作者认为,地理位置、排外情绪、上海和香港更宽松友好的营商环境以及国内多年战乱等因素共同导致了广州在签订《南京条约》后贸易中心地位的丧失。

珠海早在先秦时期就有发达的渔业经济和渔业文化,成为中国早期海洋渔业文化的典型代表。沙丘遗址表明,先民不仅凭着生存智慧择地而居,在这里进行着创造性的生产活动,参与了海上航线的开发,而且体现出其精神追求。肖一亭的《南海丝路上的珠》(《珠江论丛》2021年第Z1期)一文从语言学与体质人类学研究的视角,认为先秦时期南海渔业文化是太平洋诸岛上南岛语族的文化鼻祖,或者说,这里是南岛语族的发源地。历史上的珠海地区,是南海丝绸之路的重要通道,也是丝绸之路古道连接广澳的陆路通道。澳门是广州的外港,是全球海上贸易航线上的重要商港。随着世界海洋贸易体系与早期全球化的推进,珠海、澳门成为广东甚至中国通向海洋、走向世界的重要节点,而连接粤澳的香山岐澳古道成为海陆连通的黄金路段。金星门水道在中外贸易上也曾起过相当重要的作用,在珠海斗门也发现了“茶冷迳”驿站等一批古道遗迹。

2021年关于港口研究的热点是泉州港。位于福建东南的泉州,随着海上丝绸之路的发展,大力发展海外贸易,最终成为中国连接世界的重要港口之一。作为宋元时期的“东方第一大港”,泉州(刺桐)声名远播,甚至到了15世纪70年代,当著名的航海家哥伦布着手开辟新航路前往东方时,也知道在令人神往的中国有这么一个举世无匹的巨港。因此,在第四十四届世界遗产大会召开前,泉州已经引起社会的普遍关注。原野的《泉州:从“海丝”起点到申遗“主角”》(《海峡通讯》2021年第6期)一文指出,作为古代海上丝绸之路的重要起点和第四十四届世界遗产大会的申遗“主角”,泉州即将面临一个重要的历史时刻。在联合国教科文组织网站首页的显著位置,第四十四届世界遗产大会及相关论坛的议程安排引人注目,本届大会的一项重要议程是审议中国提交的“泉州:宋元中国的世界海洋商贸中心”申遗项目。“全力做好‘泉州:宋元中国的世界海洋商贸中心’申遗工作”被正式写入了《国家文物局2021年工作要点》,更是福建省2021年的一项重要工作。2021年7月25日,在福州举行的第四十四届世界遗产大会上,中国“泉州:宋元中国的世界海洋商贸中心"项目顺利通过审议,被列入《世界遗产名录》,成为中国第五十六处世界遗产。关子辰、吴其芸的《泉州申遗成功:海上丝绸之路新起点》(《北京商报》2021年7月27日第004版)等报刊刊登了这个令国人自豪的消息。泉州申遗成功,不仅消息登上微博热搜榜,也引起了一波学术研究的热潮。鲁晓敏等的《涨海声中万国商:"海上丝绸之路"从这里开始》(《环球人文地理》2021年第17期)一文指出,要了解泉州,势必要从它的地理地貌、历史发展谈起。作为"宋元中国的世界海洋商贸中心",泉州历史上曾被中原人视为"不居之地",泉州人也被视为"不牧之民"。但出人意料的是,就是这个曾远离文明中心的东南滨海小城,却在宋元时期发展成为"东方第一大港"、海上丝绸之路的重要起点。然而,明清时期的海禁,使得泉州的海洋商贸走向没落,由此产生大量的侨民,成为福建最大的侨乡。李静蓉、林仪的《海上丝绸之路视野中的"泉州时代"(10—14世纪)》(《文化创新比较研究》2021年第22期)一文认为,通过海上丝绸之路涌入泉州的不仅是来自世界各地的商品,还有姿态各异的文化,这一切使10—14世纪的泉州成为多元文化汇聚的中心。宋新潮的《泉州:海上丝绸之路的东方明珠》(《自然与文化遗产研究》2021年第3期)、李崇寒的《泉州见证中国大航海时代》(《国家人文历史》2021年第20期)等文章,也对泉州在大航海时代的地位和意义进行了探析。

福建海岸线曲折,多优良港口,除了泉州港之外,还有漳州月港和厦门港,学术界也多有关注。漳州月港是福建在大航海时代的一个重要国际贸易港口。明中晚期以月港为中心,形成一个较完整的国内、国际海上贸易市场网络。涂志伟的《明中晚期以月港为中心的国际海上贸易网络》(《闽商文化研究》2021年第1期)一文具体研究明代中晚期以月港为中心的国际海上贸易网络的形成及分布、漳州河口输出大宗货物的多种主要贸易经营方式、东南亚区间贸易方式及大宗商品的流向。研究对象在时间上主要指从明万历年间至晚明清初这一段历史时期,在空间上以漳州月港为中心,包括漳州河口的月港、厦门港,以及泉州安海港的整个大厦门湾一带,该文围绕这些问题进行了较为深入的研究。王日根、余丰的《19世纪以来连接闽南与世界的厦门——以白氏家族的海洋发展为例》(《第八届海峡两岸(厦门)

陈元光文化论坛论文集厦门市陈元光学术研究会会议论文集4》2021年12月25日第八届海峡两岸（厦门）陈元光文化论坛）一文指出，白氏约于19世纪初自安溪移居厦门，历经曲折，逐渐在厦门拓展出一片新的天地。白氏家族进入厦门以后，历经几代，仍未发展成较多人口的大家族。尽管如此，该家族通过向海洋发展走过了女性持家、海外经商、信仰变更及回乡守业等历程。连接闽南与外部世界的厦门，成为中西文化交融激荡的前沿，既给予了白氏这样的移民小家庭以融入的机会，又激发了白氏家族成员赴台湾经商，或改赴菲律宾，既坚信儒家传统文化，又不排拒耶稣基督，既积极引导男性向外发展，又充分发挥女性在持家中的主导作用，体现了逐渐融入全球化时代的厦门所具有的兼容并包、和谐一体的文化特征，彰显出文化交融带给个体、社会乃至民族国家的巨大的进步空间。

宁波自汉唐以来就是东南沿海的重要港口，其港口变迁和在海洋贸易中的地位和作用也受到学术界的关注。王琦等的《清代浙江海关从宁波移关定海的缘由》（《浙江海洋大学学报（人文科学版）》2021年第1期）一文指出，清康熙二十四年（1685），朝廷取消市舶司制度，在东南沿海建立了四个海关。当时的浙江海关就设在宁波。基于促进贸易便捷及增加关税的考虑，浙江海关监督曾多次上奏朝廷要求将浙江海关由宁波移至定海，至康熙三十七年（1698），终得朝廷许可。浙江海关移至定海后，无论对促进贸易便捷还是对增加关税，所起的作用都是巨大的，定海一度成为我国东南沿海最繁华的对外贸易港之一。

此外，2021年度江苏的一些港口城市在历史上的变迁也有相关的研究成果。吕静的《元代海上丝绸之路的开拓——以刘家港崛起及其性格探讨为例》（《国家航海》2021年第1期）一文认为，在蒙元时代开创的"海洋时代"中，刘家港以其军港、海道漕运港、泊船贸易港等集多重功能于一体的港城身份，在13—14世纪的百余年中，雄踞中国东部沿海港口之首。元朝廷为实施东南粮饷转运到大都的国家策略，因而启动了自刘家港起航的海道漕运，并经过朱清、殷明略等人的航行探索，开辟了一条走远海航路、避浅角暗滩，北至朝鲜半岛的更加高效、安全的新航路。与此同时，又从刘家港向南延伸到福建沿海，形成了一条自中国南海北行，经东海，通往黄海和渤海的海上交通运输线。刘家港成为元代海上丝绸之路上重要的国际贸易港。刘家港官署始终处在官方控制的视野之外，延续着一直以来的民间自由港身份，是深受私商青睐的贸易“天堂”。刘家港所拥有的这种“产业”优势，也是其在元代力克众雄、一跃而起的实力基础。张斓、张建民的《连云港：丝绸之路上的“东方之城”》（《江苏地方志》2021 年第 4 期）一文认为，从古至今的海上丝路、陆上丝路、文学丝路乃至现代丝路，从历史传承、发展创新等各个不同角度，连云港这座城市都闪烁着“东方之城”的迷人魅力。这条古丝绸之路打通了中国与中亚、西亚、南亚等地区以至欧洲的陆路文化交流通道，促进了以丝绸贸易为代表的中西方之间的物质文化交流。

（四）中西具体货物贸易

丝绸、瓷器和茶叶是古代中国最重要的对外贸易货物，是大航海时代“中国制造”走向全球的典范。关于中西货物贸易的研究一直是学术界关注的重点，2021 年度关于这方面的研究成果非常丰富，其中以瓷器贸易的研究成果为最，中西丝绸和茶叶贸易的研究成果相对较少，同时学者们也加强了对其他货物贸易的研究。

1. 中西丝绸贸易

中国是丝绸的发源地，丝绸通过陆上丝绸之路、草原丝绸之路、西南丝绸之路和海上丝绸之路传播到世界各地，不过，近年来关于丝绸贸易的研究成果不多，2021 年度延续了这种趋势。2021 年度有学者从总体上探析了丝绸贸易对中西经济文化交流的影响。冯敏的《以丝绸为中心的中古时期中西文化交流考察》（《地域文化研究》2021 年第 5 期）一文认为，蚕丝技艺是中华民族的杰出发明，丝绸自其被域外民族认知以来，就受到了广泛而持久的追捧，成为服饰界的宠儿。尤其是在中古时期，随着西北陆路丝绸之路迎来其发展的黄金时期，丝绸大量输出至西方世界，在这一时期丝绸的域外传播过程中，除了官方基于外交、军事和政治考量的大规模丝绸输出，民间的丝绸贸易也迅速展开。在交通和通信技术极不发达的中古时期，中西方之间远距离的丝绸贸易活动主要是通过中亚商业民族——粟特人为媒介进行的，他们对中国丝绸文化深入而广泛的传播有重要作用。

古代中西丝绸贸易的中介是早期的波斯人和后来的阿拉伯穆斯林，2021年度学术界有相关的研究成果发表。冀开运、杨晨颖的《公元5至6世纪波斯与中国在丝绸之路上的关系探析》(《内蒙古民族大学学报(社会科学版)》2021年第2期)一文认为，公元5—6世纪是波斯—中国友好关系发展的重要阶段，这一时期，由于丝绸之路的畅通无阻，两国围绕以丝绸为主的商品展开了广泛而密切的合作与交流。同时，由于丝绸贸易的丰厚利润，波斯和东罗马在丝绸之路上展开了贸易争夺战。为了争取丝绸贸易垄断权、削弱东罗马帝国的经济实力，在国内，波斯加快完善丝绸的出口生产体系；在国际，波斯致力于与中国保持合作关系，两国的使者往来数量不断增加、合作规模不断扩大。在这场带有政治性质的贸易战中，由于人为及地理因素的影响，波斯不仅是丝绸国际贸易的促进者，也是中国与地中海世界之间贸易交流的受益者和控制者。丽萨·布赖德斯和克里斯托弗·派克著、李忠林等译的《丝绸之路上的贸易与政治破碎：中国—东方穆斯林历史交往的经济文化影响》(《国外社会科学前沿》2021年第11期)一文指出，丝绸之路横跨欧亚大陆，连接东西方长达数世纪之久。在鼎盛时期，该贸易交通网络使得大批商人能够满载大量贵重商品从中国前往地中海，正是这些商品贸易促进了城市经济的发展和繁荣。该文探讨了贸易通道所遭受的政治冲击，会在多大程度上影响城市的兴衰，这些冲击尤其是指自然通道沿线的国家分裂及帝国影响力的式微。作者认为，阿勒颇(Aleppo)和古长安(这两个城市是跨区域贸易的重要两端)沿线的政治破碎阻碍了城市的发展。除了区域内的贸易，丝绸之路还通过促进各种形式的宗教和文化交流(包括思想、价值观和美学传统的交流)，将中国与东方穆斯林联系起来。

此外，学者们就具体的丝绸贸易状况进行了探析。袁宣萍、张萌萌的《16—19世纪中国外销丝绸及其装饰艺术》(《艺术设计研究》2021年第1期)一文论述了中国外销丝绸的概况、不同时期流行的产品以及装饰风格的变迁。作者认为，16—19世纪，中国出口西方的、针对西方市场制作的、具有艺术性质的手工制品，一般被称为“外销艺术品”。其中一部分是丝绸制成品，包括面料、服装、饰品以及家用织物。这一时期中国外销丝绸的装饰风格与西方的时尚变迁密切相关，同时也体现出中西混合的特征。员帅的

《传播·交融:"海上丝绸之路"中的壮锦》(《明日风尚》2021年第15期)一文认为,壮锦在壮文中被称为mbaw laiz fax,意为"天纹之页",它是中国四大名锦之一,是古代海上丝绸之路中的重要交流品,第一批被列为国家非物质文化遗产,亘古亘今显其珍贵。文章通过对壮锦文化的历史梳理,探索壮锦艺术与东南亚织锦艺术之间的文化传播与交融关系。

罗兴连的《消费 竞争 生产变革:8—19世纪全球化视野下的中英棉布贸易》(《九江学院学报(社会科学版)》2021年第4期)一文则对工业革命后逐渐取代丝绸贸易的棉布贸易进行了探析。作者认为,工业革命以后,棉花和棉织品成为全球性的商品,英国棉纺织工业以印度、美国等为原料供应地,通过殖民扩张、掠夺、战争等手段将工业生产的棉纺织品销往世界各地。棉花和棉纺织品带来了全球资金、技术和劳动力的流动,构建起复杂的全球性商业网络,推动着经济的全球化发展。在这种背景下,中国也成为英国棉纺织品的海外销售市场,英国将工业生产的棉布向中国倾销,不仅对中国手工棉纺业造成巨大冲击,还对中英贸易格局的演变带来深远影响。

2. 中西茶叶贸易

中国是茶的故乡,新石器时代即已开始人工茶树的培育。唐宋时期,品茶之风已经风行国内。茶叶是中国的传统饮品,也是重要的出口商品。明、清时期茶叶开始大规模输出,成为中西海上丝绸之路上的大宗货物,学术界一直很重视对茶叶贸易的研究。

2021年6月11日—10月17日,由中国茶叶博物馆主办,中国航海博物馆、上海市历史博物馆、广州十三行博物馆和舟山博物馆协办的《绿色黄金——17—19世纪中国和欧洲的海上茶叶贸易》正式开展。此次展览以17—19世纪的中欧海上茶叶贸易为主题,分"泛波逐海""帝国的生意""终点的起点"三部分,从生产、销售及文化交流三个角度,系统展示了茶叶从中国产区通过海上贸易走向西方世界的过程。展览共展出92组展品,包括外销茶具、绘画作品、船只模型、外销茶样等,涵盖多种材质类别。在展览中,可以了解早期外销茶的品种、茶叶走向欧洲的过程、欧洲饮茶的历史;可以看到乾隆时期的茶叶、中国的外销茶具,还可以看到风格独特的欧洲茶具。展览期间,中茶博还举行各类活动,包括英式下午茶体验、时尚调饮茶系列体验，还有针对青少年的第二课堂寻宝活动等。这次展览活动不仅是中国茶叶通过海上丝绸之路走向世界的相关知识的普及，也是学术界关于中西茶叶贸易研究成果的体现。

茶叶是海上丝绸之路上的大宗货物，从中国流传世界，对世界各国的茶文化产生了深远的影响。2021年度学者们从不同层面深入探析了中西茶叶贸易问题，对原始文献的运用和研究方法都取得了新的进展。周瑞春的《茶文化全球化的历史阶段及其基本样态》(《云梦学刊》2021年第5期)一文认为，作为一种文化体系的茶文化产生于中国，而后在全球范围的传播流行主要经历了唐宋地缘政治时代、欧洲地理大发现时代、资本主义殖民扩张时代这三个历史阶段，呈现出不同侧重的物质文化面相。茶文化共同体的建构主要是经由茶叶的药食属性以及由此作为一种可交换商品的经济全球化过程来实现的。茶文化从东方向西方的交融传播是被认知熟悉、接纳认同、创新发展的历史过程，是作为一种异文化实现由“一”到“多”的全球在地化过程。严利人的《海丝茶道初探》(《湖北工业职业技术学院学报》2021年第2期)一文借用古代丝绸之路的历史符号及建设丝绸之路经济带和21世纪海上丝绸之路的契机，对福建历史上的海上丝绸之路进行梳理，以茶在丝绸之路中的重要地位为切入点，主要探讨了茶的外销、茶文化的传播等问题，以期对茶文化、茶的研究提供有益的启示。

孟静文的《澳门茶文化馆中的符号学要素》(《福建茶叶》2021年第7期)一文以澳门茶文化馆为例，从符号学的角度，搭建博物馆的符号传播三元要素，将博物馆馆藏文化向参观者推广，实现在美学设计基础上的文化符号传播。作者认为，澳门是中国近现代茶文化向西方世界传播的最早门户，茶与澳门的关系密不可分。17世纪以来，澳门成为中国茶叶出口西方最重要的转口港，茶叶转口贸易地位突出，在中国茶叶传播贸易史上占有重要地位。随着茶叶贸易的发展，中国茶文化传播到欧洲、美国乃至世界各地，并与其他文化相互融合，呈现出世界茶文化的新格局。李超的《从近代鄂西渔洋关茶叶贸易看全球化与区域经济的联动》(《农业考古》2021年第5期)一文指出，渔洋关是近代鄂西茶叶贸易的集散中心，地理位置优越、商贾云集、茶叶种植广泛和国际市场需求大等因素促进了渔洋关茶业的兴起，水陆交通、国际市场变动和时局变迁等因素共同影响着渔洋关茶叶贸易的兴衰，茶业经济在艰难中曲折发展，但同时推动了区域茶业社会的形成。近代渔洋关茶叶贸易的发展表明了区域与其外部时空的整体联动性，并且在与全球化的并接融合中，区域茶业也在不断调适自身。王煜天的《宋代以来茶叶贸易发展与“以茶治边”思想的演变》(《经济研究导刊》2021 年第 33 期)一文指出，作为茶叶的主要出口国，中国自唐宋以来一直存在“以茶治边”的思想。中原王朝通过榷茶法严格控制茶叶出口和边销外销，同时控制茶马贸易和边关互市，利用少数民族政权的经济依赖安定边疆。通过汇总宋代至鸦片战争前茶叶贸易的发展和茶叶政策，作者发现我国的茶叶贸易思想经历了从宋代“以茶治边”到明代“以茶制边”的转变，并着重分析了清代“以茶治夷”失败的原因及其所带来的启示。

范佳的《文献所见南方丝绸之路丝茶文化及交流研究》(四川师范大学博士学位论文，2021 年)一文指出，南方丝绸之路是一条横贯中国、东南亚、南亚直至欧洲，跨越南海、印度洋连接亚欧大陆的重要的国际政治、经济、文化等国际通道。现有研究成果和大量考古、文献资料表明，南丝路沿线各区域有着长期且持续的交往关系，各区域在交往中相互在政治上取得平衡，经济上进行交流，文化上相互影响。因此，南方丝绸之路研究不仅对于中国政治、经济、文化等研究有着重要的意义，对于亚欧地区的政治、经济和文化研究也有着重要的意义。从古典文献学角度对南方丝绸之路进行研究是范佳这篇论文的重点。现有南方丝绸之路的研究成果多囿于考古领域，学者对南丝路秦汉时期之前的研究关注更多，成果也更多，对南丝路汉魏时期以后的研究则相对缺乏。该文以文献为基础，将南方丝绸之路研究的时间段延伸至汉魏以后，在考古学已有研究成果的基础上，充分占有古典文献资源，以丝绸和茶叶为主要研究对象，对涉及南丝路丝茶经济文化交流的主要历史线索和主要特征进行了较为深入的研究和论证。作者在对南丝路茶叶、丝绸相关文献进行整理、比较、解读的基础上，基于文献实证分析形成论文的主要观点。作者认为，南方丝绸之路的经济文化交流研究一直是丝绸之路研究中的重点，丝绸之路存在的基础是地区间经济文化交流的强烈需求，政治互信、经济发展、文化互补一直是丝绸之路沿线地区进行交往的原因。

南丝路的经济文化交流对国家政治、社会发展都产生了重要影响，将其中的问题探讨清楚有助于更好理解国家交往中的目的和意义，认识经济发展的原因和动力。该文分析不同地区的文化成因、地区文化所呈现出的相同与不同的特征以及南丝路文化圈的特性。丝绸和茶是南方丝绸之路经济文化交流研究中最主要的两种经济形态和文化形态。“国家置市舶司于泉、广，招徕岛夷，阜通货贿，彼之所阙者，丝、瓷、茗、醴之属，皆所愿得。”在很长的历史时期中，中国出口的商品如文献所述，其中足见丝绸、茶叶在中国古代经济中的重要地位。丝绸在古代欧亚国家之间的商贸活动中有着货币功能，其原因在于丝绸这一商品在国际市场中需求旺盛。除考古资料外，大量文献资料表明丝绸对于国家经济的重要性，正如诸葛亮所说，蜀汉经济“唯仰锦也”。南丝路丝绸经济文化以成都地区为盛，同时由云南地区、贵州地区、广西地区共同支撑南丝路丝绸经济文化的发展，并由南丝路境内传播至境外东南亚地区，从文献来看，有明显的传播线索和接受演变过程。南丝路茶业经济文化也以巴蜀地区为典型，并由南方民族地区茶业经济文化共同发展进步为整体趋势，以历史时期为线索，沿南丝路区域由北至南再出国境到达东南亚地区，在沿线区域呈现出明显的经济文化发展脉络。巴蜀茶业文化沿南丝路向云贵地区、东南亚辐射和发展，南丝路茶业经济后期的商业发展，由于受茶叶专卖、茶马贸易等官方政治经济因素影响，发展逐渐缓慢并受到境外茶业经济的较大冲击。巴蜀地区是南丝路经济文化发展和传播的中心之一。南丝路丝绸和茶叶经济文化均与巴蜀地区有着密切关系，其经济文化发源、形成、演变在巴蜀地区都有明显表现。论文以大量文献证明，巴蜀地区是丝绸和茶经济文化交流的主要地区，这一地区的经济文化发展对沿线地区均产生了重要影响。巴蜀地区是南丝路丝绸和茶经济发展的中心之一，同时也是丝绸和茶文化在南丝路形成和传播的中心之一。丝绸以货币功用在南丝路经济发展中产生作用并影响经济，从文献实证研究来看，表现在南丝路的朝贡贸易中，丝绸占据了朝贡贸易的主要经济份额。南丝路经济发展中除茶马贸易外，绢马贸易也是经济交流的主要形式，丝绸在南丝路经济运行中承担过赋税缴纳、实物货币、互市货币等重要经济职能，丝绸是南丝路区域国库、军资的重要来源。最后，需要说明的一点是，该文以“丝绸”和“茶”为主要研究对象，在相关文献的使用上并没有进行明确的历史时期分段，而是围绕二者将文献进行整合并分析。

2021年度关于万里茶道和中俄之间的茶叶贸易的研究尤为突出。有清一代，茶叶是中国出口俄国的大宗商品之一，在北方草原丝绸之路上的经济往来活动中扮演着越来越重要的角色。在清代，以茶叶贸易为核心形成了一条重要的国际商道——万里茶道。刘再起、张瑾的《理论回顾与视角转向:21世纪以来万里茶道研究综述》(《广西职业技术学院学报》2021年第1期)一文系统梳理了万里茶道的研究历史与现状，尤其是对“一带一路”倡议提出以来万里茶道的国内外研究动态进行了概述，并展望未来可能出现的研究视角的新转向，以此丰富“一带一路”研究的理论基础和实践路径。作者认为，万里茶道是“一带一路”的重要组成部分，是中俄商人共同创作的一部经济文化交流的“伟大史诗”。作者从历史考证与沿线文化遗产的视角出发，挖掘万里茶道的历史与人文价值，是万里茶道研究历程中的一个主要侧重点。近年来，随着“一带一路”倡议的提出和“一带一路”建设的逐渐展开，学者们逐渐转向从经济学的视角重新审视万里茶道的研究意义与当代价值，即用经济学的理论和方法来分析万里茶道对当前经济全球化与我国“一带一路”倡议的影响及其作用机制。倪玉平、崔思朋的《万里茶道:清代中俄茶叶贸易与北方草原丝绸之路研究》(《北京师范大学学报(社会科学版)》2021年第4期)一文认为，万里茶道也成为此时期北方草原丝绸之路发展的新阶段，极大地推动了清代中国与俄国等周边国家及地区之间的交流互动。时至今日，在国家发出“一带一路”倡议的时代背景下，万里茶道研究无疑具有重要的学术价值与现实借鉴意义。兰姆利著、贾建飞等译的《“万里茶路”与俄国西伯利亚的茶叶消费及贸易》(《晋商研究》2021年第00期)一文节选、编译自1867年《女王陛下使馆秘书兰姆利(John Lumley-Savile)先生有关俄国茶叶贸易的报告》(Report by Mr. Lumley, Her Majesty's Secretary of Embassy at St. Petersburgh, on the Tea Trade of Russia)。兰姆利曾于1860—1868年间担任英国驻圣彼得堡大使馆秘书，并于1866年成为俄国帝国学院(Russian Imperial Academy)的成员。此时正值英俄在亚洲展开激烈竞争的“大角逐”(Big Game)时期，双方都非常注重对对方信息的搜集。兰姆利向英国政府提交的这篇有关中俄茶叶贸易的报告正是产生在这样的背景之下。贾建飞、张军的《“万里茶道”俄国段考察：以兰姆利报告为中心》（《晋商研究》2021 年第 00 期）一文主要基于迄今尚较少有人利用的 19 世纪后期英国兰姆利有关中俄茶叶贸易的报告，并结合其他西方文献，来对当时中俄万里茶道俄国段的路线走向及其兴衰进行分析研究。作者指出，清代以来，在丝路贸易中茶叶的地位日益重要，尤其体现在中俄之间恰克图贸易兴起后的草原丝路上。这一路线和著名的万里茶道多有重叠。中国（主要是山西）和俄国商人分别在这条茶道中的中、俄部分发挥了关键作用。但是，长期以来，学术界多关注万里茶道之中、蒙段，而较为忽视俄国段的情形，该文的研究弥补了这方面的不足。黄柏权、巩家楠的《万里茶道 跨越亚欧的“世纪动脉”》（《中国民族》2021 年第 7 期）一文认为，亚欧大地上的历史之路如一片神奇的树叶，联结起亚欧大陆，开启了商品贸易与文明互鉴的茶叶之路，这就是万里茶道。万里茶道跨越如今的中、蒙、俄三国，是继丝绸之路和茶马古道后，于 17 世纪末期在亚欧大陆兴起的一条以茶叶贸易为主的国际商道。王楠、于海志的《茶香万里：中蒙俄万里茶道经济文化价值研究》（《北方论丛》2021 年第 6 期）一文认为，中蒙俄万里茶道作为近代中国茶文化向世界传播的历史见证，经历了清初、中期的兴盛到清末民初的衰败，万里茶道在地缘政治关系、跨界民族文化融通、文化遗产创新方面具有重要的历史文化价值，在新时代“一带一路”及中蒙俄经济走廊高质量建设过程中，更具有重要的政治、经济、文化综合开发与利用价值。李明滨的《中国茶怎样传入俄罗斯》（《福建史志》2021 年第 2 期）一文认为，明末俄罗斯开始接触到中国茶。清代初期，中国茶逐步在俄罗斯流传。19 世纪中后期，中俄茶叶贸易日益增多，20 世纪初，俄国已经成为世界饮茶大国，进口的茶叶三分之二是中国茶，其余三分之一为锡兰茶和印度茶。19 世纪 80 年代，俄罗斯大面积引种中国茶树。中国茶在俄国落户，其中含有中国人的辛劳。刘啸虎、李珂的《俄罗斯学者视野下的近代中俄茶叶贸易与晋商》（《农业考古》2021 年第 5 期）一文认为，晋商是近代俄国最著名的中国商人群体，也是俄国人接触最早的中国移民和侨民群体之一。晋商给俄罗斯带来了茶叶，而供应稳定的茶叶使俄罗斯形成了独特的茶文化。中俄商人共同开辟了万里茶道。在俄国人看来，在近代中俄贸易中，晋商既是优秀的商人和值得信赖的合作者，也是其在俄国和中国的蒙古地区最强有力的商业竞争对手。早在沙俄时期，俄国学者就对以晋商为代表的中国商人群体进行过初步研究。近年来，俄罗斯学者对晋商和万里茶道的研究更取得了丰富的成果。

张家口是中俄万里茶道上的一个重要集散地，在中俄贸易史上具有举足轻重的地位，2021 年度关于这方面的研究成果有不少。薛运城的《清代中俄关系史上的张家口》（中国社会科学院大学硕士学位论文，2021 年）一文认为，明朝时，张家口不过是国家北疆防御体系中的一个普通的军事边堡。后来，开蒙汉互市，在旅蒙商的经营开拓下，张家口逐渐从军事边堡演化成了城镇与商埠，成为著名的张库大道的起点。清初，中俄关系发端，张家口成为中俄通使通商关系之路上的重要地理节点。1689 年，中俄签署《尼布楚条约》，中俄关系开始构建条约体制。自此至 1851 年，中俄关系进入平等条约体制时期。中俄两国开始发展"京师互市"和"恰克图边境贸易"，华商与俄商平等贸易。此时，张家口不但成为华商货物的聚散地、中俄恰克图贸易的"钥匙"，还是清政府管理中俄恰克图贸易的纳税榷关、部票申领地。自 18 世纪下半叶开始，随着中俄茶叶贸易走向兴盛，张家口成为中俄万里茶道上的明珠，张家口的发展进入了大繁荣时期。但是，1851 年以后，中俄不平等条约体制逐步建立。俄商利用不平等条约体制所赋予的种种优惠利权，深入中国，挤垮华商，掌控了中俄陆路茶叶贸易，张家口遂成为俄国攫取经济利益的重要关口。缺少了华商的参与，张家口表象繁荣，实则趋于衰落。20 世纪初，随着西伯利亚大铁路、中东铁路的通车，中俄张家口—恰克图传统陆路茶道改道，张家口亦不得不淡出中俄贸易的舞台，开始步入新的发展时代。张家口的兴衰与中俄恰克图贸易的命运息息相关。此外，自 1715 年俄国开始向北京派遣布道团，清代共派遣了 18 届布道团。张家口亦成为布道团往来的必经要津。如今的张家口在新时代的进程中，要把握当下的时代机遇，因地制宜地发展自己的经济、文化产业，争取迎来一个新的发展时代。

李玉静的《明清张家口市圈研究》（华中师范大学硕士学位论文，2021

年）一文中说，《清史稿》中常使用“市圈”一词来记述张家口商贸市场的一些交易情况。“市圈”一般多建在边堡地区，边堡作为市圈的管理机构，立法立规，监督市圈内的交易活动，边堡与市圈共同组成了功能齐备的民族贸易市场。张家口地处草原与内地的交汇之处，明前期受民族关系的影响在古道翠屏口处建立起防御的张家口堡，成为当时长城九边中规模最大、耗费军饷最多的军镇。“隆庆和议”互市的开展是张家口地区由“武城”向“商城”发展的重要拐点，也是张家口发展格局发生转变的最初契机。和议后，开设互市，建起高墙，初步具备了张家口市圈的发展形态，此时的市圈称为“早期市圈”。万历四十一年（1613），为规避风险，又利用隘口的天设之险建造了“来远堡市圈”，已经延续数十年的互市市场更加有序和规范。为区分，张家口堡被称为“下堡”，来远堡称作“上堡”，早期形成的张家口堡市圈不断向来远堡市圈拓展，作为两个支点共同推动了张家口市圈的发展。明清易代时期，晋商凭借在清政权入关前提供的后援帮助获得了“八大皇商”的称号，利用所获得的经济特权成为张家口市圈的实际主导。清朝时长城内外政权统一，大境门开启，以张家口作为大本营而活跃在互市市场的晋商抓住商机走进草原，开展旅蒙贸易。雍正年间，中俄恰克图贸易开市，张家口市圈的特征发生转变，逐渐由边境的互市场所发展为对草原贸易的“旱码头”。财富的聚集推动了前清时期在金融领域的突破，张家口市圈出现账局、票号等金融组织，成为清前期时北方的金融中心。张家口市圈有一个从传统互市市场到开放贸易的发展过程，影响其发展的因素亦有一个从国家规制到民间主导的动态变化，同时市场区域和建筑规模也随着贸易的拓展而扩大。张家口在清中期时已经成长为北方商贸市场体系中的枢纽城市之一。凭借优越的地理位置和商业优势，张家口市圈的影响力不单单局限在向周围地区提供商品贸易服务，成熟的市场规制和商业模式也被学习和复刻，对草原城镇的崛起以及晋商山西老家的贸易发展都有重要意义。但随着清末政治局势的变化，晋商在对俄商战中落败，张家口商贸也逐渐走向衰落。纵观其发展历程，不仅可以看到明清这一时期的民族关系、国家政策对时局的牵动和对地方经济发展的影响，还可以梳理出张家口市圈发展变迁的脉络，探究张家口市圈的发展对草原地区城镇的崛起所带来的重大意义。

王鑫的《明清时期张库大道商贸发展及其影响探究》(河北师范大学硕士学位论文,2021 年)一文从中外文献入手,主要从空间上,对张库大道上的商人进行全面的梳理并与进出口交易物品相结合进行详细的说明,较为深入地探讨张库大道对不同地区所产生的影响,为现今延续张库大道的发展做好理论铺垫。作者认为,张库大道是中国古代北方一条连接中原与草原的重要经济贸易路线,经过漫长的发展演变,至明清时期较为完备。该文第一章主要探讨张库大道的基本情况。张库大道是一条由塞外边城张家口出发、途径库伦直抵俄罗斯恰克图的贯穿中原与草原的古老商道。张库大道的发展"最晚始于明末,盛于清中,衰于民初"。张库大道并不是一条因设市需要而建成的商路,而是一条经过历史不断演变发展成的驿道、兵道、商路。了解张库大道的发展历程,能更好地对张库大道上的商人与贸易物品进行梳理,从而发现张库大道的来往商人、贸易物品的兴盛至衰落与张库大道的发展历程密不可分。第二章主要按照籍贯对张库大道贸易中的主要组成部分——商人进行地域划分。商人群体是商业活动的主体,商贸的每一个环节都离不开商人。商人的发展与商业、地区经济的发展密切相关,商人进行货物输送与买卖,促进了货物的流通与交换,促进了经济的发展。该文将张库大道的商人分为本国商人与外国商人。在本国商人中,晋商在张库大道的商人群体中占据着主体地位,其次是北京商人与直隶商人,最后为蒙古地区商人。外国商人则主要为俄国商人。第三章主要研究张库大道的贸易物品。张库大道存在的意义在于商品的流动,张库大道上商品的流动更是各地、各国商人之间流动最直观的体现。中国的茶叶、丝织品、棉织品及其他杂物随着驼铃的声响踏进蒙古、俄国及欧洲地区,而蒙、俄的皮毛大批量地进入中国,成为上至皇室下至平民的推崇品。第四章主要对张库大道的影响进行归纳。通过对商人群体及贸易物品的研究,可以得出张库大道对辐射地区政治、经济、文化等各方面的影响。

孙文的《清代张家口"张库大道"的商贸活动——以〈恰克图条约〉为起点》(《黑龙江史志》2021 年第 2 期)一文以清代中俄《恰克图条约》的签订为起点,主要以清代张家口地区对内外蒙古及中俄之间的商贸活动为对象,研究清代张家口地区商贸活动的交通路线、商民主体、业务种类以及清末张家口地区的商贸活动。作者认为，自古以来，张库大道、茶马古道和丝绸之路是我国对外贸易的三大陆路商道。随着清廷对内外蒙古政策的变化及《恰克图条约》的签订，张库大道作为“旱码头”，对边疆与内地的交流，以及亚欧大陆间的贸易发展起到了不可替代的作用。张库大道的繁荣，也推动了张家口这个北方商业重镇的崛起、兴盛。

毛婷婷的《清代张家口对俄贸易兴衰研究(1689—1911)》(河北师范大学硕士学位论文，2021 年)一文对 1689—1911 年张家口对俄贸易的兴衰历程进行了研究，具体描述了张家口对俄贸易兴起的背景、张家口对俄贸易的发展，重点涉及贸易的特点和中俄双方对贸易的管理，最后阐述张家口对俄贸易的衰落，分析其原因，进行评价，并得出启示。作者认为，张家口由于其地处中蒙俄三国交界处，独特的地理优势使其对俄贸易得到迅速发展。张家口对俄贸易正式兴起于中俄《尼布楚条约》的签订，然而也是各种不平等的条约导致了张家口对俄贸易的衰落。张家口对俄贸易兴盛的过程中，在张家口地区交易的商品种类也经历了一个变化的过程。19 世纪 40 年代前，中国人偏爱俄罗斯皮草，俄国对华贸易的商品以毛皮为主，之后纺织品占比增多。茶叶贸易也是张家口对俄贸易中最重要的一项，中国商人、蒙古商人和俄罗斯商人相互交易，由此形成著名的茶叶之路——张库大道。为了促使贸易市场良性竞争，中方在商人群体中发布密令，规定在张家口对其进行商务俄语的培训，一定程度上掌握了贸易的主动权。而面对屡禁不止的走私行为，俄方多次出台法律禁止，最终引入消费税机制解决。

恰克图也是中俄贸易通道上最重要的城市之一，2021 年度学术界关于这方面的研究取得不少成果。王思方的《恰克图贸易与山西票号业务间的相互影响——基于虚拟经济与实体经济视角》(辽宁大学硕士学位论文，2021 年)一文采用历史和分析相结合的方法，从虚拟经济和实体经济视角对山西票号的业务和恰克图贸易的相互作用进行分析。该文分为以下几个部分：第一部分介绍实体经济和虚拟经济的定义和特征；第二部分研究恰克图贸易对山西票号虚拟资本的需求，实体经济快速发展如何推动相应的金融行业产生，虚拟资本如何增值进而更好帮助实体经济发展；第三和第四部分介绍山西票号和恰克图贸易的协同发展作用；第五部分介绍实体经济衰败后对票号的影响。作者认为，恰克图贸易和山西票号是晋商分别在实体行业和金融行业发展的辉煌成就。从开始的布匹出口到后来的茶叶出口，恰克图贸易的经营规模越来越大，交易的货物和货款也越来越多。在货款结算方面，俄国商人用银制工艺品进行交易，中国实行的是大额用银、小额用钱的货币制度，所以贸易双方在货款结算时会出现数量巨大的白银。运输白银的成本高且困难很多，传统的交易结算方式已经无法满足恰克图贸易的交易需求，急需新型交易工具的产生。山西商人依靠自己积累的丰厚资产和自身良好的信誉创办了山西票号，山西票号的庞大分支机构和严格的防伪机制让其经营的业务成为恰克图贸易中异地结算的最佳交易工具。当恰克图贸易由于政治、战争等原因衰落后，晋商的资本骤减，再加上实体经济崩溃的滞后性和外部性导致信用借款出现问题，晋商的主要经营业务发生改变，失去对价格的控制能力，原有的经营模式已经无法适应社会的发展进而导致山西票号的衰败。通过该文的研究可以发现，实体经济繁荣是虚拟经济的前提和基础，虚拟经济也会帮助实体经济发展，若一方衰败，双方都会受到影响。邓小军的《以微观史研究范式看晋商——以榆次常家与俄国恰克图茶叶贸易为例》(《炎黄地理》2021 年第 12 期)一文聚焦榆次常家，将历史与现实、微观与宏观相结合，是对晋商探究的深化和补充。榆次常家首开中俄茶叶贸易，其儒商合一、多种经营和坚持正确义利观的独特经营之道使其垄断中俄茶叶贸易数百年。

学术界一直很关注中英茶叶贸易和茶文化研究。刘章才的《英国茶文化研究(1650—1900)》(中国社会科学出版社，2021 年)一书以世界一体化不断发展为背景，基于文化传播视角，较为细致地梳理了英国茶文化的形成过程，探析了其与英国政治、经济、社会乃至中英关系等诸多方面的密切关联，揭示了英国茶文化自身的特色及其所具有的物质文化与精神文化相融合的特征，全面分析了其在英国社会所产生的广泛而深刻的历史影响。仇传慧等的《1834：英帝国视角下的全球茶叶贸易格局转折点》(《中国茶叶加工》2021 年第 3 期)一文，从 19 世纪英帝国的视角出发，通过对统计数据、史料档案、会议记录与报刊通信等资料的深入研究，着重还原 1834 年这一全球茶叶贸易格局转折点的历史细节，结合历史背景剖析英帝国不同组织与集团的立场和关切。该文借助历史语境的重构，厘清了 19 世纪 30 年代初茶叶贸易中东印度公司的垄断行为及其影响、英国散商的愤怒与诉求以及全球贸易竞争这三者间的动态关系和内在逻辑，为国内全球茶叶贸易与文化经济史研究提供了新的视角和切入点。陶德臣的《英国茶叶消费的发展及其影响》(《茶业通报》2021 年第 4 期)一文认为，英国 17 世纪开始饮茶，18 世纪饮茶已很普遍。饮茶风习的产生和发展产生了一系列影响，主要表现为：茶叶贸易随之兴起和发展，英国政府和商人获得丰厚利益，英国各阶层生活方式发生巨大变化。韩红星、单依依的《以茶为媒：明清中英贸易背景下茶的跨文化传播》(《新闻春秋》2021 年第 5 期)一文指出，英国是当今世界第二大茶叶消费国，而英国与茶结缘却不过 300 余年，其早期所需茶叶大多源于中国。从一种来自遥远中国的东方树叶，到普及全英的国民饮料，这背后是一部恢宏的跨文化传播史。文化结构学认为，文化变迁通常是由表及里的过程。茶文化在英国的传播也依循这样的路径，经历了从物质文化到行为文化，再到精神文化的过程。秦沛的《英美文化中的茶文化发展研究》(《福建茶叶》2021 年第 12 期)一文分析了茶文化在英美文化中的内涵与发展，研究茶这一中华民族独特的文化符号蕴含的丰富的精神思想和哲学意义，在世界范围促进了人类文明的探索和追求。

此外，2021 年度还有一些文章从不同层面探析了中西之间的茶叶贸易状况。张婷的《十三行时期外销茶叶包装设计与现代应用研究》(广东工业大学硕士学位论文，2021 年)一文通过文献研究、跨学科研究、调查研究等方法，分析了十三行时期外销茶叶包装的发展背景和脉络，深入分析了十三行时期外销茶叶包装设计的特点，并结合现代中高端茶叶包装的现状和趋势，提炼出最具代表性的文化元素进行现代应用实践，为现代包装设计提供了理论支持和实践参考。作者指出，十三行时期，我国茶叶在中西方的贸易中发挥了重要作用。该时期外销茶叶在欧美等国家享有崇高的地位，茶叶贸易的繁荣为茶叶包装的发展提供了有力的保障。十三行外销茶叶包装做工精良，极具时代特性，有较高的艺术价值与文化价值。首先，该文分析了十三行时期外销茶叶包装的发展状况。这一时期，开放的通商政策为茶叶包装的发展创造了良好的基础条件；繁荣的商品贸易为茶叶包装打下了良好的群众基础；多纬度的文化互鉴为茶叶包装提供了新的发展方向，扩大了设计的空间，带动了茶叶包装的发展。其次，文章分析和总结了外销茶叶包装的设计特征。外销茶叶包装种类繁多，它在选材、做工、装饰、造型等方面具有明显的时代特征，是中西文化交融下的产物，在继承传统文化的基础上融入了西方洛可可风格的元素，实现了中西文化的融合，具有学习和借鉴的意义。最后，文章对十三行时期茶叶包装进入现代应用阶段进行分析。

张小宁的《多维解读茶文化在美国的传播与影响》(《茶叶通讯》2021 年第 1 期)一文从殖民地时期的饮茶文化、美国人对饮茶文化的拓展、茶对美国独立进程的影响、茶贸易与美国经济及对外关系、茶对美国文化的丰富五个方面对茶文化在美国的传播与影响进行多维解读。乐素娜的《远帆竞至东风西渐——中国茶叶博物馆藏外销茶具鉴赏》(《收藏家》2021 年第 12 期)一文认为，随着饮茶在海外的盛行，作为茶叶品饮过程中不可或缺的物品，人们对茶具的需求也在大大增加。在此背景下，专门针对外国人品饮习惯制作的外销茶具作为一个特殊的门类应运而生。18 世纪中期，中国茶叶和茶具向国外的出口到达顶峰，喝茶已然改变了外国人的生活方式。

3. 中西瓷器贸易

中国的瓷器沿着古老的陆上丝绸之路和海上丝绸之路，走向了全世界，是中国对外贸易史上存在最久远的商品之一。尤其是明清时期，海外贸易往来频繁，中国瓷器随着海上丝绸之路外销欧洲，中国瓷器纷繁多样的种类、器型、釉彩、纹饰、功能和用途等，对英国、法国等欧洲国家各阶层人士的文化理念和生活方式等都产生了潜移默化的影响。外销瓷不仅是中外贸易的产物，也是中国传统制瓷工艺与西方审美文化结合的产物，是中外文化交流的重要见证。2021 年度这方面的研究成果有不少。

张睿锜的《基督宗教瓷与明清时期中西宗教文化交流》(《中国美术研究》2021 年第 1 期)一文通过区分“耶稣瓷”和“耶稣会瓷”的概念，对当时由中国外销的基督宗教瓷器的种类、含义及其特征进行分析。通过对“耶稣会瓷”特征的分析，阐释不同市场和用途的外销瓷制作、工艺差距，呈现从 16 世纪以来历史中的宗教文化与技术传播。曹源的《外销瓷器中的西洋风格瓷器鉴赏——以“爱情、风俗、神话”主题瓷盘为例》(《炎黄地理》2021 年第 6

期）一文认为，在外销瓷器中有一类非常重要的主题，就是以西洋风格为主题的特别订单，这些订单的主题大多来源于西洋版画或者素描。订单由西方设计并提供给中国工匠制作，在景德镇生产胎体，然后运送到广州进行色绘上釉，这些由西方设计的图像大多是中国工匠不熟悉的题材，学术界一般称之为外销西洋主题瓷器。18 世纪中国外销瓷器中的西洋风格瓷器，以爱情、风俗、神话三大类为主，这些外销西洋瓷盘的主题、寓意、功用、图像是整个 18—19 世纪欧洲的生活反映和见证。郑泽婷的《“通达四海——明清景德镇民窑瓷器与经济全球化贡献纪念特展”展品精览》（《收藏》2021 年第 5 期）一文认为，明清时期是景德镇窑业发展的巅峰，也是瓷器外销步入全球化的重要阶段。明代早中期景德镇瓷器外销以半公开的走私贸易形式进行，因此无论是琉球群岛还是东南亚的沉船才开始出现明代景德镇正统以后的外销瓷。成化、弘治二朝景德镇民窑沿袭发展，以满足国内需求为主，外销继续以隐蔽的走私形式开展，维持有限的规模。王淼的《从中国园林博物馆馆藏外销瓷看中西文化交融》（《中国园林博物馆学刊》2021 年第 00 期）一文以中国园林博物馆馆藏外销瓷为例，根据外销瓷历史和自身特色，探讨外销瓷在中西方文化交流、融合过程中起到的重要作用。王瑶的《清代外销瓷传承中的创新——以巴达维亚瓷为例》（《陶瓷研究》2021 年第 2 期）一文以清代外销瓷的历史发展概况为背景，分析巴达维亚瓷的艺术特征，探讨其原因及意义。作者认为，清代外销瓷是中国外销瓷的黄金时期，其精品迭出远销海外，一方面满足了西方的审美需求，另一方面也弘扬了中国的传统文化，不断地推陈出新。巴达维亚瓷作为清代前期的外销瓷，结合青花瓷与酱釉瓷，运用内壁绘青花、外施酱釉的装饰手法，可谓是传承中的创新，独具特色。翁彦俊的《景德镇 16—18 世纪陶瓷外销规模估略》（《中国陶瓷》2021 年第 10 期）一文从考古资料和文献档案出发，对其规模做了初步量化尝试。孙悦的《从明清海上丝绸之路看景德镇外销瓷审美意蕴》（《景德镇陶瓷》2021 年第 5 期）一文以景德镇外销瓷为例，从造型表现、装饰工艺以及中西审美交流这三个方面分析了明清海上丝绸之路对景德镇外销瓷审美意蕴的影响。此外，戴睿琦的《物质文化视阈下明清外销瓷纹饰视觉分析与思考》（《中外艺术研究》2021 年第 2 期）、郑泓敏的《探析外销瓷的艺术美》

(《陶瓷研究》2021 年第 4 期)、孔奇妙的《从明清外销瓷看中外文化的交融》(《陶瓷研究》2021 年第 5 期)、李璟的《贸易影响下的纹样艺术——以唐代长沙窑外销瓷器为例》(《艺术品鉴》2021 年第 5 期)等文章,也就相关问题进行了探析。

17 世纪、18 世纪是中国外销瓷的辉煌时期,各种绘有浓郁中国风格花纹的瓷器畅销欧洲,对欧洲人的生活方式和审美习惯产生了重要影响。马晓宇的《明清外销瓷花卉纹样研究——以菊花为例》(北京印刷学院硕士学位论文,2021 年)一文以菊花纹样为切入点,对明清外销瓷纹样反映的中西方装饰艺术交流展开深入的研究。作者认为,菊花作为中西文化交流的“见证者”之一,它的纹样从中国传播至世界。明清外销瓷上的菊花纹样不仅保留了中国传统的装饰风格,也吸收了西方装饰艺术的精华,堪称中西方文化交流的艺术结晶。该文主要从以下六个部分分别探讨明清外销瓷菊花纹样的文化渊源、艺术特征,以及反映的中西方装饰艺术的交流:第一部分是对国内外研究现状进行总结;第二部分介绍世界范围内菊花的品种与菊花文化的传播,深入探究菊花纹样产生的文化渊源;第三部分是明清时期菊花纹样的艺术特征,主要从菊花的造型特征、形式构成、组合形式等方面进行分析;第四部分以伊万里瓷器、克拉克瓷、纹章瓷、广彩为例,对明清外销瓷典型品种上的菊花纹进行分析,深入研究菊花纹样的异域化特征;第五部分主要分析瓷器、纺织品、壁纸、漆器等西方外销工艺品上的菊花纹样,来讨论明清外销瓷上的菊花纹样反映的中西方装饰艺术的交流;最后结论部分对全文进行归纳总结。

杜凡怡的《明清外销瓷山水纹样研究》(北京印刷学院硕士学位论文,2021 年)一文认为,承载在外销瓷上的山水纹饰将中国“天人合一”的传统自然观哲学直观地呈现在欧洲人的眼前,给予其强烈的精神震撼与视觉冲击。中国独特的山水园林纹饰为西方带去了令其耳目一新的异域风情,在欧洲人长达 300 年的使用和仿制过程中,潜移默化地影响了当时西方自然观的主流思想,为欧洲瓷绘纹饰、园林建筑、家居设计等领域带来了新的可能性。该文共分为六个部分:第一部分为全文引言,主要对国内外的研究现状进行总结;第二部分主要探究明清外销瓷上山水纹样的文化内涵与艺术特质，分析山水画、山水版画中蕴含的中国自然观，随后，由于版画技术与瓷绘技术的提升，山水瓷画范式形成；第三部分对外销瓷中的典型山水纹饰进行细致分类，并对其进行图像分析，厘清外销瓷中山水纹样的主要类型和其中蕴藏的文化内涵；第四部分主要是梳理外销瓷山水纹饰对欧洲艺术创造的影响脉络，举例说明其对欧洲自然观转变的影响；第五部分主要探索传统瓷艺创新发展的可能性，为传统瓷业的复兴做铺垫；最后一部分是对全文的主要观点进行归纳、整理和总结。陈新的《清代青花山水楼阁纹对欧洲陶瓷绘画的影响》(《景德镇陶瓷》2021 年第 3 期)一文从分析清代外销瓷中青花山水楼阁纹的分期变化入手，探析了欧洲青花山水纹饰受中国文化影响而形成一种 Willow Pattern 式山水楼阁定型图的具体原因。陈晶、薛圣言的《明清外销青花鹿纹陶瓷艺术审美研究》(《大观・论坛》2021 年第 4 期)一文则立足外销陶瓷的历史与成因，分析青花鹿纹陶瓷在中西文化碰撞下显现的艺术审美特征。

除了中国传统的花卉、山水、动物纹样的外销瓷外，随着中欧海上丝路陶瓷贸易的发展及收藏之风盛行，形象生动、颇具异域情调的陶瓷宗教人物塑像及瓷绘佛道人物也流传海外。吴若明的《移情造境：明清瓷器释道人物的欧洲流传及普龙克图式平面再现》(《美术观察》2021 年第 2 期)一文从天津博物馆馆藏明代青花瓷塑出发，结合欧洲相关器物收藏，探讨海外明清瓷器释道人物的使用、影响及欧洲陶瓷制作中的相关图像再现等问题；重点阐述荷兰普龙克所设计的博士、持伞仕女、亭台妇童等图式，比较其与中国外销瓷绘和瓷塑释道人物形象的关联与变迁。

张媛的《明清外销瓷仕女纹样研究》(北京印刷学院硕士学位论文，2021 年)一文以仕女纹样作为切入点，运用交叉学科的研究方法，重点分析明清外销瓷的形成原因、艺术特征以及外销瓷装饰纹样中所反映的中外装饰艺术交流。明清时期，由于世俗文化的兴起，仕女形象从仕女画中脱离出来，成为常见的装饰纹样，并被广泛应用于工艺品当中。其中，瓷器是仕女纹样的重要载体。工艺精美、形式多样的瓷器仕女纹样不仅盛行于国内，还风靡于国外。除了审美价值，它还具有极高的文化价值。受封建制度的影响，仕女纹样有着特殊的文化内涵，也从一个角度反映了性别的不平等现象。从表面上看，明清仕女纹样描绘的是古代女子的日常生活。实际上，它也是社会思想、风俗礼仪、国家制度的真实反映。然而，中西方之间的遥远距离阻隔了信息的传递，致使西方对中国文化十分陌生。因此，西方人在欣赏外销瓷的过程中，忽视了仕女纹样本身的文化意义，从而产生了不同于东方的审美标准，并影响了明清外销瓷仕女纹样的创作。也正是因为如此，通过外销瓷，我们能够窥探到仕女纹样中所反映的中外文化艺术交流情况。明清外销瓷仕女纹样可分为传统纹样和异域纹样两大类。传统纹样是指未受外来影响的中国本土纹样，包括仕女游园、仕女婴戏、戏曲故事等题材。异域纹样是指在传统纹样的基础上融入西方元素，比如西洋人物、道具摆件、绘画技法等。从视觉效果上，两类纹样具有很大的不同，但是二者都出自中国瓷匠之手，所以异域化的仕女纹样仍然符合中国艺术的创作规律。在中国艺术中，存在大量的模件化现象。产生此现象的主要原因是艺术的创作者常采用“打散重组”一些经典装饰母题的方法将一些常见的装饰元素分解拆散，并重新组合成新的画面。然而，中国瓷匠用惯性的设计思维将西方元素移植到传统纹样中，使外销瓷仕女纹样在内容和形式上都发生了巨大的变化。

滕晓铂的《围墙内外：明清外销“西厢瓷”典型纹样图式特征研究》(《装饰》2021 年第 5 期）一文认为，“西厢瓷”作为一种广受欧洲人欢迎的外销瓷，其上所展现的西厢故事图像，要比《西厢记》译本传入欧洲早了 200 多年。与中国本土流行的“西厢瓷”相比，外销“西厢瓷”的装饰纹样并不注重《西厢记》整体叙事情节的连贯性，而喜欢选择那些最能体现戏剧冲突的个别场景，其中尤以“围墙”作为主要构图元素的“墙角联吟”“月下听琴”“乘夜逾墙”等经典图式最受追捧。该文试通过分析此种现象，探讨随着传播载体的变化，文本叙事型图像从小说插图向瓷器装饰纹样转换的过程，以阐释此类外销瓷纹样自身形式特征的发展规律，及其产生的文化影响。

纹章瓷是中国外销瓷的一个重要品类，是东西方贸易和文化交流的特殊载体。周瑶的《16 至 19 世纪欧美非家族纹章瓷研究》(景德镇陶瓷大学硕士学位论文，2021 年）一文以非家族纹章瓷为研究对象，逐层展开论述。该文首先对纹章的起源、发展、结构及其使用规则进行了梳理。纹章最早是用来区分战场中敌我双方的标识图记，随着社会的发展，纹章发展成为一种能够识别身份的符号体系，被皇室、贵族、社团、机构等广泛使用，为了能够炫耀身份，纹章持有者曾将纹章印制在服饰、银器或货币上，而中国陶瓷的出现，一跃成为欧美客商最受欢迎的纹章绘制载体。该文回顾了16—19世纪近400年时间纹章瓷诞生的社会背景及其发展脉络，阐明非家族纹章瓷的定义和主要类型，论述其订制机构的行业背景及订制目的，从主题纹饰出发论述纹章构成特点和欧美纹章文化，阐述其纹章图记的寓意与内涵，再从辅助纹饰出发论述非家族纹章瓷的装饰特点，通过陶瓷器物上所装饰的中西结合纹样揭示中外文化的成功交融与互动关系，从而看出不同时期中国与欧美不同国家分别在陶瓷、文化、艺术和技术上的不同影响，并从历史局势、订货方式及订制者审美偏好等因素剖析非家族纹章瓷纹饰、工艺、造型等变化。文章最后从工艺、造型和功能方面对非家族纹章瓷器型展开分类研究，将日用器的碗、盘、杯、壶类器型与陈设器的瓶、盆、罐类等作为整体研究对象，针对口部、腰腹、底足等特征进行详细论述，并阐述其实用与审美价值，总结西方人的世俗生活、社会风尚对中国销往欧美非家族纹章瓷产生的影响，进而论证纹章瓷作为中西文化艺术的结晶，是如何推动中西方贸易、经济、技术、艺术和文化交流的。

曹源的《中国外销纹章瓷盘的风格类型探析——以18至19世纪英国的纹章瓷盘为例》(《文化月刊》2021年第7期)一文对18—19世纪英国的纹章瓷盘类型进行划分，并对其类型及意义作了简要的探讨。这些不同类型的纹章瓷盘，也反映出外销瓷器在该阶段的发展进程。黄明龙、黄芳芳的《广彩纹章瓷的“来样定制”特点探究》(《西部皮革》2021年第22期)一文以欧洲“来样定制”的特点作为切入点，探究广彩纹章瓷“来样定制”特点形成的背景，并从其艺术特征进行横向分析。作者认为“来样定制”是广彩纹章瓷中西融合的突出表现形式之一，也印证了广彩纹章瓷是清代中西经济、文化艺术交流的历史产物。此外，李慧贤的《天道大同 耶稣会纹章瓷鉴录摘记》(《中国天主教》2021年第4期)等文章也对纹章瓷进行了探析。

中国青花瓷于17世纪达到新的发展高峰，成为对外交流的独特介质。冯绍华的《明代万历、天启年间景德镇外销青花瓷的历史及艺术特征的相关赏析与简述》(《中国陶瓷工业》2021 年第 3 期)一文通过对明代万历、天启年间景德镇外销青花瓷历史及其艺术特征的相关研究与回顾,了解那段海上“陶瓷之路”对世界许多国家的文化、习俗等方面所产生的影响,同时对明末景德镇外销青花瓷的艺术特征进行赏析与简述。杨天源的《从碗礁一号看清康熙时期景德镇生产的外销青花瓷》(《水下考古》2021 年第 00 期)一文指出,碗礁一号沉船遗址,出水遗物以瓷器为主。在 17000 余件瓷器中,大部分为青花瓷,并有少量的五彩、青花釉里红、单色釉瓷器等,具有清康熙时期景德镇生产的典型特点,可以为外销瓷研究提供重要的材料。李茜、王贞的《明清官窑青花瓷器与英国骨瓷的比较研究》(《明日风尚》2021 年第 19 期)一文从陶瓷创意设计研究的角度出发,基于材料、器型、纹样三个层面对明清官窑青花瓷和英国骨瓷进行对比研究,探究各自发展过程中相互之间的影响与促进。此外,郭佳宜的《浅析葡萄牙瓷砖画与中国青花瓷的发展过程》(《陶瓷研究》2021 年第 4 期)、葛归愚的《埃及福斯塔特遗址出土的元青花瓷器》(《收藏》2021 年第 6 期)、虞锋波的《域外传播影响下的景德镇传统青花瓷技艺变革》(《美术观察》2021 年第 8 期)、赵珏琪的《清代外销青花瓷赏析——以中国(海南)南海博物馆馆藏青花瓷为例》(《东方收藏》2021 年第 17 期)等文章,也从不同层面对外销青花瓷进行了探析。

德化瓷也是中外瓷器贸易史上的重要物品。万钧的《全球化视野下明清德化白瓷的生产与贸易研究》(《故宫学刊》2021 年第 1 期)一文在以往研究的基础上,梳理了德化窑的社会历史、经济环境、人文风尚,充分发掘文献方志、考古遗迹和实物遗存,着重爬梳西方零星的贸易记录和家族文件等各项资料,旨在跳出以往就事论事的窠臼,把明清时期的德化窑置于全球贸易的大环境下去探讨其生产和贸易状况,以深化我们对德化窑的了解。该文通过对明清时期德化白瓷生产出现的新变化及其原因的探讨,显示出德化瓷业对远方世界市场的关注,及其为适应世界市场的需求所做出的变通和努力;通过对德化白瓷在世界上的贸易轨迹和收藏流转的研究,可以看到德化白瓷在中国瓷器向世界传播过程中所扮演的重要角色;通过对德化白瓷在西方的变化和运用,可以看到东西方文化在交流过程中的融合发展及对欧洲瓷业的发展所起的作用。此外,丁雨的《南宋至元代中国青白瓷外销情况管窥》(《古代文明·辑刊》2021年第00期)、郑金勤的《马可·波罗与元代德化窑青白瓷》(《东方收藏》2021年第9期)等文章,也对德化瓷的贸易状况进行了探析。

明清时期中国瓷器的贸易出口量达到了顶峰,广彩瓷正是在雍正、乾隆时期因贸易需求应运而生的外销瓷。广彩瓷又称广州织金彩瓷,由景德镇制作胚胎运至广州,釉上彩绘再出售国外。为了迎合当时西方贸易市场的需求,广彩瓷除了保留中国传统瓷器特征还融合了西方的艺术风格,是中西艺术融合最具有代表性的瓷器之一。何茵幸的《中西艺术融合视角下的广彩瓷品牌设计研究》(广东工业大学硕士学位论文,2021年)一文从中西艺术融合视角研究广彩瓷。该文从贸易、精神、审美三个方面,梳理广彩瓷的历史背景与特征;对国内外瓷器品牌案例进行分析,找出品牌设计现代发展的趋势,为广彩瓷的品牌塑造提供有利条件与可行性建议。宁泳欣、陈昊武的《17—19世纪中西文化交流下"清三代"外销彩瓷边饰纹样探究》(《陶瓷研究》2021年第3期)一文认为,清前期外销陶瓷艺术的发展随着欧洲大陆航海运动的兴起与对外经济的繁荣,也有了崭新的面貌与发展,主要表现为花卉纹饰上绘画风格的演变、构图流行风向的转变、装饰构成上的丰富与突破。一大批中西文化交流融合的外销瓷在清代康雍乾时期展现出不同的艺术风格。赵华的《〈瓷器制运图〉:清代景德镇外销瓷器及广州夷商活动的实景记录》(《装饰》2021年第5期)一文认为,《瓷器制运图》共34幅制瓷连环画,以水彩绘成,是清代景德镇制瓷工序的难得记录,现藏于香港海事博物馆。各图按流程详细记录了18世纪清代景德镇外销瓷器的制运以及广州夷商的活动。中国外销画起源于广州的画室,当地夷商云集,形成了活跃的工艺品交易市场。此后,外销画画室亦于香港兴起。广彩是广州地区釉上积金彩瓷的简称,以构图紧密、色彩浓艳、金碧辉煌著称。清代雍正年间,随着中国对外商业贸易和文化交流的发展扩大,各类瓷器从广州出口增多,为适应外销市场需要,江西景德镇部分釉上彩绘瓷器移至广州加工生产。景德镇釉上彩瓷在这里与当地的烧青艺术(铜胎瓷珐琅)相结合,并根据欧洲市场的来样定制,使得釉上彩瓷出现了新的装饰形式,成为早期的广彩瓷器。此外,田蔚恩的《金眸玉爪不凡材——广彩瓷上的"鹰"》(《东方收藏》

2021 年第 1 期)，韩翔、张睿的《论公元 10 至 13 世纪海上丝绸之路中的西村窑瓷器》(《农村经济与科技》2021 年第 1 期)，曹先勇的《绚丽华彩 金碧辉煌——清代外销广彩瓷的历史与特点》(《东方收藏》2021 年第 3 期)，周牧雨的《广州彩瓷与德、荷两国品牌瓷器文化特质比较》(《中国非物质文化遗产》2021 年第 6 期)等文章也对相关问题进行了探析。

15 世纪末至 16 世纪初，随着新航路的开辟，葡萄牙成为第一个来华贸易的西方国家，从此开启了东西方海上交流的序幕。王冠宇的《葡萄牙人东来与 16 世纪中国外销瓷器的转变——对中东及欧洲市场的观察》(《海洋史研究》2021 年第 2 期)一文指出，从葡萄牙人第一次在广东沿海离岛登陆，并与中国商人进行贸易、到澳门开埠，稳定有序而规模日盛的中葡贸易得以开展，葡萄牙及更广阔的欧洲大陆逐渐成为中国商品集散流通的重要地区。作为一个全新的海外市场，葡萄牙曾对中国外销瓷器的面貌产生深远影响。16 世纪与 17 世纪之交，一种被称为“克拉克”的全新风格瓷器涌现并风靡欧洲，便是当中最为显著的结果之一。李淋明的《克拉克瓷异域文化特点探究》(《东方收藏》2021 年第 23 期)一文以克拉克瓷为例，从造型表现、装饰工艺以及中西审美交流这三个方面分析明清海上丝绸之路对克拉克瓷异域文化特点的影响。黄薇、黄清华的《澳门开埠前中葡陶瓷贸易形态初探——以上川岛花碗坪遗址为例》(《收藏》2021 年第 5 期)一文以上川岛花碗坪遗址为例，探析了澳门开埠前中葡陶瓷的贸易形态。

荷兰是明清时期与中国进行瓷器贸易的最重要的欧洲国家之一，钟燕娣的《荷兰馆藏中国明清贸易瓷风格分期及演变原因分析》(《装饰》2021 年第 5 期)一文基于荷兰重要博物馆所藏中国明清贸易瓷，通过分析销往荷兰的中国瓷器的种类和特征，将其分为五个阶段，并对中荷明清贸易瓷风格转变背后的原因进行了探讨。高云鹏、魏昀赟的《17 世纪中国青花瓷和荷兰代尔夫特蓝陶色彩形态互动影响研究》(《艺术与设计・理论》2021 年第 9 期)一文认为，17 世纪中国与荷兰处于海上贸易的黄金时期，两国贸易往来、文化交流频繁，荷兰对中国青花瓷进行仿制和改良，创造了属于本民族的国宝——代尔夫特蓝陶。文章运用文献研究法、比较法、观察法，对中国青花瓷和荷兰代尔夫特蓝陶的色彩形态互动关系以及社会动因进行分析，借鉴提取两者的发展路径和经验模式，为现代青花瓷的发展之路提供参考。

对于中英之间的瓷器贸易状况也有相关的研究成果。杨明、詹嘉的《17—19世纪华瓷对英国茶具设计的影响》(《中国陶瓷》2021年第3期)一文指出，17世纪以来，中国瓷器和茶叶通过贸易成为欧洲的流行商品。在英国，瓷器既是奢侈品又是日用品。而茶的出现更是和茶具一起共同引发了英国人的餐饮革命，最终让英国成为头号饮茶大国。该文以博物馆实物为参考，探讨英国茶文化中的饮茶礼仪、茶具造型设计和装饰艺术方面的特征，说明中英茶具设计的融合与创新，得出华瓷对英国茶具设计的影响是深远的。安丛的《18世纪英国陶工对宜兴紫砂的仿制与创新设计》(《装饰》2021年第10期)一文以18世纪英国陶工对宜兴紫砂的引进、理解、模仿和挪用以及本地创新作为观察框架，基于工艺视角，结合模仿创新理论，以英国陶工对宜兴紫砂的仿制与创新路径为研究对象，把对宜兴紫砂的仿制创新历史分期分为基本创新、改良型创新、根本性创新几个阶段，分析英国陶匠在其过程中通过对陶土原料、造型技术、装饰技术以及烧成技术的革新，实现了陶瓷工业技术的变革与产业调整，从根本上推进了本土陶瓷制造业的发展。

随着瓷器贸易的发展，中国瓷器也对意大利的陶瓷风格产生了影响。曹欣悦的《17—18世纪意大利马约里卡锡釉陶中国风艺术研究》(景德镇陶瓷大学硕士学位论文，2021年)一文以意大利马约里卡锡釉陶艺术为主要研究对象，详细阐述了马约里卡的工艺及其艺术发展历史，并以17—18世纪欧洲的中国风艺术为研究背景，对马约里卡的中国风艺术进行深入研究，按照历史发展线索，系统地梳理了马约里卡中国风的发展过程，论述马约里卡中国风艺术形成的原因、过程及影响。作者认为，马约里卡一词是意大利锡釉陶的泛称，马约里卡锡釉陶是意大利陶瓷史上具有代表性的民族艺术。“中国风”是17—18世纪的欧洲受到东方艺术影响而创造的一种东西融合的艺术风格。17—18世纪以来，意大利开始大规模出现中国风的马约里卡锡釉陶作品。该文从以下三个方面展开研究：首先在梳理马约里卡中国风艺术发展规律的基础上，收集大量图片与文字资料作为理论依据。其次从装饰纹样、色彩风格以及构图特点入手对其艺术特征进行系统归纳，总结

17—18 世纪意大利马约里卡锡釉陶的中国风艺术的表现手法，分析其艺术特征中体现出的中国风的艺术特征。最后，对 17—18 世纪意大利马约里卡锡釉陶中国风盛行的现象进行思考，并总结研究意义。意大利马约里卡的中国风艺术开端于意大利人对唐白瓷的向往，兴起于对明青花的模仿，兴盛于对清五彩的学习。该文运用文献研究法与图像分析法，将马约里卡的中国风艺术特征总结为三个方面：以纹饰为着眼点，意大利的马约里卡画家擅长运用中国装饰纹饰，并且能够利用中国陶瓷的艺术表现形式来表现欧洲的装饰元素；以色彩为切入点，马约里卡画家通过将中国的代表性色彩与纹饰、构图相结合来营造中国风格；以构图为研究点，马约里卡画家通过学习中国山水画的构图及其构成关系来形成中国韵味。该文的研究促进了国内对意大利马约里卡锡釉陶艺术的研究。

在中国与欧洲其他国家的瓷器贸易方面也有相关的研究成果。李琳的《16、17 世纪销往西班牙的中国瓷器》(《中国港口》2021 年第 S1 期)一文着眼于 16、17 世纪西班牙与中国的瓷器贸易，参考整理国内外考古与研究成果，叙述了西班牙与中国之间的贸易路线、沿线沉船及港市陶瓷考古情况，指出这一时期销往西班牙的中国瓷器以青花瓷尤其是克拉克瓷为主，并通过分析公私收藏中几件明清青花瓷为全球化早期中国瓷器外销西班牙的情况提供了实例。顾年茂的《德国迈森瓷器与中国文化》(《国际汉学》2021 年第 3 期)一文认为，德国迈森瓷器初期仿制中国文化元素、瓷绘风格，将欧洲元素和中国文化融合在一起，迈森瓷器很快成为欧洲的流行物品，瓷器对西方社会构建中国形象、传播中国文化产生了重要影响。

近年来，随着考古技术的发展，关于沉船瓷器的研究也有很大的发展，2021 年度关于"碗礁 I 号""南海一号""南澳 I 号""泰兴号"等沉船瓷器研究的成果不少。任记国的《舟山博物馆现藏"南澳 I 号"沉船出水青花瓷器评析》(《文物鉴定与鉴赏》2021 年第 20 期)一文指出，舟山市现收藏有一批福建省平潭"南澳 I 号"沉船出水的清康熙年间民窑瓷器。该批瓷器来历曲折，保存完好，工艺成熟，器型规整，纹饰精美，具有较高的艺术美学造诣和文物研究价值。通过与本地历年调查采集到的瓷器标本比对研究，可合理推测舟山群岛乃至东海海域发现的同类型青花瓷器的原生产地、运输渠道、分布范围、流通区域等历史信息，复原明清时期舟山海上丝绸之路交通贸易路线的体系框架。2007 年 12 月 27 日，迄今为止世界上发现的年代最早、船体最大、保存最完整的中国南宋时期远洋贸易商船“南海一号”正式出水。随着相关考古发掘工作的不断深入，这艘始发港很可能就是福建泉州的远洋贸易商船逐渐露出了真容，其所装载的瓷器主要汇集了来自当时四个著名窑口的产品——福建德化窑的青白瓷、磁灶窑的瓷器、江西景德镇的影青瓷和浙江龙泉的青瓷。周冉的《光洁似绢 质如象牙 海洋文明催生的德化外销瓷》(《国家人文历史》2021 年第 20 期)一文指出，从“南海一号”古沉船中，考古人员打捞出品种繁多的宋代文物，包括瓷器、金银饰品、钱币、竹木漆器等，这批属于某个神秘富商的紧俏商品，没能按时抵达遥远的海外市场，意外成为大海的宝藏。截至 2019 年，“南海一号”出水文物的总数量已经超过 18 万件(套)，其中瓷器数量达 16 万件(套)，居绝对首位。16 万件(套)瓷器中，福建德化瓷占一半以上，其次是福建磁灶瓷、浙江龙泉瓷和江西景德镇瓷器。“南澳Ⅰ号”沉船是一艘沉没于南澳岛东南海上的明代贸易商船。王志杰的《“南澳Ⅰ号”出水青花瓷器主题纹饰特征初探》(《邯郸学院学报》2021 年第 2 期)一文指出，“南澳Ⅰ号”沉船出水的青花瓷主题纹饰题材可以分为四类:第一类是包括高官厚禄图、仕女等在内的人物纹;第二类是包括飞马、奔鹿、缠枝莲纹等在内的动植物纹样;第三类是包括龙纹、凤纹、法螺、八卦、祥云等在内的宗教祥瑞;第四类是包括文字款“义”“禄”“寿”“福”“善”“贵”“寿山福海”“寿南山福东海”等在内的文字类。四类均以中国传统纹饰为主，未见晚期的克拉克瓷及外销文化因素。结合沉船年代属于嘉靖万历早中期，由此可以管窥“隆庆开海”早期外销瓷纹饰之一豹。“泰兴号”是目前海洋考古中发现最大的中国木帆船之一。钟志强的《对“泰兴号”沉船出水文物特展的再认识》(《东方收藏》2021 年第 23 期)一文指出，“泰兴号”沉船的出水瓷器超过 35 万件，也是迄今为止打捞完整文物最多的沉船之一。1822 年，“泰兴号”不幸触礁沉没，将近 200 年后的 2021 年，“远帆归航:‘泰兴号’沉船出水文物特展”在中国航海博物馆向社会各界公开展出，展品计有 400 余件，这也是第一次集中展示来自“泰兴号”沉船的瓷器。该文从该场特展入手，结合明清时期德化窑青花瓷器的生产和发展概况，进一步阐述德化作为中国古代名窑在外销领域的重要地位。郑金勤的《"南海一号"惊艳出水的德化窑青白瓷》(《东方收藏》2021 年第 9 期)、杨天源的《中国东南沿海及东南亚地区沉船中的明清贸易瓷器》(《博物院》2021 年第 2 期)等文章,也对沉船瓷器进行了探析。

此外,钟翟的《沉睡千年美人鱼——黑石号和唐代的海外贸易》(《上海工艺美术》2021 年第 1 期)、李智瑛的《丝绸之路上的中国瓷器与伊兹尼克陶瓷》(《中国陶瓷》2021 年第 3 期)、袁慧晶的《北宋胡人牵马俑:见证古代"海上陶瓷之路"》(《丝路百科》2021 年第 3 期)、薛元可的《明代"空白期"瓷器问题初探》(《贵州大学学报(艺术版)》2021 年第 4 期)、林海南的《海上贸易与宋元时期漳州外销瓷业》(《大众考古》2021 年第 8 期)、莫少银的《以德化形 外销上品——海南省博物馆藏福建德化窑白瓷赏析》(《收藏与投资》2021 年第 10 期)、郑豪豪的《张晞:尊重传统,让龙泉青瓷重展海上丝绸之路时期辉煌》(《中外文化交流》2021 年第 12 期)、陶泓铮的《瓷器视角下唐代以来的中非交流》(《今古文创》2021 年第 14 期)等文章,均从不同层面探析了中西瓷器贸易状况。

4. 其他货物贸易状况

除了对丝绸、茶叶和瓷器这些海上丝绸之路上大宗货物交易情况的探析外,特色物品的贸易状况也越来越多地受到学术界的关注,其中对外销画的研究最为突出。外销画兴起于 18 世纪中叶,专为外销西方市场,多为油画、版画、水彩画、水粉画以及玻璃画等,内容主要为当地的风俗或生活、工艺、商业面貌,有很强的纪实与叙事风格,形象化地展现了中国文化的各种面貌,研究者一般称其为"外销画"或"贸易画"。黄丽莎的《图像与认知:18—19 世纪广州外销画的知识性内容》(《装饰》2021 年第 5 期)一文通过图像与认知的关系,对广州外销画形式与主题形成中的知识性内容做初步的探索。作者认为,外销画的兴起除了显而易见的商贸背景,也与西洋人对远东的认知需求息息相关。陈雅新的《清代外销画中的粤剧红船考论》(《戏曲与俗文学研究》2021 年第 1 期)一文考述了主要藏于欧美的粤剧红船题材外销画及西洋画,包括画作的捐赠、收藏、画家、画种、纸种、尺寸等信息,特别是对其中较有代表性画作的年代和画中内容做了详细考证,呈现出自清乾隆至同治朝的红船图谱，为红船研究、粤剧史研究提供了年代较早、可信度较高的丰富史料。画中呈现了粤剧红船的基本形制特征，可与古代造船文献、粤剧艺人口述资料相互参证。画作以“戏船”而非“红船”为标题，为广府戏船始称“红船”时间问题的澄清提供了重要信息。在粤剧红船的来源问题上，画作有助于排除“红”字的干扰，并从形制方面提供了切实线索。画中涉及了新新凤、上林春、高天彩等不见今人著录的广州本地班，义伶大眼珠、司寇陈望坡等相关人物，广州十三行商人潘啟启官家、河南马涌桥附近、灵山大王庙、澳门妈阁庙等红船伶人经常演戏之处，有助于呈现早期粤剧多面向的戏剧生态。刘颖颖的《18—19 世纪广州外销艺术品中的女性图像浅析》(《中国民族博览》2021 年第 6 期)一文对 18—19 世纪的广州外销艺术品中的女性图像特点、形成原因、影响力进行分析。作者认为，18—19 世纪广州是中西海路贸易最为重要的通商口岸，每年借助季候风乘坐帆船到广州贸易的西方人，在返航时都会在广州购买一些具有地域特色的艺术品。由此，在广州催生了各种主营外销产品的行业，生产各具特色的口岸商品。这些源源不断销往海外的艺术品，材质多样、工艺精湛，把 18—19 世纪广州的口岸生活和社会风貌生动地展示出来，以适应海外客户对中国文化的好奇心。与此同时，这些外销艺术品在工艺、题材和装饰艺术上中西合璧，呈现出与传统中国艺术品不同的艺术风貌。尽管材质、造型、功用不同，女性题材是广州外销艺术品中常见的装饰图案，也成为外销艺术品最大的亮点以及最受欢迎的因素之一。龚之允的《中西交流中产生的玻璃背画起源、发展和未解之谜》(《新美术》2021 年第 1 期)一文指出，国内外学者都认为玻璃背画是来自西洋的舶来品，后中国画师师夷长技，并且凭借欧洲中国风的盛行而形成了外销玻璃背画的艺术生态。作者则通过文献和实物的对比检索提出了新的观点，即玻璃背画源于中国宫廷，然后通过多个传播渠道，把这项技艺传播到了广州，然后得到了欧美市场的青睐。不同于欧洲传统教堂装饰玻璃画，玻璃背画绘制在平板玻璃背面，而观者则是由正面来观赏画作，也就是说，需要绘画者通过间接或反向的方式在玻璃上画画。杨光的《云想衣裳 画里想容——清代女性题材的广州外销玻璃画》(《东方收藏》2021 年第 3 期)一文指出，由于广州有“一口通商”的独特地位，令其成为中西方商品和文化交流的重要门户。而广州的手工艺人则顺应西方市场的需要,创作、生产出了各种富有"中国趣味"、略带西方艺术风格的外销艺术品。其中的外销画,是在照相技术还没有出现的当时,广州口岸的外销画家们根据西方人的审美要求所创作出来的,并成为西方人士了解"中国风情"的重要媒介。谢蓓露的《广州港口风景画研究——以〈广州港和广州府城画〉为例》(《美与时代·中》2021年第8期)一文通过分析港口风景画的出现及其绘画表现,探讨广州外销画对后世的影响。作者认为,港口风景画作为外销画中的一种,在促进中西文化的交流方面发挥了重要作用,同时也推动了中国早期油画的发展,其绘画语言值得我们学习和思考。

安娜(Tarasenko Anna)的《十八—十九世纪中国外销画对中俄艺术交流形成影响研究》(南京艺术学院博士学位论文,2021年)一文通过史料文献挖掘18—19世纪中国外销画这一独特的艺术现象,从清代外销画出现的背景、中国南方口岸外销画的艺术特征、俄罗斯收藏的中国外销画出现的历史脉络、俄罗斯收藏的北京外销画的艺术特征、外销画在俄中艺术交流中的特别贡献五个方面进行探讨。作者认为,中国外销画作品首次在广东南部地区出现,19世纪外销画也在北京出现。外销画包括油画、水粉画、水彩画、玻璃画等等。这些美术作品结合了欧洲和中国绘画的技法,其内容讲述中国风景与风情,以及中国异地的动植物。外销画的诞生不仅归功于中西贸易的迅速发展,这种艺术作品还起源于基督教传教士在中国的活动。耶稣会代表是最初到达中国的。18世纪,俄罗斯在北京也成立了东正教使团。传教士把欧洲书籍和各种西方艺术作品带到中国,其中包括绘画和铜版画。在17—18世纪,耶稣会士中出现了艺术家,其中有格拉蒂尼、郎世宁、马国贤等。至于俄罗斯东正教使团的活动,除了在中国传教之外,他们的任务还包括中国的全面研究。该文认为,使团最重要的代表是N. Ya.比丘林和Z. F.列昂季耶夫斯基。除了写关于中国历史和文化的书,他们还把大量图片的资料带到俄罗斯。这些图纸不仅作为书面研究的补充,同时也成为关于18—19世纪的中国的重要信息来源。之后,俄罗斯和中国之间定期的贸易增加了俄罗斯贵族对东部邻国的兴趣,频繁的贸易给俄罗斯艺术留下明确的印记,中国的主题逐渐开始出现在俄罗斯艺术品中。俄罗斯东正教使团的代表从北京带来的画品包括中国风景、中国人民和有关他们习俗的图像，这些收藏品极大地丰富了俄罗斯社会对中国的认知。此后不久，俄罗斯皇帝颁布法令，要求东正教使团成员中至少有一位专业艺术家。因此，从第十一届俄罗斯东正教驻北京使团开始，都有专业画家的参与，包括A. M. 列加舍夫、K. I. 科尔萨林、I. I. 奇穆托夫、L. S. 伊戈列夫，其职责包括绘制反映中国现实生活的画品，以求传送最准确的中国形象。正因东正教使团的艺术家的作品，使得近世有机会从俄罗斯人的角度来了解那个时期的中国生活。在世纪之交，外销画中呈现的中国生活的现实形象也间接影响了在俄罗斯新艺术派和先锋派中的新潮流，N. S. 冈察洛娃、I. I. 马什科夫和其他艺术家都在寻找新的艺术表现。此时，从中国风的异国情调和外销画的民族志性的展示过渡到艺术形象的象征深度，通过民间艺术的简化形式来传达。因此，在20世纪初，艺术家们感受到了俄罗斯和中国艺术在艺术、文化和形而上层面上的深度互动。

清代广作外销扇是中西海上贸易背景下应运而生的艺术品，为广州工匠根据海外市场需求而生产制作的中西艺术风格共融的扇子，2021年度关于外销扇的研究成果有不少。程柳卓的《清代外销扇面水粉画研究》(华东师范大学硕士学位论文，2021年)一文对清代外销扇面水粉画的源起、风格特征及来源、艺术与社会历史价值进行系统深入的研究。作者认为，从18世纪中叶到19世纪末，中国人在扇面上用西方水粉画颜料绘制的作品，题材及风格面貌多样，是清代水粉画中的精品。这些水粉画为广东一带的佚名画家所作，且随扇子贸易流散至海外各地，故而长期以来没有得到学术界的系统深入研究。因此，作者运用风格学、图像学、图文互证和以图证史等方法，从外销扇面水粉画的三种主要形式——通景式水粉扇画、开光式水粉扇画、团扇式折枝花鸟水粉扇画入手展开研究，揭示并剖析清代扇面水粉画之于中国水粉画史、中西美术交流史研究所具有的重要价值。其一，通景式水粉扇画以描绘风景、人物题材见长。作者用图文互证的方法，研究出国人绘制的最早的风景水粉画出现在扇面上，为18世纪50年代的作品。通过分析通景式水粉扇画写实风格的形成与创作方式，作者认为，从18世纪中叶半中半西风格的水粉扇画问世，到19世纪初写实风格的水粉扇画出现，通景式水粉扇画呈现了水粉画在中国的兴起与发展。当时出现的临仿及半临仿水粉扇画、以水粉颜料绘制的中式风格中国人文风情扇画，则反映了中西艺术交流史上的“中西洋画互渐”。其二，开光式扇面水粉画的开光样式同外销瓷绘开光、中国园林理念密切相关。通过分析，作者认为18世纪末出现的开光式水粉扇画不仅结合了中国的装饰手法“开光”与西方的水粉画，还蕴藏着中国园林美学。制扇人兼画家还将外销瓷上的纹章图案、广彩瓷上寓意丰富的开光样式都转化至水粉扇画上。从题材来看，这类扇画以开光布局组合不同题材的水粉画，如粤港澳三地风光画扇（为扇面水粉画所独有）、人物与风景组合的画扇。这些都是18—19世纪中国人接受并创新水粉画的举措。其三，团扇式水粉画以描绘折枝花鸟见长。作者从中西文化交流的视角，剖析折枝花鸟水粉团扇等中国扇子影响西方绘画艺术发展的艺术史现象，比如作为中国风绘画的关键元素出现在艺术家布歇的作品中。折枝花鸟水粉团扇等中国扇画不仅影响了18—19世纪西方著名美术家的创作，还影响了西方社会的礼仪、社交活动，成为女性身份的象征。折枝花鸟水粉扇画分流出中式与西式风格的扇画，西式风格的折枝花鸟水粉扇画受西方艺术如洛可可艺术、博物画的影响，反映了中西方艺术文化相互影响、相互推进的过程。

李新园的《18—19世纪清代外销扇的图案叙事类型》（《流行色》2021年第10期）一文基于叙事学的分层叙事理论和叙事模式理论，从外销扇图案题材多样性的角度展开论述。作者认为，清代外销扇有别于书画扇，其是18—19世纪中西贸易背景下，广东的外销商为面向欧洲市场特别生产制作的成扇，具有较强的物质性，集图案题材丰富、材质名贵、工艺精美、色彩绚丽等多元化属性于一身。韩建红的《精致华美 名贵奇巧——充满东方风情的清代广作外销扇》（《东方收藏》2021年第3期）一文指出，早在1699年，当时的英国东印度公司商船就在广州一次性订制了8万件外销扇，这些扇子一到欧洲市场就备受青睐、被抢购一空。欧洲的宫廷贵妇，皆以拥有一柄精致华美、充满异国情调的广州外销扇为最新时尚。时至19世纪，美国东部海岸城市可以说几乎没有一位女士不是拿着把来自广州的外销扇出现在夏日晚会或时装舞会中的。白芳的《清代广州外销帽章扇》（《紫禁城》2021年第6期)一文认为,帽章扇起源于日本奈良时代的圆形桧扇,16世纪通过贸易的途径传播至欧洲。清乾隆、嘉庆年间,广州工匠凭借精湛高超的手工技艺,根据欧洲帽章扇的式样,将其打造成为欧洲皇室贵族才能享有的奢侈品。和清代多数外销艺术品一样,广州外销帽章扇在中西海贸的特殊历史背景下,因海外市场的需求而繁荣,又因海外市场需求的转变而衰落,是中西方商贸文化交流的历史见证。

对于19世纪外销画中最具备流通性的通草画,目前还有较大的待研究空间。通草又名通脱木,是一种五加科常绿灌木,其茎有丝绒的质感。当把此种植物加工成薄片,可以用来作画,通草水彩画即指在这种材质上绘制的水彩画。何颖珊的《清代广州外销通草水彩画中的闹元宵图研究》(《美与时代·中》2021年第8期)一文介绍了中国古代岭南地区传统节庆中的元宵节,分析了清代广州外销通草水彩画闹元宵图的画面内容,探讨了清代广州外销通草水彩画闹元宵图的绘制特点。作者认为,通草水彩画在19世纪兴起于广州,是广州外销画中的重要画种。通草水彩画采用纪实的手法记录了当时中国的社会生活状况和自然生态风貌,极具中国风味,非常符合西方人的审美情趣,在以外销商品的形式销往西方后,深受西方社会的欢迎。尤洋的《来自19世纪的明信片——浅析通草画的社会艺术史意味》(《散文百家·理论》2021年第12期)一文介绍了通草画产生的时代背景与文化意涵,从绘画风格、供需关系、流通范围和收藏传承等角度分析考证,借以补充学术界对通草画的研究。许捷欣的《图像的航程——19世纪中国外销画与早期水彩画法溯源》(湖北美术学院硕士学位论文,2021年)一文指出中国水彩画发展分为四个时期,其中1715年—1911年被称为萌芽期,通草水彩画主要兴盛于这一时期。研究通草水彩画在中国的发展有助于厘清早期中国水彩画传播的途径与方式,对水彩画学科具有溯源的意义。余远权的《19世纪广东外销通草水彩画的形式与传统》(《美术》2021年第6期)一文认为,17世纪初,西方传教士兼画家如郎世宁、王致诚等人,向中国传入了油画和水彩画;而从18世纪中叶到19世纪中叶,随着对外贸易的发展,广州地区最早出现了以油画、水彩画形式描绘东方风土人情的外销画。

除了中国外销画流传西方,西画也随着海上丝绸之路流传到了中国,

2021年度这方面也有相关的研究成果。王家辉的《明清时代的西画东渐》（《中国民族博览》2021年第12期）一文认为，自明朝起，西方传教士千里迢迢来到中土，先抵澳门，途经富足繁荣的南昌、南京，最后辗转进入皇城北京，希望取得皇帝的传教特许。虽然他们最初的传教意愿在这王土之上坎坷重重，但他们带来了西方的各种新式技术和科学文化，其中西式绘画以其直接的视觉冲击吸引了帝王的注意，获得其立身展示的机会。自明朝开始被动接受传教士带入的宗教绘画，到清朝后期派遣留学生主动学习西方绘画，这一艺术进程在美术史上被称为"西画东渐"。初期西画的传入夹在飘忽的帝王喜好、守成的文人正统中发展与表现，举步维艰，时有断续，却也在逐步走高的市民群体中获得关注，影响到后来的肖像画的发展轨迹。直到清朝末期，西画东渐才成为真正的时代大潮，得到国人至上及下的重视。李思慧的《清代广州商馆洋画的围栏空间演变探因》（《艺术市场》2021年第2期）一文通过观察18世纪晚期至19世纪上半叶广州商馆洋画中描绘的围栏，分析画作中商馆或江岸之间的围栏空间演变并探索其成因，以测绘该时代背景下中外贸易关系的距离变化。作者认为，18世纪晚期至19世纪上半叶，广州十三行的各商馆前陆续建立起不同形式的围栏以划分洋商的活动空间。在这段中外贸易蓬勃发展与中外关系日益紧张的历史时期，商馆洋画中围栏的表现形式与功能在不断改变。

此外，2021年度，学术界还对海上丝绸之路上一些非主流商品的贸易状况进行了研究。黄一汀的《西洋酒趣：欧洲凹口碗的变迁与中国订制》（《美成在久》2021年第2期）一文将中国外销瓷凹口碗放在整个器形的发展脉络之下，参考美国、英国、荷兰、俄罗斯等国家及地区的博物馆收藏，探究凹口碗这类器物与中国外销瓷的关系。张燕芬的《明清杏叶执壶》（《艺术设计研究》2021年第6期）一文在梳理实物的基础上，结合文献与图像，探讨杏叶执壶的来源及其在国内外的发展演变。作者认为，杏叶执壶是明清的经典酒器，也是畅销域外的天朝佳作。杏叶执壶之造型是中国艺术发展的结果，但壶腹的杏叶开光应受伊斯兰艺术的启发。作为明代官样，杏叶执壶既有宫廷的规范引导又有民间的模仿推动，各类材质均有制作、各个阶级皆有使用，令其成为时代典型酒器。至清代，杏叶元素在实用器上渐入沉寂，在陈设器中却趋于活跃。在明清域外，杏叶执壶作为广受欢迎的外销产品，其风貌的变化反映了不同时期中外文化的交流与融合。霍雨丰的《角形玉杯和来通杯》（《文物天地》2021 年第 4 期）一文指出，广州南越文王墓为西汉时期南越国第二代王赵眜之墓，墓中出土了一件雕琢精美的角形玉杯，应是南越王生前喝酒的饮酒器，它是目前汉代墓葬中出土的唯一一件角形玉杯（也称玉角杯）。此外，台北故宫博物院收藏的一件传世品玉角杯与南越王墓角形玉杯相似，依照南越王墓的角形玉杯，于近些年才被断代为汉代。这两件角形玉杯，其独特的造型，与国内同时期的其他玉质容器迥异，也有别于汉代常见的饮酒器，但是它们却与希腊时期横跨亚平宁半岛至小亚细亚半岛地区出土的来通杯（Rhyton）极为相似。有专家认为，南越王墓的角形玉杯虽然不是海外舶来品，但是其造型设计很可能借鉴了西方的来通杯。

姜兵的《流光溢彩 盛极一时——清代广州外销银器的发展历程与特点》（《东方收藏》2021 年第 3 期）一文认为，由于早期的外销银器上没有款识，故西方人历来误以为此器产于西方国家。其产业形成有着多方面因素，既受全球白银贸易的影响，又受西方国家“中国热”时尚的熏染，还与清政府的海关贸易政策密切相关。此种产业的崛起，标志着清代外销银器形成了产业链，并成功地开拓了海外市场。它以西式实用器型结合独特的中国传统纹饰，形成了“中体西用”的独特风格。其不仅承载了中国传统文化精神内涵，还是中国文化在西方国家引起各阶层潮流风尚的历史见证。梁卫红的《中国趣味 寸不离身——清代外销名片盒》（《东方收藏》2021 年第 3 期）一文认为，18 世纪末至 19 世纪，随着人们社交的需要，名片在欧美国家的社交圈里广泛使用，这时恰逢东西方交往的一个关键时期。故从名片使用的内容到形式，双方皆有互相影响之处，此亦促成了名片盒这种不但小巧而且重要的物件之工艺，得到了发展与贸易繁荣。同时在当时刮起的“中国风”的熏染下，西方市场不仅对陶瓷、丝绸、茶叶等大宗商品感兴趣，亦对写真画、折扇、名片盒等小东西大为着迷。这是因为它们是彰显绅士淑女、上层社会人物时尚品位与审美意趣的外部象征，故其理所当然地成为寸不离身的标准配饰。而其中满载“中国趣味”、荟萃广州高超繁杂工艺的外销名片盒,更是成为他们交往的随身物品。谭瑞芳的《中西融合 引领时尚——清代的外销广绣艺术品》(《东方收藏》2021年第3期)一文指出,在明清时期,尤其是清代,伴随海上丝绸之路的不断扩展、中西文化交流的不断深入,广绣在原有的风格基础上,吸收了西洋油画的艺术风格、明暗透视及光线折射的原理。由于这种中西融合的外销艺术品深合西方人的审美趣味,故曾一度引领欧美的社会时尚。

丘志力等的《广作牙雕:17—19世纪"海上丝绸之路"上的跨文化交流》(《宝石和宝石学杂志(中英文)》2021年第5期)一文通过对广作牙雕原料来源、技艺特征、源头及外销发展历程的梳理,探讨了广作牙雕海外市场拓展与海上丝绸之路跨文化交流的关系。作者认为,象牙雕刻与玉雕、景泰蓝、雕漆曾被誉为中国工艺美术"四大名旦",也是记录人类文明进程的艺术符号之一。17—19世纪,广作牙雕是深受西方世界欢迎的中国工艺"国粹"之一。作者认为:(1)广作牙雕的历史很长,其材料来源既有本地也有外域,唐宋以后,特别是17—19世纪中期,外销牙雕制品所用象牙材料主要是通过以南海为起始通道的海上丝绸之路交易获得。(2)17—19世纪外销的广作牙雕典型器物包括象牙球、象牙提篮、象牙扇、象牙首饰盒、象牙针线盒、象牙名片盒、象牙信插、象牙胸针等,品类相当丰富,尽管在数量上不及外销瓷器之类的外销品,但其材料价值高、雕刻技艺难度大,在艺术性、观赏性及文化兼容性等方面具有独特性,是当时重要的外销商品之一。(3)广作牙雕精湛的技艺、式样及装饰纹样既有对中国传统工艺的传承,也有对海外创新技艺的吸收,并受到其时欧洲消费文化的强烈影响。17—19世纪外销的广作牙雕实际上是广府工匠参照海外客户的需要,进行工艺设计融合和定制生产的产品,是中国能工巧匠技艺与多元文化交流融合的结晶。(4)17—19世纪广作牙雕对外贸易的成功,显示工艺产品跨文化交流、互鉴,是其可以有效拓展国际市场的重要因素,甚至可能是关键因素之一,为当今我国其他材质的宝玉石产品拓展国际市场提供了一个典型范式。周萌的《论"西班牙—菲律宾风格"牙雕和漳州牙雕的关系》(《国际汉学》2021年第3期)一文以中外艺术交流史为视角,综合运用国内外多重材料,分析"西班牙—菲律宾风格"牙雕的中国元素及与漳州牙雕的关系,并简要分析漳州、泉州工匠在此影响下的工艺创制。作者认为,16—17 世纪,以“西班牙—菲律宾风格”为代表的华人参与制作的外销牙雕基督教圣像,融合了许多中国元素,尤其与晚明漳州牙雕有密切联系。而明清时期盛行的送子观音像、牙雕裸女像等艺术形象,可能受到这些欧洲宗教圣像的影响,是“东西交融风格”的产物。

陈丹洁的《十三行时期外销木雕包装设计与现代应用研究》(广东工业大学硕士学位论文,2021 年)一文认为,随着中西方贸易往来的发展,文化交流层面不断扩大,岭南地区传统的木雕技艺、图形文化与西方传入的文化融为一体,不断地移植创新,呈现出具有岭南地域文化的独特设计特征,也使十三行时期木雕首饰包装、名片包装、扇子包装、香烟包装成为热销的外销品,但与其他商品不同的是其不仅具有保护物体、方便运输、美化产品等功能,还具有一定的收藏价值。该文以十三行时期外销木雕包装作为研究对象,具体分三部分:第一部分,从社会学及经济学角度,分析十三行时期中西方政治、经济、文化的发展背景,梳理中西方文化交流中互相发挥的影响;第二部分,使用科学分类法,分析外销木雕包装的功能形态,重点分析首饰包装的设计特征,为现代木雕首饰包装做理论支撑;第三部分,结合实践设计方案,分析现代高端首饰包装的现状和问题,启发在文化全球化背景下如何设计出具有中国传统文化的优秀包装设计,提取十三行外销木雕包装中的设计元素去创造具有民族特色的“妆饰羊城”高端首饰品牌。罗一星的《从国家礼品到民间用器——明清广锅的海外贸易》(《海洋史研究》2021 年第 1 期)一文通过对明清两代重大历史节点与广锅出口之间关系的考察,重构广锅从国家礼品到民间用器的变迁过程,阐述广锅在海外诸国物质文明进程中产生的作用。作者认为,明永乐年间郑和宝船将广锅带到海外,奠定了广锅在海外国家王室、首领心目中的明朝国家品牌地位。海外诸国对中国铁器的追求,强化了明代朝贡体系的核心聚合作用。清代康熙开海,广锅成为海外诸国商舶贸易的主要商品,出口贸易一度达到历史高峰。与此同时,广锅在海外的消费群体也从王室贵族扩大到民间百姓,由象征身份等级的王室奢侈品变为家居必备用品。五口通商后,广锅又随广府华侨群体出口美国旧金山和澳洲新金山,并在美国修铁路的华工群体中继续发挥作用。

徐慧芳的《明清外销漆器在欧洲的传播及影响》(《天工》2021 年第 1 期)一文认为,自地理大发现开始,中国明清时期形成了一种特殊的漆器类型,用于东西方的物质文化交流。而漆器发展至明清时期,已有 7000 年的历史文化积淀,日渐成熟,具有深厚的文化内涵和地域性特征。伴随着 16 世纪以来全球航海贸易的日渐繁盛,外销艺术逐渐形成,在全球化的概念下具有多元化的文化特征。该文从明清外销漆器的时代背景论述外销体系、外销漆器的艺术特征以及欧洲国家对这项文化注入的化学反应,最后以此来探讨明清外销漆器的全球影响力,重新定义其文化定位,有助于进一步了解中国漆艺的未来走向。

尽管中国商品在海上丝绸之路上占有优势地位,但也有不少外来商品的输入,学术界对此也比较关注。李巧的《毛皮贸易与 17 世纪俄国的西伯利亚拓殖运动》(《世界历史》2021 年第 1 期)一文认为,毛皮贸易是 17 世纪俄国整个拓殖运动不可或缺的组成部分。依托西伯利亚丰厚的毛皮资源与西欧庞大的毛皮消费市场,毛皮贸易成为俄国拓殖西伯利亚的重要形式。自 1581 年越过乌拉尔山至 17 世纪中叶,俄国人将西伯利亚大部分土地收入囊中,并在该地区大力开展毛皮贸易。俄国政府通过征收毛皮税、实行贵重毛皮专卖制度等渠道获得大量毛皮,毛皮收益遂成为西伯利亚财政收入的主要来源。毛皮贸易的开展促进了西伯利亚社会经济的发展。随着紫貂皮资源的萎缩,俄国对西欧毛皮出口陷入了困境。17 世纪末,俄国人加速进军中国毛皮市场,并继续向东寻找新的毛皮产地。毛皮贸易是俄国人持续向东方拓殖的重要推动力。吴羚靖的《英帝国扩张与地方资源博弈——18 世纪印度迈索尔檀香木入华贸易始末探析》(《自然辩证法通讯》2021 年第 5 期)一文认为,18 世纪英国主导的印度迈索尔檀香木入华,既是此前亚洲内部檀香文化传播与物质流动的产物,也是近代英国殖民扩张中全球与地方资源博弈的重要案例。双方的资源争夺促使檀香木被封为迈索尔"皇家之树"。1799 年,战败的迈索尔王国成为英国间接统治的土邦,英国进而控制迈索尔檀香资源。探究这段贸易故事不仅有助于呈现跨区域网络里中国、印度以及英国的商贸往来,也有助于阐明该贸易网络在何种程度上影响生产地的政治经济和社会历史。付承章的《魏晋南北朝时期西方金银器的传入与中西文化交流》(《内蒙古社会科学》2021 年第 4 期)一文指出,魏晋南北朝时期,西方金银器通过多种途径传入中国。从文化系统上看,这些金银器大体可分为萨珊、中亚、罗马—拜占庭三类。在输入过程中,一些西方金银器的造型、纹样、制作工艺也开始为当地工匠有选择地加以吸收和改造,由此形成了这一时期金银器发展的重要特点。西方金银器传入中国是历史上中西文化交流发展的体现,同时又进一步促进了中西文化的交流。徐思雯的《公元 2 世纪以前印度—太平洋珠的分布与海上丝绸之路》(《中国科技史杂志》2021 年第 2 期)一文综合分析了公元 2 世纪以前各地区发现的印太珠类型及成分,勾勒出南亚、东南亚至东亚以及东南亚内部复杂的贸易网络。同时以印太珠为切入点,分析海上交流对早期海上丝绸之路沿岸产生的贸易、政治和文化影响。夏时华、王春的《宋代政府的香料消费》(《安徽史学》2021 年第 4 期)一文指出,宋代政府的香料消费使用范围广、数量大、带有整体性与规范性、行政性消费和民生性消费并存等特点。海上丝绸之路大量香料的输入、长期积淀的香料知识和祭祀用香文化、繁多的国家祭祀活动、庞大的行政机构和官吏队伍等诸多因素促进了政府香料消费的兴盛。宋代政府的香料消费既有利于政务活动的正常运转,带动和促进了民间社会的香料消费,亦推动了海上丝绸之路香料贸易的发展。

(五)中西海上丝绸之路人物研究

海上丝绸之路绵延万里,存续千年,活跃着各种群体与个人,他们是中西经济文化交流的纽带,促使世界市场的形成和发展,推动了全球化进程。近年来对中西海上丝绸之路上的人物的研究成果有不少。

郭锋的《杜环西行所见地中海东岸诸国文化习俗考察研究》(《新丝路学刊》2021 年第 3 期)一文从体貌衣着、饮食起居、工艺制作、休假文化和医学文化五个方面,讨论唐人杜环西行至西海所见地中海东岸诸国居民的生活习俗及其特点。杜环西行至西海期间,游历过位于地中海东岸即今叙利亚北部阿勒颇、幼发拉底河上游、黎巴嫩山脉、西奈半岛一带的由阿拔斯王朝(大食国)统治的原东罗马帝国属国苫国及勃萨罗等山地诸国。所见五种习俗都具有鲜明的东罗马基督教文化特点。

康小端的《英国散商与早期中英关系(1773—1834)》(湖南师范大学硕士学位论文,2021年)一文认为,在早期的中英关系中,东印度公司无论是在经济上还是政治上都占据主导地位。东印度公司从1600年起就从英国王室取得特许状,垄断了对华贸易,而其国内的其他商人则被排除在对华贸易之外。但是从18世纪下半叶开始,随着英国工业革命的发展和工业资产阶级力量的壮大,英国的经济政策逐渐由重商主义向自由主义转变,东印度公司的垄断地位开始受到冲击。同时,在对华贸易当中,东印度公司也处于不利地位,他们需要通过散商的港脚贸易来扭转贸易逆差。散商的对华贸易就是在这种背景下发展起来的,在对华贸易的早期阶段,散商实力弱小,其来华贸易和居住均受到东印度公司的严格管制。18世纪60年代以后,散商的港脚贸易迅速发展,并对中英关系产生了深刻的影响。经济上,中英贸易的格局开始转变,中国因港脚商的鸦片贸易,白银不断外流,英、印、中三角贸易也进一步扩大。同时,中英贸易之间的冲突也开始增加,主要包括商欠冲突和走私冲突等。政治上,中英之间的司法冲突愈演愈烈,1784年的"休斯夫人事件"使英国第一次提出了治外法权的要求。为了进一步扩大对华贸易,散商又积极推动了英国卡斯卡特使团的组建和马戛尔尼使团的派遣。当访华使团失败后,散商开始不断利用报纸等媒介鼓吹武力侵华论,对英国政府的对华政策产生了重要影响。19世纪30年代,散商在早期中英关系中影响力不断增强,逐渐取代东印度公司的主导地位。经济上,散商在英国对华贸易总额中的比重不断增加,在出口额上已达到近60%,进口额也将近40%。政治上,散商越来越不听从公司的管制,要求改变公司在面对广州体制中所采取的屈从政策。散商是自由贸易的拥护者,在反垄断上与英国国内的工业资产阶级和自由商人有着共同的利益,同时他们的鸦片贸易对英国政府至关重要,因而散商得到了国内工商业资产阶级和英国政府的支持,他们的力量不断增强,在早期中英关系中的影响力也不断提高。1834年后,散商逐渐取代东印度公司成为对华贸易的主角,中英之间的关系日益紧张。

崔佳维的《"无名"清国艺术家赤官(Chitqua)的英吉利之旅——一个研究18世纪中国美术史的外部视点》(南京艺术学院硕士学位论文,2021年)

一文指出，18 世纪的广州是中国唯一的对外贸易窗口，该文主人公赤官就是生存在这样环境之下的一名以塑像为生的普通手工艺人，他的客户主要是东印度公司来华贸易的商人。1769—1772 年间，赤官有一段不寻常的访英之旅。在英期间，他受到伦敦上流社会的欢迎，并被聘请为皇家艺术学院的院士。该文首先从本土的资料入手研究赤官所在的 18 世纪广州一带艺术家与行商的生存状态，并试图还原赤官在广州时期的艺术生产与社会网络。然后结合外文资料研究赤官的英国行迹，并分析他能在英国受到欢迎的历史情境和文化原因，进而试图呈现以乔治三世为代表的 18 世纪英国人对东方艺术的想象。文章最后回归到中国美术史内部，对赤官及同类风格中国本土泥塑作品进行了风格与技术分析，并围绕赤官在两国极为悬殊的命运沉浮，讨论了 18 世纪外销艺术的发展轨迹，从社会学角度揭示了 18 世纪清朝外销艺术产出及贸易的史实。

各种华商及华人华侨活跃于海上丝绸之路，他们是海上丝绸之路上的重要群体之一。黄伟的《大航海时代下的安平商人》(《闽台缘》2021 年第 1 期)一文认为，泉州安平商人是在明代海禁背景下崛起的从事海外贸易的重要商人群体。由于明代缺乏弹性的对外经贸政策，致使宋元时代的贸易重镇泉州走向衰落，沿海百姓的生计受到严重的影响。在倭患日益严重的情况下，统治者意识到“海禁”政策的弊端，在隆庆皇帝继位后，开漳州月港为对外贸易口岸。与此同时，远在欧洲的西班牙、葡萄牙、荷兰在利益驱动下，开辟连接世界主要大陆的海上贸易通道，世界进入所谓“大航海时代”。在国内外大形势的影响下，安平商人作为明代泉州乃至中国重要的商人群体，崛起于东南海疆，成为连接中国东南沿海、东南亚、日本、西班牙、葡萄牙的重要商业力量，并在明末清初登上朝代兴亡的风口浪尖，在历史上书写下浓墨重彩的一笔。叶少飞的《17 世纪东亚海域华人海商魏之琰的身份与形象》(《海洋史研究》2021 年第 2 期)一文认为魏之琰(1617—1689)是在 17 世纪东亚海域交流史中留下浓墨重彩的人物。黄靖雯、安乐博的《19 世纪英国档案对海峡殖民地华侨华人的文献概述》(《海洋史研究》2021 年第 2 期)一文则对大量有关英国、印度、海峡殖民地和中国经济贸易往来的英国官方书信与文献档案进行了概述。高伟浓的《晚清东南亚地区海上丝绸之路与华商群体》(《东南亚纵横》2021 年第 4 期)一文认为,历史上海上丝绸之路在东南亚形成了“水陆并合型”“水路型”和“陆路型”的交通格局。晚清活跃于东南亚各国的来自闽粤等省的华商主要包括两部分:一部分航行于相关海路区间从事贸易活动;另一部分长期居住在相关国家进行商品交易。东南亚华商一般以地缘为基础进行结集,除了在各自居住国营商,还与祖(籍)国开展双边水陆民间贸易,并且进行东南亚地区内和跨东南亚的区域性多边贸易。近代东南亚华商的各种贸易活动造就了一个分布有序、相互交叠的商业网络,为东南亚和东亚地区的经济发展和社会进步做出了不可磨灭的贡献。周鸽的《19 世纪南洋开发与华人海外移民》(《闽西职业技术学院学报》2021 年第 4 期)等文章,也对华人华侨群体进行了探析。

杨彦杰的《荷据时期大陆商人在台湾的发展》(《台湾历史研究》2021 年第 1 期)一文指出,荷据时期大陆商人在台湾的发展经历了两个阶段,早期是因跨海贸易有些大商人移往台湾;1640 年大员转口贸易衰退后,长期在岛内经营的另一批商人接踵而起。这些大陆商人在台湾的经营涉及商业贸易、土地投资和收税承包等领域。伴随着大批闽南移民进入台湾,这些商人“头家”扮演着组织者和领导者的角色,同时,又把两岸贸易与海外贸易结合起来,海峡两岸的商业网络得到进一步扩展和增强。大陆商人在台湾的活动逐步蚕食了荷兰人的殖民利益,导致在台闽南人社会迅速成长,台湾社会的内附趋势越来越明显。杨彦杰的《荷据时期台湾的“公司仔”》(《闽台缘》2021 年第 1 期)一文认为,荷兰人据台时期(1624—1662),大陆汉族移民在台湾发展,同时也把闽南人的文化传统带入岛内,其中带有闽南语发音特色的“公司仔”(congsia)就是一例。这种“公司仔”的存在反映了当时闽南人已经采用传统意义的“公司”制度,他们是一群贴有特殊社会标签的普通劳动者或中下层人员。从荷兰文献保留的记录看,大约在 17 世纪 40 年代闽南人的“公司”制度已经传入台湾岛内,同时也在东南亚地区出现。最早这种制度实行于海上贸易领域,17 世纪 50 年代扩展到台湾的蔗糖生产以及村社贸易、酿制烧酒等陆地经营的领域。因此,研究荷据时期台湾的“公司仔”及其在各种不同领域的存在实态,对于深入了解闽南“公司”制度的起源,探讨台湾经济史的发展脉络,以及荷据时期闽南文化在台湾的扩展和影响，都具有意义。

广州十三行行商是中西贸易的重要中介，近年来关于这个群体及个人的研究日渐得到加强，弥补了之前研究集中于十三行制度本身的不足。王静怡的《清代十三行行商卢观恒与广利行兴衰初探》(《广州社会主义学院学报》2021 年第 4 期)一文指出，1757 年乾隆皇帝下令仅保留粤海关一处对外贸易，在“一口通商”的背景下，卢观恒来到广州谋生。其凭借诚实守信、经营有方，在蔡世文的帮助下，正式承充行商，创建了广利行。卢家与潘、伍、叶并称四大行商家族。卢观恒富而好义，在行商和外商中被广为称赞。他更是乐善好施，造福乡里。卢观恒晚年，广利行已遭受经营危机。其子在其去世后承接行务，但未能挽救颓势，试图将卢观恒入祀乡贤祠的行动也遭到反对。最终广利行由于经营不善和种种外因迅速衰落，卢氏家族退出行务迁回祖籍。赵磊的《清广州十三行行商卢观恒研究——以〈家传〉和〈墓志〉为中心》(《国家航海》2021 年第 1 期)一文根据《卢观恒〈家传〉和〈墓志〉拓片册页》，探析了十三行行商卢观恒。《家传》和《墓志》皆作于道光三年卢观恒归葬家乡新会之时，内中记载了卢氏先祖以及卢观恒早年经历、年少读书、夫人子女、入祀乡贤祠、归葬新会等诸事，为研究卢氏家族人物提供了诸多线索。《家传》和《墓志》揭示了卢观恒经营广利行获得成功的多重原因，包括“敬信远人”的经营理念及结交官府、商界联姻的商业手段等；同时也透露了在清代“商居末等”体制下，十三行商人必须进行多种公私捐输，其中卢观恒在军需、河工等全国性事务，及修河堤道桥、建义学义仓相祠、筑桑园围基等广东地方事务方面表现尤其突出，由此带来的沉重经济负担为日后衰败埋下了隐忧。潘剑芬的《十三行总商潘有度父子的文化成就》(《广州文博》2021 年第 00 期)一文认为，潘有度是一位贾而好儒的十三行总商。他十分重视家庭教育，在其家园南墅“双桐圃”设立私塾，聘请名师教学，使潘家由行商世家转化为书香之家。其子潘正亨、潘正炜等，均取得了一定的文化成就。

江雪奇的《最早居留德国的中国人冯亚星、冯亚学及其研究意义》(《国际汉学》2021 年第 4 期)一文综合各国学者的既有研究成果，梳理了二人的生平事迹，分析与二人相关的各类原始文献，厘清一些相关问题及争议，指出二人文化水平不高，绝非所谓“学者”；冯亚学的故乡是黄埔，而非黄圃。文章特别指出，这两位先行者对中德交流史以及汉语历史语言学具有尚未被学术界充分认识的特殊意义。陈少丰的《元代海上丝绸之路旅行者偶遇现象分析——以伊本·白图泰在泉州的经历为例》（《闽台缘》2021 年第 1 期）一文指出，元代摩洛哥旅行家伊本·白图泰确实到访过泉州，并偶遇两位在印度认识的旧友。旅行者之间的偶遇是建立在一定概率基础上的随机事件，其背后是元代发达的海外交通网络。旅行者随季风沿着主要港口航行，并通过宗教、商业等各种关系结成人际网，为偶遇创造了一定的契机。此外，陈景熙的《海上丝绸之路中的妈祖信仰与清代潮州商帮》（《世界宗教文化》2021 年第 1 期），高建新的《唐代来自“海上丝绸之路”的“昆仑儿”——以张籍诗作为考察对象》（《民族文学研究》2021 年第 2 期），钟建华、张捷的《清代越南堤岸“唐人”会馆及其民间信仰的创设》（《闽台文化研究》2021 年第 4 期）等文章，也从一定层面反映了活跃在海上丝绸之路上的不同群体。

三、中西物种交流研究

丝绸之路是古代中国引进外来作物与本土作物向外传播的重要渠道，汉唐时代，物种交流通过陆上丝绸之路进行。宋代以后，中西物种交流主要通过海上丝绸之路进行。到了明清时期，通过海上丝绸之路传入中国的农作物大多原产于美洲，经过长期的环境适应和人为改良，这些外来作物已经逐渐融入中国农业文明之中，对中国农业发展与社会变迁等都产生了深远影响。古代中外物种交流途径呈现多元化，同时具有很大的不稳定性和传入途径的多元性。改革开放之前，国内学术界已经关注丝绸之路上的物种交流，当时主要以译介国外相关研究为主，相关研究成果不多，学科归属不清，研究处于边缘化。改革开放之后，随着国内学术环境的开放以及研究队伍的壮大，关于中西物种交流史的研究取得了很大的进步。近年来随着海上丝绸之路研究的发展，关于中西物种交流的研究越来越受到重视，取得了不少研究成果。2021 年度既有对中外物种交流整体状况的研究，也有对番薯、马铃薯、玉米等外来粮食作物及西红柿、荷兰豆、郁金香等外来蔬菜花卉的研究，进一步促进了中西物种交流研究的发展。

王思明的《丝路农业交流与中华农业文明的发展》(《丝路百科》2021 年第 4 期)一文认为，在我国的主要粮食作物中，小麦、玉米、马铃薯等均来自域外；在主要油料作物中，芝麻、油菜籽、花生、向日葵等也来自域外；以香辣闻名的川湘菜系所用的辣椒等来自美洲。这些域外作物的传入大多经由丝绸之路，对中华农业文明的形成与发展产生了十分重要的影响。丝路农业交流发展阶段与主要内容在近代以前，中外农业交流活动呈现明显的阶段性特征。崔思朋的《明清时期丝绸之路上农作物传播及对中国的影响》(《全球史评论》2021 年第 1 期)一文指出，丝绸之路是古代中国沟通世界的重要桥梁，也是中国与世界各地农作物传播的主要渠道。在中国学术界的农史研究中，对古代域外作物向中国的传播有“三次引种高潮”的提法，其中明清时期是外来作物传入中国的第三次高潮期，尤以美洲作物的传入最为普遍，并在中国广泛传播。与此同时，明清时期也是中国本土作物传向世界尤其是传入欧美地区的关键时期。因而农作物的传播也成为明清时期中国与世界往来的重要媒介，极大地促进了中西方之间的交流，通过农作物的传播也为重新审视这一时期中国与世界之间的往来提供了新的视角。此外，美洲作物的传入及广泛传播引种也对明清时期中国农业文明发展产生了重要影响。

明清时期海上丝绸之路上中国与美洲地区的物种交流最为频繁，2021 年度有相关的研究成果发表。李飞、赵丹的《从海龙囤出土植物遗存论播州农业经济》(《贵博论丛》2021 年第 00 期)一文基于考古发现，结合文献记载，讨论了土司治下的播种农作物的组合、土地利用、庄园经济以及海龙囤部分建筑的功能调整等问题，并提出播州上层对美洲作物存在一个长期的文化接纳过程的观点。刘爽的《清代鄂西山区的美洲作物种植》(《农业考古》2021 年第 6 期)一文通过梳理鄂西 3 府 19 县的地方志中关于美洲作物的记载，采用“一般分布”与“集中产区”概念，呈现了 18 世纪以来玉米、甘薯、马铃薯等美洲作物相继传入湖北的历史演变轨迹，其中在清中叶形成了鄂西玉米集中种植带。作者认为，新作物的引入在增加山区耕地、丰富山民生计、促进土客交融上发挥了重要作用，初步转变了鄂西农业生产方式，缓解了灾区社会矛盾。山地作物与平原市场的互动使得山林经济呈现立体化开发与多样化经营，并未显现作物的"逃避特征"。新作物对鄂西人口增长的贡献有限，移民垦殖山地也并非以玉米种植为主，故而玉米并未加剧刀耕火种之风，与水土流失等灾害生成亦无直接关联。

2021年度关于番薯在中国传播状况的研究也有不少。王弘扬的《清至民国山东番薯的引种与本土化研究》（山东农业大学硕士学位论文，2021年）一文认为，番薯原产自美洲，明万历年间由东南亚地区传入我国。关于番薯传入我国的路径讨论主要涉及苏禄国引入晋江、南夷引入惠安县、越南引入广东东莞、越南引入电白、缅甸引入云南、南洋引入台湾、南澳引入晋江、小吕宋引入福建等。以万历二十一年（1593）陈振龙将番薯从小吕宋引入福建的路径影响最大。我国幅员辽阔，作物品种丰富，文化习俗和语言习惯不尽相同，因此番薯在各个地区的别称也有较大差异。山东引入番薯的时间较晚，直到清乾隆十四年（1749），陈振龙的五世孙陈世元才在山东胶州古镇口试种成功，并呈报胶州府。清乾隆十七年（1752），山东布政使李渭刊文劝种，但因番薯传入时间较短，人们对其接受和认可程度有限，所以此次劝种方志中虽多有涉及，但种者甚少。《吕氏春秋》有言：夫稼，为之者人也，生之者地也，养之者天也。王思明教授在此基础上，归纳总结了中国农业伦理的"四才论"。番薯在山东地区的推广，与"四才"中所述的天、地、人、稼，不谋而合。清末民初是自然灾害频发、人口快速增长的时期，对粮食的需求大，是为天时；山东地区丘陵山地居多，具备种植番薯的自然条件，清至民国又进行了大规模的垦荒，是为地利；乾隆帝、李渭、陆耀、刘斯嵋等刊文发令，大力推广番薯，是为人和；番薯产量高，抗灾能力强，适应力强，是为稼优。番薯在山东地区大规模推广之后，其种植、田间管理、储藏、育苗等方面的技术有了长足进步。块根繁殖和茎蔓繁殖是番薯两种常用的种植方法，结合松土、施肥、除虫、除草，能有效地提高产量。在山东一年的耕作时序中，番薯一般在麦收后播种，也可与花生轮作，可改善土壤有机物的构成，增肥增产。在番薯的加工和利用方面，通过酿酒、制粉、制药等方式开发出诸多衍生品，如番薯烧、番薯粉条等。另外，番薯也是人畜共食的农作物，薯实可以煮、炸、煎、蒸、烤，新鲜的薯叶可炒后食用；而晒干后的茎蔓营养丰富，是牲畜的绝佳饲料。番薯在农谚和文学作品中的记载颇多，贯穿于种植、收获、储藏等种植过程的各个方面。

侯官响、侯君的《方志所见美洲作物在楚雄地区的引种与传播》（《楚雄师范学院学报》2021 年第 2 期）一文以地方志书为中心，对明末清初玉米、番薯、马铃薯、辣椒、花生、烟草在楚雄地区的引种和传播的时间、路线和方式进行了考察。美洲作物的传播促进了楚雄地区人口的快速增长，也有效改变了当地人民的膳食结构，提高了该地各族人民的生活水平。权春燕的《地方志所见清至民国时期贵州番薯名称、属类及种植与贡献》（《六盘水师范学院学报》2021 年第 3 期）一文认为，番薯作为重要的外来高产作物之一，早在明末就已经传入中国，并于乾隆十七年(1752)传入贵州开泰县。从贵州方志记载上来看，清至民国时期番薯作物的名称可谓名目繁多、属类也颇为繁杂。随着域外作物番薯的入黔，其种植和传播在有清一代形成了番薯片区性种植和传播的小高峰，这一时期地方史志的记载也多停留在番薯蔬属的功用认识之中。民国时期番薯的传播速度、传播范围都远远超过了清代，尽管方志仍将番薯归在蔬属之类，但从大部分细节记载来看，民国时期番薯更多的是扮演着粮食类作物的功用，这对于地处贫瘠的西南山区、交通不便、多喀斯特地貌的贵州来说，无疑是益处多多。尤其对缓解贵州饥荒、稳定贵州社会秩序、丰富贵州饮食文化以及促进贵州经济发展方面都做出了莫大的贡献。程超寰的《番薯是怎样传入中国的?》（《家庭中医药》2021 年第 11 期）一文也探析了番薯传入中国的过程。

马铃薯在南美已有上万年的栽培、驯化历史，然而其在大陆间的传播仅发生在近代数百年间，海路是唯一可能的途径，马铃薯引入中国的时间、途径和影响引起了学术界的深入探析，取得了不少研究成果。谢从华、柳俊的《中国马铃薯引进与传播之辨析》（《华中农业大学学报》2021 年第 4 期）一文根据航海史料及最早发现大陆间特异物种的时间推测，马铃薯引进中国的时间可能为明永乐二十一年(1423)郑和的第 6 次航海返回之时。根据典籍方志所载分析，马铃薯最初 200 年主要种植于北京，逐步成为皇宫珍肴。清朝时期于相互毗邻的乌蒙山区、武陵山区和秦巴山区广为栽培，是我国马铃薯最早的集中产区。祝菊澧、李灿辉的《云南省马铃薯引种史、传播路线及其影响》(《农学学报》2021 年第 7 期)一文认为,马铃薯是外来作物,其引入和传播在解决云南明清时期以来的社会、经济、文化和宗教问题上具有重要作用。通过考据得出,马铃薯传入中国的时间及主要路线,以及传入后在云南的传播路线。传入和传播路线主要为:(1)1615 年后由印度经印—缅—滇通道传入滇西,并广泛种植于迪庆、丽江、大理和怒江州,此细胞质类型为W/α 型;(2)1788 年后经四川凉山州传入楚雄永仁,后在滇西各州及滇中广泛传播,此为 W/α 型;(3)1843 年左右经贵州进入昭通,在滇东北及黔西南大面积种植,此为 T/β 型。马铃薯的传入及传播深远地影响了几百年来云南的农业结构、移民、矿产开发、少数民族迁徙及宗教信仰,其本土化也加快了主粮化进程并提供了科学育种的新思路。刘小方的《土豆旅行记》(《科学之友·上半月》2021 年第 6 期)一文指出,土豆是生活中常见的蔬菜,在世界烹饪的舞台上,它是当仁不让的主角之一。除了蔬菜的角色,土豆还是继小麦、大米和玉米之后,产量居世界第四的粮食作物,它的广泛种植使人类得以养活更多的人口。8000 多年前,印第安人在海拔四五千米的安第斯山脉培育出土豆。对于小麦或水稻等谷物而言,如果头部果实过大,植株就无法承受;而土豆在地下生长,不受植物其余部分的限制,这使得土豆的产量很高,加之生命力强悍,对生长环境不挑剔,土豆具备了全球种植的先天条件。16 世纪中叶,土豆被传到欧洲,开启了它的全球旅行,被传播到世界各地,对各地的社会、经济、文化和生活产生了深远的影响。

原产美洲的玉米经过海上丝绸之路传播到世界各地,成为世界的三大主食之一,其影响不亚于番薯和马铃薯,学术界也一直很重视对玉米传播状况的研究。程杰的《明朝玉米传入与传播考》(《阅江学刊》2021 年第 1 期)一文认为,我国明朝各地方志记载的玉麦是传统穬麦类作物而非玉米,云南方志所载亦然。《滇南本草》的玉米内容不宜视为明人所说,明末《(天启)滇志》所载西番麦才是云南最早的玉米信息。所谓明朝贵州、广东、福建方志中的玉米记载均不可靠。我国玉米由西南陆路、东南沿海传入的说法在明朝文献中没有任何可靠证据,无法成立。在我国文献中,关于玉米的记载始于明嘉靖年间,最初名番麦、西番麦。明人的说法高度一致,因“出于西番”

而得名，所谓西番即西域。明人称玉米来自朝贡，最初种植于皇家西苑，又名御麦，后世玉麦之名系同音转书而来。明嘉靖二年至八年，天方、撒马儿罕等地有使团频繁来华，我国玉米应由这些西亚、中亚使团或商团经丝绸之路带来，由北京、南京的宫廷园囿和直属机构种植，分别传向民间。初传玉米的食用品质应不如我国传统谷物，整个明朝传种十分有限。赵中振、周梦佳的《来自美洲的玉米》(《生命世界》2021 年第 8 期)等文章，也探析了玉米在中国的传播过程。

对于辣椒、荷兰豆、西红柿、郁金香、大豆、丝瓜等外来蔬菜和花卉的传播也有相关的研究成果。于帅、王思明的《人口迁徙、环境适应与技术改良：辣椒在中国西南地区的传播》(《中国农史》2021 年第 2 期)一文通过对方志资料的梳理廓清了辣椒在西南地区不同时段的传播过程。作者认为，原产美洲的辣椒于明末传入中国沿海地区，康乾时期由“湖广填四川”的移民潮与滇缅通道等途径传入西南地区。随着引种成功和种植区域扩大，辣椒的本土化进程呈现出强劲的生命力，产生了多样化的新品种及加工利用方式。文章认为该地区成为嗜食辣椒的典型地区是独特的环境条件、辣椒的特性、食辣人群的迁徙等因素交叉互动的结果。利梓淇的《荷兰豆传入中国初探》(《农业考古》2021 年第 4 期)一文认为，荷兰豆是现今市面上常见的蔬菜品种之一，原产自地中海沿岸及西亚一带，对其传入中国的时间与地点尚无定论，而在清中后期的相关笔记与地方志中多可觅其“身影”。荷兰豆作为清中期农作物大量传入中国的代表之一，是中外交流的重要见证者。段迎琪的《西红柿与中西文明交融》(《少儿国学》2021 年第 9 期)一文指出，西红柿又叫番茄，是从外国传到中国的。西红柿在明清时期传入中国。李炳海的《丝绸之路与郁金香的中西合璧》(《文史知识》2021 年第 1 期)一文认为，郁金香是一种著名的花卉和香草，系多年生草本植物。属于姜科的郁金香在中国南部和西南部都有分布，属于百合科的郁金香原产于小亚细亚及地中海沿岸，即古代西域的西部边缘。随着丝绸之路的开启，西域的郁金香传入中土，出现了郁金香中西合璧的文化景观。张雨晴、王思明的《丝瓜在中国的引种和传播》(《农业考古》2021 年第 6 期)一文指出，丝瓜原产于亚洲热带地区，自传入中国后，就成为一种常蔬，为人们所喜爱。中国对“丝瓜”一词的记载最早可追溯至宋代,散见于两宋时期各类典籍中。丝瓜最初多见于医方药书,作为药物使用,其后逐渐被人们意识到它的食用价值,成为农家园中的栽培蔬菜。丝瓜在中国的传播大体上是沿着东南沿海向内陆地区的线路,尤以南方种植较为广泛。以上关于外来蔬菜花卉的研究还不够深入,有待于学术界的进一步研究。

2021年度关于中国物种流传世界的情况也取得了一些研究成果。吴仁武的《美国在华采集和引种竹类植物历史及其影响研究》(浙江农林大学博士学位论文,2021年)一文基于丰富翔实的中外文资料,以美国在华采集和引种竹类植物为研究对象,综合分析其历史背景,调查美国在华采集竹类植物标本和引种竹类植物的时间阶段、采集地和属种等,对主要采集人员的采集活动进行重点分析,最后探讨美国在华采集、引种竹类植物的影响。作者认为,中国以其植物资源的多样性和丰富性被西方赞誉为“世界花园之母”。19—20世纪,西方国家在华进行了长期和大规模的植物考察、采集和引种活动。中国竹类植物自然分布广泛并且具有悠久的栽培和利用历史,西方国家尤其是美国把竹类植物作为在华采集和引种的一类主要植物。作者认为:(1)美国在华采集、引种竹类植物活动是在特定社会背景下展开的。鸦片战争后,中国国门被打开,原本让欧洲各国在华植物采集、引种工作受阻的屏障被打破,使其采集、引种活动迅速展开并且收获丰富。新中国成立后,国际的采集引种活动趋于有序。欧洲各国在中国近代的植物采集、引种活动对美国来华植物采集活动有一定激励作用。在美国联邦政府鼓励、经济发展需求的促进、相关机构积极组织以及拥有一批热衷植物采集、引种专业人员的前提下,最终促成了美国来华开展植物采集、引种活动。(2)美国在华采集竹类植物标本时间跨度为1840—2010年。根据收集到的标本数据,美国在华共采集2238份竹类植物标本。可鉴定的竹类植物隶属25属(占中国现有竹类植物属的73.5%)、120种(含变种、变型,占中国竹种的22.5%),采集最多的属为簕竹属、刚竹属和箭竹属,采集最多的种为托竹、桂竹以及青秆竹。采集地涉及20个省、自治区、直辖市和特别行政区,65个市、自治州82个区(县以及县级市)。(3)美国在华引种竹类植物时间跨度为1898—2010年。经统计,美国农业部从中国引种了390份(其中306

份直接引种)；阿诺德树木园从中国引种了8种竹类植物；美国竹子协会组织人员从中国引种了138种竹类植物，其中直接引种126种。可鉴定的竹类植物隶属28属(占中国竹类植物属的82.3%)、185种(占中国竹类植物种的34.6%)、13变种、20变型以及25品种，引种最多的属为刚竹属、箣竹属和箭竹属。(4)经整理和分析收集到的标本信息，共计45个采集者和采集队，在众多采集者中，莫古礼采集的标本数量最多。对美国农业部植物引种清单和《威尔逊植物志》的整理和分析，共计314份竹类植物从中国直接引种到美国，其中312份包含引种人信息，莫古礼、梅耶和威尔逊的引种量最多。莫古礼在华工作期间，共采集727号1840份竹类植物标本，隶属于20属93种(含变种、变型)；共引种255份竹类植物到美国，分属于18属81种(含变种和变型)。(5)美国在华引种竹类植物后大大增加了美国竹类植物种类多样性，竹类植物在美国风景园林中的应用形式也受到中国的影响，随着竹类植物的广泛应用，其竹类苗圃朝着精细化、品种化方向发展；莫古礼等人在华对竹子的研究，使得竹子分类学有了快速的发展，在华期间莫古礼共发表3个属、55个竹类植物新类群和6个变种；竹类植物的引种成功，使得美国竹产业得到一定的发展；在华采集期间，采集者们也深受中国竹文化的影响，他们对中国竹文化的传播起到了一定促进作用。对美国在华竹类植物采集和引种竹类植物历史的研究，有助于我们客观评价中国植物资源对世界的贡献，为今后植物引种史研究、我国生物多样性保护提供参考。石慧的《大豆成为世界性作物的历程探析》(《农业考古》2021年第6期)一文认为，大豆是最早起源于中国的古老作物，数千年来大豆不但养育了中国先民，还因其多功能性被广泛地引种传播。经由陆上和海上的多条全球贸易通路，遍植于亚洲、欧洲、美洲等世界各地。由于不同的社会经济状况和文化风俗习惯，大豆在各地出现了本土化的发展，共同展示了大豆在社会、经济、文化等方面的多重价值。

总之，2021年度学术界对海上丝绸之路的研究进一步发展，成果斐然，在中西政治交往、中西海洋政策、中西贸易政策与制度、中西贸易、港口及航线、人员往来和中西物种交流等方面的研究均有很大的发展，研究领域进一步拓展，在原始档案资料的运用以及研究方法上都有所突破，促进了中国海上丝绸之路研究的进一步发展。不过，2021 年度中西政治交往、中西贸易来往研究中的重量级研究成果不多，关于中西物种流通的研究也依然薄弱，期待学术界在未来研究中，可以进行多学科交叉研究，拓展研究的边界和基础，同时关注国外同行的研究成果，挖掘更多的原始资料，在研究视角和方法上更加多元化，以促成这个领域的进一步繁荣与进步。

（本章作者：周莉萍，宁波大学人文与传媒学院、宁波大学文博专硕点副教授）

第四章 海上丝绸之路与中西文化交流

古代中国与西方主要是欧洲的海上交流很早就已经开始。新航路的开辟，将中国和欧洲直接联系起来，陆续有传教士、外交使团、冒险家和商人从欧洲来到中国，西方近代科学技术和知识逐渐被中国人接纳，与此同时，中国的历史文化包括政治、经济、历史、文化、科技等各方面，亦被转述到西方，被译介成书，刊布流播，中西文化交流由此进入一个新阶段。

一、中西语言、文字交流研究

汉民族在历史上早已形成民族共同语是不争的事实：先秦有雅言，汉魏有通语，唐宋有正音，明清有官话，现代有普通话，这些名称无疑都是民族共同语在不同时期的不同称谓。汉民族长期以黄河中下游的丰镐汴洛地区为政治、文化中心，华夏语的核心即成长于此。雅言当以中原某一部族语言或方言为基础扩展而成。至迟到春秋时代，雅言已覆盖到燕、齐、陈、秦、晋诸夏地区，并推及楚、吴、越地区。在此过程中，雅言延续下的汉民族共同语不断扩张，以其人口和文化优势，北上南下，并对不同区域的方言施加影响。南北朝对峙之后，随着大批士人南渡，共同语大行于长江以南，长江以北则深受夷虏语言的影响。隋代成书的《切韵》就是参照南北士人的共同语语音格局编纂而成的，是六朝时期共同语音系的系统体现。唐、北宋时期，共同语体系又回到中原一带并深受长安、汴洛方言的影响。嗣后，辽、金、元时代，异族入侵中原，宋室偏安江南，于是共同语复又南渡，并再次影响江南诸方言。与此同时，受到北方各民族语言的影响，北方地区的共同语发生了急变，形成了新的共同语形式，明清仍延续这种状态，并以“官话”相称。

明清时期的官话西洋人称之为“Mandarin Dialect”或“Court Dialect”等。当然这种通用的语言在中国并不是官员专用的，商人、说书人也普遍使用。但在福建、广东、浙江等方言区，老百姓还不太懂“官话”到底是什么东西。因为中央政府派遣来的官员和参加科举的乡士们会用它处理公务，对各地老百姓来说，这是“官员的语言”，即“官话”。明末清初来华传教士的汉语学习掀起中西文化交流史上西人学习汉语的第一个高潮。耶稣会士因施行上层传教路线，强调官话学习，成为最早一批研究官话的西方人，他们对官话的看法成为其后西人认识官话的起点。

学术界对于明清时代汉语官话标准音的讨论一直未曾停止。主要的争论在于当时的标准音是北京音、南京音，抑或是其他地方的方音。这一时代中外作者所作的各种传统韵书、罗马字官话记音著作等所表现的语音究竟是南音还是北音，反映的是何地方言的语音特点？随着对域外官话材料的发掘整理工作的展开，越来越多的学者利用这些材料进行汉语本体、汉语史等方面的研究，除了对官话语音研究的继续深入，也逐渐涉及词汇、语法等层面。谢兆国的《16—18世纪西人对中国官话的认识》(《云南师范大学学报(对外汉语教学与研究版)》2021年第3期)一文认为，16—18世纪，来华传教士为学习官话编撰了多部汉语教材、语法研究著作及词典，在他们寄回欧洲的书信和报告中，也有诸多关于官话的记录，这些材料成为欧洲本土学者认识官话的重要来源，也是今日我们研究明清时期官话的宝贵文献。耶稣会远东视察员范礼安(Alessandro Valignano，1539—1606)不懂汉语，但在居留澳门期间，他注意到中国一般民众与官员所说的话并不相同。范礼安指派罗明坚(Michel Ruggieri，1543—1607)和利玛窦(Matteo Ricci，1552—1610)学习官话，以便跟士大夫阶层交流。而后出现一批精通汉语的传教士。他们出于传教、交流及研究等需求，对汉语进行了深入学习，其中口语学习以官话为主，少数兼习闽、粤等方言。在他们留下的汉语教材、语法研究专著、词典等著作，以及寄回欧洲的书信、报告中，有诸多关于“官话”

的记录，例如西班牙多明我会传教士万济国根据南京官话编撰了《华语官话词典》(*Vocabulariodela Lengua Mandarina*，1670)和《华语官话语法》(*Atrede la Lengua Mandarina*，1682)。为今人了解明清时代官话的具体情况留下了宝贵材料。文章认为，从明至清的来华传教士都十分推崇南京官话，数百年来他们对官话的记载并无本质性改变，这都表明官话具备稳定特性。明清两代来华传教士，大多数主要在中国南方活动和学习汉语，而进入清代，受禁教政策的影响，来华传教士的活动范围更是长期局限于中国南方。因而通行于南方的南京官话，对传教士更具有实用价值，成为他们汉语口语学习的主要对象，也表明南京官话在明清两代的通用语中占据主导地位。由明至清，朝代更迭、国都迁移、民众迁徙等因素必然会对汉语标准音产生影响，但语言的交汇融合是一个缓慢的过程，迁移变化需要时间，不管何种因素都不会造成语言突变。明清易代对南京官话作为共同语的地位影响不大，因为共同语一旦形成便具有较高的权威性、较强的稳定性和相对的独立性，因此，传承自明代的官话在清代中前期并无较大改变。同时，文章也指出，明末清初的来华传教士是基于有利传教的实用视角来认识和研究官话的，对欧洲本土学者而言，他们更多还是凭借传教士传回的二手材料认识官话，又结合欧洲社会的语言状况去想象官话，难免造成误读。进入19世纪，西人对官话的认识越发深入准确，开始修正前人的一些错误看法，但修正的过程是逐渐的、困难的。因为西人对官话的认识，在诸多有关中国文化或汉语的著作中被频繁、广泛地征引和沿用，其中错误的内容亦随着时间推移被固定化、教条化、权威化，要打破这种思维定式殊为不易。

目前，学术界对于官话的看法尚未达成共识，且相关研究主要聚焦于语音层面，如关于官话"标准音"的争论，以及尝试构拟明清时期官话的具体音系。张玉来、尹瑀的《明代来华欧洲传教士所记汉语官话——非明代汉语官话"南京标准音说"》(《青岛大学学报(社会科学版)》2021年第5期)一文认为，汉民族共同语从其萌芽状态就扎根中原汉语，长期以黄河中下游地区的方言为基础，以丰镐汴洛地区的方言为主要权威方言(非标准音)。20世纪后期，有学者提出明代官话以南京话为标准音。这一看法的基本依据是明末来华欧洲传教士所记汉语官话文献。而分析这些传教士的文献并将其和相关文献比较,“明代官话以南京话为标准音”的看法具有很大的片面性,既跟明代大多数文献所记的史实相违背,也不符合汉语共同语历史发展的内在逻辑。明代官方所编《琉球馆译语》中提出,琉球话的汉字记音并非福建话或南京话,而是北京音成分更多的官话。并进一步指出,汉语史的材料是复杂的,认识这些材料需要周全,不能仅及其一端而忽略另一端,要把明代来华传教士传习的官话语音材料放在全体汉语史材料里来检视其性质、其价值。最应注意的是传世的大量国人文献,如《中原音韵》《洪武正韵》《韵略易通》《合并字学篇韵便览》《太律》《切韵声原》等等。不仅如此,还要关注包括朝鲜学者传习的用谚文标写的汉语文献以及相当一批所谓的馆译语文献(涉及波斯语、阿拉伯语、日本语等)。

艾溢芳的《19 世纪以来西人文献中的南北官话规范音》(《华文教学与研究》2021 年第 4 期)一文对多部 19 世纪以来的西人文献材料中所记录的南方和北方官话音系进行了整理,对其音乐属性进行了研究与分类,文章认为,这一时期西人文献材料所反映的官话音系可以分为时音和规范音两个大类。反应官话时音的材料又可分为南京官话时音和北京官话时音两类;反应规范音的材料则分别以规范音南方变体和规范音北方变体的形式呈现出来。并提出这样一种观点:19 世纪的官话有一种通行全国的标准音系,这种标准音既不是南京音也不是北京音,而是一种人们心目中的“规范音”概念。这种规范音受字典韵书影响,综合了南北方的语音特点,并包含了一定的守旧语音成分。在这个全国通行的规范音概念基础上,加上一定的方音成分,则成为规范音的实现形式——规范音的南方和北方变体。无论偏南方还是偏北方的规范音,都共享很多重要的音系特征。文章根据诸多西人汉语文献材料归纳总结出这个通行全国的“规范音”音系特点,并对该“规范音”的语音系统进行构拟,还原其音系面貌。文章认为它是与中古以来的历代标准语、读书音,如《切韵》《广韵》音系、“中原雅音”等一脉相承的。发展到 19 世纪的“规范音”也不是一时一地之音,而是反映了人民心目中标准读书音的概念。

日本学术界对这一问题的关注保持着相当的热度,其研究也论及了西洋人对官话到底有怎样认识的问题。日本学者盐山正纯的《明清时期西洋人“官话”描述演变史》(《国际汉学》2021 年第 2 期)一文以近代西洋人所编写的《英华·华英辞典》以及相关资料为核心资料和考察范围，考察了近代西洋人对“官话”的认识及描述演变过程。文章指出，19 世纪的辞典，如麦都思、卫三畏、罗存德、卢公明、翟理斯等人的辞典，对“官话”的描述与分析可以说比较详细，但是麦都思、卫三畏等，均没有言及地域性的类别问题，直至后来卫三畏才提到了南北“官话”之间的差异。卫三畏虽然没有言及西部“官话”，但是他认识到了“官话”的地方特征，这一点与艾约瑟把“官话”分成南、北、西三类，并分别以南京、北京、成都为各自的标准在时期上是一致的。罗存德对“官话”的描述，与卫三畏基本一样，相当详细，而且也言及“当时人口之四分之三都说官话”的情况。罗存德在绪论中用了整整一段话来解释“官话”，并指出南北之间的差异及其在诸多方言中的地位。卢公明对官话的描述，继承了前述的分类法，对语音的标记采用了同一时代威妥玛的“Peking Mandarin”为基准，这应该说是卢公明的一个重要特征。此后，到了 19 世纪末叶，翟理斯明确提出了“官话”就是中国的“the official language”(通用语)，同时，进一步提出了全国“官话”的核心已经完成了由南向北转移的事实。同年，狄考文也在《官话类编》中提出，对于官话，从其政治方面的重要性上看是“南低北高”，从其使用人口的角度看是“南高北低”。两者在同一年对中国南北官话之间的关系提出了较为相似的观点。进入 20 世纪之后，在西洋人的眼中，“官话”已经是中国的标准口头语，他们对南北之间或者地域之间的差异不再给予任何表述。

明清以降尤其是晚清西洋传教士为传教，努力习得各地方言，将圣经译为各地土话，且编写出版了大量方言教科书、词典、语法著作，并编译了不少道德教育方言读本、童蒙读物、小说等。近 20 年来，西洋传教士汉语方言文献的语言学研究价值得到肯定，并成为开展近代以来南方方言史研究的主要语料来源。编写文献书目、发现并介绍文献、开展方言历时演变研究成为目前对传教士汉语方言文献研究的主要方面。在方言史研究内容、理论视角、研究方法等方面都逐步趋向多样化，研究成果蔚为可观，也表明传教士汉语方言文献有很高的语言学研究价值。林素娥的《西洋传教士汉语方言文献的语言学研究综述》(《辞书研究》2021 年第 1 期)一文对传教士汉语南方方言(吴、闽、客、粤语等)文献的语言学研究现状进行了梳理,并做出评述。文章认为,以西洋传教士方言文献为语料开展南方汉语方言史研究虽然起步晚,但发展较快,研究成果也蔚为可观,不过,仍存在一些空间有待加强或进一步发展。目前不仅对文献丰富的方言,如上海话、宁波话、厦门话、福州话、潮州话、新界客家话、粤语等都已有较全面深入的研究,对于文献欠丰富的方言点,即使一般只有方言土白《圣经》译本可用,大多也已归纳出其音系,并开展音变规律的研究,有些也涉及语法研究,如五经富客家话、莆田话、金华话、台州话等。由此可见,利用传教士方言文献开展方言史研究已得到学术界足够重视,也充分表明它对于汉语方言史乃至汉语史研究的重要价值。不过,从文献的利用来看,目前的研究大多立足于常见的重要文献,而一些珍稀文献的利用率不高或仍未被利用,特别是编写或出版年代较早的文献。如上海话《油拉八国》(1834)、《上海土白入门》(Clevelard Keith, 1855)等、宁波话 Ih-peng shü(W. A. Russe, 1851)、Iu-dong ts u-hyiao(H. S. C. Nevius 1859)等大量课本类文献仍未得以利用,因此仍有必要进一步搜集整理并加以利用。从研究内容来看,目前对方言史的研究虽已覆盖语音、词汇、语法乃至书写形式,不过,从现有研究成果来看,偏重语音,对词汇、语法和书写形式的研究仍有待加强。从研究的理论视角来看,尽管以历史比较法为基础理论开展方言史研究确实是进行传教士方言文献语言学研究的基础,但仍有必要继续加强对文献进行多维视角研究,特别是语言接触理论和历时类型学理论。前者有助于我们观察那些在 19 世纪至 20 世纪上半叶方言或语言接触频繁地点方言的形成情况,而后者一方面为方言演变研究提供语言类型学的视角,另一方面也有助于更好地开展对比研究。从研究方法来看,立足文献开展方言史研究,自然离不开语文方法、共时和历时的比较研究,前者对文献进行细致的整理,并就所研究语言现象进行详细准确的描写,后者通过共时同质或异质语料的对比,进一步确定语料的性质,以便在历时比较研究中更好地加以利用,对比研究仍十分薄弱。此外,传教士方言文献中的课本类、词典乃至语法著作等本为方言习得或学习的成果,目的也是用于习得。文献的编写者亲身经历了习得某方言的全过程,熟知习得的难点和重点,且大多具有很强的语言学能力、丰富的元语言知识和语言学习策略等，由他们编写的方言教材以实用为导向，注重培养学习者的语言交际能力特别是口语交际。不过，目前从语言习得或教学角度开展传教士方言文献研究仍未得到重视，研究成果极少。

阮咏梅的《从西洋传教士文献看台州方言百余年来的演变》一书 2019 年由中国社会科学出版社出版，该书以第一手台州土白圣经译本[主要包括《四福音书》(1880)、《但以理书》(1893)、《新约》(1897)、《旧约》(各册，1905—1914)]为基础，以文献分析法为主要研究方法，即为基于方言土白圣经译本为主的台州方言研究，其中台州土白圣经译本是编织书的经纬和灵魂。周志锋的《西洋传教士文献在汉语方言研究中的重要价值——以〈从西洋传教士文献看台州方言百余年来的演变〉为例》(《宁波教育学院学报》2021 年第 4 期)一文认为《从西洋传教士文献看台州方言百余年来的演变》一书的历史方言语料价值不仅在于其第一手性，更在于对这些第一手历史文献的解读和展示，便于读者和其他研究者阅读和理解。就《从西洋传教士文献看台州方言百余年来的演变》一书而言，传教士历史文献的利用和研究将开拓汉语史研究的新领域，为阐明一个区域方言的断代史研究提供比较完备的资料，对现代汉语方言的研究具有重要的参考价值。

汉字是世界上现存最古老的文字，有着几千年的历史。它是汉语的载体，是中国文化的独特形式，是记录华夏文明的“活化石”。汉字不仅为中国人所使用，而且远播海外，推动和促进了中外文化交流，同时也是中外文化交流的重要组成部分。汉字在海外的传播历史悠久，最早传向中国的近邻国家和地区。在汉字文化圈中，朝鲜半岛是最早接触和吸收汉字与汉文化的国家，也是最早开始进行汉字和汉语教学的国家。从时间上来看，汉字在欧洲的传播相对于“汉字文化圈”要晚得多。最早，欧洲人对汉语、汉字的认识源于各种游记。13 世纪初，蒙古族兴起。1206 年，蒙古国建立，之后发动了三次大规模的西征，建立起蒙古地区到西域的驿道，使得当时的中西陆路交通得到了空前的发展。蒙古的西征同时让欧洲社会极为震惊，出于政治和宗教的目的，教皇和国王不断派出使节前往蒙古。同时也有不少商人利用新开拓的东西道路东来，意大利商人马可·波罗即为其中的代表。《马可·波罗游记》全书对中国语言文字的描述寥寥数语，书中仅仅提到中国有统一的文字、不同的方言，但并没有对汉字进行任何介绍。大航海时代，伴随着殖民扩张，传教士和商人陆续来到远东，并逐渐进入中国，以传教士为主的西方人为了传教目的开始学习汉语，也开始了对中国的多方面研究。岳岚的《汉字的海外早期传播及其启示》(《对外传播》2021 年第 9 期)一文认为，汉字在全世界范围内广泛传播，但在东方和西方的传播有着明显不同：首先，传播时间差距较大。汉字在秦汉时期就已经传入朝鲜、越南、日本等邻国，这源于这些国家和地区地理位置上的优势，在交通极其不发达的古代，国际交流的范围受空间的限制较大。其次，传播方式不同。在东方，朝鲜、日本及越南等地，汉字的传入是通过移民、中国文献如《千字文》及儒家经典等的传入及官方文件的往来等实现的。后来西人因宗教传播的需求，学习、翻译一些儒家经典、蒙学课本、文学作品等，并传播到欧洲，特别是为汉语学习而编写的汉语教材、双语字典大大推动了汉语和汉字在欧洲的传播。最后，传播结果相差悬殊。汉字传入朝鲜、日本和越南等国家时，它们并没有自己的文字，汉字在这些国家经历了被直接借用、用汉字表音、借助汉字创制自己民族文字等过程，对它们的语言文字产生了重要的影响，也因此形成了“汉字文化圈”。在西方，汉字的影响并非主流，汉字对欧洲文化的影响并不太大。不过，汉字的象形与表意特征，引起 17 世纪欧洲人的关注，他们认为汉语言文字就是人类的原初语言，并对当时的普遍语言运动产生了较大影响。汉字表意不表音是思维的直接体现，汉字是一种独立于语言的文字，最适合做通用语。

16 世纪末，意大利耶稣会士罗明坚和利玛窦最早对汉语进行了罗马字母注音尝试，他们在 1583—1588 年间编写了一部《葡汉辞典》。在辞典编写的过程中，罗明坚由于熟练地掌握了汉语，起到了主导作用。自罗明坚、利玛窦的《葡汉辞典》起，由利玛窦的《西字奇迹》完善和改进，又经金尼阁《西儒耳目资》进一步完善，趋于成熟。其后相当多的传教士汉学家投入这项工作，编著了大量的作品。进入 19 世纪后，这项工作逐渐转移到新教传教士手中，罗伯特・马礼逊(Robert Morrison)便是其中的佼佼者。他所制定的汉语注音系统集中体现在其著作《华英字典》(*A Dictionary of the Chinese Language*)中。为便于使用者掌握发音，马礼逊在《华英字典》中使用罗马字母为汉字进行了注音。王仲男的《马礼逊〈华英字典〉所记录注音系统及其英语化特征》(《北方论丛》2021 年第 4 期)一文认为马礼逊系统既是对早期注音方案的继承，也是对它们的完善，音和号一一对应的问题在马礼逊方案中进一步得到了统一，在很大程度上是由其语言背景所造成的。作为英语母语者，相对于早期注音方案设计者以西班牙语和葡萄牙语背景为主，马礼逊系统中声韵母标号的选定具有非常鲜明的“英语化”特征。文章认为《华英字典》作为史上第一部英汉字典，它是一部划时代的鸿篇巨制。它所承载的历史使命，已经不仅仅局限在作为一部字典所具有的功能上，而是可以作为一本教材、一部史书、一面 19 世纪初中国面貌的镜子，甚至是一座中西文化交流的桥梁。

一般而言，当我们接触一种陌生、全新的语言时，总会不自觉地尝试与母语进行比照，西人初识汉语时亦是如此。明清之际，以传教士为主体的来华西人以罗马字母拼注汉字，编纂一系列的中西文教材和辞书，促进汉语对外传播的同时，更加速了中国语言文字研究由传统语文学向现代语言学转变。耶稣会士来华之前就对汉字有所接触，了解到汉字不但通行于中国，而且在当时的日本、朝鲜、交趾支那等地亦具有沟通功能。来到中国后，他们观察到士大夫阶层信奉典籍、崇尚文书交往，从而更深刻地体会到掌握汉语书面表达能力对于宣教的重要性和紧迫性。早期的游记、报告中记录了他们接触汉语的初始印象，虽然篇幅有限，却为了解当时语言文字面貌提供了新视角。林佳的《16—17 世纪来华西人游记视域下的汉语观》(《齐齐哈尔师范大学学报(哲学社会科学版)》2021 年第 3 期)一文认为来华西人撰写中国游记的传统由来已久，他们不仅描绘风土民情、典章制度，也记录了大量汉语言文字的信息，代表了同时期西方世界对于汉语的普遍认知。在文字方面，西人游记主要围绕汉字数量、源流、字体和构形作介绍；在语音方面，对官话和汉语声调重点关注，同时对汉语语法、词汇等也皆有思考。文章认为，虽然西人总是进行中西语言的比较，然而汉语不同于印欧系语言的诸多特征，使他们在实际学习中很难将二者建立太多有效联系，其汉语观的形成更大程度是接受中国传统文化的熏染，以及中国学者的影响。

19 世纪以降，来华的基督教新教传教士为达到传教目的，在面对清政府禁教政策和汉语学习的困境下，通过延聘中国教师讲课、多渠道习练汉语、参与政治经济事务和社会调查、求购中文书籍等多种方式获取汉语与中国文化知识，进而编纂出版大量汉英、英汉双语词典，形成晚清传教史、出版史、跨文化交流史上独特的社会文化现象。元青的《双语词典编纂与近代早期来华传教士对中国文化知识的获取》（《近代史研究》2021 年第 3 期）一文认为传教士获取汉语与中国文化知识、编纂出版双语词典，这些词典参考了几乎涉及所有部类的中国古代典籍文献，展示和介绍了极其丰富的中国文化知识，体现了对中国文化既褒扬又批评的文化观念，但其基调是基督教文化中心论。文章指出，传教士本身具备的现代教育背景，亦为其深入地获取汉语与中国文化知识、编纂出版双语词典奠定了基础。从西方的教育发展史看，教会一直是欧洲教育的中心，教会办教育由来已久。直到近代，欧美的许多大学都是由教会创办的。来华传教士大多在这些学校接受过现代高等教育，具有多学科的知识背景。如马礼逊，来华前曾在伦敦的霍克斯顿神学院学习，并在高士坡传教学院深造，其间还曾花大量时间跟老师学习拉丁文、希腊文、医学、天文学知识；郭实猎，曾入柏林传教士学院学习，亦曾学习阿拉伯语、土耳其语；裨治文，接受过阿默斯特大学及安多弗神学院的双重教育；卫三畏，毕业于特洛伊塞勒学院，后又用长达半年的时间学习印刷和书籍制作；罗存德，在德国礼贤会的神学院学习过神学和医学；卢公明，在纽约州的汉密尔顿学院学习，毕业后进入奥本神学院学习，先后接受 8 年高等教育。从教育背景看，来华基督教新教传教士既接受了系统的宗教教育，又接受了较深入的现代学术训练，培养了良好的科学与人文素养。

对于母语为拼音文字的汉语学习者而言，由于语言文字体系之间的巨大差异，对汉字的掌握是其汉语学习无法回避的一个难点。作为世界上第一部面向非母语汉语学习者的汉英词典，《华英字典》在世界汉语教育史和辞书史上均占据着重要的地位。孙文龙、魏向清的《汉语国际教育中汉字教学的语境充实——基于〈华英字典〉设计特征研究的思考》（《西安外国语大学学报》2021 年第 3 期）一文以《华英字典》及其副文本为研究对象，通过文本细读和数据分析，对马礼逊有关汉字和汉语学习的理念进行深度挖掘，探讨了其词典文本设计特征及对于当前汉语国际教育中汉字教学实践和相关理论构建的有益启示。文章认为《华英字典》的文本设计体现了“学习驱动理念”和“可学性设计特征”，具有历史前瞻性，至今依然“被誉为欧洲语言中最好的汉外词典”。马礼逊十分重视汉字相关语境在汉语学习中的作用。一方面，他认为，欧洲汉语学习者只有在初始阶段打好汉字基础，他们将来的汉语学习才能变得轻松、愉快和进步神速；另一方面，马礼逊特别强调语言学习环境的重要性。例如，他反复提醒欧洲汉语学习者，如果缺少中文老师的帮助，掌握汉语声调几乎是不可能的。马礼逊为学习者的汉字学习充实了多层次语境信息内容，并借助母语译义和跨语对比的多样化呈现方式，为欧洲汉语学习者提供了丰富的汉字学习语境信息，帮助他们掌握汉字用法，进而促进其汉语交际能力的发展和完善。此种设计特征背后所折射出的汉语学习理念，即围绕着汉字用法将汉字学习和汉语学习有机地联系在一起，对协调“语”“文”之争和优化当前对外汉语教学思路有着积极的借鉴意义。

1822年雷慕沙的《汉文启蒙》一书出版。该书以前人的研究成果和汉学讲座心得为来源，结合雷慕沙长期讲座授课的现实体验，形成一套简洁明练、符合法国学习实际的教学体系，为后续法国汉学的发展和汉语教育的发展提供了典范。刘珂如的《谈雷慕沙〈汉文启蒙〉对汉语教育的启示》(《汉字文化》2021年第17期)一文从作者研究背景、《汉文启蒙》研究体系、对汉语教育的启示等几方面入手，挖掘该书在汉语教育方面的学术价值。作者认为《汉文启蒙》作为欧洲专业汉学第一人雷慕沙的汉学著作，在整体的汉语架构和语言分析上都接近汉语教材的水平，无论是书中所介绍的汉语读音、汉字发展还是词类的划分，都为欧洲汉学界提供了一个系统学习汉语的样本。汉学讲座的成功开展以及学生人数的不断提高，都是雷慕沙教学水平提升的象征。以原文为参考的严谨性、文字的简洁性，以及整个语法分析的系统性，在雷慕沙理论与实践的结合当中《汉文启蒙》为更多对汉学感兴趣的欧洲学者提供参考，促进了汉学发展。整本书作为专业汉语教材，存在诸多的问题和不足，对阅读加以强调而忽视其他部分的教学，阅读的材料选择以古代典籍为主，忽视语言的变化发展，对零起点学习者难度较大。《汉文启蒙》作为语法教材对汉语教育具有极大的促进作用，符合当时的时代要求，但不可否认书中在语言教学上存在不足，这些不足也为后续的语言教材发展提供参考与示范，推动了汉学和汉语教育的继续发展。

二、“西学东渐”与“中学西传”研究

晚明时期的欧洲正处于近世（Early Modern）文艺复兴兴起的时代，虽然整体上依旧笼罩在中世纪知识体系之中，但种种突破正在发生。而中国方面，晚明和清末，社会动荡不安，思想界亦是暗流涌动，裂变在即，为西学的输入和生存提供了契机和空间，而西学的实学特征也迎合了当时主流思潮和社会现实的双重需要，这一切均为“西学东渐”做了充分的准备。程朱理学是明代官方意识形态，随着明中期以后王学的兴起以及形形色色“三教合一”思潮的展开，虽然此时的儒学依旧沉浸在传统的道统论中，却在客观上造成了“宗旨林立”的多元局面。来华传教士在“文化适应”以及“尊古儒”的策略之下，在西洋哲学译介上，一方面大量采用了宋明理学的话语体系，另一方面却并非与之融合，而是形成一种话语竞争。在这场竞争中，西洋哲学要嫁接到中国古代思想传统上来，就必须以汉语为载体，那么，最方便的莫过于借助已经高度体系化的宋明理学话语。如此一来，中西哲学的竞争首先不是在哲学思想层面，而是一场概念话语层面上的竞争，甚至争夺。在这场话语竞争中，由于程朱理学中的“穷理”与西洋 Philosophia（哲学）的本义“爱智慧”在结构和语义上均相似，且都承载了丰厚的思想文化传统，所以早期传教士在汉语世界翻译和解释 Philosophia 时，几乎都用到了“格物穷理”一语，从哲学及其分支学科的名目，到基本概念如“天”“理”“礼”等，西洋哲学均与宋明理学展开了一场争夺战。王格的《“格物穷理”：晚明西洋哲学与宋明理学之间的话语竞争》一文首先回顾欧洲“西学”和哲学的最早引入，然后从“天”“理”“礼”等最重要的话语面向理清晚明西洋哲学的“格物穷理”之内涵与宋明理学传统话语之间的差异化策略和竞争性机制。文章认为，晚明西洋哲学与宋明理学的竞争只是在话语上的，因为在中西文化全面相遇的最初时期，出于彼此之间过多的误解或者肤浅的理解，这场竞争并没有太多深入到思想实质的内容。只有到了更晚时期，传教士才获得更为深入

的理解，清初的卫方济（Francois Noel，1561—1729）在深入理解了“理气”“阴阳”等概念和思想学说后，不再简单地将宋明理学视为唯物论和无神论，而且他甚至不再选择与之对立，而是几乎全面地接纳了宋明理学。与此同时，一方面在“礼仪之争”后，教廷的禁令叫停了耶稣会的传教策略，这场话语竞争在中国也就随之暂停；另一方面，裹挟着理学话语的诸多学说开始影响西方的启蒙运动。也就是说，最迟到 18 世纪初，这场话语竞争就已不复存在；当然，此时中国的宋明理学本身也已接近尾声。中西思想的下一场话语竞争要等到 19 世纪了，那是一场现代的“西学东渐”，而晚明这场话语竞争中的成果贡献和遗留问题都将融入下一场话语竞争之中。

在哲学领域，翻译的重要性时常被低估。与哲学论著相比，哲学翻译往往被视为相对次要的、缺乏创造性的搬运工作，或单纯的工具性因素。但事实并非如此。在全球化时代，跨文化交流正在成为一个越来越重要的议题。而伴随思想交会而来的跨文化理解，本身就是一种更新历史文化的思想创造。17—19 世纪的中西思想交流和文明对话，业已受到众多研究者注意。这种对话不仅反映思想与语言在历史中的互相作用，也揭示出双方在精神议程上若干深刻的同与异。潘大为的《“克己”与“克性”：中西对话、语言多样性与哲学翻译》（《哲学研究》2021 年第 10 期）一文以明末清初“克己”概念的跨文化诠释为对象，讨论语言、文化与哲学的关联，从比较哲学角度分析哲学翻译中的思想交会的三个层次：语义对应、概念挪用和思想创造。跨文化交流中的由浅入深次第以及局部与整体的关系，对交流的结果影响重大。文章认为，从晚明士人黄紫宸到他的批评对象艾儒略，从南宋的杨简到朱熹，围绕“克己”概念的翻译与诠释一方面沿着中国本土诠释学传统的千年脉络层层展开，另一方面在与外来概念思想的碰撞中激发出新的火花。这些火花点亮了中西思想交会的轨迹。传统间的对话，总是通过个体思想者、翻译者及其跨文化诠释活动组成的“透镜”实现。传统之下和传统之间的“人”，而不是概念，才是文化传播和文明对话中最重要、最有活力的因素。

《友论》，后又名《交友论》，是利玛窦来华后的第一本中文译著，是明清两代耶稣会士中流传最广的文本之一。此书在晚明广为流传，为利玛窦赢得了许多声誉。近 100 年，《交友论》引起了许多研究者的注意，他们从《交友论》的版本、格言来源、思想内容以及适应策略等角度进行了研究。孙琪的《〈友论〉与利玛窦在南昌的“中国化”》(《国际汉学》2021 年第 4 期)一文从利玛窦《友论》的刊刻与流传、成书背景以及利玛窦在创作时的身份定位等角度,分析其“中国化”的过程以及《友论》得以广泛流传的原因。文章认为这本书的诞生和流传,是利玛窦对明代较高的友论地位、南昌兴盛的讲学和结社活动的敏感捕捉,是对晚明重视道德宣讲和以友辅仁的社会文化的主动参与。在《友论》中,利玛窦自署“太西国山人”,反映出其身份从番僧到“山人”再到儒家学者的转变,几经周折,利玛窦最终完成了“中国化”的过程。

从古至今,数学作为一种文化形态,经历了多种发展变化过程。16 世纪 80 年代开始,欧洲数学开始进入中国。1607 年,意大利传教士利玛窦与明士大夫徐光启(1561—1633)合译欧几里得《原本》(*Elements*),定名为《几何原本》。自古希腊起,《原本》即被视作几何学著作,利玛窦、徐光启所译《几何原本》的底本是克拉维乌斯(Christopher Clavius,1538—1612)的拉丁语编注本,书名全称为“Euclidis Elementorum Libri XV. Accessit XVI. De solidorum Regularium comparatione. Omnes Perspicuis demonstrationibus, accuratisque scholiis illustrati”,其中并没有对应“几何”的拉丁语词汇,显然“几何”一词作为书名是利玛窦、徐光启所加,同时该词在译本正文与注释中多有出现。因此要弄清利玛窦、徐光启为何选用“几何”一词,必须考察“几何”在译本中的含义,乃至与底本拉丁语词汇的对应问题。在中国传统文化语境中,“几何”一词常用于表示多少、若干的疑问。《几何原本》的翻译揭启了中西数学交流的开篇大幕,“几何”一词成为探寻明末以来中西文化交流的聚焦点。纪志刚、王宏晨的《“几何”译名的历史探源与意义分析》(《自然辩证法研究》2021 年第 2 期)一文认为通过对“几何”译名的历史探源,特别是通过全面考察利玛窦《译几何原本引》中的“几何”术语,并与克氏《原本》的《导言》相互对勘,确定了“几何”译名与 Geometry 存在必然关联。事实上,利玛窦、徐光启对《几何原本》的定名已经做了明确的解释:“曰原本者,明几何之所以然。”如果取书中“几何”的狭义 magnitudo,则《几何原本》即可理解为传统的“几何学原理”,即所谓“穷方圆平直之情,尽规矩准绳之用”。如果取书中“几何”的广义 quantitas，则《几何原本》即可理解为一本兼包数、量、形的数学著作，即所谓“度数之宗”“万象之形囿”。文章指出，《几何原本》中确有很多“几何”意译自 quantitas，有一些“几何”意译自 magnitudo，但需说明的是，利玛窦和徐光启赋予“几何”一词更丰富的内涵，如“几何之学”，同时还有一些“几何”采用中国传统的古义，即古代汉语中的“几何”作为数量形容词，用于计数，表示若干、多少。赵丹妮、孙静和王向东的《浅谈清末之前西方数学的两次输入历程》（《开封文化艺术职业学院学报》2021 年第 7 期）一文认为利玛窦作为第一个在中国系统传播欧洲数学知识的西方人而被称为“沟通中西文化第一人”。在数学上，利玛窦为明末的中国古代数学注入了新鲜活力，其传播价值最大、流传最广泛的著作就是与徐光启合作翻译的《几何原本》的前 6 卷。19 世纪 50—60 年代的第二次鸦片战争使中国的大门被迫打开，西方数学得以再次进入中国。从这个时期开始一直到 19 世纪末 20 世纪初，中国数学的西化也基本完成。文章认为西方数学从 1582 年初次进入中国到清代的三四百年间，经历了从最初的不被接受到最后与中学融合，使得我国传统数学在已取得的辉煌成就上继续向前迈进，并与国际数学接轨。此后，中国的数学教育也开始进入现代教育阶段。

作为古典数学巨著《原本》的汉文首译，《几何原本》往往被视作中西文明交流的象征。在其诸多内容中，勾股定理或最具代表性——它不仅是欧洲古典几何学中的经典命题，也密切关涉中国古代算学的重要领域。潘澍原的《订正与会通：勾股定理在晚明〈几何原本〉（1607）中的呈现》（《内蒙古师范大学学报（自然科学汉文版）》2021 年第 5 期）一文首先简述勾股定理的历史认知，特别是在《原本》中的论证和后续传流，其次考察定理在《几何原本》等晚明西学著作中的译介概况，进而依据文本细节，重点分析相关内容如何通过翻译和校阅的具体实作呈现于《几何原本》之中，并讨论其背后的考量与认知，揭示了晚明西学译介的某些重要特征，说明数学知识跨文化传播的复杂样态。文章认为，在利玛窦、徐光启译介的晚明西学经典《几何原本》中，论述勾股定理的第一卷第四十七题的呈现颇富意趣。从明刊本中留存的文字阙空可知，该题在版印之初曾经订正，利玛窦和徐光启作为翻译、校阅者剜其衍字而存其图示的处理，饱含着他们对定理证明方式一般性的深入理解。定理之后所附直角三角形任知两边而求其余边的问题及其解法，虽基本依照拉丁底本转译而与内涵近同的中算知识“勾股术”在表述方式上有所区别，却相较底本文句表现出更为鲜明的算法特征，并借用“自乘”“幂”“开方尽实”等古代算学用语。这显示出本土知识背景对于徐光启译笔的隐微影响，亦由此揭示中西会通已自然地蕴藏在数学知识的翻译过程之中。

徐光启所译《几何原本》的译文中确立的点、线、直线、三角形、四边形等名词形成一套有关平面图形的概念和知识系统，这些概念知识使得几何一词成为一个学科的名称。与此同时，它在论证中所使用的分析法、综合法、归谬法等对于不善于抽象思维和逻辑推理的中国人来说是一种新的思维方式。因此，徐光启将《几何原本》看作是一种形而上的数学思想著作，而非列举具体知识的方法书，认为此书可以使国人的思维更加缜密和灵活。傅兰雅所厘定的科学名词所凝聚的也是一系列的现代科学知识，它代表着人们对客观世界的最新认识，其中既有形而上的认知思维，亦有已经物化的新鲜事物，这两者都蕴涵着现代性，而正是这些现代性赋予了新译名词以思想史的意义。李腾龙的《明清科技翻译之思想史意义发微——兼论徐光启和傅兰雅的翻译思想》(《上海翻译》2021 年第 1 期)一文分别阐释了徐光启、傅兰雅的翻译思想，并将二者作为一个整体置于时代背景与社会思潮中去比较分析，把握其思想产生的深层原因与历史走向，进而探究明清两代科技翻译的关系及其在中国翻译史上的地位与作用，以及明清科技翻译在中国思想史上的意义。文章指出，翻译是两种语言之间的转换，而语言是文化的载体，因此翻译中语言符号的转换势必意味着原语文化内涵的重铸，这种重铸要以目的语文化为原料。由翻译东渐而来的西学以现代科学知识为表征，引入新的认识论(已知什么)，并借由认识论使思想界发生本体论(什么可知)和方法论(如何可知)上的改变。由此，裹挟着现代性的西学一方面改造着中国人的思维方式和价值观念，另一方面也改造着中国社会的内在结构与外在功能，使中国在思想观念与社会现实趋于同构的过程中走向现代化，这一现象成为中国思想史研究的一个重要命题。而这一切都发轫于翻译，翻译思想史的重要意义可见一斑。晚明之际的徐光启积极投身于翻译事业，使翻译从宗教殿堂走向现世市井，实现了中国翻译第一次质的变化；清末的傅兰雅在华从事翻译28年，孜孜于科技术语的统一工作，并对当时的翻译实践进行了全面总结和理论升华；处于社会转型期的两人是解读中国近代翻译史和思想史的关键人物。

隋唐时期，一些西方三角学知识就已经随着佛经从印度传入中国，但并没有产生任何影响。真正意义上的三角学知识及其算表，则是自明末以后通过耶稣会士传入中国。《同文算指别编》是最早将西方弦表和三角学知识传入中国的著作，全书内容虽然只有"截圜弦算"一节，但较为全面地介绍了"弦""弧"和"全数"等概念，以及"弧"和"弦"的六种用法。书中还通过算例介绍如何通过弦表进行天文学上的球面三角计算，是一本极具实用性和操作性的三角学手册。李亮的《西学东渐与三角函数表在中国的传入与调适》(《海交史研究》2021年第1期)一文介绍了"西学东渐"过程中，中国对西方三角学知识以及三角函数表的吸收和调适。通过法国国家图书馆藏《同文算指别编》，探析了弦表传入中国的早期情况，并且分析了其可能的底本来源。通过明清之际三角函数表在中国的使用，反映了在欧洲科学知识传入过程中，如何通过消化与吸收近代科学的思维方式、概念，以及工具和方法，逐步不断地调适，以实现对旧有科学范式的改造。文章研究发现，《同文算指别编》中的弦表与利玛窦传入的其他西学著作相似，同样也是参照了克拉维斯的著作。不过，《同文算指别编》在算例等内容上，因地制宜地做了适当改编。此外，文章指出，由于《同文算指别编》属于尚未完成的著作，该书最终并未出版，在当时影响比较有限。到了崇祯改历期间，随着《崇祯历书》的纂修，西方三角学知识通过《大测》《割圆八线表》和《测量全义》等书系统地传入中国。三角八线表的引入和使用，在很大程度上促进了历法改革的进程，许多天文算表得以借此迅速地编算完成。在改历之初，为了符合中国传统百进制的习惯，在算表编算方面，历局曾计划在翻译西方六十进制表格基础上，另制一份百进制算表，并且通过《通率表》对两种不同的进制单位进行转换计算。然后，由于工作量巨大，且使用不便，历局最后不得不放弃中国传统，转为与西方传统保持一致。入清之后，关于三角函数表进制的争论仍旧在延续，这也反映了其传入和会通经历了一个较长的调适过程。

明清之际最先与西学接触，且获有巨大成就的是徐光启、李之藻和杨廷筠三人，史称“三柱石”。李之藻、杨廷筠都是浙江杭州人。伴随科技领域的发展，浙东学派在科技研究方面亦有学术积累，并广涉浙西学人，形成浙学的“内循环”。刘亚斌的《中西会通的历史命运——明清时期浙东学派科学研究及其学脉构建》(《江苏理工学院学报》2021 年第 5 期）一文就当时浙江学人的科学观念和研究成果，探讨了其可能的学脉传承，在中西文化关系上丰富、彰显地方性学派的学术特色。文章认为，明清时期，浙东学派在科技研究方面成就斐然，完成了其科学研究体系的建构。李之藻强调科学研究的形而上学基础，重视逻辑推理和哲学论证，寻找事物的数学原理和总则规律；陈訏谟等擅长数学研究，以西学阐释、演绎和增补传统算术，侧重其实用方便；黄宗羲在西学影响下开掘出“绝学”的研究内容，提倡学术的经世致用；黄百家始终坚持实证求真的科学态度和精神，亲自观察和研究农事生活现象，实录民间科技成果。其体系既有切合时代的研究内容，也有传统科学的继承和变革，兼具科学研究的逻辑规则和实证求真的方法，突显其学术特色。其中西文化观念注重中西会通基础上的吸纳、补益和创造。西学中源说的提出，排斥西学的时代潮流，坚持传统文化的立场和精神，在传统文化和科学研究的关系上具有启示性意义。

翻译不仅仅是语言、文字与文化的交流，更是知识与文明之间的沟通与传播。此种交流目的决定了翻译活动的方方面面，包括翻译模式、翻译策略、译文呈现方式等。王徵与德国传教士邓玉函(Johann Terrenz，1576—1630)合作编译的《奇器图说》(也称《远西奇器图说录最》或《远西奇器图说》)，不仅是中外科技交流史上具有历史意义的一份记录，同时也是中国早期借助翻译进行科学近代化尝试的一个范例。黄立波的《明末科学近代化的尝试：王徵与邓玉函〈奇器图说〉编译考》(《上海翻译》2021 年第 3 期）一文从翻译目的论视角出发，讨论《奇器图说》编译活动的发起、翻译目的、翻译选材、翻译模式、译本呈现方式，以及传播与影响等问题。作者指出，王徵和邓玉函通过编译《奇器图说》，使当时西方先进科学知识得以与中国传统科学技术进行交流，并以当时中国人能够接受的方式加以呈现。从这个意义上讲，这一翻译活动是成功的，在一定程度上促进了中国早期科技近代化基础的建立，具有积极的文化意义，这也体现了翻译活动对目标语文化在更广义层面的作用和价值。但值得思考的是，成功的翻译活动并不一定能带来良好的社会效果。因为翻译活动并非发生在真空中，而会受到各种社会、历史、文化等因素影响。原文本与翻译文本在各自文化中的地位、预期目的和预期读者差异决定了二者迥异的呈现方式；翻译文本未能充分发挥其预期功能，主要原因在于翻译产品在目标语文化中的兼容度有所欠缺。晚明时期，科技有一定的发展，这与政府在官方层面的重视分不开。传教士对西方科学知识的引介促进了这一快速发展，但传教士与中国学者—官员之间的合作，目的并不完全一致，导致翻译产品在目标语文化中的兼容度有一定的问题，最终导致明末基于翻译的科学近代化尝试的失败。但作为翻译活动发起人和编译者之一的王徵，其不仅具有超前的开放头脑，更具有学者的仁爱之心和家国情怀，学以致用，是必须得到肯定的。

明清鼎革之际，中国的军事技术，特别是火器技术受到欧洲强烈的影响。同时出现了最早一批具有编译性质的西学兵书。欧洲火器传华可以追溯至16世纪前叶，正德、嘉靖年间(1506—1566)，葡萄牙武装商船频繁出入东亚海域，舰载佛郎机铳(提心式后装炮)、鸟铳(火绳枪)、发熕(欧式前装炮)等各式火器，通过战争与贸易，迅速扩散。彼时欧洲火器的性能已明显优于中国传统铳炮，无论是明朝官方还是东南沿海民间武装，皆着力仿造，恃为利器。嘉靖末年的著名兵书，例如郑若曾《筹海图编》、戚继光《纪效新书》已刊载佛郎机铳图说、鸟铳图说，力主推广。不过，嘉靖朝前后对欧洲火器的引进与本土化，大体限于器物层面，直接参与者多为军人、工匠，甚至外籍俘虏，知识阶层较少深度介入，传世文献对火器技术细节的记载较为简略。16世纪末，利玛窦等耶稣会士采取知识传教策略，通过介绍欧洲学术，吸引中国士大夫，开启欧亚大陆两端知识阶层的直接交流。随着明清战争的爆发，明末第一代中国天主教徒与来华耶稣会士也成为引进、译介欧洲军事技术的中坚力量。欧式火炮在明清战争中扮演了极为重要的角色。徐光启等人希冀利用西炮救亡图存，并借之取得宁远大捷，然而最终事与愿违，新型火炮转而成为清朝吞并大明的利器。经过两次鸦片战争、太平天国战争，清末最终转向全面引进西方军事技术，中国近代兵工产业艰难起步。19世纪60年代以降，洋务运动时期，新一代的汉译兵书大批出版。明末清初问世的西法军事技术著作，最终成为纯粹的历史文献。郑诚的《明清之际的西学兵书》(《文史知识》2021年第10期)一文回顾了明清之际的西学兵书的发展历史。文章指出，大量实际存在、影响深远的知识传播与技术实践并未留下文字记载，或仅存只言片语。进而言之，编译西学兵书，既非技术传播的必要条件，也未必能够准确反映当时的技术实践，应注意避免夸大其历史作用。欧式火炮从设计制造到操作运用所需各类知识，绝非系统传入。单纯模仿西炮外形并非特别困难，应用模数概念设计火炮这类书面知识，也易于理解。至于生产工艺的种种细节，装弹射击的诸多技巧，如何运用铳规、矩度、铳尺等根据数学原理制造的欧洲炮兵器具，则有赖言传身教。仅就铸炮而言，明末欧式火炮的流行，既得益于密切接触欧洲文明，也有赖本土成熟的冶金制造技术。绝大多数中国工匠未曾接触欧洲铸炮技术(如整体制范工艺)，采用可靠的传统技艺，特别是成熟的生铁冶炼、分范合铸技术，模仿西炮形制，即可批量生产。传世明清铁炮，多可见明显范缝痕迹，系采用传统块范法铸造。"土法造洋炮"乃是普遍情况。彼时中国的冶铸加工水平较之欧洲并不逊色。至于仿造火炮的品质、性能，主要依靠工匠的经验与技巧。实践层面的西法军事技术传播仍处于初级阶段。

明末清初来华耶稣会士输入了地理书和地图等，强烈冲击了中国人固守千年的天下观，拓宽了传统士人的视界，地理学、测绘学、天文学等近代自然科学由此启蒙。《坤舆万国全图》是我国现存最早的世界地图，其作者是意大利的耶稣会士利玛窦。从20世纪初海内外研究利玛窦世界地图起，历经百年，对利玛窦和利玛窦地图的研究仍方兴未艾，《利玛窦世界地图研究》《利玛窦明清中文文献资料汇释》等著作最近又相继问世。从测绘学角度研究的则相对较少，国内对《坤舆万国全图》投影的认识仍存分歧。对该图进行数字复原，让古老的地图走出故纸堆，对深入理解当时的测绘技术、制图方法及地理认知等具有重要的历史意义。李敬敏、骆遥的《〈坤舆万国全图〉地图数字复原与讨论》(《测绘科学》2021年第4期)一文利用美国国会图书馆高清扫描件对其进行考证，通过分析对比确认明万历三十年(1602)《坤舆万国全图》采用的数学基础是椭圆投影，南北半球图采用了等距方位投影，并利用现代计算机技术对《坤舆万国全图》进行复原，提取出精确的地理信息，为进一步研究中西测绘史提供了数字化实例。文章认为数字恢复也纠正了人们对《坤舆万国全图》世界地图为椭圆形状的认识误区，使古老的世界地图走出故纸堆，让历史上见证过中西文明交流与互鉴的古老地图重获新生。实际上利玛窦及其后继者庞迪我、熊三拔、艾儒略、毕方济、南怀仁、蒋友仁、雷孝思、马国贤、白晋等正是用地图找到了打开古老国度大门的钥匙，封闭千年的中国也开始逐渐同西方世界联系起来。此外，文章还指出，研究利玛窦世界地图的过程中，应注意地图作者并不是为编绘世界地图而编绘的，这或许本身就有别于其他地图。

利玛窦的世界地图第一次介绍了地球地圆说等西方近代地理学思想，为表达这些新概念，利玛窦和他的中国合作者们创造了不少新词，如“子午线”“经线”“纬线”“经度”“纬度”等天文地理方面的术语名词，这些名词一直沿用至今。李伟群的《利玛窦在汉语外来词上的贡献：“子午线”“经线”“纬线”等词语探源》(《国际汉学》2021年第1期)一文结合历史文献考证法、历史比较法等研究方法，通过对拉丁原典、译著和中国古籍中相关词汇的考证，探明“经线”“纬线”“子午线(环、圈)”“地平线”“经度”“纬度”等词语的来源及历史演变过程。文章认为，从上面的词汇看来，耶稣会士创造的词中有大量的“修饰语＋中心语”结构，也是我们汉语里所谓的偏正结构。这种结构具有灵活性和能产性等特点，能更精确地表达词汇的意义。这些词的具体形式是以前没有的，构成规则一方面仿照拉丁语的规则，另一方面也是汉语中现有的，所以语言使用者对这些新创造的外来词不会有理解上的困难。从明末开始，传教士创造了大量的双音节和多音节词，客观上推动了汉语的现代化转型。慕容玉贞、王林的《译介学下利玛窦世界地图汉译的创造性叛逆》(《安徽电子信息职业技术学院学报》2021年第4期)一文以利玛窦的世界地图汉译版为研究对象，从译介学的角度探讨世界地图的创造性叛逆，并结合利玛窦汉译世界地图的具体表现，分别从译者、读者和接受环境三个角度总结出创造性叛逆现象。文章认为，利玛窦在绘制世界地图和翻译地图的地名及术语时，发挥了其主观能动性，同时也是出于传教的目的，考虑到了明朝文人官员的偏爱与需求。为了尽可能减少对中国传统的"天圆地方"说以及"中国中心论"的冲击,让地名和术语更加符合中国传统习惯。利玛窦还在语音和词汇以及绘图上都进行了创造性的叛逆。利玛窦的创造性叛逆使得世界地图在中国上层的文人士大夫间广为流传,不久流传到作为藩国的朝鲜半岛和日本,并逐渐获得认同和接受,所产生的影响力也日益扩大。

古地图类史料作为图像史料的重要种类之一,其研究价值不可小觑。从某种意义而言,地图是通向未知世界之窗,是反映历史和现实之镜。古地图往往既是古代图解式的地理绘图作品,又是第一手的图像史料,其呈现的画面内容及视觉形象都承载了高度浓缩的历史信息,故而易被教材编写者以及诸多历史教学工作者重点利用。古地图蕴含了多维度的历史信息,其形式和内容均具有史料性。因此,历史教学工作者通过理解和解读古地图的图像语言,可以将地图中的图像信息精准地转化为文字信息,从而运用于历史教学。陶荣的《连环追问:古地图类史料之多重研读——以〈坤舆万国全图〉的研读为例》(《历史教学》2021 年第 9 期)一文以《坤舆万国全图》的研读为例,从制图信息、文本内容、衍生性问题三个方向,连环追问,多重研读,层层推进,环环相扣,以挖掘古地图类史料。作者认为,可通过对利玛窦历史时空的追问,经师生共同探讨,进而以小见大地理解明清之际的国内外形势变化。老师可引导学生打通明清时代至近代发展的历史逻辑:基于古地图类史料相关信息了解早期西学东来的内容、影响;基于地图元素,解释中国人传统世界观的演进,挖掘历史空间要素中的文化思想意蕴,形成深层次的历史时空观念;通过对利玛窦时代的解读,进而以小见大地理解明清之际的国内外形势变化,理解在中国传统社会中滋生的一些与传统反向而动的进步因素,明了明末出现的社会转型的契机。

有关海上丝绸之路的中西音乐交流史研究也成为当下的热点之一。近代发生的中西音乐文化交流的标志性事件是利玛窦献琴,但对此"琴"的说法至今仍众说纷纭。此"琴"最早记载于 1747 年清乾隆官修、纪昀校订的《续文献通考》。最早对利玛窦所献之"琴"考证的是 1921 年刘锦藻撰写的《续文献通考》(卷 120,"乐二十"乐考,夷乐部)。刘锦藻用"批霞拿"来命名此“琴”。这“批霞拿”即是“piano”的音译，其实“piano”在利玛窦时代还没诞生，为何刘锦藻会犯如此低级的错误呢？刘锦藻自己是这样说的：“（该琴）案此即今之批霞拿也。当时不能知其名，故记之如是。”可见，这是因“当时不能知其名”，所以就用民国时开始流行使用的“批霞拿”一词来记写。显然，这是对利玛窦所献之琴最早的误读。吴跃华的《“文化适应”中的“世界性”音乐文化误读案例——利玛窦所献之“琴”重考》（《艺术民族》2021年第1期）一文认为对利玛窦所献之琴即“Manicordio”产生“世界性”误读的文化根源是把这原本是“西班牙文”的“Manicordio”误识为“意大利文”，并做出是“击弦古钢琴”的简单认定。事实上，无论从“Manicordio”这乐器的形状、声音，还是从利玛窦对该乐器名称的书写行为、后期对汤若望修理该琴的史料等方面，都能证明这是“小型的拨弦古钢琴”。利玛窦与郭居静（Lazzaro Cattaneo）于1598年第一次来京准备献给皇帝琴，并嘱咐澳门神学院院长李玛诺筹备制作，后因制作时间拖得太久，即便第二次进京也没能赶上带来。但利玛窦自己有随身带的“琴”，最后还在1601年进呈给了朝廷。其实利玛窦不善弹琴，是由其调来随行的庞迪我来教琴。庞迪我是西班牙人，在教学中自然会用“西班牙语”来称呼这“琴”了。此外，文章还认为，拨弦古钢琴是比击弦古钢琴晚出的乐器，在利玛窦时代还属于新乐器。从利玛窦来我国热衷于“科学”传教且献的都是西方新物品的行为（即热衷于介绍和展示西方科技物品）来看，利玛窦带来拨弦古钢琴这新产生的乐器也是符合逻辑的。

关于利玛窦等的音乐教学问题，有的说利玛窦亲自教明皇演奏并得到“皇帝赞赏”。《利玛窦中国札记》记述了“两个较年轻的学生在学习上颇有才能，但他们要等待其他的人完成学业”①。其实，真正来明皇宫教学的是庞迪我。最早写作利玛窦传记的比利时学者金尼阁称，担任教学任务的是庞迪我，并且庞“还会和弦”，言外之意，教的歌曲伴奏是“和弦”伴奏。1601年卡契尼出版《新音乐》，这“新音乐”被作为开创巴洛克时期音乐的统称。此时庞迪我已来中国多年，因此他不可能知道后来流行的主调风格的“和

① 利玛窦. 中国札记（第4卷）. 北京：中华书局，1990：408.

弦”伴奏。关于北京西什库教堂演奏的于16世纪创作的利玛窦的歌曲，教弹的歌曲伴奏至今也仍充满猜想。刘宁、吴跃华的《利玛窦等教明皇宫乐师伴奏解读》(《当代音乐》2021年第11期)一文以法国皮卡尔指导录制的外文版利玛窦歌曲录音为依据，并以利玛窦的《牧童游山》为例来做进一步展开分析。法国学者皮卡尔根据其长期研究利玛窦所得的成果，指导乐队录制利玛窦歌曲，由中央音乐学院教师等各方参与录制成CD录音。乐队录制的利玛窦歌曲确实用的不是现代意义的“和弦”，而是文艺复兴时期的多声部作品。文章指出，利玛窦等教明皇宫乐师弹的伴奏应该是一个人负责一个声部的单旋律伴奏，合起来就是四个声部的复调伴奏形式，这既可以理解成是中世纪伴奏方式，也可以理解成文艺复兴时期的伴奏形式。

在“西画东渐”的过程中，西方绘画及其画理输入中国。明末清初是社会文化及经济政治发生剧变的时代，商业的发展、市镇的勃兴都使整个社会呈现出新的面貌，江南尤甚。时值以利玛窦为代表的传教士来华，西画的传入与江南画坛发生了广泛的接触。赵文宁的《明清西画东渐背景下的江南画坛》(《艺术品鉴》2021年第14期)一文通过“西画东渐”的视角对明清时期江南地区受西洋影响的绘画以及社会交往活动进行探讨，以求更为全面地了解“西画东渐”这一现象，分析江南画坛出现风格转变的社会历史原因，解读各类型绘画的风貌和审美取向，总结归纳明清时期“西画东渐”的历史地位与价值。文章认为，“西画东渐”之于江南，从来都不是被动接受、直接模仿，而是在中西绘画平等交流的基础之上，立足于传统画学，在构图或技法上，对西画中的新元素进行筛选、借鉴，创造出新的表现形式，最终在画面中呈现出一种中西融合的效果。虽然江南画家对西画的态度是审慎的，但这种矛盾的态度也为西画在中国的发展起到了作用，在安徽、福建以及北方各地的绘画都表现出对西洋绘画多样的参照形式。在这个艺术形式不断创新的时代，艺术的交流变得快速而鲜活，我们在面对多样的艺术形式时，更应坚定自身优秀传统，在共性基础之上汲取养分，在互动中进行全新的绘画实践，促进艺术的创造性发展。

“西画东渐”之“西”的外延，并非如现在所定义的这么狭窄，实际上它涵盖了欧洲之西(西洋)和天竺释迦之西(西天)两个层面，并称“二西”。“二西”一词因钱锺书的使用而著名。钱锺书在《谈艺录》“序”中谈及他的治学方法时说:“颇采‘二西’之书,以供三隅之反。”[①]天竺文明对中国之影响,起于汉代(前202—前220),至明清之际已历千余年之久,与儒、道两家鼎足而三,成为中华文化的重要组成部分。明末(1600—1644),随着传教士的到来,欧洲文明才逐渐引起中国人的注意。由于地理位置的关系,无论是天竺还是欧洲,都处于中国之西方,“二西”之名在清代初年(1644—1755)兴起也在情理之中。值得注意的是,明清时期西天对中国的影响力明显要大于西洋,而西洋盖过西天的风头,要到鸦片战争以后了。李宝山的《以“西天”法释西洋画——明清“二西”语境下“西画东渐”史的一个现象考论》(《昆明学院学报》2021年第5期)一文认为明清时期的“二西”语境,涵盖“西洋”和“西天”两个层面,在这种语境下,明清时人将西洋画的立体感与“凹凸花”联系起来,将西洋画的阴影法溯源到“天竺遗法”,产生了以“西天”法释西洋画的现象。这种现象是明清之际“西学中源”思潮的一个表征,其根源在于“夷夏之防”的民族文化心理以及“执古语今”的阐释传统。文章还指出,明清时人在其特定的历史条件下,做出以西天法释西洋画的选择,以西洋画为标准来理解和阐释中国古籍中的“天竺遗法”,是“视域”的局限导致的,我们对此不应过分苛责而应抱有“了解之同情”。

郎世宁(1688—1766),意大利米兰人,原名为朱塞佩·伽斯底里(Giuseppe Castiglione),年轻时曾受过系统的绘画训练,后来加入了欧洲天主耶稣教会。1715年(清康熙五十四年),受欧洲天主教会委派,由水路来到中国。先抵达澳门,取汉名郎世宁,再北上京师,由意大利传教士马国贤(Matteo Ripa)引荐给康熙皇帝,入宫供职。为了适应这个崭新而又陌生的环境,郎世宁开始刻苦学习中国绘画技法,在为清廷服务的51年时间里,经过不懈的探索与研究,郎世宁将西方油画技巧加以适当调整,使用中国纸、绢、笔、色创造出适应中国皇帝审美要求和符合中国传统美学的新体绘画。陈宁、徐茹的《郎世宁新体绘画对乾隆时期珐琅彩瓷装饰的影响》(《美术与设计》2021年第5期)一文从郎世宁新体绘画这一视角,从“线法画”“人物

① 钱锺书.谈艺录[M].北京:商务印书馆,2011:3.

肖像画”“洛可可”三个方面，探讨了它对乾隆时期珐琅彩瓷装饰的影响。文章认为，郎世宁作为清初著名的宫廷画师，历经康、雍、乾三朝，尤其是在乾隆时期，通过不断汲取中国传统绘画艺术的精华，融汇西方古典主义油画的写实技法，研创出中西合璧的“新体绘画”艺术风格。该艺术风格对乾隆时期的珐琅彩瓷装饰产生了重要影响，开拓了中国古代瓷器装饰艺术的新思路，使乾隆时期的珐琅彩瓷装饰工艺更加精湛，纹饰题材更加丰富，装饰风格更加多样，装饰画面更加符合人的视觉真实性，同时也为粉彩瓷典雅精致的装饰风格的出现奠定了坚实基础，进一步推动了东西方文化艺术的交流、碰撞与融合。

“西学东渐”同时也进行着“中学西传”，中国古代文化以独特的思想魅力引起西方学术界的关注。通过来华传教士对中国典籍的深入研究和译介，“中国作为一种典范在整个欧洲掀起一股强大的‘中国热’”，“中学西传”进入高潮时期。

其代表作有：1575 年西班牙奥斯丁会地理学家拉达（Martinus de Rada）编著西班牙文《华语韵编》、意大利耶稣会士罗明坚与利玛窦合编《葡汉词典》、利玛窦与郭居静（Lazzaro Cattaneo）合编《西文拼音华语字典》等。然而，关于谁是儒学西传的真正开拓者，儒家著作如何被译介、诠释及传播的问题，当前学术界仍有诸多分歧。

以往相关研究普遍认为，高母羡（Juan Cobo）为首位向西方介绍儒家思想并译介相关典籍的汉学家，他对《明心宝鉴》（Beng sim po cam）[①]进行了以闽南语为基础的西班牙文翻译。法国汉学家伯希和就较早提出，首位将儒家思想译介至西欧的是高母羡。伯希和据高母羡序文及对译文字推断，这份译稿为高母羡于 1590—1591 年完成于菲律宾，是汉学西传欧洲最早的儒学译本，《明心宝鉴》是最先进入欧洲语言体系的中国哲学典籍。在我国学者中，张西平也认为首位向西方介绍儒家思想并翻译儒家典籍的欧洲人是高母羡，他肯定高母羡所译西语“《明心宝鉴》音译材料不但是现今通行的

① 张西平. 儒学西传欧洲研究导论——16—18 世纪中学西传的轨迹与影响[M]. 北京：北京大学出版社，2016：7—8.

闽南语教会罗马字的老祖宗，在闽南语文献及记音方式上极其珍贵”，并强调高母羡是从《圣经》与天主教适应希腊哲学的视角来理解中文《明心宝鉴》的，“先入为主地套用他预先建立的思维模式去诠释、附会眼前的新世界。这种‘适应策略’，早期广泛地被耶稣会利玛窦等人应用于其宣教策略上”。在肯定高母羡最早译介中国儒家著作的同时，张西平亦认同罗明坚在“中学西传”中的奠基者地位。[①] 然而近几十年来有学者提出，罗明坚才是儒学西译的真正开拓者，其“四书”译稿是最早的西文儒学典籍译本，罗明坚译本手稿的相关研究也在逐步推进。龙伯格及孟德卫等相继提出，是罗明坚首次翻译并出版中国儒家典籍。[②] 在近年来的研究中，这一观点逐渐被细化：1591—1593 年，罗明坚用拉丁文翻译了《大学》《中庸》《论语》《孟子》等，这些手稿现藏于意大利国家图书馆，编号为 FG(3314)1185，是目前已知最早的儒家经典欧洲语言译本，开“中学西传”之先河。[③] 高源的《儒家典籍在欧洲首次译介考辨》(《历史研究》2021 年第 1 期)一文围绕“首译之功”，从高母羡与罗明坚的译稿着手，梳理了“中学西传”中儒家典籍首次西译的版本源流。不同于以往学术界将这一问题集中于罗明坚与利玛窦，文章聚焦于时间更早一些的高母羡与罗明坚。通过对传译背景、版本源流和译介影响的考察，认为罗明坚不仅在译介时间上早于高母羡，而且对利玛窦在肇庆所从事的“四书”翻译工作也产生了有竞争性的影响。从这个角度看，罗明坚为“中学西传”的先驱、儒学西译的奠基人与西方汉学的实际开拓者。同时指出了罗明坚最初翻译《三字经》等蒙学书籍的动机，不仅是为了快速学习中文和了解中国社会的信仰根基，更重要的是希望以此为契机来促进天主教在中国社会中的传播，其间采用的“儒耶适应”译介策略，贯穿于之后来华传教士的翻译实践中。作者认为，罗明坚开儒耶合汇之先河。他虽然承担

---

① 张西平. 儒学西传欧洲研究导论——16—18 世纪中学西传的轨迹与影响[M]. 北京：北京大学出版社，2016：7—9；张西平. 儒家著作早期西传研究[J]. 孔学堂，2015(3)：91.

② Knud Lundbæk. The first translation from a Confucian classic in Europe[J]. China Mission Studies (1500—1800) Bulletin, 1979(1): 1-11；孟德卫. 奇异的国度：耶稣会适应政策及汉学的起源[M]，陈怡译. 郑州：大象出版社，2010.

③ 王慧宇. 早期来华耶稣会士对儒家经典的解释与翻译——以罗明坚《中庸》手稿为例[J]. 国际汉学，2016(4)；李慧. 耶稣会士罗明坚《大学》拉丁文译本初探[J]. 国际汉学，2018(3).

着宣教使命，却主张以彼此尊重、互相平等的态度挖掘儒家经典中的理性精神，并进行理解性对话。罗明坚开启的耶稣会融汇儒教的原则，对中梵关系及中西文化交流具有重要启示。最后，罗明坚留下的多元文化平等对话的精神遗产，对发展、深化海上丝绸之路文化交流具有重要价值。绝大多数早期欧洲来华传教士将主要精力置于“西学东渐”上，罗明坚当然也不例外。然而，与利玛窦及后来的郭居静、苏若望(João Soeiro)、龙华民等相比，罗明坚的突出贡献在于开创了儒家典籍的跨语际外译事业，无论从时间上还是译介数量上，都超过了同时期的其他传教士。而且，其对“四书”的拉丁文与西班牙文翻译是基于尊重儒家精神之上的，对他而言，“西学东渐”与“中学西传”同等重要，这种平等理性、相互尊重的精神尤为可贵。

“四书”在中国思想传统中有极为重要的地位，在元仁宗延佑二年时确定以朱熹《书章句集注》为科试范畴后，“四书”已不仅仅是儒家的经典，更是当时中国的公共话语基础。晚明来华耶稣会士通过“四书”来了解中国思想，致力于沟通中西传统，包括《孟子》在内的“四书”是其把握中国文化传统内核的必经之路。传教士借用“四书”中的观念开展“西学东渐”工作，更通过译介“四书”向西方介绍中国思想，可算作明清之际传教士“中学西传”的“传统”之一。《孟子》作为儒家最为重要的经典之一，在中国思想史上占据着极为重要的地位，特别是孟子阐发的儒学“心性论”更是宋明理学、现代新儒学最重要的理论基础。在“四书”的翻译过程中译介《孟子》对明清之际来华传教士来说一直是一个巨大的挑战，许多译者选择了回避。王慧宇的《现存最早的欧洲语言〈孟子〉手稿析论》(《哲学研究》2021 年第 6 期)一文研究的是耶稣会士罗明坚的拉丁文《孟子》手稿，这是已知最早的《孟子》欧洲语言译本。在梳理罗明坚拉丁文《孟子》版本概况、探究译著动机的基础上，作者结合明清之际传教士的“孟子观”，以“心性论”和“仁政”为例分析其中西思想互释的特点，还原这一重要文献在中西文明交流史上的独特价值。罗明坚以西方视角理解孟子思想中的概念，如将“良能”译为“天生的理解”(Naturali Intelligentia)，将“良知”译为“天生的知识”(Naturali Scientia)。遗憾的是，像《孟子》的“浩然之气”等诸多核心概念已经因为手稿的损毁完全无法辨认，很难穷尽罗明坚译介《孟子》思想的每一个细节。但通过对

“性”“心”“仁”“仁政”等概念的翻译诠释，亦可看到罗明坚彰显儒家，特别是孟子理性主义和道德主义的特质。文章认为与利玛窦发掘儒家的“宗教”情结不同，罗明坚更看重孔孟的“道德哲学家”身份。罗明坚首推“四书”中的儒家道德学说，罗明坚“四书”译本相较后来的一大特点就是强化道德哲学理解、淡化宗教因素，对比他所翻译的《中庸》和殷铎泽的译本就可见此点。罗明坚的耶儒互补并不是就本体论、宇宙论的全面调和，而是让儒家像古希腊哲学一样在道德哲学等方面补充扩展天主教神学体系。晚明士大夫对耶稣会的关注点也是西方科学和西方道德修身之法，鲜有关注其对儒学的宗教性解读。但罗明坚从道德哲学领域进行耶儒互补的做法从传教成效角度来看效果并不显著。但站在更为宏大的文明交流视野上看，罗明坚的尝试具有积极意义。他翻译《孟子》等儒家经典在一定程度上已经可视为处理多元文明对话、文明互鉴的问题了。

《论语》是中国古代儒家经典的代表作，也是人类发展史上宝贵的精神财富。明清时期，翻译和传播《论语》的主要力量是耶稣会士和新教传教士。利玛窦在华期间潜心学习汉语和儒家经典，1593 年，他率先将包括《论语》在内的“四书”翻译成拉丁文，取名为“Tetrabiblion-Sinensede Moribus”，并寄回欧洲。利玛窦在该书序言中称书中有“精微卓绝的，阐明伦理的章句”。比利时耶稣会士柏应理最早将《论语》译本出版，并刊印于欧洲。1687 年，他在巴黎出版了拉丁译本的《中国哲学家孔子》(*Confucius Sinarum Philosophus*)，中文标题为《西文四书直解》。该书由柏应理教士主持编译，并与殷铎泽、郭纳爵、恩理格和鲁日满等教士合力编纂而成，其中包括中国经典导论、《论语》、《孔子传》、《大学》和《中庸》的拉丁译文。赵静的《跨文化视阈下明清传教士对〈论语〉的翻译及传播》(《河北北方学院学报(社会科学版)》2021 年第 4 期)一文以跨文化交流为视角，从传教士对儒家思想的“神学化”诠释、中国形象在欧洲的变迁以及中国经典对欧洲的影响等方面探索儒家经典在海外的传播情况和影响力。文章认为，明清时期，特别是欧洲启蒙运动时期，中国的思想和文化对欧洲产生了巨大冲击，欧洲形成了持续百年的“中国热”。柏应理等教士编译的《中国哲学家孔子》在欧洲出版发行后产生了极大的轰动。例如，德国哲学家莱布尼茨在孔子的哲学思想中看到了其自然神论的东方版本,发现了其中非人格神的存在,并通过自然神论来调和基督教与儒家思想,在哲学和宗教方面论证了孔子学说的合理性,使两者在某些方面得以并存。法国思想家伏尔泰则从历史和政治的角度论证了儒家学说的合理性。他借助《中国哲学家孔子》所附的中国纪年表首次将中国文明史纳入世界文化史之内,并质疑中世纪的基督教纪年表,从而打破了以欧洲史代替世界史的"欧洲中心主义"历史观。这在当时的欧洲引起了极大轰动,使欧洲人开始怀疑梵蒂冈和罗马教廷所鼓吹的欧洲历史。欧洲的启蒙思想家借助中国和孔子吹响了摧毁中世纪神学思想的号角,"对 18 世纪欧洲哲学的发展起到了决定性的作用,而正是这种哲学,为法国大革命做了思想准备"。

18 世纪中叶,有关中国历史、文化的著作被传教士翻译介绍到欧洲,在欧洲范围内,尤其是在法国,"中国热"盛行。法国成为传播和研究中国文化最为集中的地方。法国王室与贵族对中国人的生活方式情有独钟,不仅收藏中国手工艺精品,按照中国风格布置房间,"太阳王" 路易十四更是在祭典活动中按中华传统迎接了 18 世纪的第一个元旦;其继任者路易十五也曾仿照中国皇帝亲耕,在法国开展"籍田"仪式。这时的法国,已完成中央集权过程,进入了新的社会发展阶段:以农业为主体的封建领主经济、地主经济与以自治工商城市为核心的资本主义生产方式并存,社会阶级分化与阶级矛盾凸显。耶稣会士笔下的中国的和谐理性、崇敬自然与美德的儒家治国理念等,引起了法国宫廷以及民间前所未有的热衷与讨论,其所描摹的中国文化中开明君主制、重农主义、人文精神、德治法治并行的思想等也对法国启蒙运动的开展与社会改造起到了推波助澜的借鉴作用。耶稣会士杜赫德(Jean-Baptiste Du Halde,1674—1743)于 1735 年在巴黎出版《中华帝国全志》(Description ge´ographique, historique, chronologique, politique, et physique de l'empire de la Chine et de la Tartarie chinoise),该书以 17 世纪、18 世纪来华耶稣会士的报告和信件为基础编撰而成,全书基于 27 位在华耶稣会传教士(包括 22 位法国人)24 年间对中国各类文献、典籍、官方公报的法文(或拉丁文)翻译编纂而成,共分四卷,其内容包罗万象,涵盖中国简史、地理区划、中华文明、民俗民艺、哲学流派、学制官制、政治体制等各个方面，总计3000多页，由在中国旅居32年的耶稣会士龚当信(Contencin)校核，《中华帝国全志》一经出版，即引起欧洲学者和启蒙思想家的广泛关注，在“中学西传”进程中占有极为重要的地位。该书一经问世便被翻译成多种语言，成为欧洲学者研究中国的最重要蓝本。1736年该书在荷兰海牙再版，同年，英国出版商瓦茨(J. Watts)也迅速推出Richard Brookes的英语节译本《中国通史》(*The General History of China*)。1738—1741年间，伦敦出版商爱德华·凯夫(Edward Cave)又推出了英语全译本《中华帝国及华属鞑靼全志》(*A Description of the Empire of China and Chinese Tartary*)。此后，德文和俄文译本也先后问世，对中国文化在西方的传播产生了重要影响。杜一雄、王卉妍的《明清耶稣会士译编中华哲学在法国的传播策略研究——〈中华帝国全志〉对〈四书〉译编删改现象之分析》(《河北学刊》2021年第6期)一文通过对比《中华帝国全志》法文原版中耶稣会士译编后的儒家经典——《大学》《论语》《中庸》《孟子》，与“四书”源语文本进行逐句对照，了解彼时耶稣会士在向当时的法国社会介绍中国儒家文化经典时，采用了何种编译删改策略，其输出传播的儒学观点又带有怎样的价值取向与时代特征。文章认为《中华帝国全志》中“四书”部分的译编者会基于时代热点选译或删改译本内容，摘节内容的选择呼应着启蒙时代西方人文社会科学思潮的方向，其中亦存在“借中华典籍之名”向统治者传播耶稣会士自己的摄政理念的部分。其次，耶稣会士译编者以西方大众读者的阅读习惯与接受效率为出发点，将中国古代典籍进行逻辑串联与创造性重构，以增加文本的易读性与可达性。面对同一文本，同时代的中外汉学研究者身处不同的文化语境，对其阐释解读的切入点与传播策略不尽相同。因此，对于中国经典哲学的海外传播，中国学者可考虑与国外汉学研究者共同合作，在跨文化交流与平等对话中，消除可能出现的对经典思想的误读，同时深化对其所作的阐释，合力助推中华哲学思想在世界范围内多元、多维、多角度的传播与影响。

典籍作为中国古代的重要文献，承传着上下五千年的中华文明精髓，是中国传统文化、精神思想的重要载体。法国国家图书馆是欧洲收藏中文图书数量最多的图书馆之一，囊括了15万余册(卷)雕版、石印、铜(铅)活字印刷品，几百件抄本和500多种期刊。[①] 作为其中文收藏精华的古籍，自17世纪末即陆续进入该馆。法国国家图书馆最早入藏的汉籍，为曾任法国首相、枢机主教的马扎冉(Jules Mazarin，1602—1661)收藏。现在法国国家图书馆尚收藏有1682年所编手写目录一种(馆藏号NAF 5402)，其中第1611—1614号4种16卷为中文书，但著录太过简略，无法考知具体为何书。目前可考的第一批大规模进入法国国家图书馆的典籍，当属作为“国王数学家”之一的传教士白晋(Joachim Bouvet，1656—1730)于1697年从中国回到法国时带回，至18世纪三四十年代，已有汉籍300余部。谢辉的《法国国家图书馆早期入藏汉籍述略》(《国际汉学》2021年第1期)一文认为法国国家图书馆早期入藏汉籍的来源主要有三大途径：一是1711年之前，由白晋、洪若翰(Jean de Fontaney，1643—1710)等传教士陆续带归者，以儒家经典及相关著作为主，另有不少中国科技特别是医学类著作；二是图书馆指派法国传教士傅圣泽(Jean-François Foucquet，1665—1741)与马若瑟(Joseph Henri Marie de Prémare，1666—1736)在中国采购者，包括成套正经正史的较佳版本，以及先秦诸子、宋明理学家著作、丛书、文学、戏曲等，大致囊括了研究中国历史文化所必备的材料；三是比尼昂(Jean-Paul Bignon，1662—1743，1719—1741年担任皇家图书馆馆长)个人捐赠予巴黎外方传教会旧藏者，多数为传教士所著西学类著作，另有一些明清通俗小说值得注意。此外，旅法华人黄嘉略(Huáng Jiālüè，1679—1716)去世后，遗留的文献也被收入皇家图书馆，其中除黄嘉略手稿外，也夹杂有一些汉籍。黄嘉略是中法文化交流史上的知名人物，出生在一个天主教徒家庭，1702年跟随巴黎外方传教会四川代牧梁弘仁(Artus de Lionne，1655—1713)赴法，接受路易十四的邀请，到法国皇家图书馆供职，管理中国藏书部并教授汉语。

诗歌是一种高雅的文学体裁，能反映一个民族的精神内核及其精英阶层的面貌。中国诗歌外译一直是近现代中法文学和文化交流活动的重要组成部分。1714年，中国诗歌首次进入法国学术界的视野。尼古拉·弗莱雷(Nicolas Fréret，1648—1749)在法兰西铭文与美文学院作过一场口头报告，

① 罗栖霞.法国国家图书馆：汉学图书的跨文化典藏[M].北京：中国大百科全书出版社，2019：3-4.

提及中国诗歌的翻译。《法兰西铭文与美文学院备忘录》1723年期存有该报告的笔录。尼古拉·弗莱雷是一位学者和语言学家，师从黄嘉略学习汉语。在《法兰西铭文与美文学院备忘录》中，尼古拉·弗莱雷报告笔录仅有两页纸。弗莱雷一开始就解释汉语的语言机制，指出汉语具有单音节特征，并试图解释其声调现象。第二篇关于中国诗歌的法语述评出现在一个世纪以后，即1826年，是雷慕沙所写。雷慕沙与弗莱雷都是研究中国的法国学者，不仅如此，他还是职业汉学家，1814年法兰西公学院"汉、鞑靼—满语言文学"讲席专门为他而设。雷慕沙作过一场关于中国诗歌的报告，形成了一篇两页长的述评，收录于《学者学刊》(Journal des Savans)。该报告谈及1824年汤姆斯(Peter Pering Thoms)翻译的中国小说《花笺记》。由法国学者包世潭(Philippe Postel)著，郭丽娜译注的《18—19世纪法国文学界对中国诗歌艺术的诠释》(《中山大学学报(社会科学版)》2021年第6期)一文考察了18—19世纪法国文学界如何认识中国诗歌，以及他们如何再现中国诗歌的意境及其语言之美。近代法国文学界在中国诗歌法译实践中认识到表音文字和表意文字在意义和语言形式上均存在难以逾越的鸿沟，认为"诗不可译"。尽管如此，再现中国诗歌的意境和语言之美仍然是法国文学界的理想。文章认为18—19世纪中国诗歌法译有三种模式：传教士的索引式翻译、专业汉学家的学术翻译和职业文学家的自由翻译。索引式翻译是一种策略性偏离，汉学翻译力求忠实于诗歌原意，自由翻译则是创造性接受。从美学角度看，三种翻译模式之间并无明显界限，法国文学界对中国诗歌艺术的接受呈现涵化和本土化两个面相。涵化的典型案例是《玉书》的发行，推动法国诗歌从格律体走向自由体；本土化表现为中国诗歌通过法语语言再现，意境符合译者所在时代的审美趣味。实际上，任何一种翻译均在某种程度上兼备三种模式的特征。作者指出，在当下，三种翻译模式以学术翻译为主，与19世纪的译者相比，现在的法国译者绝大多数在巴黎东方语言与文化研究院或其他大学高等教育机构接受过正规的汉语教育，已经懂得如何既讲究文本的科学严谨，也表现文本的文学性。

中国典籍进入俄罗斯是基于特定历史文化语境的社会精神思想的选择，"西学俄渐"掀开了中国典籍进入俄罗斯的重要一页。从1581年罗明坚将《三字经》译成拉丁文，1593 年又将翻译成拉丁文的《大学》的部分章节在罗马出版算起，中文典籍在欧洲的翻译始于 16 世纪末叶，迄今已有长达四个多世纪的历史，但是中俄两国直到 18 世纪初都没有汉俄译员，当时两国的交往只能通过西方来华传教士以拉丁语居中转述。1689 年中俄签订的《尼布楚条约》便是通过耶稣会士法国人张诚（Jean-François Gerbillon，1654—1707）和葡萄牙人徐日昇（Thomas Pereira，1645—1708）以拉丁文为中介进行翻译洽谈的。18 世纪以前，中国典籍在俄罗斯的翻译根本无从谈起。17 世纪，俄罗斯大举进军吞并了西伯利亚后，在 1587 年建成的西伯利亚最重要的行政中心和知识中心托博尔斯克（Тобoπbck）首次开始尝试收集东方各国的信息，但基本都是从服务俄国外交外事、军事扩张的实用目的出发，着重于各种通商信息、居民管理体制和中国人的风土人情、礼俗习惯以及自然地理状况等，并不是将中国作为研究的对象，探讨其民族精神、思想文化。直到 18 世纪，得益于沙皇彼得一世（1672—1725）的改革，彼得大帝当政后，从瑞典人手中夺得了涅瓦河口，然后扩建为俄罗斯未来的首都圣彼得堡，俄国从此拥有了波罗的海出海口，建立起“面向欧洲的一个窗口”。彼得同时掀起了涉及俄罗斯国家和社会生活各个方面的改革。来华传教士在 16—18 世纪为中国典籍“中学西传”做出的巨大贡献促使中国典籍经由“西学俄渐”的管道传入俄罗斯。俄国皇家科学院首位东方古代史院士并非俄国人，而是来自德国、不懂俄语、没有到过中国的汉学家巴耶尔（Gottlieb Siegfried Bayer，1694—1738）。随着巴耶尔的俄罗斯之行，欧洲对中国文化经典的翻译介绍研究开始出现在了俄国。巴耶尔于 1730 年在彼得堡出版了欧洲最早的汉语语法著作《中国博览》。巴耶尔的《中国博览》分为两卷，第一卷主要是关于汉语语言和汉语文献；第二卷包括两本词典和三篇文献。这些文献基本和欧洲的汉学研究有关，下卷的内容之一便是译成拉丁语的“四书”中的《大学》，并配有汉语原文。《中国博览》中的《大学》并非其全文，只有孔子原话“经”这一部分，印刷的汉字书写不准确还有错误，这部著作重要和非凡的思想在于巴耶尔将两个字的词组“大学”（伟大的学说）看作“哲学”（字面意义是“伟大的学说”或者“伟大的科学”）。彼得大帝上台后实行的以欧为师的官方政策，加速了欧洲思想文化对俄罗斯社会的深刻渗透。

欧洲启蒙运动思想、法国的资产阶级革命以及欧洲知识思想界的理念意识等等都对俄国社会思想意识产生了巨大影响。18 世纪下半叶当政的叶卡捷琳娜二世(1762—1796 年在位)对中国传统道德思想的认同,直接或间接地使得大量中国文化典籍进入俄国,既有俄语译作,也有西方耶稣会士的拉丁语译本。1779 年,俄国启蒙运动思想家、文学家、政论家冯维辛(Д. И. Фонвизин,1745—1792)用法语翻译了《大学》,匿名发表在圣彼得堡皇家科学院 5 月份的《科学院通报》(Академическиеизвестия)上,名为《大学,或者伟大的科学,包含高深的中国哲学》(Та-Гио, или Великаянаука, заключающая в себе высокую китайскуюфилософию)。这是最早译成俄语传入俄罗斯的中国文化典籍,依据的是韩国英(Pierre-Martial Cibot,1727—1780)神父 1776 年在法国巴黎出版的《大学》法文版的译文。张冰的《从"中学西传"到"西学俄渐"的中国典籍传播——以〈大学〉最早进入俄罗斯为例》(《国际汉学》2021 年第 2 期)一文以最早进入俄罗斯的中国典籍《大学》为例,通过巴耶尔首次在俄罗斯出版的拉丁语汉语双语刻印本《大学》、冯维辛从法语翻译并出版的第一个俄语版《大学》等,探究中国典籍最早进入俄罗斯的具体史实,追溯和分析中国典籍在俄罗斯独特的传播轨迹,研讨中国典籍从"中学西传"到"西学俄渐",经历的由欧洲传入俄罗斯的特殊历程。文章认为从"中学西传"到"西学俄渐"开启的中国典籍在俄罗斯的传播,是俄罗斯社会精神思想自身发展的需要,它不仅体现出东西方思想文化的交流与融合,中国与世界是密不可分的一个整体,中国思想文化是世界思想文化的重要组成,更是为俄罗斯对中国传统思想精神的认知提供了可能,为后来的中国传统典籍在俄罗斯的翻译研究和传播打下了牢固的基础,而且与当时的社会思想潮流一道促进了俄罗斯社会精神思想的发展。

中国医学是中国文化的重要组成部分,西方人对其独特的理论与诊疗方式抱有浓厚兴趣。中医西传的历史至少可以追溯到法国方济各会传教士鲁布鲁克(Wilhelm von Rubruk,约 1215—1270)描述的其 1253—1255 年间的蒙古之行,从这一时期开始,有关中国人治疗方法的信息便不断地被传播到欧洲。著名的威尼斯旅行商人马可·波罗(Marco Polo,1254—1324)在其 1299 年出版的游记中,就描述了中国的医药。但是他们的介绍并不系统，也没有引起当时欧洲人的兴趣与研究。欧洲人对中医的持续关注和深入探讨始于16世纪中叶耶稣会士抵达日本之后。这一时期中医西传的研究，常常倾向于把欧洲当作一个接触中医的文化整体，这样的视角有助于从整体上认识中医西传的发展和特点，但是缺乏对不同地区具体情况的分析。虽然欧洲国家中医知识的主要来源在这一时期基本上是相同的，但是不仅是信息的内容，还有各国的实际情况，都影响着他们对中医的关注、研究和接受。相比于英法，1871年之前的德国在政治上还处于分裂状态，在社会发展方面也相对落后、保守，但是德国同样是中医较早传播的国家之一。袁玮蔓的《16—18世纪德国的中医研究》(《国际汉学》2021年第4期)一文从知识来源和接受情况两个方面，阐述16世纪中叶至18世纪末德国的中医研究，重点关注其对中医的评价、观点和立场的转变。16世纪中叶至18世纪末是欧洲人对中国医学进行深入探究的起始阶段。在这一时期，来自欧洲的耶稣会士和以荷兰东印度公司医生为主的海外医生的报告，构成了德国中医知识的主要来源。文章认为，整体来看，在16—18世纪德国的中医研究中，肯定和否定的观点是同时存在的，虽然否定的观点在18世纪末并没有成为主流，但是已经成为一种发展趋势。这一时期德国中医研究的重点——中药、脉学和针灸，不仅体现了当时德国人中医认识的范围，其中的一些观点和解释还构成了19世纪之后德国中医研究的基础。但是，由于知识来源主要局限于耶稣会士和海外医生的著述，缺乏实际的感知以及对中国经典医学文献的研读，同时受当时德国社会，尤其是医学发展的影响，德国人在19世纪之前的中医研究并不全面系统，主要是从欧洲医学的视角来探讨中医，在内容上只涉及了中医的几个方面，而且往往是在欧洲医学的理论框架内进行解释，不仅缺乏对中医理论的探讨，也缺少对中医的实际表现，比如中国的疾病和卫生、中医的地域差异等情况的了解。

17世纪、18世纪时，来华耶稣会士和荷兰东印度公司医生将有关中医的情况介绍到欧洲。中医脉学理论是其中最有影响且较为复杂的部分，因此传入欧洲的脉学译著及其中文底本情况，尤其需要予以关注。早期有关脉学的著作共有四部，直接翻译自中医古籍。目前所知最早的译本当为《中医的秘密》，作者不详。波兰耶稣会士卜弥格(Michel Boym)则贡献了两部译著，他的《中医示例》和《医钥》在西方有较大的影响。而真正将中国脉学知识完整翻译到西方，并流传于法国的译作，当属杜赫德主编的《中华帝国全志》，其中第三卷收录了赫苍璧(Julien-Placide Hervieu)的译作《脉的奥秘》(Secret du pouls)。主编杜赫德一生未踏足中国，他将长期居留中国的耶稣会士寄到法国的信件和文稿加以整理、编辑、出版。《脉的奥秘》的译者赫苍璧1671年出生于布列塔尼约瑟兰城(Josselin)，1687年入耶稣会，1701年到达中国。赫苍璧在华传教45年，历经康雍乾三朝，他在《中华帝国全志》中的供稿数量较多，达360篇以上。《脉的奥秘》部分内容后来还被收入启蒙运动思想家狄德罗(Denis Diderot)等主编的《百科全书》词条"脉"(Pouls)中，中国脉学理论部分包括脉的分类、脉的原理、对中国脉学理论的思考，作者系统地总结和介绍了中国脉学，并在文中明确指出中国脉学知识的部分内容引自《脉的奥秘》。由于《脉的奥秘》手稿寄到巴黎的时间已无从查考，手稿也无迹可寻，但依据他到达中国的时间和《中华帝国全志》的出版时间推断，《脉的奥秘》应成稿于1702—1733年间。关于《脉的奥秘》的中文底本，学者已指出是明代张世贤的《图注脉诀辨真》，但实际上底本不止此书。单琳、韩琦的《中国传统脉学著作在18世纪法国的传播——以〈中华帝国全志·脉的奥秘〉的研究为例》(《中国史研究》2021年第2期)一文根据中西文献，通过文本对比，不仅明确了《脉的奥秘》与《图注脉诀辨真》的对应关系，还通过对中国脉学著作的系统考察，考证出清代沈镜的《删注脉诀规正》是另外一个底本；最后还论述了《脉的奥秘》在法国的流传和影响。作者认为《脉的奥秘》中文底本的价值尽管不及王叔和的《脉经》与李时珍的《濒湖脉学》这两部经典脉学著作，但相较同时期西传的其他脉学译本，理论更完整、内容更通俗易懂，中国脉学理论的核心内容由此传到了西方。在19世纪之前，《脉的奥秘》译本依托《中华帝国全志》的影响力，在很长一段时间内都是欧洲人了解中国脉学知识的重要来源，在中国脉学西传过程中起到了重要的作用。

《本草纲目》是明代杰出医药学家李时珍的名著，既高度重视历代医药著作的成果、继承发扬前人的医药经验，又含有李时珍本人原创性的研究成就。《本草纲目》全书190万余字，共分52卷，收载药物1892种，载入药方

11096个，是我国古代著作中论述中药最全面、最丰富、最系统的典籍。《本草纲目》在世界上首次对药用植物进行了科学分类，因其蕴含的巨大科学文化价值以及先进的植物分类法，引起了欧美学术界尤其是在华传教士的广泛关注。1650年，波兰天主教传教士卜弥格来到中国，将《本草纲目》中的几十种植物药译成了拉丁文，并编成小册子《中国植物志》，于1656年在维也纳印行。后来，梯文诺(Thevenot)在其编撰的《旅行志》中将其译成法文，并于1696年出版。这一事件开创了欧洲人研究和翻译《本草纲目》的先河。1732年，澳门行医的法国医生范德蒙德(Jacques Francois Vandermonde)在当地中国人的帮助下完成了《本草纲目》金石部的法文摘译稿，但它在164年之后才得以全文发表。1735年，杜赫德编辑整理的《中华帝国全志》出现了第一个《本草纲目》法文版的节译本，《中华帝国全志》中"中国人的医术"一章，选译了《本草纲目》部分内容，向西方读者介绍了中草药知识，一经出版就在欧洲引起轰动。翌年，英国出版商瓦茨在伦敦出版了《中华帝国全志》的英文节译本《中国通史》，其中选译了人参、茗、象、驼、海马、石蟹、麝、冬虫夏草、大黄、当归、阿胶、五倍子、乌桕木等13种中草药的部分药方。1738年，出版商凯夫推出了全译本《中华帝国及华属鞑靼全志》(*A Description of the Empire of China and Chinese Tartary*)，这是《本草纲目》在西方传播的最早译本。目前国内外相关研究多停留在从文化交流角度分析中医药文化的传播，然而鲜有学者从具体文本追根溯源，还原"中学西传"背景下西方传教士外译中草药典籍的过程。汪田田、赵小妹和马晓婧的《"中学西传"背景下〈中华帝国全志〉对〈本草纲目〉的选译》(《重庆交通大学学报(社会科学版)》2021年第2期)一文以凯夫版《中华帝国全志》记载的《本草纲目》英译内容为研究中心，考察了《本草纲目》的翻译动机和翻译策略。文章认为，1738年《中华帝国全志》英译本在对《本草纲目》的选译过程中，充分考量了译者的文化身份、读者群体的期待视野、社会历史语境等因素，通过省译文本信息、调整文本陈述顺序、增添译者注释，保证译本的可读性和科学性。《中华帝国全志》英译本译述的《本草纲目》开辟了中医药文化在英语世界传播的先河。在"中学西传"背景下，译者以宗教和科学交流为出发点，采取删减、改写、增添文本内容的翻译策略，展现了明清时期中医药文化在西方传播的最初面貌。刘娅、刘明计和钟坤的《〈本草纲目〉译本源流及对中医药文化传播的启迪》(《上海翻译》2021 年第 2 期)一文结合《本草纲目》的译本源流，对罗希文英译本进行回顾、分析和总结。这部著作吸收了历代中医药学家防病治病的精湛医术和本草研究精华，为中国药物学的发展做出了巨大贡献，而且对世界医药学、植物学、动物学、矿物学以及化学的发展也产生了深远的影响。

《伤寒杂病论》作为中医四大经典之一，在中医发展史上的地位举足轻重。不过，相较于《黄帝内经》《难经》等其他经典著作，《伤寒杂病论》的英译工作开始较晚。《伤寒杂病论》是东汉末年著名医学家张机(字仲景)广采众方撰写的，该书是中国医学史上影响最为深远的著作之一，它确立了六经辨证论治原则，记录了 397 法及 113 方，提出了完整的组方原则，被后世誉为“众法之宗，众方之祖”。由于当时战乱不断，该书散佚不全，直到西晋时期，经太医令王熙(字叔和)搜集整理才得以重新问世。王叔和以《伤寒杂病论》中“伤寒”为主要内容，编撰整理出《伤寒论》，有关“外感病”的条文以六经顺序重新排序。唐代孙思邈撰写《千金要方》时，对该书有所征引。之后，孙思邈按照方证类比的办法将“伤寒”大部分条文收录于晚年所撰的《千金翼方》之中。唐代名医王珪之孙王焘，在辑录的综合性医书《外台秘要》中，列举了前唐学者对于《伤寒论》的解读，为该书的流传提供了宝贵的资料依据。对《伤寒杂病论》译本的探讨主要集中于近 10 年，研究内容可分为以下三类：一是从文本语言分析角度对某个英译本的翻译方法与策略展开论述，如阴阳概念的动态释译、文化负载词的翻译等；二是在认知翻译学理论指导下分析相关译句、重构《伤寒论》英译过程中译者的具体识解；三是对《伤寒论》的英译历史进行梳理，并在此基础上描绘其英译本的海外传播脉络。张晨晨、谭业升的《“中医西传”视域下〈伤寒论〉英译本的海外传播与接受研究》(《解放军外国语学院学报》2021 年第 4 期)一文在厘清《伤寒论》成书及当前通行本的基础之上，详细梳理各个英译本的出版历程，分别从全球图书馆馆藏量、被引情况、海外读者评论等级、畅销书排名以及受众评论五个方面考察《伤寒杂病论》的海外传播与接受情况。

中国一些古典作品译为外国语言，引起西方对中国的关注。《中华帝国全志》第二卷收录了来华耶稣会士马若瑟翻译的八首选自《诗经》的诗歌作品，这也是最早在欧洲发表的《诗经》节译本，同时，第三卷收录了马若瑟翻译的元杂剧《赵氏孤儿》和殷弘绪(Francois Xavier d' Entrecolles)译自《今古奇观》的三个中短篇故事——《吕大郎还金完骨肉》《庄子休鼓盆成大道》和《怀私怨狠仆告主》，此外还收入了《豆棚闲话》《文行粹抄》等作品中的一些故事和章节，由此开启了中国文学作品在西方翻译与传播的新纪元。然而，较少为研究者关注的是，这些作品在《中华帝国全志》中的出现绝非偶然，而是与影响17世纪、18世纪中西方关系的大事——礼仪之争密切相关，同时成为引发欧洲启蒙时代社会、文学、宗教论争的一块“他山之石”。谭渊、张小燕的《礼仪之争与〈中华帝国全志〉对中国典籍与文学的译介》(《中国翻译》2021年第4期)一文对《中华帝国全志》中的《诗经》《赵氏孤儿》《今古奇观》译本的产生与同时代欧洲社会话语之间的关系展开研究。文章认为，1735年《中华帝国全志》中的中国文学译作折射出18世纪早期欧洲社会、宗教、文学论争对文学翻译产生的深刻影响。从《中华帝国全志》产生的原因可以看出，它的编撰出版正是耶稣会士在礼仪之争和道德神学之争中为扭转己方不利局面而进行的一次重要努力。为此，来华耶稣会士在选择中国文学作品进行译介时，紧紧围绕中国人的“敬天”思想和伦理道德观念，从《诗经》《元人杂剧百种》《今古奇观》中精心挑选了一批作品。尽管这些作品算不上中国古代文学中的杰作，却非常适合作为“他山之石”为耶稣会在礼仪之争和道德神学之争中的立场辩护。从客观上讲，《中华帝国全志》中所出现的这批中国文学译作不仅首次为18世纪早期的欧洲启蒙思想家揭开了中国文学的面纱，而且进一步激发了欧洲知识分子对中国文化的兴趣，在当时引发了改写中国故事的热潮，极大地推动了中国思想文化和价值观念在西方的传播。可以说，《中华帝国全志》是中国文学外译史上一块不可磨灭的丰碑。

中国戏曲是在欧亚地理板块的东方、中华腹地独立形成并发展起来的独特表演艺术。世界史进入地理大发现时代后，戏曲开始被另外一种文明“发现”，并被用“他者”视角进行端详和审视。事实上，中国戏曲确立本体意识，正是由于借助了“他者”的眼光。由早期传教士和西方观众的视角，戏曲觉察出了自己不同于西方戏剧的本质特征;由西方将戏剧置于文学圣殿的崇高位置,戏曲认识到自己具有传统经典之外的美学、社会学和民俗学意义。廖琳达的《文化障碍与跨越——18—19 世纪英语世界的中国戏曲研究》(《中国戏剧学院学报》2021 年第 2 期)一文梳理早期英语世界对中国戏曲的阶段性认识。文章认为,西方人接触中国戏曲并留下评论文字,始自 16 世纪来华的基督教传教士。18 世纪中叶以后,英国人因其东方贸易的便利,赫德、帕西、温特伯瑟姆等人获得了对戏曲的初步认识。19 世纪欧洲兴起的专业戏曲学方面英国先行一步,由 1793 年英国马戛尔尼使团出访大清看戏肇端,戴维斯则成为西方第一个有成就的戏曲专家。鸦片战争后戏曲英译分为两条路径:元杂剧和明清传奇翻译、地方戏剧目翻译,有关戏曲的著述更是日益增多,为 20 世纪西方戏曲学的深入开展打下了基础。

元曲《赵氏孤儿》作为第一部传入西方的中国传统戏曲,在 18 世纪正处于"中国热"时期的欧洲社会名噪一时。这一"中学西传"的成功个案在中西文化交流史中的重要作用不言而喻,因此一直保有相当的学术热度。在各版译本中,历史上首部在英语世界单独发行的,由威廉·哈切特(William Hatchett)翻译、查尔斯·科比特公司出版的《中国孤儿:历史的悲剧》(*The Chinese Orphan: A Historical Tragedy*, 1741),却略显扑朔。在众多译者中,哈切特在翻译《赵氏孤儿》时对原有角色名目大加改动,对角色名称的"随意安排"与"张冠李戴"使其译作备受诟病,也由此引发了对其译文水平盖棺论定式的负面评价。袁芳的《首部中国传统戏曲英译本资料辑佚与翻译——以哈切特〈赵氏孤儿〉为中心》(《四川戏剧》2021 年第 5 期)一文对 1735 年出版的《中华帝国全志》内容仔细耙梳后发现,哈切特译文中频繁使用的中国历史人物名称绝非随意堆砌,而是有其深刻的政治用意。他借助历史人物改写中国戏曲,实现了翻译的政治挪用。他一方面以翻译为途径,抒发自己的赤子报国之心,另一方面借助译文抨击首相罗伯特·华尔波尔的昏庸统治,两方共同构成了戏曲译文的政治所指。遗憾的是,正是由于哈切特对翻译的"政治挪用",使这部形成于"中国热"时期的传统戏曲英译本并没能借此东风如墨菲、伏尔泰的译作一般,成为中西文化交流史上的垂范。相反,哈切特的《中国孤儿》从出版至今从未上演,甚至连译者本人也因此声名狼藉。文章认为,《赵氏孤儿》的译作个案表明,翻译的政治挪用可以成就一部译作,也可以遮蔽译作中的闪光点,甚至使其声名狼藉。

元杂剧《老生儿》1816年由德庇时(John Francis Davis,1795—1890)译为英文,1817年于伦敦出版单行本,题为"Laou-seng-urh",或"An Heir in His Old Age"。这个译本其实包括五个部分,除了剧作的英译正文之外,另有四种副文本,即《编者推介》(Advertisement, by the Editor)、《中国戏剧及剧场展演简介》(A Brief View of the Chinese Drama, and of their Theatrical Exhibitions)、《译者自序》以及《注释》(Notes)。学术界针对《老生儿》英译本的讨论已较为丰富,主要集中于译者德庇时的翻译目的与翻译策略,其戏剧观念、译介成就、意义等层面,然而,关于这部译作出现之后其传播与接受的具体情况,特别是英国读者是如何阅读、评论的,他们所依据或反映的社会、历史及文学、戏剧的背景是什么,还有,包括副文本在内的译作在欧洲所产生的持续影响等等问题,尚没有引起足够的重视,亟待系统的史料梳理和深入的语境分析。程芸、谭静的《英国汉学界"中国戏剧"观念的发生及其历史语境——基于元杂剧〈老生儿〉德庇时译本相关书评的考察》(《长江学术》2021年第4期)一文围绕《老生儿》英译本、副文本,特别是相关书评文章,呈现19世纪初《老生儿》在英国的传播与接受语境,讨论这一时期英国知识界乃至普通民众围绕译本而发生的中国认知,以及基于这种认知折射出的英国汉学早期转型等问题。文章认为德庇时的《老生儿》英译本问世后,伦敦多家评论期刊发表了密集的书评,呈现出英国汉学界早期的"中国戏剧"观念及其历史语境的一些特征。1816年阿美士德使团访华,是《老生儿》获得关注的重要历史机缘,《老生儿》的英译与文学批评,可以视为英国汉学脱离天主教耶稣会士的主导,独立研究中国文学、戏剧的开始。相关书评文章融合了时政批评、文化批评与文学批评,既有实用主义的目的,也深受当时英国"感伤喜剧"的影响。译者、书评编者和批评者三方,将当时的"纯文学"和"通俗文学"观念嫁接于中国文学,给予中国戏曲、小说以迥异于同时代中国正统文学界的定位、评价。这一汉学史视域中的元杂剧跨文化传播提醒我们,有必要重视历史语境的复杂性,深入其肌理和场域,挖掘和感受具体而微的细节。

《红楼梦》的首次英译归功于第一位英国来华新教传教士马礼逊(Robert Morrison,1782—1834)。马礼逊是第一位来华新教传教士,他的《红楼梦》译文虽没出版,但其手稿历经200年,至今依然完好无损地保存在伦敦大学亚非学院(School of Oriental and African Studies)图书馆。最早提供这一学术信息的是英国汉学家、澳大利亚国立大学教授闵福德(John Minford)。2009年,闵福德教授在为乔利(H. Bencraft Joly,1857—1898)撰写的英译《红楼梦》再版"前言"中说:"香港博士生Ms. Amy Ko研究马礼逊时,发现了一封书信,大约写于1812年前后,至今未刊。信后附有一篇《红楼梦》译文,是目前所见《红楼梦》最早的节译文。"王燕的《马礼逊英译〈红楼梦〉手稿研究》(《文献遗产》2021年第3期)一文根据伦敦大学亚非学院收藏的第一手材料,考察了其资料来源、译介缘由、中文底本、译文特色,并结合《红楼梦》翻译史,阐明了这一译本的文化贡献。作者认为马礼逊英译《红楼梦》手稿具有明显的初稿特征,译文简单直白,缺乏语言润色,断句、分段,标点符号的使用也较为随意。"逐字直译"的翻译方法虽然使中英文对译,但读起来不够连贯,某些语句翻译得较为生硬,难以传达《红楼梦》原著的文学性和艺术性。尽管存在以上不足,但作为最早的《红楼梦》英译文,马礼逊对这部文学巨著的发现和翻译,开启了《红楼梦》的西行之旅,其译文也保留了当时的语言特色与社会风尚,故而在《红楼梦》的英译史上不可或缺,且意义重大。

马礼逊也是第一个在著述中提及《三国演义》的英国汉学家,他编著的《华英字典》不仅是第一部中英对照双语词典,在第39个部首——"子"部下,列有"孔明"一条,与"三国"故事密切相关,词条中马礼逊旁征博引,介绍孔明的"八阵图"以及《三国演义》中的一些桥段,如"刘备托孤""桃园结义"等故事情节。学术界对《三国演义》的译介研究多集中在静态文本对比分析或者个体译者主体性的讨论,这样的研究割裂具有相同文化和社会背景的译者群体间的互动性和共同性。李鹏辉、高明乐的《译者行为批评视域下19世纪英译群体行为研究——以〈三国演义〉为例》(《外语学刊》2021年第6期)一文基于19世纪《三国演义》的英译文献,考察马礼逊、郭实腊(Karl Friedrich August Gützlaff,1803—1851)、美魏茶(William Charles Milne,

1815—1863)、谢卫楼(Davello Zelotos Sheffield,1841—1913)、汤姆斯(Peter Perring Thoms,1790—1855)、德庇时(John Francis Davis,1795—1890)、卫三畏(Samuel Wells Williams,1812—1884)和艾约瑟(Joseph Edikins,1823—1905)等8位译者群体行为在译文中的痕迹,他们具有多重身份,有的是从传教士转型的汉学家(如马礼逊、郭实腊、美魏茶、谢卫楼、艾约瑟),有的是从印刷工转型的汉学家(如汤姆斯、卫三畏),有的是外交官(如德庇时)。文章对他们《三国演义》译介文献进行对比研究,讨论译者群体的社会性和行为的社会化,并进一步反观译文质量的评价,审视译介产生的时代背景和意识形态,探讨在当时时代语境下译者群体的译介选择,以及经过文化改写后的译介传播对中国历史和中国形象的再现程度。文章认为,在19世纪的历史语境下,"译内"群体行为通过正法翻译(如节译、摘译),经由某种渠道(如汉语教材的编写)得以传播《三国演义》,由于当时汉学家的素养和学识有限,译文中存在大量"文化专有词"的误译,但总体上对译介传播还是起到一定的作用;相反,"译外"群体行为的非正法翻译策略占据主导地位,这种改写和大量删减的译介方式为《三国演义》的西传争取了多种可能。"译外"行为下的译者群体更多是考虑受众的接受程度,以文化适应的方式趋近于译入语读者,译者更倾向于选择译介带有道教玄幻色彩的三国故事情节,尽管存在语言和文化上的误读,但这样的误译却不影响故事情节的传播。这为时下中国文化"走出去"大背景下的文学翻译带来启发,在"译外"行为规范下,译者群体可通过非正法翻译译介故事片段,满足读者的好奇心,从而推动整部译介的传播;在"译内"行为规范下,通过正法翻译策略,经某种渠道(如外语教材编写)推动译介传播。最后,文章得出结论:译介环境、译者的"社会人"角色、译介目的、译介策略、译介效果是相互联系、相互制约的关系,译者群体行为之间存在互动性和共同性。

马礼逊1807—1823年旅居广州期间,购买、搜集了大量的中文书籍。1823年圣诞节前夕,马礼逊携带着他的藏书乘坐"滑铁卢号"轮船返回英国。在返回英国的航行途中,马礼逊为其藏书编写了书目,一般将这份书目称为《马礼逊手稿书目》。《马礼逊手稿书目》是一本约长16厘米、宽13厘米的小册子,近400页。每页上著录有数量不等的条目,总共有1114条,除去其中重复的,《马礼逊手稿书目》著录了900余条条目,他也成为较早有意识地对中文书籍进行系统收藏和编目的汉学家。马礼逊的中文藏书于1824年被携带至英国后,暂时寄存在伦敦传教会;约在1836年被转移到伦敦大学学院,直到1922年,这批藏书一直保存在伦敦大学学院马礼逊中文藏书室。其间,汉学家约翰·威廉姆斯(John Williams,1797—1874)受伦敦大学学院理事会委托,对马礼逊中文藏书室的藏书及其书目进行调查,并撰写了调查报告。该报告于1854年公开发表,即约翰·威廉姆斯的《马礼逊中文藏书室调查报告》。随着伦敦大学亚非学院的建立,马礼逊中文藏书被移至亚非学院,与亚非学院收藏的其他中文书籍一起保存,并逐渐混杂难辨。为了辨识马礼逊的中文藏书,魏安(Andrew C. West)对马礼逊藏书进行了全面整理,并重新编写了《马礼逊藏书书目》,该书目1998年在英国伦敦出版,是目前最完整、最系统的马礼逊藏书书目。宋丽娟的《清代西人的汉籍收藏及其小说文献学价值——以马礼逊藏书书目为中心》(《明清小说研究》2021年第4期)一文以马礼逊藏书书目为研究对象,勾勒了马礼逊藏书书目从编纂、调查到完善的历史进程,并探究了马礼逊藏书书目的独特属性及其小说文献学价值。作者认为历经从马礼逊的《马礼逊手稿书目》到约翰·威廉姆斯的《马礼逊中文藏书室调查报告》、再到魏安的《马礼逊藏书书目》的历史嬗变,马礼逊藏书书目不断完善。与此同时,马礼逊藏书书目不仅为小说在书目著录中争得了一席之地,而且其小说著录融合中西,既借鉴了中国传统的四部分类法,又吸纳了西方的小说观念,将小说独立分类,并不断细化;在促进小说著录渐次走向专门化的同时,也反映出中西文学文化的交流和互动。

三、中西"互识"与"中国形象"研究

古希腊文献中最早出现的"赛里斯"在西方古典时代兼具功能性作用和文化符号价值。从古希腊到古罗马,"赛里斯"意指内涵不断发生改变,其所指和能指最终与中国丝绸建立起对应关系,成为西方古典文献中的中国形象。从现有文献记载来看,公元前5世纪末到公元前4世纪初,让西方历史

文献中第一次出现“赛里斯”的人是古希腊克尼多斯的克铁西阿斯(Ctesias of Cnidus)中。公元前5世纪末,克铁西阿斯开始在波斯国王阿尔塔薛西斯二世(Artaxerxes II)宫廷担任医生,并于公元前4世纪初回到希腊。他将各种见闻传奇记录下来,成为后来希腊人了解和研究波斯、印度和小亚细亚的重要史料。“赛里斯”是克铁西阿斯记录的传说中的形象,最早意指一个以身材高大、长寿为主要特征的东方民族。希腊化后期记载“赛里斯”的重要文献是希腊阿特米塔城的作家阿波罗多洛斯(Apollodorus of Artemita,前100—前70年)所著的《帕提亚史》(*The Parthica*)。该书记载,由于希腊巴克特里亚王国不产黄金,原本由西伯利亚提供的黄金供给中断后,国王欧西德莫斯(Eurhydemus)深感黄金紧缺,试图沿天山(Thienshan)北麓开辟一条新商路,寻求“赛里斯”的黄金供应。半个世纪后,欧西德莫斯国王的夙愿由中国张骞历尽千辛万险成功实现。19世纪末,德国地质地理学家斐迪南·冯·李希霍芬(Ferdinand von Richthofen)将这条由张骞开辟的商路命名为“丝绸之路”。“赛里斯”已经从一个民族形象变为一个国家形象。这个国家位于天山附近、盛产黄金。希腊化进程扩展了希腊人的空间视野,但直到希腊化时代结束,希腊人也不确切地知道在亚洲大陆有一个中国,丝绸也没有真正地与遥远的中国建立起任何直接的联系。“赛里斯”是一个相对模糊、指向不定的概念,它根据作者所听到的传闻加以想象。真正将“赛里斯”与丝绸联系起来的历史发端于罗马帝国的奥古斯都时代。维吉尔(Virgil,前70年—前19年)的《农事诗集》(*Georgics*)第一次明确提到“赛里斯”是一种织物的生产者。尽管维吉尔错误地认为丝绸的原料来自植物,但“丝”与“赛里斯”首次直接产生了联系。古罗马地理学家斯特拉波(Strabo)的著作《地理学》是西方现存记录“赛里斯”的最早文献。斯特拉波几乎将“赛里斯”与匈奴(Phaunoi)作为同一概念使用,是互换使用的一个称呼。而后从维吉尔到塞尔维乌斯,古罗马人对丝绸的来源有了认识上的进步。虽然“赛里斯”仍然不是丝绸,而是丝绸的生产者,但是,这是丝绸开始与“赛里斯”建立关联的开始。这也是后来西方对中国“丝国”观念产生的真正起源。中国汉朝时期,陆上丝绸之路和海上丝绸之路使中西方的贸易往来和文化交流更加通畅。丝绸从中国出发,辗转亚欧大陆多个贸易中心来到欧洲,成为罗马社会的奢侈品的同时，西方人关于中国的认知也随之不断丰富着。从马里努斯到托勒密，古罗马人用“秦尼”(Sinae)称呼中国，与古代印度人将中国的称谓“Cīnāh”翻译成希腊语有关。这表明，在西方人的认知中，开始将中国海上丝绸之路与陆上丝绸之路明确地联系在了一起。在古罗马推罗城地理学家马里努斯(Marinus of Tyre，60—130)绘制了罗马帝国的地图。他在《地理学导论》中将亚洲大陆的中部地区进行了区分，出现了“赛里斯”和“秦尼”。托勒密沿用了马里努斯的称谓，并扩大了其外延。在整个古典时代，无论是希腊人还是罗马人都对“赛里斯”有着持续而稳定的记载。刘艳的《“他者”与“想象的认同”：西方古典文献中的中国形象》(《前沿》2021年第6期)一文认为“赛里斯”符号变迁的历程既是古代西方人拓展文化交流，利用西亚、中亚和印度等中间媒介有关中国的传说，对“他者”进行想象的结果，也是西方古典文化自我镜像的反映。对“赛里斯”形成的“想象的认同”，潜藏着古典时期西方人进行社会批判和表达政治理想的文化功能，体现了国家形象建构的传播学主体性和主体间性相统一的规律。“赛里斯”在西方古典文献中的出现及演变，既表达出古代西方人对中国的认知历程，又客观地体现了文明间的交往进程。在无法以书为媒介的时代，“赛里斯”意味着古代西方对中国形象建构的连贯性和变化性。

意貌山(Imaus)一名频见于西方古典著作。直至近代早期，在西方的亚洲地理认识体系中，意貌山一直是中亚、北亚的重要地标，同时也具有西方中心观念下的文明界限意涵。而由于托勒密记载了经由此山去往“赛里斯”国(即中国)的经商道路，意貌山亦成为早期中西交通史上的一个重要地名。意貌山在印度以远，希腊罗马世界是通过印度人了解到意貌山的。“意貌”一名来自印度人的称呼，该词在当地居民的语言中意为“有雪的”(nivosum)。梵语中“hima”意为“冷、冬天”，其形容词为“himavat”(冷的、有雪的)，“Himavat”即“雪山”，即喜马拉雅山(Himâlâya，直译为“雪之住所”)。王永杰的《西方地理文献中“意貌山”概念的演变》(《中国历史地理论丛》2021年第3期)一文将现代学术界的争论加以综述，并在已有研究的基础上，整体考察西方古典著作中意貌山概念的演变，梳理了中世纪至近代早期西方及来华传教士中西文地图、地理著作中对意貌山的描述。意貌山的概念既反映了真实的地理信息，又有西方地理学家的想象与建构，且在不同时期有一定的演变，源自西方地理学文献中的不同记载及此概念的前后演变。文章认为，现代学术界对其地貌的认识主要有三种（帕米尔、喜马拉雅山、阿尔泰山），但其更重要的含义是曾为西方的亚洲地理体系中一座虚构的山脉。古典文献所记载的意貌山最初只是模糊地表示喜马拉雅山，并被视作横贯亚洲东西的陶鲁斯（高加索）山脉最东段，托勒密则又将其描绘成中分亚洲北部斯基泰的南北向山脉。后世地理著作、地图便继承了这两种真实与想象杂糅的意貌山概念。自古典时代以来，西方地理学家及来华传教士所描述的意貌山便一直是杂糅了不同信息来源、亦真亦幻的历史地名。到大航海时代，西方地图上逐渐呈现更多的地理新知及文艺复兴影响下的更多西方古典地理认知，最终随着地理大发现的推进与科学地理学的兴起，逐渐向近现代地理、地图过渡，随着西方对亚洲的逐步探察与了解，亚洲北部主要轮廓被初步探察清楚，意貌山这一历史地名概念亦逐渐被新的地理知识所取代，这一历史地名自17世纪末便逐渐消失。

马可·波罗和利玛窦同为意大利人，在元、明两代不同时期满怀西方对东方的好奇进入中国。《马可·波罗游记》与《利玛窦中国札记》这两部作品是诠释西方仰慕、向往东方的有力证据，并为塑造西方想象中的中国形象提供了文本支持。《马可·波罗游记》和《利玛窦中国札记》为元、明时代西方人眼中的中国形象研究留下了重要的参照坐标。刘洛君、张春梅的《中古时期西方想象中的中国形象——解码〈马可·波罗游记〉与〈利玛窦中国札记〉》（《汉字文化》2021年第6期）一文结合历史文化语境，分析比较在特定环境、不同身份背景下西方人眼中的中国形象差异性与相似性，从而构筑立体化的多样中国形象，探寻中西间隐含的互动关系。文章认为《马可·波罗游记》与《利玛窦中国札记》中蕴含着丰富的西方对中国的想象，虽然在想象和书写侧重点上有所不同，但都对进一步审视中西关系提供了实践性的突破，延续影响至17世纪、18世纪以来中国形象在西方文本中的呈现。在很长一段时间内，西方看世界的眼光逐渐丰富完备，而中国看世界却显然还在起步阶段。以此为契机，深入探究对一种文化评价的眼光，能够意识到一种文化与另一种文化相互的镜像表达是多元变化的，能够破除陷入定型化的窠臼,更为客观理性地看待中西文化。

16—18世纪的欧洲,对中国印刷术已经有了相当程度的认识。中国印刷技术较受欧洲人关注,这一方面,是源于以传教士为主的欧洲人在此时期大量来华,能够亲身接触、实地观察印刷的过程;另一方面,是源于此前在欧洲较为稀少的中国印刷品,此时期也大量传出,甚至雕版也有传到欧洲。谢辉的《16—18世纪欧洲对中国印刷术的认识》(《印刷文化》2021年第2期)一文依据这些记载,探讨欧洲对中国印刷术的认知程度、关注重点,并对中欧印刷术优劣进行评价。16—18世纪的欧洲传教士与学者,在对中国印刷术具备了一定程度的了解的基础上,也对其作出了一些评价。此时期大部分欧洲人都认为,中欧印刷术各有所长。中国以雕版法作为主要印刷技术,仅因其较适用于汉字,犹如活字法适用于欧洲字母文字一样。部分欧洲人在认识到中国印刷术的特点的基础上,积极地开展了对其的应用。例如,利玛窦即较早发现了雕版可反复印刷的优势,并在刻印其所译《天主教要》时,有意识地将版片保存于自己的寓所,随用随印。这一做法被后世诸多传教士继承下来,并不断发展,最终形成了以教堂为主的雕版储存刷印中心,大量印行西学类书籍。又如,基于雕版印刷术可印任何文种的特点,一些传教士开始尝试利用其出版中西文合璧的文献。如殷铎泽(Prospero Intorcetta,1625—1696)于1662年在江西建昌刊刻了中文与拉丁文对照本《中国智慧》,包括孔子传、《大学》与《论语》的前半部分;又于1667年、1669年在广州与印度果阿刊刻了《中国政治道德学说》,此乃《中庸》的中拉对照本。此种实践的过程,也进一步推动了欧洲对中国印刷术的认识走向深入。

1676年,在马德里出版了《中华帝国历史、政治、伦理与宗教论集》(Tratados históricos, políticos, éticos y religiosos de la monarquía de China)一书,此书被认为是17世纪、18世纪欧洲知识界最伟大的中国讯息来源之一。多明我会士闵明我(Domingo Fernández de Navarrete,1610—1689)借此七卷集描绘了彼时中华帝国的复赜景象。闵明我出生于西班牙的佩涅阿费埃尔(Peñafiel),属今巴亚多利德大省(Valladolid)管辖,他于16岁就加入了多明我修会并开始学习神学与哲学,1648年被派往菲律宾,凭借过人的语言天赋,迅速掌握了塔加禄语(Tagalog),后来由于健康急转直下，闵明我决定返回欧洲。1657 年，他乘船从马尼拉出发。因为返回航程充满艰险，于是他跟随葡萄牙人来到中国澳门，并经此地进入中国。自 1664 年起，因杨光先（1597—1669）而起的“康熙历狱”导致基督教遭禁，闵明我仍致力于研究中华思想和社会礼仪，他反对利玛窦的“适应策略”。1669 年 12 月，闵明我决定不顾清廷的查禁，独返欧洲。逗留罗马期间，闵明我对耶稣会“中伤”多明我会在华传教方法的举动十分不满，遂决定创作三部“辩护书”，希望借此向当时的欧洲人尽量展示中华帝国的真实全貌。这三部作品本应陆续出版，但碍于罗马宗教裁判所的半途干涉，流传下来的只有前两部书稿。第三部撰著虽然在闵明我的其他文章中有所提及，时至今日已经无法找到任何存世的版本了。第一部作品就是《中华帝国历史、政治、伦理与宗教论集》，第二部作品是《中华大帝国传教士古今争辩》（此书几乎全部印刷但未出版），第三部作品既没有印刷也没有出版。依照闵明我的设想，这三部著作具有很强的内在联系，《中华帝国历史、政治、伦理与宗教论集》作为起始篇，不仅全面地梳理了中华大帝国的国家背景，而且对中国的思想史、礼仪史、风俗史都做了一定的介绍和分析。魏京翔的《〈中华帝国历史、政治、伦理与宗教论集〉文献来源初考》（《国际汉学》2021 年第 3 期）一文立足闵明我的西班牙文原典并利用其他来华传教士的一手文献，考证了《中华帝国历史、政治、伦理与宗教论集》的中外文献出处。作者认为，为了撰写有关中华帝国的见闻，闵明我不仅吸纳了自身丰富的经历，还广泛引用了中西典籍中的文本精粹，并以极富系统性的范式对其进行剖析和阐释。纵观《论集》，闵明我展示了他对于当时欧洲业已出版的有关中国作品的精湛认识。身为西班牙文化“黄金世纪”的人文主义学者，闵明我博闻强记，对彼时大部分欧洲汉学，尤其是传教士汉学著作，可谓了如指掌。文章认为尽管闵明我并没有意图将这部巨著建构成描绘中华帝国的百科全书，但由于他收录并创造性地运用了截至他的时代影响最甚的中文经典及“传教士汉学”作品，《中华帝国历史、政治、伦理与宗教论集》的意义早已超出了舆情学或传教学的范畴，成为 17 世纪、18 世纪欧洲知识界最伟大的中国讯息来源之一。

在中西文化交流史上，16—18 世纪的传教士汉学又被称为“早期汉学”

或“古典汉学”，主要由在华耶稣会士汉学与欧洲本土汉学组成。随着大量传教士入华，中西文化交流进入新阶段。西方的近代科技渐被接纳，中国的历史文化亦被传教士转述到西方，对西方学术界的中国知识学影响甚大，莱布尼茨、伏尔泰、卢梭、黑格尔等著名学者对中国的认知主要源于传教士的介绍。因此，从根本上说，西方近代社会对中国文化形象的认知，中国文化形象在西方社会的形成与演变，建构方式一为文字，一为图像。相较而言，传教士对中国的文字描述较多，图像表现较少。文字描述的价值固然较大，图像则更直接地显示出西方近代社会如何看中国。基歇尔（Athanasius Kircher，1602—1680）的《中国图说》（China Monumentis qua Sacris qua profanis，Nec nonvariis Naturae & Artis Spectaculis，Aliarumque rerum memorabilium Argumentis illustrata，简称 China Illustrata，1667）是其中重要的代表作，它也是早期汉学发展史上的一本“奇书”，海纳百川的历史架构、博杂丰富的主题涉猎与精美奇特的视觉建构使其成为当时有关亚洲信息的重要来源，并且深刻地影响了欧洲社会的东方认知，被誉为“17 世纪中国的百科全书”。作为一种他者文化现象，早期汉学普遍存在误释型知识。对其误释型知识传统及其意义开展跨文化阐释是一项特别有意义的汉学思想史课题，有助于准确把握基歇尔汉学思想在 17 世纪欧洲文化科学网络中的意图、地位与价值，继而深刻认识《中国图说》在 17 世纪、18 世纪欧洲的广泛影响。潇潇的《从〈中国图说〉看早期汉学的误释型知识传统及其意义》（《国际汉学》2021 年第 1 期）一文认为基歇尔的《中国图说》不仅向欧洲集中展示了耶稣会汉学研究的代表性成果，而且颇为典型地反映出 17 世纪欧洲基督教人文主义学者复杂的学术背景与研究兴趣，具有早期汉学误释型知识的典范特征。基歇尔的博物认知交织新旧两种知识范型，并未脱离基督教人文主义知识传统，残存着传说与事实交织下的自然神学式好奇。一方面，他的博物取材不免受到老普林尼（Pliny the Elder）、马可・波罗等人和《曼德维尔游记》（*Travels of Sir John Mandeville*）等古典人物和著作的影响。另一方面，基歇尔对生命起源和物种繁衍的观念尚未完全脱离宗教体验。文章认为，从汉学博物的发展史看，基歇尔的研究既缺乏真实见闻也带有非专业性，常因缺乏现代常识与严谨分析而出现错误，但在 17 世纪博物学尚未作为一个独立学科门类确立的时代,《中国图说》已明显超越了古典时期与中世纪晚期带有道德教化色彩的“独角兽”“单足人”“狗头人”的传说体系,代表了更契合近代科学潮流的一种新知识。文章指出,作为全球学术互动史的一部分,该书蕴含了17世纪宗教思想演变与近代科学发生之间的多维关联和复杂互动,既折射出以相似性编织神学世界的传统认识旧范型,也预示了关注世界现实情境的古典认识新视野。无论这种早期汉学知识是否具有想象性或变异性,都潜移默化地影响了欧洲文化变迁史,恰恰是这种想象的东方、神秘的东方,而非知识的东方、真理的东方,为世俗化、大众化的欧洲主流思想与文化提供了创造性背叛的力量,也拉开了18世纪欧洲“中国热”的序幕。

基歇尔的《中国图说》描绘了中国的建筑、历史等文化形象及其发展脉络,但其想象和夸张,与中国文化本身的隔膜甚大。《中国图说》之外,在这些少量的图像表现中,法国传教士王致诚《帝鉴图说》的价值独一无二,它提供了珍贵的文化比较学、艺术比较学文本。《帝鉴图说》本为明代张居正编撰的帝王教育图书,王致诚以其为蓝本,重新绘制了法国版《帝鉴图说》。该书既可见东西方文化图像的差异,亦可窥西方近代社会对中国文化形象的图像构建方式及其特征。喻仲文、罗雯的《近代西方社会以艺术图像建构中国文化形象研究——以18世纪法国版〈帝鉴图说〉为例》(《艺术百家》2021年第4期)一文通过分析法国版《帝鉴图说》插图的构图形式、建筑形态与人物形象等图像特征,利用几何模型解析图像独特的透视特点,并以张居正版《帝鉴图说》为蓝本进行图像与文本的对比,认为法国版《帝鉴图说》始终以宗教的角度和西方的观看方式来改造他们对中国文化的认知,带有强烈的宗教性和意识形态性。在绘画构图上,该著用天主教的观念、定点透视的观看方式,将张居正版《帝鉴图说》中图像的构图“十字化”,将中国建筑的檐柱“基督化”。在建筑表现上,法国版《帝鉴图说》用西方文化中的古典主义、新古典主义建筑“改造”了中国的高台建筑,构建了中国建筑的高贵典雅、崇高壮美的形象,表达了西方社会对中国文化的崇拜、敬意及仰视的观看姿态。在人物形象上,法国版《帝鉴图说》根据西方的审美习惯和西方贵族阶级的偏好,塑造出西方化、贵族化、神秘化的中国人物形象。这种移植传达了西方社会对中国文化的想象，通过建构他者的文化乌托邦，向西方社会引介了一个被教化或可教化的东方大国形象。法国版《帝鉴图说》向西方知识界传达了中国崇高、美好的形象，构建了西方主流社会对中国及中国文化的"知识学"。从历史的角度说，这种认知是有局限性的，甚至是误读的，尽管它确实推动了东西方文化的交流互鉴，但它始终以西方文化，尤其是以天主教文化作为审美评价的标准，以西方的观念为出发点来构建西方社会对中国的认知，是西方中心主义或天主教中心主义的文化产物。

17—18 世纪欧洲"中国风"(Chinoiserie)时期，宝塔、曲面屋顶、挑起的角檐、水榭、小山上的亭阁、桥梁等几乎成为构建中国建筑图景的固定模件。欧洲人美好中国想象的始作俑者马可·波罗在其颇具争议的《马可·波罗游记》中，并未明确提及中国宝塔。直至 1517 年葡萄牙人进入澳门和 16 世纪下半叶耶稣会士进入中国，宝塔才开始被明确提及。"宝塔"这一原本伴随佛教传入中国的建筑式样，缘何成为欧洲"中国风"代表东方，尤其是中国的标识性视觉元素？它们的知识学来源是什么？17—18 世纪"中国风"语境中的"中国宝塔"，在欧洲对中国的知识探究中如何发挥着持续性影响？赵娟的《欧洲"中国宝塔"的图像生成与媒介转换》(《文艺研究》2021 年第 2 期)一文考察这一系列问题。文章认为，早期欧洲所见宝塔图像来源于中国乃至东方器物上的图案。16 世纪来华传教士开始向西方介绍中国宝塔，目前可见关于中国宝塔的较早记载是葡萄牙耶稣会士曾德昭(Alvaro Semedo，1585—1658)的《大中国志》，此书在第一部分"南方诸省"的概述中提到南京城的一座琉璃宝塔。意大利耶稣会士卫匡国(Martino Martini，1614—1661)在其《中国新图志》一书中论及一座中国宝塔。他声称亲自登临过这座宝塔，并留下了对这座塔的详细文字描述。德国耶稣会士基歇尔在阿姆斯特丹用拉丁文出版《中国图说》(1667)时，援引了卫匡国对于宝塔的整段描写，并且在后面配了一幅"九层中国宝塔"的插图。基歇尔的"九层中国宝塔"可视作中国宝塔在欧洲最早的、独立的图像表达。它援引了卫匡国的文字记载，并在此基础上完成了从文字到图像的媒介转换。在此过程中，制图者一方面吸收了当时普遍流行的代表中国乃至东方的元素作为画面背景，另一方面又运用文艺复兴时期尼德兰画派的绘画表现法来建构异域对象。随着海上丝绸之路交往的日益密切，欧洲传教士和商人有了进入中国沿海和内陆的机会，可以获得关于中国宝塔的直接印象。荷兰使团纽霍夫的有关记录，是欧洲人第一次在亲眼所见、亲身经历的基础上所呈现的关于中国宝塔的视觉表达。纽霍夫 1655—1657 年由广州到北京，用文字和图像记录了沿途所见。1657 年返回荷兰后，他将旅行中的记录做了整理，向东印度公司董事会提交了一份报告。通过比对分析多个图像版本，可以发现"南京瓷塔"的"图像修正"是"中国风"时期图像的真实性追求和装饰性功能之间调适的结果。在多种媒介间不断转换的"南京宝塔"最终成为最具标识性的中国元素。19 世纪中叶，南京瓷塔虽已坍塌，但它仍然是来华西人文化记忆的重要组成部分。此后，"中国宝塔"成为现代学术的研究对象，继续推动着中西文化间的相互观看和理解。

18 世纪时，正值欧洲人认识中国、接受中国的一个高峰。在介绍和评价中国时，耶稣会士常常不吝赞美之词，在当时的欧洲塑造出一个优越、理想的中国形象。当时欧洲对中国的介绍，可以找到大量介绍广州至北京路线的文献材料。在欧洲介绍中国的文献中，"京广大运河"的提法在很长一段时间内都是比较流行的。1697 年出版的《中国近事报道》中已可见到这种说法，在 18 世纪的各类有关中国的欧洲文献里，这种说法更是多次出现。进入 19 世纪后，"京广大运河"较少出现在欧洲文献中，但一直到 19 世纪下半叶，《大英百科全书》仍保留着"京广大运河"的表述。康德与赫尔德都是 18 世纪重要的德国思想家，他们两人都没有到过中国，对中国的认识完全基于当时欧洲对中国的介绍。李夏菲、王永平的《近代欧洲文献中的"京广大运河"——中西交流史中的京广水陆交通线》(《山西大学学报(哲学社会科学版)》2021 年第 2 期)一文将康德和赫尔德笔下的"京广大运河"和京广水路的问题，放在这一时期欧洲对中国的介绍中去考察。康德、赫尔德笔下的"京广大运河"、京广水路不是笔误。这样的说法背后，是一条确实存在的京广水陆交通线。在 17 世纪、18 世纪当欧洲文献在提到"京广大运河"时，几乎均称运河起自广州、通向北京，即一个自地方向京城、自南向北的方向，与中文的习惯正相反(京杭、京广)，却与当时西方人进入中国的行进路线相吻合。这种由南而北的"广京"说法，暗示了 17 世纪、18 世纪欧洲文献中

“京广大运河”的由来:这种说法不是欧洲人从中国的文献里翻译来的,而是他们自己的表述,它源于来华欧洲人的亲身经验。这条路线由京杭大运河、黄河、长江、鄱阳湖、赣江、北江等多条河流和湖泊构成,从北京至广州,中间只需在赣粤边境短暂改行陆路通过梅岭。这条线路的形成经历了长时间的历史过程。对于清初来华的传教士、使节和旅行者来说,这是一条往来于中国的首都北京和重要的通商口岸广州之间,进而往来于中国的政治文化中心和欧洲之间的重要通路。17 世纪、18 世纪的中西交流中,这条通路发挥过重要的作用。在这条路上,诞生过不少重要的游记。游记的作者把往来于这条路线上的见闻和经历记录下来,带回欧洲,向欧洲介绍了中国,对欧洲人认识中国产生了巨大的影响。

18 世纪启蒙时代,西方对中国法出现了两种截然不同的评价,即以莱布尼茨、伏尔泰、魁奈为代表的“赞华派”和以孟德斯鸠、赫尔德为代表的“贬华派”。前者认为中国法律制度十分优秀,社会和谐繁荣,通过学习中国法背后所蕴含的“伦理道德”以及“开明君主制”可以解决西方国家所面临的问题;而后者则认为中国法本质上是一种专制体制下的法律,中国统治者拥有最高的权力,不受法律约束,存在权力滥用等问题。西方对中国法的这种争议一直持续到 19 世纪初。随着 1793 年马戛尔尼使团对于中国法形象的报道,西方对于中国法形象的分歧逐渐开始统一,批评中国法的声音开始占据上风。尽管马戛尔尼使团对于中国法形象的记述在一定程度上修正了之前启蒙时代的看法,且在真实性上有所提升,然而,颇为遗憾的是,使团成员对于中国法形象的记述方式仍旧是“宏大叙事”的,缺乏微观、具体的内容和文本。1810 年,乔治・托马斯・斯当东(George Thomas Staunton,1781—1859)对于《大清律例》的翻译使西方第一次较为全面地从实证法的角度认识到中华帝国的法律。李栋的《19 世纪初西方英译本〈大清律例〉述评中的中国法形象》(《贵州社会科学》2021 年第 11 期)一文认为,西方通过对《大清律例》英译本的述评,不仅逐渐消弭了西方自马可・波罗以降,尤其是启蒙运动时期,对于中国法形象的争议,而且通过对中国法形象专制性、落后性、封闭性的描述,确认了西方所主导的现代性法律的正确性和合理性,“西方法学中心主义”开始形成。

18世纪中后期以来，西方世界中主流的中国形象经历了由以前的肯定性形象到后来的否定性形象和再后来的在肯定与否定形象之间徘徊的嬗变过程。这一变迁当然有着深刻的全球背景。作为欧洲文艺复兴以来逐渐形成的区分“优劣”的固化观念，“文明等级论”伴随着西方的殖民扩张以及各学科的发展渗透到世界各地。在这一背景下，早期的传教士和后来的几代汉学家所做的中国文化典籍的译介在对中国文化传播做出重要贡献的同时，又有着怎样有别于中华文化的价值取向，其译介行为对西人眼中的中国形象造成了哪些影响，都需要仔细甄别与辨析。朱振武、袁俊卿的《西人英译中国典籍的价值取向与中国形象的异域变迁》(《中国翻译》2021年第2期)一文认为西人译介的中国文化典籍参与建构了不同时期的中国形象，影响了译入语国家的国民心态或文化心理。文章指出，不管国际风云如何动荡，不管时代语境如何变迁，中国都是作为西方的“他者”而存在。西方译介中国文化是基于其自身需要，真正做到了“以我为主，为我所用”。另外，有些汉学家和翻译家在我国的影响要比在他们自己国家的影响大得多，其中的原因之一是一些舆论导向出了问题，过于膜拜西方的各类成果。很多汉学家在自己的研究领域确实做出了成绩，但他们对中国文化的了解还相当有限，有的甚至比较单薄狭隘，并没有某些媒体宣传得那样学识渊博，有较多阐释明显不到位、评判明显失准或翻译明显失当之处。所以，对于西方汉学家和翻译家及其相关成果，我们在接受和感恩的同时还是应持审慎态度，更不应把西方的价值标准奉为圭臬，唯西方马首是瞻，努力迎合西方的文化和审美趣味。同理，作为中国译者和研究者，我们也应摒弃那种译入时机械忠实源语文本而不顾目标语读者的审美趣味与阅读心理，而译出时则尽量迎合目的语读者的阅读口味而不顾源语文本所承载的文化内涵和形式的双重标准。

(谷雪梅，宁波大学人文与传媒学院、宁波大学文博专硕点副教授)

论著索引

说明：

1. 本索引主要收录以下三个方面的研究成果：①关于 1840 年之前古代海上丝绸之路的论著；②关于 1840 年之后中外海上交通的部分论著；③关于 21 世纪海上丝绸之路的主要论著，以及关于丝绸之路经济带的部分论著。

2. 本索引以中国大陆的出版物为主，兼收我国香港、澳门、台湾地区的部分论著，同时也收录一些重要的外文论著。

3. 本索引所收录的著作，包括 2021 年首次出版的中文著作和外文译著，以及在 2021 年再次出版、修订出版的著作。

4. 本索引按作者姓名汉语拼音顺序排列。

一、著　作

包静. 绿色黄金 17—19 世纪中国和欧洲的海上茶叶贸易. 浙江古籍出版社，2021.

北京大学历史学系. 北大史学海洋史与海上丝绸之路. 社会科学文献出版社，2021.

蔡天新. 莆田海上丝绸之路. 厦门大学出版社，2021.

丁炜. 帆影：海上丝绸之路千年纪实. 广州出版社，2021.

冯定雄，林建. 舟山群岛古代简史. 武汉大学出版社，2021.

何守强.洲尾贸易场:汉代以后北部湾海上丝绸之路变迁与延续的历史见证.漓江出版社,2021.

泉州市"泉州:宋元中国的世界海洋商贸中心"系列遗产申报世界文化遗产工作领导小组办公室,泉州市文化广电和旅游局.泉州:宋元中国的世界海洋商贸中心遗产图录.福建人民出版社,2021.

李伯重,董经胜.海上丝绸之路:全球史视野下的考察.社会科学文献出版社,2021.

廖国一.南流江航运与海上丝绸之路.广西科学技术出版社,2021.

刘恒武,白斌,金城.宁波对外贸易史.浙江大学出版社,2021.

刘章才.英国茶文化研究(1650—1900).中国社会科学出版社,2021.

宁波市文化遗产管理研究院,宁波中国港口博物馆,国家文物局水下文化遗产保护中心.第二届水下考古 宁波论坛文集.科学出版社,2021.

彭波,施诚. 千年贸易战争史:贸易冲突与大国兴衰.中国人民大学出版社 ,2021.

冉昊作.丝路行记:消逝的王朝与定邦的先驱.广东人民出版社,2021.

三田村泰助.明帝国与倭寇.许美祺译.四川人民出版社,2021.

苏锰,张玉坤,谭立峰.明清长三角地区海防体系与军事聚落.中国建筑工业出版社,2021.

武世刚.海帆寻踪:文化遗产视野下的海上丝绸之路.社会科学文献出版社,2021.

薛克翘.中国斯里兰卡文化交流史.社会科学文献出版社,2021.

二、论　文

伍媛媛.清代中西贸易商欠案档案(下).历史档案,2021(1):4-19.

艾溢芳.19 世纪以来西人文献中的南北官话规范音.华文教学与研究,2021(4):33-43.

安丛.18 世纪英国陶工对宜兴紫砂的仿制与创新设计.装饰,2021(10):85-89.

安焕然.软实力和硬实力:郑和下西洋与满剌加.贵州师范大学学报(社会科学版),2021(4):125-133.

安娜(Tarasenko Anna).十八—十九世纪中国外销画对中俄艺术交流形成影响研究.南京艺术学院博士学位论文,2021.

安艺舟.清代中国医者渡日成因与影响考辨.医学与哲学,2021(17):71-75,80.

安艺舟.日本遣明使的江南记忆与城市认同——从中国宁波到日本堺市.日语学习与研究,2021(1):85-93.

敖英.元晓的《法华经》观初探——兼与智者大师比较.延边大学学报(社会科学版),2021(5):65-73,142.

白芳.清代广州外销帽章扇.紫禁城,2021(6):100-113.

白舒荣.侨批局:海上丝绸之路早年民间邮政.世界华文文学论坛,2021(4):70-77.

白野.从中国瓷器看古代中阿经济文化交流.中国穆斯林,2021(1):80-84.

包乐史,孙蕴琦.披水板在长江和莱茵河河口沿河与沿海船只中的使用:航海史比较研究的一个注脚.国家航海,2021(2):29-37.

包世潭.18—19世纪法国文学界对中国诗歌艺术的诠释.郭丽娜译注.中山大学学报(社会科学版),2021(6):124-142.

贝武权.双屿港16世纪遗存考古调查报告.海洋史研究,2021(2):381-408.

宾娟.唐代长沙窑瓷器上的外来纹饰.福建文博,2021(3):7-14.

宾娟.交流互鉴视域下的东西方外销商品.大众考古,2021(8):30-37.

蔡海亚,潘坤友.21世纪海上丝绸之路沿线国家(地区)航运竞争力综合评价与空间差异.经济地理,2021(11):28-37.

曹光求.我国"海上丝绸之路"沿线港口物流效率分析——基于三阶段DEA模型.山东工商学院学报,2021(4):96-104.

曹先勇.绚丽华彩 金碧辉煌——清代外销广彩瓷的历史与特点.东方收藏,2021(3):11-17.

曹欣悦. 17—18 世纪意大利马约里卡锡釉陶中国风艺术研究. 景德镇陶瓷大学硕士学位论文,2021.

曹馨宁. 从"大汗之城"到"北京花园":西方人眼中的北京建筑. 北京史学,2021(1):22-51.

曹源. 外销瓷器中的西洋风格瓷器鉴赏——以"爱情、风俗、神话"主题瓷盘为例. 炎黄地理,2021(6):33-36.

曹源. 中国外销纹章瓷盘的风格类型探析——以 18 至 19 世纪英国的纹章瓷盘为例. 文化月刊,2021(7):132-134.

曾金莲. 近代西方税收与殖民管治:澳葡政府确立对澳门华人的税收制度. 广东社会科学,2021(6):94-104.

曾令明. 女性神灵 · 海洋信仰 · 融合互动——对海南岛的冼夫人、妈祖、水尾圣娘的实证分析. 边疆经济与文化,2021(1):79-92.

常馨. 宋丽海上丝绸之路与青瓷文化传播之新探. 上海外国语大学硕士学位论文,2021.

车效梅,马思. 15—16 世纪霍尔木兹贸易圈与海上丝绸之路研究. 西亚非洲, 2021(6):28-47,156-157.

赵云,燕海鸣. 海上丝绸之路:一个文化遗产概念的知识生产. 故宫博物院院刊,2021(11):21-29,140.

车效梅,桑敬鹏. 10—11 世纪的君士坦丁堡与丝路贸易研究. 新丝路学刊,2021(3):23-50.

陈才俊. "耶稣会风格"教堂与澳门城市空间早期建构. 世界宗教文化,2021(6):142-149.

陈春晓. 中国茶在波斯、阿拉伯地区的早期传播. 中国农史,2021(3):16-23.

陈春阳. 妈祖民间文献史料的搜集与整理——以莆田学院妈祖民间文献史料搜集与整理为例. 莆田学院学报,2021(4):11-17.

陈黛甜. 雅裨理在华南沿海地区的传教与社会活动研究(1830—1844). 华中师范大学硕士学位论文,2021.

陈丹洁. 十三行时期外销木雕包装设计与现代应用研究. 广东工业大学

硕士学位论文,2021.

陈奉林.区域性的国际交往与东方外交圈的形成.海交史研究,2021(1):52-70.

陈芙英,张建同."一带一路"战略下我国沿海港口竞争力评价与比较研究.工业工程与管理,2021(3) :1-7.

陈佳臻.元代《市舶则法》的演变及其"官法同构"现象.江西社会科学,2021(5):148-156.

陈建霖.妈祖信仰典籍中的伦理思想.中国宗教,2021(4):78-79.

陈健."数字丝绸之路":应对西方数字帝国主义的中国方案.东南学术,2021(4):56-65.

陈健."双循环"新发展格局下21世纪海上丝路畅通研究.现代经济探讨,2021(11):58-64,73.

陈杰,王薇."一带一路"视角下的中阿海上合作探析.国际关系研究,2021(2):27-47,155-156.

陈金亮.妈祖孝女形象的塑造与演变.闽台缘,2021(4):41-48.

陈晶,薛圣言.明清外销青花鹿纹陶瓷艺术审美研究.大观(论坛),2021(4):3-4.

陈景熙.海上丝绸之路中的妈祖信仰与清代潮州商帮.世界宗教文化,2021(1):116-124.

陈俊达,王征.反思"封贡体系":10至13世纪东亚国际体系的一个侧面.赤峰学院学报(汉文哲学社会科学版),2021(2):6-12.

陈明.早稻田大学图书馆藏《底野迦真方》写本初探——兼论底野迦在日本江户时期的使用.中医药文化,2021(6):483-501.

陈宁,徐茹.郎世宁新体绘画对乾隆时期珐琅彩瓷装饰的影响.美术与设计,2021(5):48-51.

陈宁宁.略论耀州窑瓷器的外销.文物春秋,2021(3):61-71.

陈宁,叶晓芬.19世纪以来中国陶瓷典籍的法译本及其对法国陶瓷业的影响.陶瓷学报,2021 (5):882-890.

陈少丰.元代海上丝绸之路旅行者偶遇现象分析——以伊本·白图泰

在泉州的经历为例. 闽台缘,2021(1):11-14.

陈士松. 从"南海Ⅰ号"出水鸟食罐看宋代养鸟文化的发展与中外交流. 中国港口,2021(S1):41-55.

陈守凤,关志钢. 邓廷桢与清道光朝禁烟抗英斗争. 炎黄春秋,2021(6):80-83.

陈巍,靳宇智. 古代丝路上的药物辨伪知识传播——以中世纪伊斯兰市场监察手册为线索. 海交史研究,2021(2):1-24.

陈昕渝. 海南自由贸易港的建设对"一带一路"的影响效应. 营销界,2021(37):17-18.

陈新. 清代青花山水楼阁纹对欧洲陶瓷绘画的影响. 景德镇陶瓷,2021(3):27-29.

陈旭. 世界文化遗产视野下海口海上丝绸之路遗址保护研究//面向高质量发展的空间治理——2020 中国城市规划年会论文集(09 城市文化遗产保护)中国城市规划学会会议论文集:1117-1127.

陈琰. 荷兰语文献中的 1622 年荷葡澳门之战. 海洋史研究,2021(1):218-232.

陈亦新,孙明春. 鸦片战争后广州对外贸易中心地位的衰落和启示. 国际金融,2021(7):66-71.

陈益. 明清写真肖像画审美内涵流变探析. 书画世界,2021(5):64-65.

陈益帆. 清代外销瓷器"宾扎龙"中的中泰文化交融. 陶瓷研究,2021(6):16-18.

陈妤姝. 17—19 世纪孔子视觉形象在欧洲的流传和演变. 南京艺术学院学报(美术与设计),2021(4):56-62,220.

陈月生. 21 世纪海上丝绸之路沿线国家投资潜力分析——以福清投资的 14 国为例. 莆田学院学报,2021(4):50-55.

陈志武. 从海上丝绸之路历史对比不同文明:对当代企业的启示. 外国经济与管理,2021(6):3-26.

陈雅新. 清代外销画中的粤剧红船考论. 戏曲与俗文学研究,2021(1):208-224.

程超寰.番薯是怎样传入中国的?.家庭中医药,2021(11):8-11.

程恩富,李静."一带一路"建设海上合作的国际政治经济学分析.管理学刊,2021(1):1-12.

程杰.明朝玉米传入与传播考.阅江学刊,2021 (1):101-126.

程芸,谭静.英国汉学界"中国戏剧"观念的发生及其历史语境——基于元杂剧《老生儿》德庇时译本相关书评的考察.长江学术,2021(4):59-69.

仇传慧,郭楚江,石琳.1834:英帝国视角下的全球茶叶贸易格局转折点.中国茶叶加工,2021(3):80-84.

崔飞.海丝路上的宗教音乐传播.中国宗教,2021(6):74-75.

崔佳维."无名"清国艺术家赤官(Chitqua)的英吉利之旅——一个研究18世纪中国美术史的外部视点.南京艺术学院硕士学位论文,2021.

崔思朋.明清时期丝绸之路上农作物传播及对中国的影响.全球史评论,2021(1):101-122,342.

崔玉花,王沛.朝鲜燕行使眼中的清代音乐——以《燕行录》为中心.文艺争鸣,2021(2):201-205.

戴睿琦.物质文化视阈下明清外销瓷纹饰视觉分析与思考.中外艺术研究,2021(2):102-112.

党宝海.八至十五世纪的中国与也门.北京大学学报(哲学社会科学版),2021(2):37-47.

邓小军.以微观史研究范式看晋商——以榆次常家与俄国恰克图茶叶贸易为例.炎黄地理,2021(12):13-16.

邓宇航.传播视域下的汉郡合浦与南海丝绸之路.广西民族研究,2021(6):145-154.

丁晨楠.韩国所藏清朝塘报关联文献初探——以首尔大学藏《环报删节》为中心.历史档案,2021(4):91-97.

丁克顺,阮黄申.越南会安华人会馆之汉文碑铭.海交史研究,2021(3):13-25.

丁丽,赖正维.张家湾琉球国官生墓探析.莆田学院学报,2021(6):51-58.

丁莉.绘画东传与古代日本的文化受容——“书籍之路”与绘画.日语学习与研究,2021(3):1-10.

丁雨.南宋至元代中国青白瓷外销情况管窥.古代文明(辑刊),2021(00):299-319.

杜凡怡.明清外销瓷山水纹样研究.北京印刷学院硕士学位论文,2021.

杜梦驰.约翰·巴罗的中国观:对清代中国的观察与想象.辽宁大学硕士学位论文,2021.

杜一雄,王卉妍.明清耶稣会士译编中华哲学在法国的传播策略研究——《中华帝国全志》对《四书》译编删改现象之分析.河北学刊,2021(6):37-43.

段迎琪.西红柿与中西文明交融.少儿国学,2021(9):28-29.

段知力.中缅宗藩关系研究.湖南师范大学博士学位论文,2021.

樊宁.三国文化在日本的流传与嬗变.中州学刊,2021(8):131-137.

樊如森.中国陆上和海上“丝绸之路”的近代交汇与交融.贵州社会科学,2021(7):71-81.

范佳.文献所见南方丝绸之路丝茶文化及交流研究.四川师范大学博士学位论文,2021.

范建明.论钱谦益诗学对江户时代诗风诗论的影响.苏州大学学报(哲学社会科学版),2021(6):127-139.

范金民,陈昱希.清代前期沙船业的沿海贸易活动——以上海商船会馆为中心的考察.海交史研究,2021(1):31-51.

方安豪.17—18世纪日本伊万里样式瓷器中的博古图像研究.景德镇陶瓷大学硕士学位论文,2021.

方宝川,徐斌,张沁兰.“闽人三十六姓”移居琉球史料钩沉及其史实考析.海交史研究,2021(3):1-12.

方慧.晚清中美商约关系研究.湖南师范大学博士学位论文,2021.

方遥.诗文中的海上丝绸之路系列之三 明代涉琉海洋诗及其文化意象.丝路百科,2021(4):48-49.

冯丽红.江户早期唐船贸易及唐商管理研究.浙江大学硕士学位论

文,2021.

冯芒.文体的东传还是制度的东传:日本律赋发端考.外国文学评论,2021(4):95-114.

冯敏.以丝绸为中心的中古时期中西文化交流考察.地域文化研究,2021(5):1-10,153.

冯绍华.明代万历、天启年间景德镇外销青花瓷的历史及艺术特征的相关赏析与简述.中国陶瓷工业,2021(3):62-66.

冯硕.金昌业《燕行日记》整理与研究.河北大学硕士学位论文,2021.

冯小禄.南望眼:明人出使越南专集.北京社会科学,2021(11):31-40.

付邦.日本入唐僧的中国旅行——以《入唐求法巡礼行记》为中心.史志学刊,2021(4):27-34.

付承章.魏晋南北朝时期西方金银器的传入与中西文化交流.内蒙古社会科学,2021(4):74-80.

傅远佳,黄桂媛,沈奕,等."一带一路"西部陆海新通道枢纽城市的建设路径.商业经济,2021(11):13-18.

富霞.东南亚地区发现的汉代铜镜.考古与文物,2021(6):92-98.

甘泉,高瞩,David Heathcote.中英百年贸易包装设计的文化交融性研究(1840—1949).包装工程,2021(20):346-351.

高兵兵.日本入明僧绝海中津的江浙吟咏.日语学习与研究,2021(6):78-87.

高程,王震.高质量发展"一带一路"倡议的差异化分层路径探析——以东南亚地区为例.东南亚研究,2021(2):1-19.

高建新."映日帆多宝舶来"——唐诗中的"海上丝路".唐都学刊,2021(5):5-9.

高建新.唐代来自"海上丝绸之路"的"昆仑儿"——以张籍诗作为考察对象.民族文学研究,2021(2):26-36.

高克冰.罗马帝国与阿拉伯地区间的海路及贸易——兼论早期海上丝绸之路西段.廊坊师范学院学报(社会科学版),2021(3):84-90.

高嵩.清代外销花鸟画探析.大观(论坛),2021(9):3-7.

高伟浓. 晚清东南亚地区海上丝绸之路与华商群体. 东南亚纵横,2021(4):16-28.

高源. 儒家典籍在欧洲首次译介考辨. 历史研究,2021(1):207-218.

高悦. 江户日本对中华价值的置换:以徂徕学双重中国认知为中心. 外国问题研究,2021(4):19-25,116.

高云鹏,魏昀赟. 17 世纪中国青花瓷和荷兰代尔夫特蓝陶色彩形态互动影响研究. 艺术与设计(理论),2021(9):125-128.

高志超. 从布匹到白银:“还乡女”交易媒介与皇太极时期东北亚贸易网络. 吉林师范大学学报(人文社会科学版),2021(4):33-42.

葛归愚. 埃及福斯塔特遗址出土的元青花瓷器. 收藏,2021(6):44-47.

公丕萍, 卢伟. 高质量推动福建省海丝核心区建设的思路及对策建议. 中国经贸导刊,2021(22):30-33.

龚建培,杨秋华. “中学西渐”与欧洲 17—18 世纪的“中国风”设计. 服饰导刊, 2021(3):61-66.

龚缨晏. 改革开放以来关于古代海上丝绸之路的研究. 国家航海,2021(2):65-80.

龚之允. 中西交流中产生的玻璃背画起源、发展和未解之谜. 新美术,2021(1):158-166.

巩晓琳. “诗意”的历史能动性——论《乾隆英使觐见记》的中国形象. 太原学院学报(社会科学版),2021(5):88-96.

古萍,胡静,陆晓怡. 扬州阿拉伯伊斯兰文化遗产的时代价值. 收藏与投资, 2021(11):174-179.

谷小溪. 清代前期中朝诗歌交流编年史的研究意义——以《燕行录》为中心. 辽宁工业大学学报(社会科学版),2021(2):66-69.

顾年茂. 德国迈森瓷器与中国文化. 国际汉学,2021(3):73-178,208.

关伟嘉,陈坤,陈建平,等. 文化自信下海上丝绸之路与“广船”历史文化长廊构建研究. 产业与科技论坛,2021(20):66-67.

关子辰. 吴其芸泉州申遗成功:海上丝绸之路新起点北京商报,2021-07-27(004).

郭锋. 杜环西行所见地中海东岸诸国文化习俗考察研究. 新丝路学刊, 2021(3):51-73.

郭佳雯, 王朝辉. 丝绸之路上的中西文化交流——东罗马神人纹鎏金银盘文化意象解读. 石家庄职业技术学院学报, 2021(1):57-60.

郭佳宜. 浅析葡萄牙瓷砖画与中国青花瓷的发展过程. 陶瓷研究, 2021(4):8-10.

郭嘉辉. 近代"朝贡制度"概念的形成——兼论费正清"朝贡制度论"的局限. 中山大学学报(社会科学版), 2021(1):84-92.

郭婷婷. 十七世纪初明清博弈与朝鲜参战——以松锦之战为中心. 延边大学硕士学位论文, 2021.

郭文浩. 清嘉庆时期中英关系与行商制度演变. 广东省社会科学院硕士学位论文, 2021.

郭雪. 清初朝鲜的汉人漂流民政策研究(1641—1689). 东北师范大学硕士学位论文, 2021.

郭雪妮. 从《三体诗》注释史看江户俳人森川许六的唐诗阐释. 日语学习与研究, 2021(4):22-33.

郭雪妮. 李渔与十八世纪日本"文人阶层"的兴起. 外国文学评论, 2021(2):124-143.

韩东.《唐宋八大家文钞》在朝鲜文坛的传播、再选与影响. 外国文学评论, 2021(1):5-32.

韩东. 李攀龙、王世贞复古文风在朝鲜朝文坛的传播与影响. 东疆学刊, 2021(4):83-91,128.

韩红星, 陈锦. 粤港澳湾区的历史回望——基于晚清十三行商业传播中的粤港澳角色而论. 中华文化与传播研究, 2021(2):171-185.

韩红星, 单依依. 以茶为媒:明清中英贸易背景下茶的跨文化传播. 新闻春秋, 2021(5):64-69.

韩建红. 精致华美 名贵奇巧——充满东方风情的清代广作外销扇. 东方收藏, 2021(3):33-39.

韩琦, 张昀辰. 马尼拉大帆船贸易垄断体制的建立及评价. 国际汉学,

2021(4):2,28-43,198-199.

韩琦.康熙时代的江南天主教徒与“礼仪之争”.国际汉学,2021(3):83-93,205.

韩翔,张睿.论公元10至13世纪海上丝绸之路中的西村窑瓷器.农村经济与科技,2021(1):122-124.

韩艳红.明清时期琉球王国的中华文化认同研究.曲阜师范大学硕士学位论文,2021.

寒鲲.宋元泉州:涨海声中万国商.廉政瞭望,2021(15):58-59.

郝治城.1624—1634年荷兰对中国通商贸易研究——兼与对日本通商贸易比较.郑州大学硕士学位论文,2021.

何方耀.东晋至两宋中国与印尼佛教文化交流互动考述.海交史研究,2021(3):26-42.

何岩巍.纲常名教与中西历争——以杨光先、康熙帝、王锡阐的选择为中心,北京史学,2021(1):270-284.

何演.17世纪前中国和葡萄牙关于斯里兰卡的地理考释.国际汉学,2021(2):175-183,206-207.

何茵幸.中西艺术融合视角下的广彩瓷品牌设计研究.广东工业大学硕士学位论文,2021.

何颖珊.清代广州外销通草水彩画中的闹元宵图研究.美与时代(中),2021(8):85-86.

何志勇.从“西域”到“丝绸之路”:近代日本的丝路认知.东北亚外语研究,2021(1):29-36.

贺双荣,佟亚维.中国与乌拉圭共建“一带一路”:进展、驱动因素及挑战.拉丁美洲研究,2021(6):67-87,156-157.

侯官响,侯君.方志所见美洲作物在楚雄地区的引种与传播.楚雄师范学院学报,2021(2):152-160.

侯冠宇.明代洪武永乐年间中朝官方贸易对朝鲜货币改革的影响.兰州大学硕士学位论文,2021.

侯志强,曹咪,吴贵华.“一带一路”倡议的入境旅游政策效应——福建省经验数据的实证. 华侨大学学报(哲学社会科学版),2021(4):62-76.

胡梦飞. 日本遣明使眼中的明代浙东运河——基于策彦周良《入明记》文本研究的视角. 浙江水利水电学院学报,2021(5):22-26.

胡伟. 朝鲜时期《红楼梦》的流传状况. 辽东学院学报(社会科学版),2021(2):15-22.

胡文远,范云. "一带一路"背景下中国对南亚直接投资的特点、问题与对策. 印度洋经济体研究,2021(5):133-150,155-156.

胡相花. 论英国《星期六杂志》中的"广州掠影Ⅰ"(1837). 广东省社会主义学院学报,2021(4):87-91.

黄柏权,巩家楠. 万里茶道:跨越亚欧的"世纪动脉". 中国民族,2021(7):74-77.

黄纯艳,冯辛夷. "南海Ⅰ号"研究中历史文献与考古资料的相互补证——对现有研究史料和路径的检讨. 海交史研究,2021(1):1-11.

黄靖雯,安乐博. 19世纪英国档案对海峡殖民地华侨华人的文献概述. 海洋史研究,2021(2):459-473.

黄可佳,杜靖,朱剑,等. "南海Ⅰ号"沉船木材的微束XRF面扫描分析. 光谱学与光谱分析,2021(9):2930-2933.

黄立波. 明末科学近代化的尝试:王徵与邓玉函《奇器图说》编译考. 上海翻译,2021(3):81-87.

黄丽莎. 图像与认知:18—19世纪广州外销画的知识性内容. 装饰,2021(5):32-37.

黄梅波,段秋韵. "数字丝路"背景下的中非电子商务合作. 西亚非洲,2021(1):48-72.

黄明龙,黄芳芳. 广彩纹章瓷的"来样定制"特点探究. 西部皮革,2021(22):29-30.

黄巧好. 从本土到异域,感受海丝玻璃器的"琉"光溢彩. 收藏·拍卖,2021(6):56-61.

黄涛. 卫三畏与近代中美条约外交关系. 太平天国及晚清社会研究,2021(1):92-118.

黄薇,黄清华.澳门开埠前中葡陶瓷贸易形态初探:以上川岛花碗坪遗址为例.收藏,2021(5):66-78.

黄薇.中国水下考古从无到有,直道超车"南海一号":见证海上丝绸之路的鼎盛.国家人文历史,2021(15):110-119.

黄伟.大航海时代下的安平商人.闽台缘,2021(1):49-54.

黄文燕,秦跃宇.《仪礼经传通解》中韩藏本简述.汉字文化,2021(20):45-47.

黄雅萌,严雅琪,林芷淇,等.日本"树下四屏风"臈缬视角下中原蜡缬嬗变研究.服饰导刊,2021(4):4-9.

黄一汀.西洋酒趣:欧洲凹口碗的变迁与中国订制.美成在久,2021(2):62-83.

黄毅.从明代海图看明人对东亚海域的认识.福建文博,2021(3):15-20.

霍雨丰.角形玉杯和来通杯.文物天地,2021(4):62-69.

计思宇.17—19世纪琉球对外医药交流研究.福建师范大学硕士学位论文,2021.

纪建勋.明末儒耶天论发微——"译名之争难题"揭橥"两种哲学"与中西经典诠释传.史林,2021(5):69-81,220.

纪志刚,王宏晨."几何"译名的历史探源与意义分析.自然辩证法研究,2021(2):83-89.

冀开运,杨晨颖.公元5至6世纪波斯与中国在丝绸之路上的关系探析.内蒙古民族大学学报(社会科学版),2021(2):36-44.

贾建飞,张军."万里茶道"俄国段考察:以兰姆利报告为中心.晋商研究,2021(00):87-101.

江雪奇.最早居留德国的中国人冯亚星、冯亚学及其研究意义.国际汉学,2021(4):79-89,200-201.

姜兵.流光溢彩 盛极一时——清代广州外销银器的发展历程与特点.东方收藏,2021(3):25-32.

姜波.港口、沉船与贸易品:海上丝绸之路的考古发现与研究.海交史研究,2021(4):8-22.

姜晓琳.乐浪郡与东亚海域交流研究.延边大学硕士学位论文,2021.

蒋宏达.嘉靖倭乱前后的沿海卫所与海疆庇护网络——以杭州湾南岸地区为中心.史林,2021(3):56-66,219-220.

蒋廷瑜,彭书琳.从骆越铜鼓船纹看海上丝绸之路的开辟——骆越文化研究系列之三十五.广西社会主义学院学报,2021(4):95-100.

金成俊,崔云峰.高丽初罗州船吨位的推算及验证.海交史研究,2021(3):84-101.

金国平.关于“葡王柱”商榷二则——葡萄牙“发现碑”简述.海洋史研究,2021(1):207-217.

金洪培,王丹丹.两宋时期的东亚三国漂流事件研究.东疆学刊,2021(4):75-82.

金洪培,王建辉,王丹丹.三国时期孙吴与辽东地区的海上交流.海交史研究,2021(4):23-34.

金青云,池龙浩,徐嘉璘.中国古代蹴鞠在朝鲜半岛的传播研究.东疆学刊,2021(4):39-44,127.

康昊.瘟疫、饥馑与施饿鬼仪式——朝鲜“己亥东征”背景下日本的饥疫对策.海交史研究,2021(2):25-35.

康小端.英国散商与早期中英关系(1773—1834).湖南师范大学硕士学位论文,2021.

孔奇妙.从明清外销瓷看中外文化的交融.陶瓷研究,2021(5):77-79.

孔祥祯.晚明外国白银输入量研究之研究.东北师范大学硕士学位论文,2021.

孔源.从尼布楚条约到《朔方备乘》——康熙至咸丰年间清朝关于俄国知识的形成和固化.俄罗斯研究,2021(2):111-133.

兰姆利,贾建飞,乔南.“万里茶路”与俄国西伯利亚的茶叶消费及贸易.晋商研究,2021(00):151-159.

蓝国铭.黄埔洋船与十三行贸易关系研究(1700—1842),广州大学硕士学位论文,2021.

乐素娜.远帆竞至 东风西渐——中国茶叶博物馆藏外销茶具鉴赏.收藏家,2021(12):53-58.

雷蕾.德庇时与中英关系.湖南师范大学硕士学位论文,2021.

冷静.唐对新罗侨民活动管理研究.延边大学硕士学位论文,2021.

黎庆松.越南阮朝对清朝商船搭载人员的检查(1802—1858).海洋史研究,2021(2):129-154.

李安山.中非古代关系史研究四十年.社会科学战线,2021(2):97-109.

李宝山.以"西天"法释西洋画——明清"二西"语境下"西画东渐"史的一个现象考论.昆明学院学报,2021(5):117-125.

李炳海.丝绸之路与郁金香的中西合璧.文史知识,2021(1):19-23.

李曾逵.海南与"一带一路"沿线国家贸易量下降的原因探究[J].现代商业,2021(9):74-76.

李超.从近代鄂西渔洋关茶叶贸易看全球化与区域经济的联动.农业考古,2021(5):110-117.

李崇寒.泉州见证中国大航海时代.国家人文历史,2021(20):34-35.

李丹.17—18世纪适应政策影响下耶稣会士对易学范畴的宗教解读.周易研究,2021(3):92-98,105.

李栋.19世纪初西方英译本《大清律例》述评中的中国法形象.贵州社会科学,2021(11):83-90.

李璠.曼坦尼亚《博士来拜》(1495—1505年)青花瓷杯图像问题研究.艺术设计研究,2021(1):93-103.

李飞,赵丹.从海龙囤出土植物遗存论播州农业经济.贵博论丛,2021(00):3-36.

李富强,王海迪.互鉴而发展:中国—东南亚铜鼓文化史论.民族论坛,2021(4):79-90.

李广志.东亚视域下的明州开元寺与日本文化交流.宁波大学学报(人文科学版),2021(1):58-64,94.

李慧贤.天道大同:耶稣会纹章瓷鉴录摘记.中国天主教,2021(4):62-64.

李吉远，谢业雷. 以剑为媒：明代中、日、朝刀剑武艺交流研究. 浙江体育科学，2021(5)：107-112.

李季刚，马勇. 中国“一带一路”沿线地区企业投资效率研究——基于“丝绸之路经济带”和21世纪海上丝绸之路视角. 区域金融研究，2021(1)：5-11.

李璟. 贸易影响下的纹样艺术——以唐代长沙窑外销瓷器为例. 艺术品鉴，2021(5)：94-95.

李敬敏，骆遥.《坤舆万国全图》地图数字复原与讨论. 测绘科学，2021(4)：121-134.

李静蓉，林仪. 海上丝绸之路视野中的“泉州时代”(10—14世纪). 文化创新比较研究，2021(22)：129-133.

李静蓉. 蒙古帝国与亚美尼亚的关系及居留泉州的亚美尼亚人. 海交史研究，2021(3)：58-70.

李淋明. 克拉克瓷异域文化特点探究. 东方收藏，2021(23)：55-56.

李琳. 16、17世纪销往西班牙的中国瓷器. 中国港口，2021(S1)：56-62.

李渌，谭阳阳. 历史名人之遗产识别：乾隆朝赴琉球册封使周煌的个案论. 贵州大学学报(社会科学版)，2021(6)：103-112，124.

李明滨. 中国茶怎样传入俄罗斯. 福建史志，2021(2)：29-33，71.

李明月. 鸦片战争时期英国人眼中的中国人形象. 曲阜师范大学硕士学位论文，2021.

李娜美. 全球史视角下的18世纪英国“港脚贸易”研究. 广西师范大学硕士学位论文，2021.

李鹏辉，高明乐. 译者行为批评视域下19世纪英译群体行为研究——以《三国演义》为例. 外语学刊，2021(6)：55-60.

李茜. 王贞明清官窑青花瓷器与英国骨瓷的比较研究. 明日风尚，2021(19)：83-85.

李巧，任晓霏.《水浒传》在朝鲜半岛的传播与影响研究. 汉字文化，2021(15)：119-120，126.

李巧. 毛皮贸易与17世纪俄国的西伯利亚拓殖运动. 世界历史，2021

(1):50-66,154.

李俏梅,肖彩雅.华肆有番佛:泉州的泰米尔商人寺庙.海交史研究,2021(4):65-108.

李庆.《明史》所载"中荷首次交往"舛误辨析.海洋史研究,2021(2):88-102.

李庆.明万历初年中国与西属菲律宾首次交往考述.历史研究,2021(3):204-218.

李世泽."一带一路"建设背景下广西沿边开放型经济的发展路径.市场论坛,2021(7):1-4,61.

李世泽.广西自贸试验区:让共建"一带一路"更精彩.当代广西,2021(17):44-45.

李思慧.清代广州商馆洋画的围栏空间演变探因.艺术市场,2021(2):119-121.

李腾龙.明清科技翻译之思想史意义发微——兼论徐光启和傅兰雅的翻译思想.上海翻译,2021(1):60-64.

李伟群.利玛窦在汉语外来词上的贡献:"子午线""经线""纬线"等词语探源.国际汉学,2021(1):28-36.

李文化,高之国,黄乐.《癸亥年更流部》暹罗湾地名的数字人文考证.地理研究,2021(5):1529-1542.

李夏菲,王永平.近代欧洲文献中的"京广大运河"——中西交流史中的京广水陆交通线.山西大学学报(哲学社会科学版),2021,44(2):93-100.

李小龙.《唐才子传》散佚及日本传本考.北京社会科学,2021(7):32-41.

李效杰.从商人与鲸鱼故事的流播看海上丝绸之路多元文明的互动.国际汉学,2021(4):44-50,199.

李欣.清代中国海疆经略对构建周边海上安全秩序的启示.国际安全研究,2021(6):82-103,155.

李新园.18—19世纪清代外销扇的图案叙事类型.流行色,2021(10):48-50.

李燚.国际贸易秩序变革背景下深圳参与21世纪海上丝绸之路建设研究.中国市场,2021(7):6-9,12.

李阳.跨文化传播视域下中西“礼仪之争”研究.郑州大学硕士学位论文,2021.

李盈理.10至12世纪中国出土玻璃器研究.辽宁师范大学硕士学位论文,2021.

李雨晴.辽东在万历朝鲜之役中的战略地位.东北师范大学硕士学位论文,2021.

李玉静.明清张家口市圈研究.华中师范大学硕士学位论文,2021.

李智瑛.丝绸之路上的中国瓷器与伊兹尼克陶瓷.中国陶瓷,2021(3):106-111.

李智瑛,吴艳坊.探析伊朗国家博物馆所藏元代青花瓷.创意设计源,2021(5):55-58

李忠辉.清代第一代朝鲜语译员姓名的汉语音译研究.中国朝鲜语文,2021(4):64-73.

丽萨·布赖德斯,克里斯托弗·派克,李忠林,朱灵燕.丝绸之路上的贸易与政治破碎:中国—东方穆斯林历史交往的经济文化影响.国外社会科学前沿,2021(11):75-90.

利梓淇.荷兰豆传入中国初探.农业考古,2021(4):161-165.

利梓淇.清代嘉庆七年英船入澳文书初探.西部学刊,2021(10):113-115.

连晨曦,卞梁.当代民间信仰嬗变历程探析——以妈祖信仰为中心.妈祖文化研究,2021(1):42-47.

梁立佳.破冰之旅:19世纪初期沙俄开拓远东海上贸易的活动及其影响.海交史研究,2021(3):71-83.

梁卫红.中国趣味 寸不离身——清代外销名片盒.东方收藏,2021(3):40-46.

廖国一,欧冬梅.明代合浦珍珠采捞、商贸的历史探析.广西社会主义学院学报,2021(4):101-112.

廖萌.高质量建设21世纪海上丝绸之路核心区的路径研究.科技经济市场,2021(10):56-58,107.

廖梓蔚.17世纪中国沿海海盗与荷兰东印度公司走私贸易研究.现代商贸工业,2021(27):31-32.

林高伟.嘉庆十三年英军入侵澳门事件再探.理论观察,2021(11):127-130.

林国平,苏丹.正统化、在地化与国际化:妈祖信仰长盛不衰的内在原因.世界宗教文化,2021(1):109-115.

林海南.海上贸易与宋元时期漳州外销瓷业.大众考古,2021(8):38-43.

林佳.16—17世纪来华西人游记视域下的汉语观.齐齐哈尔师范大学学报(哲学社会科学版),2021(3):146-150.

林晶.妈祖信仰在日本的传播与转型.华侨大学学报(哲学社会科学版),2021(1):148-158.

林俊."一带一路"视阈下江苏企业走出去政策建议.经济研究导刊,2021(18):36-40.

林素娥.西洋传教士汉语方言文献的语言学研究综述.辞书研究,2021(1):90-110.

林奕婷,叶欣童.人类文明交流的直观体现.福州日报,2021-07-19.

刘阿明.21世纪海上丝绸之路建设与影响因素分析:以中国—东盟关系发展为核心.新丝路学刊,2021(1):82-95.

刘丹,齐巧玲.试论冲绳文化中的福建元素.福建史志,2021(4):1-6,71.

刘丹,周南轩.琉球使团朝贡路线之福建段史迹遗存考.福建商学院学报,2021(1):65-70.

刘冬媚."大海道——'南海Ⅰ号'沉船与南宋海贸"策展解析.艺术与民俗,2021(1):4-9.

刘国敏.17—20世纪初法国的《尚书》研究.学术研究,2021(4):125-134.

刘火.“集体孤独症”的破灭——从乾隆帝与光绪帝致英国国王书看中西文明冲突在近世的节点.文史杂志,2021(4):52-54.

刘金.日本文化民族主义的形成——基于吉备入唐说话的流变.日语学习与研究,2021(5):98-106.

刘静.明清时期西方美术在中国的传播.美术文献,2021(5):29-30.

刘黎.英使马戛尔尼访华日记汉译之百年叙事.重庆交通大学学报(社会科学版),2021(4):108-114.

刘明菊.从妈祖崇拜看社会性别视角下的女神崇拜.世界宗教文化,2021(1):131-138.

刘明杉.宋明之际民俗信仰中的妈祖形象.殷都学刊,2021(4):56-68.

刘宁,吴跃华.利玛窦等教明皇宫乐师伴奏解读.当代音乐,2021(11):186-188.

刘芃泽.隋唐征高句丽粮食补给研究.黑龙江省社会科学院硕士学位论文,2021.

刘盛平,夏代云.更路簿记载的广西北部湾地名及更路探析——以两种更路簿为例.中国地方志,2021(2):100-116,127-128.

刘淑春.“一带一路”背景下推动浙江制造标准“走出去”.浙江经济,2021(10):37-39.

刘曙华,张鹏飞,周青,等.“一带一路”背景下中越跨境经济合作区支持政策研究.广西社会科学,2021(9):71-79.

刘爽.“七丘之城”:从里斯本、果阿到澳门——跨文化视野下15—18世纪罗马“圣城”景观在欧亚大陆的复制与改写.中央美术学院博士学位论文,2021.

刘爽.清代鄂西山区的美洲作物种植.农业考古,2021(6):87-95.

刘思文.家园、航道与海疆意识:南海诗的特色流变及文化意蕴.中州学刊,2021(6):147-154.

刘未.北宋海外贸易陶瓷之考察.故宫博物院院刊,2021(3):4-20,108.

刘文先,董竞成.“西医”作为学科概念的历史变迁和重塑.医学争鸣,2021(2):15-19,23.

刘小方.土豆旅行记.科学之友(上半月),2021(6):42-44.

刘晓东.康熙朝“三道沟事件”的处置与对马倭书.四川大学学报(哲学社会科学版),2021(5):57-65.

刘晓东.壬辰战争出兵与乞师言说中的政治伦理.古代文明,2021(2):119-128,159.

刘啸虎.“有趣”与“真实”之间——英国航海家巴塞尔·霍尔笔下的琉球.海洋史研究,2021(1):126-140.

刘啸虎,李珂.俄罗斯学者视野下的近代中俄茶叶贸易与晋商.农业考古,2021(5):208-215.

刘旭康.明代中琉封贡关系的调适倾向——以琉人来贡中的违纪事件为视角.江苏海洋大学学报(人文社会科学版),2021(4):134-140.

刘序枫.再论清代东亚海域的海难民遣返网络——以19世纪初的两件海难事例为中心.国家航海,2021(2):100-117.

刘娅,刘明计,钟坤.《本草纲目》译本源流及对中医药文化传播的启迪.上海翻译,2021(2):52-55.

刘阳.21世纪海上丝绸之路倡议下中国与东盟国家海上通道安全治理研究.山东大学硕士学位论文,2021.

刘洋,谢彤,储明霞.曹洞宗在日本和朝鲜半岛的传播研究.西部学刊,2021(13):112-114.

刘一.明末朝鲜使臣所经辽东海域史事考.大连大学学报,2021(2):3-10.

刘颖颖.18—19世纪广州外销艺术品中的女性图像浅析.中国民族博览,2021(6):153-158,177.

刘勇.中荷关系史研究综述.国际汉学,2021(4):107-114,201-202.

刘雨辰.海外华侨华人统战工作推动“一带一路”高质量发展研究.东北亚经济研究,2021(6):5-27.

刘再起,张瑾.理论回顾与视角转向:21世纪以来万里茶道研究综述.广西职业技术学院学报,2021(1):1-7.

刘志峰.韩国古代汉诗“长安形象”中的中国认识源流蠡论.东疆学刊,2021(4):92-101.

刘智豪,林孟伶.日本鹿儿岛林家妈祖研究.世界宗教文化,2021(1):125-130.

刘祖铭.从《萍洲可谈》看北宋的海外贸易.今古文创,2021(31):44-46.

柳平生,葛金芳.试析宋代海上丝绸之路勃兴的内在经济动因——兼论两宋经济结构变迁与三大文明竞争格局形成.文史哲,2021(1):50-61,165-166.

卢伟,申兵,李大伟,等.推进"一带一路"建设高质量发展的总体构想研究.中国软科学,2021(3):9-17.

卢伟.明清时期海外白银流入的经济内涵探讨.经济资料译丛,2021(3):48-59.

鲁晓敏,李艺爽,小栗砸,等.涨海声中万国商"海上丝绸之路"从这里开始.环球人文地理,2021(17):16-25.

陆伟.中国古代航海火器的演进历程.大众考古,2021(4):45-50.

陆小燕.17世纪朝鲜人赵完璧和金大璜的安南之旅.海交史研究,2021(4):49-64.

逯鹏.从全球视角看郑成功收复台湾.南方论刊,2021(1):39-41.

路昕.10—14世纪西亚金银器对中国金银器及陶瓷的影响.景德镇陶瓷大学硕士学位论文,2021.

罗本琦,方国根."西学东渐"的缘起申说.学术交流,2021(12):177-185.

罗兴连.消费 竞争 生产变革:18—19世纪全球化视野下的中英棉布贸易.九江学院学报(社会科学版),2021(4):68-74.

罗一星.从国家礼品到民间用器——明清广锅的海外贸易.海洋史研究,2021(1):282-297.

罗宇.《天下白》命名考——兼论万里集九对苏轼诗的接受.日语学习与研究,2021(6):88-103.

罗宇.盆石卧游:日本五山禅僧对苏轼诗的接受.外国文学评论,2021(2):98-123.

吕静.元代海上丝绸之路的开拓——以刘家港崛起及其性格探讨为例.

国家航海,2021(1):57-69.

吕绍勋.法显文化与青岛城市影响力研究.西部学刊,2021(16):45-48.

吕伟涛.从《天津天后宫行会图》看北方地区的妈祖文化.中国宗教,2021(10):62-63.

马建春,李蒙蒙.9—13世纪朝鲜半岛大食蕃商行迹钩沉.中国经济史研究,2021(4):105-117.

马金娟."一带一路"背景下中国广西与东盟国家职业教育合作机制研究.东南亚纵横,2021(3):105-111.

马莉.法国重农学派对《尚书》的传播.国际汉学,2021(1):160-166,208.

马晓宇.明清外销瓷花卉纹样研究——以菊花为例.北京印刷学院硕士学位论文,2021.

马云超."己亥东征"与15世纪前期的东亚外交博弈——以朝鲜王朝初期的对外政策为中心.江海学刊,2021(5):181-190.

马云超.足利义满对明外交政策的调整——"日本国王源道义"成立之前.世界历史评论,2021(1):183-200,295.

毛婷婷.清代张家口对俄贸易兴衰研究(1689—1911).河北师范大学硕士学位论文,2021.

孟丹.隐元隆琦书风源流.艺海,2021(11):62-64.

孟静文.澳门茶文化馆中的符号学要素.福建茶叶,2021(7):90-91.

孟石峰.明朝时期朝鲜使节纪行诗中的登州诗.韩国语教学与研究,2021(1):140-144.

孟晓宇,张景全.21世纪海上丝绸之路倡议下的中国海洋秩序观:分析框架、内涵与远景展望.东亚评论,2021(2):161-186.

孟晓宇.中国海洋话语传播刍议——基于21世纪海上丝绸之路倡议的视角.江南社会学院学报,2021(3):35-41.

莫少银.以德化形 外销上品——海南省博物馆藏福建德化窑白瓷赏析.收藏与投资,2021(10):65-68.

慕容玉贞,王林.译介学下利玛窦世界地图汉译的创造性叛逆.安徽电子信息职业技术学院学报,2021(4):100-102.

穆赫森·法尔加尼,姜颖,李圣辉.中阿关系:中世纪中阿文明对话历程.新丝路学刊,2021(1):46-62.

倪玉平,崔思朋.万里茶道:清代中俄茶叶贸易与北方草原丝绸之路研究.北京师范大学学报(社会科学版),2021(4):133-140.

年旭.明清鼎革后日朝通信使笔谈中的"中华"观碰撞.世界历史,2021(2):14-26,148-149.

宁浩.17世纪上半期东亚牛瘟流行史述论.海交史研究,2021(2):36-48.

宁泳欣,陈昊武.17—19世纪中西文化交流下"清三代"外销彩瓷边饰纹样探究.陶瓷研究,2021(3):29-32.

欧阳伟华.唐代茶文化传播与中亚茶文化.宜春学院学报,2021(10):58-64.

潘超.日本静嘉堂文库藏宋本《钱塘集》考述.图书馆杂志,2021(10):153,154-159.

潘大为."克己"与"克性":中西对话、语言多样性与哲学翻译.哲学研究,2021(10):55-64.

潘剑芬.十三行总商潘有度父子的文化成就.广州文博,2021(00):227-246.

潘剑芬.探寻海上丝绸之路的海神信仰——以"一村三海神"的广州黄埔村为例.岭南文史,2021(1):61-69.

潘是辉.妈祖信仰在南台湾的传播.妈祖文化研究,2021(1):1-32.

潘澍原.订正与会通:勾股定理在晚明《几何原本》(1607)中的呈现.内蒙古师范大学学报(自然科学汉文版),2021(5):396-404.

庞乃明,李响.中西互动下的晚明管型单兵火器——以三种典型手持火铳为例.郑州航空工业管理学院学报(社会科学版),2021(6):29-42.

彭飞,胡锦琳,伏捷,等.21世纪海上丝绸之路沿线国家水产品贸易网络分析.热带地理,2021(6):1188-1198.

彭虹,张祖娟."一带一路"倡议下中国与新加坡贸易竞争性与互补性实证分析.中国石油大学学报(社会科学版),2021(6):79-87.

彭善国,王安琪.东北亚地区贸易陶瓷的初兴——以渤海国遗址出土瓷器为.故宫博物院院刊,2021 (11):91-98,142.

平燕红.石壁传奥略考.宗教学研究,2021(4):122-129.

朴现圭,马元杰.壬辰倭乱时期移居明朝的朝鲜流民考.东疆学刊,2021 (1):64-70,127.

齐畅.万历朝鲜战争初期袁黄朝鲜行迹新考.外国问题研究,2021(2):4-9,118.

齐冠钧."一带一路"框架下粤港澳大湾区面临的挑战与对策.东北亚经济研究,2021(3):18-26.

齐皓,齐张翼.南海丝路文化流变及其启示.兰台内外,2021(25):52-54.

钱茂伟,施琪航.鸦片战争初期国人对英国的认知——以冯登府《英吉利考》为中心的考察.宁波大学学报(人文科学版),2021 (2):37-44.

钱晟.元明鼎革时期刘家港掠影:兼释日本入元高僧龙山德见《行状》.国家航海,2021(1):70-85.

秦大树,王筱昕,李含笑.越南发现的巴地市沉船初议.海洋史研究,2021(2):361-363,365-380.

秦嘉璐.新罗迎唐礼仪及其特征探析.延边大学硕士学位论文,2021.

秦沛.英美文化中的茶文化发展研究.福建茶叶,2021(12):275-276.

丘志力,薄昊楠,杨炯,等.广作牙雕:17—19 世纪"海上丝绸之路"上的跨文化交流.宝石和宝石学杂志(中英文),2021(5):1-15.

曲金良."环中国海文化共同体"历史上的跨海人文旅行——明朝高丽文人郑梦周的渡海入京与其人其诗的古今影响.集美大学学报(哲学社会科学版),2021(1):8-18.

权春燕.地方志所见清至民国时期贵州番薯名称、属类及种植与贡献.六盘水师范学院学报,2021 (3):45-55.

任记国.舟山博物馆现藏"南澳Ⅰ号"沉船出水青花瓷器评析.文物鉴定与鉴赏,2021(20):1-5.

阮锋.清前中期粤海关对珠江口湾区贸易的监管——以首航中国的法国商船安菲特利特号为线索的考察.海洋史研究,2021(2):235-248.

森公章,苏亦伟.日本学术界唐代中日文化交流研究的回顾与展望.日语学习与研究,2021(6):120-125.

邵任薇,文英,刘颖."一带一路"背景下社会组织"走出去"的风险防控——以广东为例.广东行政学院学报,2021(2):37-44.

申佳霖.18世纪朝鲜王朝"北学中国"思潮的发生逻辑.学海,2021(5):209-216.

沈艾娣,张丽杨阳.《乾隆皇帝谕英王乔治三世敕书》与有关传统中国对外关系之观点在20世纪早期的形成.全球史评论,2021(1):30-56,340.

沈山,魏中胤,仇方道,等.21世纪海上丝绸之路沿线东盟国家与中国地缘关系判识研究.地理科学,2021(8):1448-1457.

沈笑予.古筝与日本筝文化发展对比探究.艺术评鉴,2021(21):173-175.

施晔,李亦婷.嘉庆朝英军入侵澳门事件再考察——以新见斯当东档案为中心.史林,2021(3):67-73,220.

石慧.大豆成为世界性作物的历程探析.农业考古,2021(6):71-78.

石晶晶.明代双屿港与十六世纪东亚海上贸易网络的形成.上海师范大学硕士学位论文,2021.

史春林.21世纪海上丝绸之路建设的安全保障——海上通道非传统安全治理合作法理依据及完善.亚太安全与海洋研究,2021(2):3,49-71.

司聃.古代中斯佛教交流的海洋人文因素.中国宗教,2021(4):56-57.

司聃.中国与斯里兰卡的佛教文化交流分期——以两汉至南宋为中心.中国佛学,2021(1):276-285.

松浦章,熊雨露.清代前期上海与日本长崎间的贸易国家航海,2021(2):192-205.

宋丽娟.清代西人的汉籍收藏及其小说文献学价值——以马礼逊藏书书目为中心.明清小说研究,2021(4):225-239.

宋上上.明代南京兵部船厂位置考.海交史研究,2021(3):102-112.

宋新潮.泉州:海上丝绸之路的东方明珠.自然与文化遗产研究,2021(3):1-2.

宋艳敬,贾永飞,杨合同,等.山东省科技创新深度融入“一带一路”对策研究.科技创业月刊,2021(6):38-44.

宋洋,张玉新,侯西勇.21世纪初期海上丝绸之路大陆岸线位置变化特征.海洋科学,2021(7):18-28.

孙博.“南海Ⅰ号”南宋沉船出水瓷器阿拉伯文墨书题记考释.东南文化,2021(2):127-135.

孙灿.“软联通”机制:21世纪海上丝绸之路共建的逻辑与路径.中国海洋大学学报(社会科学版),2021(6):24-32.

孙光圻.古代海上丝绸之路是东西方共同的文明丰碑.国家航海,2021(2):206-215.

孙佳荀,葛云霞.从水师编制核心看清代前期海防观念.国家航海,2021(1):121-134.

孙家庆,韩兴华,马悦超,等.21世纪海上丝绸之路沿线国家港口投资风险评价.大连海事大学学报,2021(2):115-125.

孙明霞.中西文明交融的澳门因素与澳门特色.北方论丛,2021(5):171-178.

孙文龙,魏向清.汉语国际教育中汉字教学的语境充实——基于《华英字典》设计特征研究的思考.西安外国语大学学报,2021(3):78-82.

孙文.清代张家口“张库大道”的商贸活动——以《恰克图条约》为起点.黑龙江史志,2021(2):26-31.

孙文政.金与高丽宗藩关系演变的历史学考察.东疆学刊,2021(3):54-58,127.

孙勇进.17世纪朝鲜王朝口传艺术中的《三国演义》.南开学报(哲学社会科学版),2021(1):100-110.

谭瑞芳.中西融合 引领时尚——清代的外销广绣艺术品.东方收藏,2021(3):5-10.

谭渊,张小燕.礼仪之争与《中华帝国全志》对中国典籍与文学的译介.

中国翻译,2021(4):49-56.

汤永川,黄江杰,孙守迁,等. 对外贸易视角下的福建制造业"一带一路"国际合作研究. 学会,2021(8):33-46.

唐浩. 将领、英雄与故事流变:任环与明代江南社会研究. 历史教学问题,2021(6):49-55,166-167.

唐拥军,戴炳钦,简兆权,等."一带一路"背景下境外工业园区商业模式动态更新路径:基于中国—印度尼西亚经贸合作区的案例研究. 世界经济研究,2021(11):120-134,137.

陶德臣. 英国茶叶消费的发展及其影响. 茶业通报,2021(4):184-189.

陶泓铮. 瓷器视角下唐代以来的中非交流. 今古文创,2021(14):49-50.

陶金. 闽僧东渡与江户时期的中日佛学对话研究——以黄檗宗东传日本为例. 大理大学学报,2021(11):65-72.

陶信伟."一带一路"背景下海南民俗文化跨文化传播路径研究. 海南广播电视大学学报,2021(3):14-19.

滕晓铂. 围墙内外:明清外销"西厢瓷"典型纹样图式特征研究. 装饰,2021(5):44-50.

田俊武. 18世纪英国旅行文学中的北京:从乌托邦到反乌托邦的逆转. 广东外语外贸大学学报,2021(5):64-75,158.

田蔚恩. 金眸玉爪不凡材——广彩瓷上的"鹰". 东方收藏,2021(1):41-45.

涂志伟. 明中晚期以月港为中心的国际海上贸易网络. 闽商文化研究,2021(1):35-48.

万钧. 全球化视野下明清德化白瓷的生产与贸易研究. 故宫学刊,2021(1):305-322.

万明. 明代海疆治理与危机应对——以两部《闽海纪事》为线索. 中央民族大学学报(哲学社会科学版),2021(3):161-167.

汪勃,梁源. 唐宋泉州城空间格局下的泉州南外宗正司、泉州市舶司遗址的考古发掘研究. 自然与文化遗产研究,2021(3):22-39.

汪田田,赵小妹,马晓婧."中学西传"背景下《中华帝国全志》对《本草纲目》的选译. 重庆交通大学学报(社会科学版),2021(2):115-120.

王爱红,罗顺仁. 中国伊斯兰风:明代正德官窑青花瓷装饰纹样研究. 中国陶瓷,2021(2):98-105.

王诚楠,刘成晨. "一带一路"中广西的角色扮演研究. 经济师,2021(7):115-116,119.

王道征. "数字丝绸之路"视域下的中越数字经济合作. 湖北经济学院学报,2021(3):32-38.

王芳文. 马克思主义政治经济学视野下的荷兰霸权与台湾地区. 外交学院硕士学位论文,2021.

王飞,胡薇. 中国—拉美共建"一带一路"的现状、问题与启示——基于智库研究视角. 重庆大学学报(社会科学版),2021 (4):71-82.

王凤翔. 唐代山东缘海军事地理与海防战略刍论. 孙子研究,2021(2):86-95.

王格. "格物穷理":晚明西洋哲学与宋明理学之间的话语竞争. 世界哲学,2021(4):123-131.

王冠宇. 葡萄牙人东来与 16 世纪中国外销瓷器的转变——对中东及欧洲市场的观察. 海洋史研究,2021(2):64-87.

王弘扬. 清至民国山东番薯的引种与本土化研究. 山东农业大学硕士学位论文,2021.

王宏志. 如何"张大其词以自炫其奇巧"? ——论新发现 1793 年马戛尔尼使团礼品清单中译本. 外国语言与文化,2021(4):58-79.

王慧宇. 现存最早的欧洲语言《孟子》手稿析论. 哲学研究,2021(6):54-63.

王家辉. 明清时代的西画东渐. 中国民族博览,2021(12):141-143.

王锦刚,翟风俭. 观音传说丝路传承的历史见证——从《观世音应验记》的发现谈起. 中国非物质文化遗产,2021(3):35-42.

王进锋. 海上交通与"乘桴浮于海"新证. 中原文化研究,2021(5):99-105.

王进明. 朝鲜朝文人徐居正的"归去来"情结. 东疆学刊,2021(1):

96-102.

王晶.马克思主义视域下合浦海洋文化研究.广西师范大学博士学位论文,2021.

王静怡.清代十三行行商卢观恒与广利行兴衰初探.广州社会主义学院学报,2021(20):92-93.

王静."州南有海造无穷,每岁造舟通异域" 站在世界之巅的泉州造船术.国家人文历史,2021(20):56-61.

王巨新.清前期中缅、中暹贸易比较研究.海洋史研究,2021(1):141-157.

王兰兰.海上丝绸贸易对古代中外经济文化交流的影响.西安文理学院学报(社会科学版),2021(3):42-45.

王力.准噶尔蒙古与俄国的贸易类型及其特点.中国边疆史地研究,2021,31(4):161-172,216.

王丽芳.唐代扬州成为中日经济交流中心的内在成因.江苏商论,2021(5):41-43.

王淼.从中国园林博物馆馆藏外销瓷看中西文化交融.中国园林博物馆学刊,2021(00):105-111.

王楠,于海志.茶香万里:中蒙俄"万里茶道"经济文化价值研究.北方论丛,2021(6):55-62.

王琦,朱紫墨,王和平.清代浙江海关从宁波移关定海的缘由.浙江海洋大学学报(人文科学版),2021(1):45-48.

王茜.关羽信俗在朝鲜半岛的演变研究.运城学院学报,2021(3):60-63.

王勤.疫情背景下中国与东盟共建"一带一路"的路径.当代世界,2021(12):64-69.

王日根,余丰.19 世纪以来连接闽南与世界的厦门——以白氏家族的海洋发展为例//第八届海峡两岸(厦门)陈元光文化论坛论文集厦门市陈元光学术研究会会议论文集,2021:214-224.

王胜.创办 21 世纪海上丝绸之路岛屿经济论坛 推动构建全球岛屿命

运共同体. 今日海南,2021(6):24-26.

王思方. 恰克图贸易与山西票号业务间的相互影响——基于虚拟经济与实体经济视角. 辽宁大学硕士学位论文,2021.

王思明. 丝路农业交流与中华农业文明的发展. 丝路百科,2021(4):38-39.

王斯宇. 从“丝路启航”展看岭南汉代海上丝绸之路文物. 收藏,2021(2):162-171.

王文静. 南京牛首山周边郑和下西洋相关文化遗存. 江苏地方志,2021(1):29-31.

王希隆,夏晔勇. 杨建新的丝绸之路. 中央民族大学学报(哲学社会科学版),2021(5):161-167.

王向远. 中国古代“外国志记”与亚洲视域之形成. 江西社会科学,2021(4):108-117,255.

王小盾. 日本唐乐曲《苏莫者》及其南海来源. 中华文史论丛,2021(1):119-182,402.

王效,唐科. 英国来华传教士与鸦片问题. 基督宗教研究,2021(1):241-257.

王鑫. 明清时期张库大道商贸发展及其影响探究. 河北师范大学硕士学位论文,2021.

王岫庐. 十九世纪初中英器物交往中的文化交流与翻译——关于班克斯夫人藏瓷的历史考察. 海峡人文学刊,2021(3):134-143,159-160.

王雪慧,殷昭鲁. 21 世纪海上丝绸之路倡议的三维探析. 北方经贸,2021 (3):46-49.

王雅洁. 久米村系家谱浅论. 史学集刊,2021(4):142-144.

王燕. 马礼逊英译《红楼梦》手稿研究. 文献遗产,2021(3):148-160.

王瑶. 清代外销瓷传承中的创新——以巴达维亚瓷为例. 陶瓷研究,2021(2):88-89.

王耀. 17 世纪格陵兰地理知识传入中国考. 形象史学,2021(4):277-319.

王依农.浮觞寰宇:唐代沉船出水绿釉(彩)器物及相关问题.美成在久,2021(3):59-76.

王颖.印度"印太"认知及其对21世纪海上丝绸之路的影响.南亚研究季刊,2021(3):17-31,155-156.

王永杰.西方地理文献中"意貌山"概念的演变.中国历史地理论丛,2021(3):100-109.

王煜焜."正使"抑或"伪使":16世纪中期的遣明使、倭寇与明、日通交的侧面考察.海交史研究,2021(4):35-48.

王煜天.宋代以来茶叶贸易发展与"以茶治边"思想的演变.经济研究导刊,2021(33):70-72,136.

王臻,骆姚.《时宪历》传入朝鲜及其流播探析.大连大学学报,2021(6):1-9.

王臻.东亚区域外交:壬辰战后朝鲜与日本之间的关系态势探析.安徽史学,2021(4):107-116.

王征.清宫档案里的中俄关系.中国档案,2021(3):88-89.

王志杰."南澳Ⅰ号"出水青花瓷器主题纹饰特征初探.邯郸学院学报,2021(2):64-69.

王仲男.马礼逊《华英字典》所记录注音系统及其英语化特征.北方论丛,2021(4):94-100.

王子今.汉代丝路交通的西北方向和东南方向.丝路文化研究,2021(00):5-9.

王子今.秦汉时期中外关系史研究40年.贵州社会科学,2021(6):85-97.

王祖远.曾经在中国流通过的几种外国银币.收藏,2021(1):88-89.

魏京翔.《中华帝国历史、政治、伦理与宗教论集》文献来源初考.国际汉学,2021(3):22-30.

魏京翔.闵明我及其著述研究——以《中华帝国历史、政治、伦理与宗教论集》为中心.北京外国语大学博士学位论文,2021.

魏峻.考古视野下的海上丝绸之路.晚晴,2021(12):50-53.

温志拔.黄檗禅僧独立性易的书学与日本书法.福建技术师范学院学报,2021(4):371-375,381.

翁彦俊.景德镇16—18世纪陶瓷外销规模估略.中国陶瓷,2021(10):91-95.

邬银兰.巴尔托利《历史汇编》中国部分的资料来源.国际汉学,2021(2):167-174.

吴晨宇.景德镇陶瓷文化复兴的历史依据和现实路径.陶瓷研究,2021(1):14-17.

吴伏生.一位18世纪英国诗人眼中的马戛尔尼访华使命:兼谈英国政治讽喻诗.中外文化与文论,2021(2):137-147.

吴宏岐,阮宏.近代西文文献所记"浩官炮台"位置新考.中国历史地理论丛,2021(1):150-156.

吴敬,赵东海.宋元时期广东瓷器运输与贸易的考古学观察——以窑址以外出土材料为中心.东南文化,2021(4):113-120,191-193.

吴莉苇."空"就一定是Nothingness?——耶稣会士对佛教的态度与文化交流的限制.世界历史评论,2021(2):146-162.

吴羚靖.英帝国扩张与地方资源博弈——18世纪印度迈索尔檀香木入华贸易始末探析.自然辩证法通讯,2021(5):14-20.

吴明微.清代朝鲜使臣在华音乐活动探究.音乐研究,2021(2):65-72,115.

吴仁武.美国在华采集和引种竹类植物历史及其影响研究.浙江农林大学博士学位论文,2021.

吴若明.移情造境:明清瓷器释道人物的欧洲流传及普龙克图式平面再现.美术观察,2021(2):53-56.

吴绍渊,曾丽洁.南海更路簿中粤琼航路研究.中国海洋大学学报(社会科学版),2021(2):28-37.

吴思雨.十八世纪西方毛毯的传入与清宫的借鉴.东华大学学报(社会科学版),2021(3):73-78.

吴伟宁.林则徐禁烟斗争的启示.岭南文史,2021 (2):55-63.

吴小平，魏然. 考古发现与汉代长江下游的海上之路. 厦门大学学报(哲学社会科学版)，2021(1)：69-77.

吴悦.《伦敦新闻画报》与近现代中国图像. 中国美术学院博士学位论文，2021.

吴跃华."文化适应"中的"世界性"音乐文化误读案例——利玛窦所献之"琴"重考. 艺术民族，2021(1)：138-147.

吴泽艺. 宋代祈风活动与摩尼教史事钩沉. 福建史志，2021(2)：45-50，72.

夏梦虎. 东盟与"一带一路"倡议的互动探究. 科技智囊，2021(5)：60-68.

夏时华，王春. 宋代海上丝绸之路香料贸易的合伙制经营考察. 青海社会科学，2021(1)：189-196.

夏时华，王春. 宋代政府的香料消费. 安徽史学，2021(4)：11-18.

夏志刚. 明代嘉靖倭乱之后浙江总兵考略——《明代职官年表》《浙江军事志》补正. 浙江海洋大学学报(人文科学版)，2021(2)：30-37.

向勇. 明清朝贡体制下的文化交流与实物往来. 深圳大学学报(人文社会科学版)，2021(2)：5-12.

肖东陶. 17—19 世纪越南会安华人信仰与社会关系初探. 广州社会主义学院学报，2021(2)：78-83.

肖飞燕. 明末海商巨魁李旦和颜思齐关系研究. 闽商文化研究，2021(1)：49-57.

肖一亭. 南海丝路上的珠海. 珠江论丛，2021(Z1)：81-92.

萧君虹，卢巧妹，郑书耘. 重构泉州"海丝"英文网络外宣平台的思考. 武夷学院学报，2021(5)：65-70.

萧婷. 早现代中国与东南亚沿岸海域的气候、环境和疾病的传播(英文). 国家航海，2021(2)：161-191.

潇潇. 从《中国图说》看早期汉学的误释型知识传统及其意义. 国际汉学，2021(1)：20-27.

谢蓓露. 广州港口风景画研究——以《广州港和广州府城画》为例. 美与

时代(中),2021(8):24-25.

谢从华,柳俊.中国马铃薯引进与传播之辨析.华中农业大学学报,2021(4):1-7.

谢广维.试析合浦东汉三国墓中的莲花形器.考古与文物,2021(6):99-106.

谢辉.16—18世纪欧洲对中国印刷术的认识.印刷文化,2021(2):112-120.

谢辉.法国国家图书馆早期入藏汉籍述略.国际汉学,2021(1):167-174.

谢奇烨.曹洞东渐——渡日僧东皋心越的禅学思想.佛学研究,2021(2):188-203.

谢西营,陈佳佳.唐宋时期越窑瓷器流通渠道探讨——以扬州、明州港为中心.中国港口,2021(S1):34-40.

谢宇超.21世纪海上丝绸之路沿线主要港口发展潜力评价.华侨大学硕士学位论文,2021.

谢章辉,王智汪.明代泉州市舶司设置沿革与职能变迁考述.湖南工程学院学报(社会科学版),2021(1):69-75,120.

谢兆国.16—18世纪西人对中国官话的认识.云南师范大学学报(对外汉语教学与研究版),2021(3):71-77.

辛泽西.丝绸之路上的朝贡贸易.丝路百科,2021(0):30-37.

邢鑫.北海奇珍:日本江户时代的一角形象及其变迁.海交史研究,2021(2):49-57.

熊剑平.近代俄罗斯使团在华的情报活动.文史天地,2021(5):14-18.

徐诚.清中叶中韩学人交游与书籍传播的学术意义——以洪大容为中心的考察.中国典籍与文化,2021(1):133-140.

徐丹.万历朝鲜战争中的福兵与中朝交流——以游击将军许国威为中心.当代韩国,2021(2):115-127.

徐慧芳.明清外销漆器在欧洲的传播及影响.天工,2021(1):10-11.

徐明佳.17世纪欧洲耶稣会士书写的孔子形象——以《中国哲学家孔

夫子》为中心.华东师范大学硕士学位论文,2021.

徐思雯,谷舟,杨益民.公元2世纪以前印度—太平洋珠的分布与海上丝绸之路.中国科技史杂志,2021,42(2):281-292,321.

徐文玉.海洋文化与“海洋命运共同体”的构建.集美大学学报(哲学社会科学版),2021(1):19-24.

徐晓慧.变通与坚守——妈祖信仰的图像学研究.中国非物质文化遗产,2021(5):71-77.

徐鑫.17世纪初荷兰人的东亚认识与入据台湾.河北学刊,2021(6):59-65.

徐亚丽.从方物交往看唐朝的中日交流.东方收藏,2021(21):50-51.

徐业龙.明清时期中国与琉球国的宗藩关系——以琉球国朝京都通事郑文英墓为中心的考察.淮阴师范学院学报(哲学社会科学版),2021(5):485-489,540.

徐悦超.“福音”下的世俗竞利:鸦片战争前后在华传教士对商务知识的传播.近代中国,2021 (1):387-410.

许创颖,于开贺.粤港澳大湾区与“一带一路”沿线国家双向投资对经贸发展的作用机制分析.商业经济研究,2021(10):148-151.

许建业.题李攀龙《唐诗选》在晚明与江户时期的文本流衍.首都师范大学学报(社会科学版),2021(4):131-146.

许捷欣.图像的航程——19世纪中国外销画与早期水彩画法溯源.湖北美术学院硕士学位论文,2021.

许利平,孙云霄.古代印尼与中国香料贸易的变迁影响.重庆大学学报(社会科学版),2021(1):125-134.

许旸.澳门16—18世纪的中西艺术设计传播研究.美术大观,2021(1):94-97.

薛晓涵.中欧文化交流在明清之际的南京与杭州(1583—1707)——以耶稣会士与中国士人的互动为中心.北京外国语大学博士学位论文,2021.

薛元可.明代“空白期”瓷器问题初探.贵州大学学报(艺术版),2021(4):74-80.

薛运城.清代中俄关系史上的张家口.中国社会科学院大学硕士学位论文,2021.

闫悦.15—18世纪中朝弓角贸易研究.东北师范大学硕士学位论文,2021.

严利人.海丝茶道初探.湖北工业职业技术学院学报,2021(2):1-5.

严薇.《三五要录》三种抄本研考.音乐研究,2021(2):73-82.

严薇.从几种唐乐古谱所收唐乐曲目看平安朝乐制改革之影响.中国音乐,2021(2):145-150.

言聪蓉.探析中国瓷器装饰艺术对伊斯兰陶瓷造型的影响.时代报告(奔流),2021(1):38-39.

盐山正纯.明清时期西洋人"官话"描述演变史.国际汉学,2021(2):145-154.

阎根齐,吴昊.海南渔民《更路簿》地名命名考.社会科学战线,2021(6):2,142-149.

阎瑾.明朝前期中日关系浅析.历史档案,2021(2):53-57.

阎逸.建设"一带一路"重要枢纽 促进内外贸一体化发展.浙江经济,2021(11):46-47.

演莉,金鑫."一带一路"背景下广西与越南边境贸易面临挑战和改善途径.对外经贸实务,2021(11):42-45.

杨斌.当自印度洋返航——泉州湾宋代海船航线新考.海交史研究,2021(1):12-30.

杨光.云想衣裳 画里想容——清代女性题材的广州外销玻璃画.东方收藏,2021(3):18-24.

杨嘉丽.日本伊万里瓷器开光装饰研究.陶瓷,2021(1):57-60.

杨静.以"一带一路"高质量发展推动构建人类命运共同体——评社会科学文献出版社《"一带一路"经贸合作及其经济效应》.价格理论与实践,2021(7):169.

杨梦瑶.明代青花瓷钴料来源与中外文化交流.文物鉴定与鉴赏,2021(2):45-49.

杨明，詹嘉. 17—19 世纪华瓷对英国茶具设计的影响. 中国陶瓷，2021(3)：90-98.

杨天源. 从南澳Ⅰ号沉船出水瓷器看中欧外销瓷贸易. 国家航海，2021(1)：135-148.

杨天源. 从碗礁一号看清康熙时期景德镇生产的外销青花瓷. 水下考古，2021(00)：217-233.

杨天源. 中国东南沿海及东南亚地区沉船中的明清贸易瓷器. 博物院，2021(2)：84-95.

杨伟忠. 清代以来郑成功研究综论. 闽台文化研究，2021(2)：5-12.

杨晓旗，胥璟，蒲艳. 十三行时期广府首饰艺术的审美特质. 艺术大观，2021(5)：130-132，136.

杨晓英. 汇聚新时代“侨心”“侨智”推动共建“一带一路”高质量发展——基于潮汕侨批文化的启示. 广东省社会主义学院学报，2021(1)：73-77.

杨彦杰. 荷据时期大陆商人在台湾的发展. 台湾历史研究，2021(1)：28-41.

杨彦杰. 荷据时期台湾的“公司仔”. 闽台，2021(1)：26-38.

杨洋. 从“文”向“道”——花园天皇与 14 世纪初日本宫廷对宋学的接受. 文史哲，2021(5)：33-50，165.

杨泽伟. 论“海洋命运共同体”理念与 21 世纪海上丝绸之路建设的交互影响. 中国海洋大学学报(社会科学版)，2021(5)：1-10.

姚超. 十三至十五世纪西亚文化对中国青花艺术的影响研究. 景德镇陶瓷大学硕士学位论文，2021.

姚维. 五山禅僧与虢国夫人形象的受容——以《虢国夫人夜游图》诗为例. 日语学习与研究，2021(6)：104-111.

姚潇鸫. 唐宋商人：9 世纪中叶后中日佛教交流不可或缺的新助力. 宗教学研究，2021(1)：95-99.

姚宇亮，李立鹏. 空海的执笔法与《高野大师真迹书诀》真伪辨. 书法，2021(11)：183-191.

叶霭云.阿美士德使团(1816—1817)中方译员研究.海洋史研究,2021(1):105-125.

叶柏川,于白昆.近三十年来清代中俄政治外交问题研究述评.中南民族大学学报(人文社会科学版),2021(5):95-106.

叶君洋.17世纪西班牙在华方济各会士的文化适应策略.国际汉学,2021(4):71-78,200.

叶磊.试论明清中国绘画的对日传播交流及艺术影响.南京艺术学院学报·美术与设计,2021(2):54-59.

叶少飞.17世纪东亚海域华人海商魏之琰的身份与形象.海洋史研究,2021(2):103-128.

叶向阳.中英早期接触中的译员及其通用语——以马戛尔尼使团访华前的英国旅华游记为例.英语学习,2021(3):66-72.

伊夫·波特,翟毅.十四至十七世纪伊斯兰宫廷的龙泉青瓷器.故宫博物院院刊,2021(9):78-93,146.

衣保中,郭思齐.明清时期中朝贸易的发展与演变.吉林大学社会科学学报,2021(2):172-181,239.

易凤姣.论西欧与蒙古帝国的关系(1244—1254).湖南师范大学硕士学位论文,2021.

殷军杰,龙力见,高聪,等."一带一路"背景下宁波与中东欧国家贸易的潜力、效率及趋势预测——基于大数据分析与挖掘技术的研究.现代商贸工业,2021 (9):31-33.

殷小平,贾楠.中古时期西域食物的传入与本土化.农业考古,2021(1):194-199.

尹铉哲,尚冬雪.仁祖前期朝鲜朝对外交往政策的成因与影响.东疆学刊,2021(1):81-85.

尤洋.来自19世纪的明信片——浅析通草画的社会艺术史意味.散文百家(理论),2021(12):160-162.

于丽君.唐代绍兴与日本"海上丝绸之路"研究.文化产业,2021(8):56-57.

于帅，王思明. 人口迁徙、环境适应与技术改良：辣椒在中国西南地区的传播. 中国农史，2021(2)：27-35.

于跃. 邢玠与壬辰战争后期(1597—1598)的中朝协作. 山东大学硕士学位论文，2021.

余东，董丹，虞瀚博. 16 世纪梵蒂冈图书馆的中国文献：Vat. estr.-or. 66 与尼古拉斯・奥德伯特抄本(节译). 国际汉学，2021(3)：140-157，209.

余远权. 19 世纪广东外销通草水彩画的形式与传统. 美术，2021(6)：138-139.

虞锋波. 域外传播影响下的景德镇传统青花瓷技艺变革. 美术观察，2021(8)：71.

喻仲文，罗雯. 近代西方社会以艺术图像建构中国文化形象研究——以 18 世纪法国版《帝鉴图说》为例. 艺术百家，2021(4)：34-48.

元青. 双语词典编纂与近代早期来华传教士对中国文化知识的获取. 近代史研究，2021(3)：77-92.

员帅. 传播・交融："海上丝绸之路"中的壮锦. 明日风尚，2021(15)：176-178.

袁芳. 首部中国传统戏曲英译本资料辑佚与翻译——以哈切特《赵氏孤儿》为中心. 四川戏剧，2021(5)：34-38.

袁慧晶. 北宋胡人牵马俑：见证古代"海上陶瓷之路". 丝路百科，2021(3)：64.

袁玮蔓. 16—18 世纪德国的中医研究. 国际汉学，2021(4)：14-20，198.

袁晓辉，蔡艺. 韩国馆藏汉文武籍及其成书历程. 体育科技文献通报，2021(7)：4-5，28.

袁宣萍，张萌萌. 16—19 世纪中国外销丝绸及其装饰艺术. 艺术设计研究，2021(1)：30-35.

原野. 泉州：从"海丝"起点到申遗"主角". 海峡通讯，2021 (6)：36-37.

岳岚. 汉字的海外早期传播及其启示. 对外传播，2021(9)：59-63.

昝涛. 商业文明、世界知识与海洋秩序：反思多维视野下的马戛尔尼使华事件研究. 新丝路学刊，2021(1)：1-29.

张安琪.韩国朝鲜王朝《诗经》学之文学阐释研究.山西大同大学学报(社会科学版),2021(5):67-71,76.

张宝双.朝鲜朝后期诗人朴宗善汉诗研究.吉林大学博士学位论文,2021.

张冰.从"中学西传"到"西学俄渐"的中国典籍传播——以《大学》最早进入俄罗斯为例.国际汉学,2021(2):110-117.

张晨晨,谭业升."中医西传"视域下《伤寒论》英译本的海外传播与接受研究.解放军外国语学院学报,2021(4):150-158.

张晨炜.马克思主义政治经济学视角下的葡萄牙霸权与澳门地区.外交学院硕士学位论文,2021.

张弛.明清鼎革与朝鲜王朝对华观的嬗变.中州学刊,2021(10):124-130.

张春宇.蓝色经济赋能中非"海上丝路"高质量发展:内在机理与实践路径.西亚非洲,2021(1):73-96.

张斐雯.唐宋时期朝鲜半岛入华宾贡进士研究.延安大学硕士学位论文,2021.

张国刚.天方海舶:宋元时代南海"香瓷之路".财富时代,2021(4):24-26.

张华琴,王结华.城市考古与宁波港城.中国港口,2021(S1):18-33.

张家栋,柯孜凝."一带一路"建设在南亚:现状、挑战与机遇.印度洋经济体研究,2021(5):19-41,151-152.

张景昆.文雅之力:论中朝诗赋外交对古代朝鲜汉诗的形塑.江西社会科学,2021(4):126-134.

张斓,张建民.连云港:丝绸之路上的"东方之城".江苏地方,2021(4):27-29.

张亮.鸦片战争前夕一块安民告示石碑与中外海上贸易.岭南文史,2021(1):24-31.

张倩.17世纪初至20世纪初管风琴在福建的发展历程.黄河之声,2021(23):23.

张倩.试论蒙元时期的中西经济文化交流.商业文化,2021(19):128-129.

张沁兰,方宝川.明代洪武永乐年间中琉关系探微.东南学术,2021(4):218-229.

张睿锜.基督宗教瓷与明清时期中西宗教文化交流.中国美术研究,2021(1):162-169.

张婷.十三行时期外销茶叶包装设计与现代应用研究.广东工业大学硕士学位论文,2021.

张小敏,郃航.日本江户时期《诗经》学窥管——松永昌易《头书〈诗经集注〉谫论》.国际儒学(中英文),2021(4):143-147,167.

张小敏.《诗经》在日本江户时期的接受与流变.山西大学学报(哲学社会科学版),2021(4):9-14.

张小宁.多维解读茶文化在美国的传播与影响.茶叶通讯,2021(1):182-186.

张晓东.郑和下西洋的海权性质.史林,2021(4):82-103,155.

张晓明.明代辽东地区与朝鲜半岛贸易研究.辽宁师范大学硕士学位论文,2021.

张燕芬.明清杏叶执壶.艺术设计研究,2021 (6):28-35.

张勇.明清时期连云港的海防.大众考古,2021(12):76-84.

张宇一.浅析明末清初外销日本瓷器中的兔形纹饰.陶瓷研究,2021(2):51-53.

张焱,王燕丽,李枫.《本草纲目》在日本的传播与译介研究.南京工程学院学报(社会科学版),2021(4):12-20.

张雨晴,王思明.丝瓜在中国的引种和传播.农业考古,2021(6):178-185.

张玉来,尹瑀.明代来华欧洲传教士所记汉语官话——非明代汉语官话“南京标准音说.青岛大学学报(社会科学版),2021(5):108-127.

张媛.明清外销瓷仕女纹样研究.北京印刷学院硕士学位论文,2021.

张玥.从“空间”到“时间”:《泰晤士报》对近代中国早期报道的叙事逻辑

研究(1785—1840).新闻大学,2021(10):44-57,119.

张玥.鸦片战争前《泰晤士报》对华鸦片报道中的中国形象.云南师范大学学报(哲学社会科学版),2021(4):149-156.

张允熠,张弛.《灵魂道体说》与中西哲学之辩——论第一篇中西哲学的比较论文.北京行政学院学报,2021(6):116-125.

张哲俊.从元曲到能乐:日本五山诗文作为津梁.外国文学评论,2021(2):71-97.

张自强.宋丽鼓吹乐比较研究——以《宋史》《高丽史》为中心.延边大学硕士学位论文,2021.

赵丹妮,孙静,王向东.浅谈清末之前西方数学的两次输入历程.开封文化艺术职业学院学报,2021(7):8-9.

赵华.《瓷器制运图》:清代景德镇外销瓷器及广州夷商活动的实景记录.装饰,2021(5):56-65.

赵季玉.汉诗、和歌与神风:论谣曲《白乐天》的白居易叙事.外国文学评论,2021(4):115-132.

赵静.跨文化视阈下明清传教士对《论语》的翻译及传播.河北北方学院学报(社会科学版),2021(4):50-53.

赵娟.欧洲"中国宝塔"的图像生成与媒介转换.文艺研究,2021(2):118-133.

赵珏琪.博物馆主导的"更路簿"传承模式及启示.文物鉴定与鉴赏,2021(8):133-135.

赵珏琪.清代外销青花瓷赏析——以中国(海南)南海博物馆馆藏青花瓷为例.东方收藏,2021(17):52-53.

赵磊.清广州十三行行商卢观恒研究——以《家传》和《墓志》为中心.国家航海,2021(1):149-162.

赵连城.小斯当东与英使访华"礼仪之争".全球史评论,2021(1):143-154,343-344.

赵令志.乾隆二十一年土尔扈特赴藏熬茶使团探析.民族研究,2021(3):99-108,142.

赵鸣.徐福东渡与东北亚区域海上丝绸之路的演进.连云港师范高等专科学校学报,2021(1):9-13.

赵谦.商业与艺术的合力——"中国伊万里"瓷装饰探究.装饰,2021(5):25-31.

赵谦.市场需求与装饰风格:"中国伊万里"瓷上的日本风与中国风.美与时代(上),2021(1):6-13.

赵儒南.新加坡参与"一带一路"及中新合作研究.亚太经济,2021(1):98-105.

赵赛.从"一带一路"视角谈粤港澳大湾区的协调发展.对外经贸,2021(1):61-65.

赵伟.李宜显《燕行杂识》两种整理与研究.河北大学硕士学位论文,2021.

赵卫宾.图理琛使团首领殷扎纳生平事迹辑考.中国边疆史地研究,2021(2):205-212,216.

赵亚军.登莱巡抚袁可立与朝鲜仁祖请封.海交史研究,2021(3):43-57.

赵哲昊.唐初伊斯兰教先贤沿海上丝绸之路来华之再考.水下考古,2021(00):163-173.

赵中振,周梦佳.来自美洲的玉米.生命世界,2021(8):18-21.

肇丽颖,宋春兰.基于"一带一路"的辽宁沿海经济带港口城市发展对策.沈阳工程学院学报(社会科学版),2021(3):42-47.

郑彬彬,张志云.英国驻华使领馆的情报工作与修约决策(1843—1869).历史研究,2021(2):133-156,222-223.

郑诚.明清之际的西学兵书.文史知识,2021(10):14-21.

郑豪豪.张晞:尊重传统,让龙泉青瓷重展海上丝绸之路时期辉煌.中外文化交流,2021(12):72-75.

郑泓敏.探析外销瓷的艺术美.陶瓷研究,2021(4):23-26.

郑捷,黄朝晖.妈祖宫庙建筑特征及装饰元素解读——以湄洲妈祖祖庙为重点.莆田学院学报,2021(5):18-21.

郑金勤."南海一号"惊艳出水的德化窑青白瓷.东方收藏,2021(9):8-9.

郑金勤.马可·波罗与元代德化窑青白瓷.东方收藏,2021(9):10.

郑霖,周然,朱乐群,等.天津港服务天津市融入"一带一路"建设研究.中国港口,2021(5):11-14.

郑泽婷."通达四海——明清景德镇民窑瓷器与经济全球化贡献纪念特展"展品精览.收藏,2021(5):38-39,65.

钟建华,张捷.清代越南堤岸"唐人"会馆及其民间信仰的创设.闽台文化研究,2021(4):35-43.

钟燕娣.荷兰馆藏中国明清贸易瓷风格分期及演变原因分析.装饰,2021(5):18-24.

钟翟.沉睡千年美人鱼——黑石号和唐代的海外贸易.上海工艺美术,2021(1):40-42,116.

钟珍萍,葛桂录.互文·图像·数据与中国形象构建——以英国马戛尔尼使团著作为中心.福建师范大学学报(哲学社会科学版),2021(2):144-154,172.

钟志强.对"泰兴号"沉船出水文物特展的再认识.东方收藏,2021(23):64-65.

周榜师.论鸦片战争后海上丝绸之路与福建贸易.理论与当代,2021(2):26-28.

周鸽.19世纪南洋开发与华人海外移民.闽西职业技术学院学报,2021(4):35-40.

周佳.中日勘合贸易中的明代丝绸研究.东华大学硕士学位论文,2021.

周江吾.《六韬》兵学思想的实践运用——以朝鲜壬辰战争为例.孙子研究,2021(4):81-90.

周萌.论"西班牙—菲律宾风格"牙雕和漳州牙雕的关系.国际汉学,2021(3):165-172,207-208.

周牧雨.广州彩瓷与德、荷两国品牌瓷器文化特质比较.中国非物质文化遗产,2021(6):95-100.

周嫱,梁颖,张练.新时代中国与“海丝路”沿线国家产能合作的潜力与路径分析.人文杂志,2021(10):11-19.

周冉.光洁似绢 质如象牙 海洋文明催生的德化外销瓷.国家人文历史,2021(20):94-101.

周瑞春.茶文化全球化的历史阶段及其基本样态.云梦学刊,2021(5):51-59.

周瑶.16至19世纪欧美非家族纹章瓷研究.景德镇陶瓷大学硕士学位论文,2021.

周永卫.秦汉六朝海上丝绸之路历史地位的重新审视.丝绸之路研究集刊,2021(2):68-73,389.

周运中.古代台州海洋图书与海港丛考.中国港口,2021(S1):63-70.

周志锋.西洋传教士文献在汉语方言研究中的重要价值——以《从西洋传教士文献看台州方言百余年来的演变》为例.宁波教育学院学报,2021(4):101-103.

朱柏林,王冬冬,陈坤龙.马戛尔尼使团访华赠送国礼及清政府前后态度变化初探.河南博物院院刊,2021(3):118-126.

朱瓅.清初渡日僧高泉性潡的艺文思想和诗歌书写.江西师范大学硕士学位论文,2021.

朱灵萱,庄月芳,林山,等.闽南侨批对海上丝绸之路的促进作用.中国科技教育,2021(7):26-27.

朱若翌.晚明士人对壬辰战争以及日本的认识(1599—1644).山东大学硕士学位论文,2021.

朱素颖.中国最早的西医院:澳门白马行医院.中华医史杂志,2021(2):117-121.

朱腾伟,张洪林.清前期中西贸易法制变革之缘由.湖北社会科学,2021(11):111-119.

朱振武,袁俊卿.西人英译中国典籍的价值取向与中国形象的异域变迁.中国翻译,2021(2):55-64.

祝菊澧,李灿辉,周润,等.云南省马铃薯引种史、传播路线及其影响.农学学报,2021(7):95-103.

邹文烨.汉代至明代中国对日本漆艺的影响研究.扬州大学硕士学位论文,2021.

邹振环.14至18世纪东亚世界的“象记”:博物学知识比较史研究的一个视角.世界历史评论,2021(3):2,85-109,292.

左如.十三行,成也茶,败也茶.茶道,2021(3):66-72.